MINISTÈRE DES AFFAIRES ÉTRANGÈRES

MISSIONS COMMERCIALES

LA

RÉPUBLIQUE ARGENTINE

PAR

CHARLES WIENER

NON UNIUS LIBRI

PARIS
LIBRAIRIE CERF
12, RUE SAINTE-ANNE

1899

LA

RÉPUBLIQUE ARGENTINE

MINISTÈRE DES AFFAIRES ÉTRANGÈRES

MISSIONS COMMERCIALES

LA

ÉPUBLIQUE ARGENTINE

PAR

CHARLES WIENER

NON UNIUS LIBRI

PARIS
LIBRAIRIE CERF
12, RUE SAINTE-ANNE

1899

Reliure serrée

Paris, le 23 Octobre 1898.

Monsieur le Ministre,

Aux termes de la mission que le Département des Affaires Etrangères a bien voulu me confier, je devais étudier le doit et l'avoir du grand livre argentin et rechercher les moyens de reconquérir notre ancien rang sur le marché de Buenos Aires.

Le présent mémoire résume les informations commerciales de mon enquête.

Il comprend deux grandes divisions.

La première est consacrée aux monographies des produits indigènes, à leurs transformations manufacturières et à l'examen des questions financières et administratives.

Elle énumère les éléments qui constituent l'actif

A Son Excellence
Monsieur le Ministre des Affaires Étrangères.
Paris.

de ce domaine, sa population, ses richesses pastorale, agricole, forestière et minière.

Elle indique les ressources budgétaires et les instruments de crédit dont dispose le pays; elle signale le passif de la nation.

La seconde partie contient des notices sur chaque unité territoriale.

L'ensemble de ces analyses montre, dans ses grandes lignes, la situation économique et sociale de la République Argentine, à l'heure actuelle.

Sa population a augmenté de plus de 300 o/o en un quart de siècle. Son réseau de chemins de fer, durant la dernière période décennale, s'est accru de 3 km. par jour.

Depuis 1855, les propriétaires du sol ont créé un troupeau valant, au cours du marché, plus de 5 milliards de francs. Ils ont ouvert à diverses cultures 6 à 7 millions d'hectares.

Il y a trente ans, l'habitant de la Plata demandait à l'Europe la majeure partie des denrées et tous les articles ouvrés dont il avait besoin; aujourd'hui, non content de se suffire pour beaucoup de produits, il est devenu exportateur à son tour, et nous ferme des débouchés acquis autrefois à notre industrie.

Néanmoins, nous occupons le premier rang parmi

les clients de ce pays, et si, à l'heure présente, nous n'avons su rester, dans tant de villes, — latines pourtant, — le marchand chez qui l'on achète, nous sommes encore le conseiller que l'on écoute, l'ami que l'on accueille, l'artiste dont on s'inspire.

C'est là une haute situation morale, d'autant plus solide qu'elle s'appuie sur des affinités de race.

Mais afin que cette prédominance ne demeure pas platonique pour les intérêts vitaux de notre pays, il faut s'en prévaloir dans la lutte de concurrence où la France est engagée et, grâce à un accord entre nos forces de production, de transport et de vente, assurer, à l'exemple de nos rivaux, par un commun effort, le succès des produits nationaux sur le marché étranger.

Veuillez agréer, les assurances du respect avec lequel j'ai l'honneur d'être,

Monsieur le Ministre,

de Votre Excellence,

le très humble et très

obéissant serviteur,

CHARLES WIENER.

PREMIÈRE PARTIE

NOTICES

SUR LES

PRODUITS ARGENTINS ET LES QUESTIONS INDUSTRIELLES
COMMERCIALES
FINANCIÈRES ET ADMINISTRATIVES

2

POPULATION ARGENTINE

DÉNOMBREMENT. — IMMIGRATION. — RACES. — PROFESSIONS. — RÉPARTITION GÉOGRAPHIQUE DES COLONS. — RAPPORTS ENTRE LE MOUVEMENT DE LA POPULATION ET LE COMMERCE.

En 1869, la République Argentine comptait 1,218,776 habitants ; 26 ans plus tard, au recensement de mai 1895, cette population atteignait le chiffre de 4,044,770 (1), soit 1,5 habitant par kilomètre, dont : 1,646,664 dans les villes et 2,398,106 dans les campagnes.

L'accroissement a donc été de 331 o/o.

Dans ce dénombrement, on fait figurer, parmi les Argentins, les fils d'étrangers nés dans le pays et un certain nombre

(1)	ARGENTINS.			IMMIGRÉS APRÈS L'AGE DE 18 ANS.		
	Hommes	Femmes	Total	Hommes	Femmes	Total
I Est ou littoral.	809.487	821.163	1.630.650	554.379	328.677	883.056
II Centre	264.486	289.712	554.198	25.680	14.297	39.977
III Ouest ou Cordillère	158.984	177.947	336.931	14.864	8.255	23.119
IV Nord	184.251	179.450	363.701	13.727	6.042	19.769
V Territoires	35.325	28.478	63.803	24.774	14.792	39.566
Total de la population recensée .	1.452.533	1.496.750	2.949.283	663.424	372.063	1.005.487

Population recensée	3.954.770
— non recensée	60.000
— indienne	30.000
Population argentine à l'étranger (approximativement).	50.000
Total général	4.094.770

On doit consulter pour tous les travaux statistiques relatifs à la République Argentine, les très importantes publications de M. Mulhall, économiste des plus distingués, directeur du *Standard*, journal anglais de Buenos Aires, l'une des meilleures feuilles de l'Amérique latine.

d'individus qui, arrivés dans la République avant l'âge de la conscription, ont été inscrits sur les tableaux de recrutement de la garde nationale (1).

Quant à la race et à l'origine de la population actuelle, on ne peut l'indiquer même approximativement; car on ne connaît pas le nombre des enfants issus de mariages entre 2,358,118 immigrants de diverses nationalités et les indigènes de race pure ou métissée.

Mais il faut tenir compte de la transformation ethnique que les nouveaux venus ont produite, en s'alliant au million d'Argentins habitant la Plata vers 1860.

Voyons par exemple le mouvement immigratoire pendant l'exercice 1897.

Il est représenté par 72,978 entrées (2) à savoir :

Italiens	44.678	Roumains	100
Espagnols	18.316	Nord-Américains	94
Français	2.835	Brésiliens	71
Autrichiens	1.768	Grecs	67
Turcs	1.144	Marocains	50
Allemands	987	Suédois	42
Russes (3)	617	Chiliens	33
Anglais	562	Hollandais	31
Suisses	390	Paraguayens	9
Belges	207	Venezueliens	3
Uruguayens	203	Monténégrin	1
Portugais	195	Syriens	50
Danois	111		

Parmi ces 72,978 individus se trouvaient 39,503 célibataires des 2 sexes et 10,745 familles (33,475 personnes) avec 10,857 enfants de moins de 12 ans (4).

---

(1) La statistique de l'immigration permet d'établir la proportion exacte entre indigènes et immigrants (Voir annexes I et II).
(2) 102,673 entrées en 1896.
(3) Les Russes venus en Argentine appartiennent en grande partie à la confession juive. Voir annexe III.
(4) Professions dominantes :
      Agriculteurs 25,483

Tous ces colons ont payé leur passage sans subventions ou avances de l'Etat, des provinces, associations ou entreprises particulières.

27,593 des nouveaux venus ont demandé à bénéficier de la loi sur l'immigration ; les autres se sont répandus dans les provinces ou dans la capitale suivant leurs goûts et leurs moyens.

Les premiers ont été distribués comme suit :

Capitale.	589
Province de Buenos Aires	8.471
— Santa-Fé	6.273
— Cordoba	1.958
— Mendoza	2.569
Diverses destinations	7.394
Territoires nationaux	928
	27.593

Les provinces du centre et du sud semblent avoir exercé jusqu'à ce jour peu d'attraction sur les colons.

En ce qui concerne la zone centrale, le chemin de fer du Pacifique a servi surtout à relier le littoral au *far west*. Il n'a pas amené l'immigrant dans la Pampa. Le sud de la province de Cordoba ne se peuple pas, en dépit des stations créées à Rufino, Salas, Laboulaye, Général Roca, La Cautiva, Mackenna, Washington, Paunero.

On peut attribuer en partie cet état de choses aux achats par des capitalistes de Buenos Aires des terrains desservis par les lignes ferrées.

Journaliers.	10 755
Commerçants	3.880
Charpentiers et menuisiers	1.143
Couturières (en famille) et modistes.	4.483
Forgerons.	288
Repasseuses	1.620
Tailleurs.	651
Domestiques.	4.308
Cordonniers.	511
Cuisiniers	1.476
Tisserands	1.827
Employés de commerce	863

Les parages réservés aux colons seraient, paraît-il, trop éloignés des chemins de fer.

M. J. Alsina (1) pense qu'on doit diriger sur la province de Mendoza, centre agricole et minier, les immigrants dont un certain nombre refluera vers Neuquen dans le sud, vers San Juan dans le nord et même vers San Luis, la Pampa et Cordoba.

Le même savant fait remarquer, à ce propos, que le groupe des provinces de l'est contient 2,571,000 âmes, tandis que celui de l'ouest (Mendoza, San Juan et San Luis) ne compte que 285,000 habitants (0,92 habitant par kilomètre carré) (2).

Quant aux provinces australes, elles sont dépourvues de moyens de communication terrestres ou maritimes. D'immenses étendues y ont été achetées par des spéculateurs ; et le petit cultivateur n'ayant pu porter sa féconde activité dans cette région, elle attend encore sa mise en valeur.

Les transactions de la République progressent en raison directe de l'immigration.

Voici d'ailleurs, à titre d'exemple, par périodes quinquennales, le nombre de colons venus en Argentine et le chiffre atteint par le commerce d'exportation pendant les années correspondantes :

	Nombre d'immigrants.	Commerce d'exportation en millions de francs.
1857.	4.000	90
1858-62.	26.000	245
1863-67.	54.000	450

---

(1) Directeur général de l'immigration.
(2) « Mendoza, avec ses traditions historiques, sociales, commerciales et industrielles, région viticole et d'élevage à la fois, pourrait devenir avant longtemps le grand centre économique de l'Ouest ; son commerce rayonnera dans les provinces environnantes. C'est, en effet, un entrepôt naturel pour San Juan et Neuquen ; enfin ses transactions avec le Chili se développeront rapidement. » *Alsina.*

	Nombre d'immigrants.	Commerce d'exportation en millions de francs.
1868-72.	144.000	750
1873-77.	290.000	1.880
1878-82.	236.000	1.315
1883-87.	520.000	2.000
1888-92.	674.000	2.520
1893-97.	343..664	2.340

Aujourd'hui l'Argentine figure dans les statistiques françaises au 7e rang, avant la Russie, l'Autriche et la Turquie.

TROUPEAU ET INDUSTRIES CONNEXES

OVIDÉS

I

HISTOIRE DU TROUPEAU. — SES ORIGINES, SES CROISEMENTS, SON
DÉNOMBREMENT. — LE RANG QU'IL OCCUPE DANS LE TROUPEAU
UNIVERSEL (1).

L'Espagnol Nuñez de Chavez amena, en 1550, six brebis de
médiocre espèce dans la Plata. Aujourd'hui, les moutons qui
paissent sur ce territoire forment, au milieu du troupeau universel d'un demi-milliard de têtes, le deuxième groupe. L'Australie avec ses 120,000,000 occupe le premier rang dans cet
ensemble où l'Europe entre pour 200,000,000 d'unités, les
Etats-Unis pour 45,000,000 et les autres pays pour le reste.

La dégénérescence progressive des *Carneros* indigènes (*Criollos*) avait motivé, dès 1814, et de 1835 à 1838, diverses tentatives
d'introduction de bêtes de sang européen et nord-américain.

---

(1) Voir, pour les travaux relatifs aux Ovidés en Argentine, les mémoires de M. Lix Klett
et les articles du journal hebdomadaire *La Produccion Argentina*, publié à Buenos Aires
par MM. Lix Klett et Nelson.

Ces essais, demeurés d'abord stériles, ne décourageaient pas les éleveurs qui, en 1855, purent réaliser enfin l'acclimatement d'animaux de prix dans leurs savanes (1).

Au dénombrement de 1895, on comptait 335,314 individus de race pure.

La première transformation des prairies vierges (*pastos fuertes*) permit de faire réussir les *Lincoln*. — A mesure que les pâturages *mixtes et tendres (pastos tiernos)* se développèrent, grâce à la fumure fournie par les paissants de toute sorte, on put élever avec succès les *Mérinos-Rambouillet*, les *Négrettes, Vermont, Electoral* et *Australian sheep.*

Grâce à ces espèces, les croisements constituent aujourd'hui la véritable richesse ovine de cette République, à savoir, plus de 56,000,000 de sang mêlé.

Depuis le recensement de 1888, les métis ont augmenté annuellement de 2,000,000, pendant que la race indigène décroissait de près de 1,000,000 annuellement. Elle est réduite aujourd'hui à environ 18,000,000 de têtes parquées surtout dans les provinces de San Juan, San Luis, Cordoba et Mendoza (2).

Les produits les plus fins viennent du nord et du sud de la province de Buenos Aires où prédomine le sang négrette.

Le Rambouillet, croisé de négrette avec prédominance du premier, a donné un type spécial qu'on trouve dans toute la province de Buenos Aires. Dans le sud et sud-ouest de ce territoire, le Lincoln vient très bien. Nos industriels apprécient beaucoup sa toison ; quoique soyeuse, elle est meilleur marché que les produits obtenus sur les pâturages tendres par les Lincoln-Rambouillet (3).

---

(1) Voici le nombre et la valeur des reproducteurs de race anglaise importés en Argentine de 1892 à 1896 :

1892	1.586	£ 15.282
1893	2.015	22.124
1894	1.737	22.403
1895	2.828	37.549
1896	7.206	88.807

Valeur moyenne : £ 12 S 2.
(2) La laine des *criollos* est la moins bonne du pays. Elle sert surtout à rembourrer les matelas ; les Etats-Unis l'utilisent pour la fabrication des tapis.
(3) Sud-ouest de la province de Buenos Aires.

Les Vermont se distinguent par la finesse, la longueur et l'abondance de leur toison. Croisés avec les Rambouillet, ils donnent, comme d'ailleurs les brebis d'Australie, des produits de grande taille qui se recommandent par la qualité de la laine et de la viande.

Les *Electoral* conviennent surtout à l'industrie du peigne.

Voici le dernier relevé statistique du troupeau (1895) :

Espèce ovine.	Quantités	$ à	Valeur en $
Race du pays........	17.938.061	3	53.814.183
Race métisse........	56.106.187	5	280.530.935
Race pure.........	335.314	100	33.531.400
Total......	74.379.562	—	567.876.518

La Commission de recensement estime que ce chiffre de 74,000,000 est inférieur de 25 o/o à la réalité.

Elle appuie son opinion sur le fait que la laine exportée en 1895 correspondait à un nombre de bêtes qu'on ne saurait évaluer à moins de 100,000,000.

En 1890, les 45,000,000 de moutons des Etats-Unis avaient produit 142,720,000 kilogrammes de laine, pendant que les 73,000,000 de l'Argentine n'avaient fourni que 160,000,000 de kilogrammes.

L'animal qui, dans les pampas, a besoin d'un pâturage superficiel double de ce qu'exige le mouton aux Etats-Unis ou même en Australie, semble donc donner un tiers de laine de moins que ses congénères en pays anglo-saxon ou polynésien. Mais cet état de choses s'améliore rapidement. L'exportation en 1895 a été de 201,000,000 de kilogrammes, ce qui représente environ 2 kg. 06 par bête, alors que la moyenne, en Europe, a été estimée à 1 kg. 96 (1).

---

(1) Dans les chiffres qui précèdent, nous n'avons tenu compte que des laines exportées et non des laines employées sur place, difficiles à évaluer.

Il y a d'ailleurs lieu de ne pas négliger, dans ces calculs, le stock d'environ 2,000,000 de kilogrammes (modifiant sensiblement la proportion indiquée plus haut). La production moyenne par tête semblerait devoir être estimée à un poids légèrement supérieur à 2 kilogrammes.

A noter aussi l'influence de l'alimentation sur la couleur du produit, passant du noir intense, par des nuances terreuses, aux teintes grises, bleuâtres et blanches.

II

RENDEMENT EN LAINE DES DIVERSES ESPÈCES — TAUX MOYEN DE VENTE.

Les laines s'affinent à mesure que les fourrages s'améliorent sous l'influence de l'engrais des troupeaux.

On peut constater ce progrès lorsqu'on compare l'animal alimenté de *pasto duro* avec celui qui a été élevé dans les pâturages mixtes : la mèche du dernier paraît plus pleine, plus résistante et mieux ondulée.

Observation analogue en ce qui concerne le rendement : les laines venant d'établissements nouvellement créés dans des pâturages vierges perdent beaucoup de poids au lavage.

Au début, les Rambouillet croisés donnaient une moyenne de 31 o/o, avec un maximum de 34 o/o. Aujourd'hui, la moyenne dépasse 34 o/o, et on obtient pour les laines fines à suint clair des maxima de 44 et même 45 o/o. Des croisés Lincoln ont atteint 65 o/o.

D'après les essais faits sur échantillons, les laines de la tonte 1895 (1) ont produit au lavage un rendement moyen de 48, 81 o/o.

_____

(1) « Produccion Nacional », n° du 1er mai 1895.

Suivant les régions et la qualité des laines, ce rendement a été de :

Laine croisée Lincoln	Sud	57.28 o/o
— —	Ouest	55 —
— —	Nord	53 —
Laine métisse fine	Sud	39.10 —
— —	Ouest	37.80 —
— —	Nord	32.73 —

Dans le sud de la province de Buenos Aires, on rencontre toute la gamme des laines.

Bahiá Blanca, la *Pampa central* et la Patagonie donnent un rendement plutôt maigre. Le Tuyu, Vecino et la côte de l'Atlantique produisent des laines moyennes.

Les provenances de la Magdalena ont perdu de leur prix depuis qu'elles sont chardonneuses.

———

A mesure que le croisement améliore les races, on obtient des articles pour la haute fabrication française qui, autrefois, avait recours aux laines d'Allemagne et d'Australie (1).

Actuellement, les mélanges propres se vendent de 6 à 7 $, tandis que les autres trouvent plus difficilement acquéreurs à 5 et 5,50 $.

En 1896-1897, sur le marché de Buenos Aires, on a constaté une préférence marquée pour les croisés Rambouillet ou négrette. Les laines fines supérieures du sud et de l'ouest atteignent 8 $ et 8 $ 50 ; celles du nord, 7, et 7, 80.

Cependant la production des laines fines est en diminution constante.

———

(1) M. Cattaux a trouvé qu'on peut employer les laines de la province de Buenos Aires dans les travaux où il faut un produit de grande hauteur et douceur. Depuis trente ans environ, M. Schneider, de Mulhouse, a opéré comme M. Cattaux, et paie, pour ces articles spéciaux, des prix en dehors des coûrs ordinaires, sorte de prix de fantaisie.

III

Quel rang les productions lainières, dont nous venons de retracer l'historique et l'état actuel, occupent-elles sur le marché universel ?

La consommation a quintuplé au cours de ce siècle, et de 200,000 tonnes, elle a atteint 691,000 en 1877, 884,000 en 1888 et 1,000,000 en 1892.

L'Argentine exporte à elle seule aujourd'hui autant de laine que le monde entier en donnait en 1800 ; elle fournit 1/5 des besoins de l'industrie.

Voici les chiffres de cette production pour les grandes zones d'élevage en 1860, 1880, 1889.

	1860	1880	1889
Angleterre.	62.440 ᵀ	66.454 ᵀ	59.760 ᵀ
Continent européen . . .	223.000	179.000	200.700
États-Unis	49.060	122.000	147.180
Australie	26.760	137.368	200.700
Cap de Bonne-Espérance .	10.796	26.760	30.760
Divers	33.896	59.318	69.576
Pays de la Plata	19.178	114.176	160.500

Les campagnes 1894-1895 et 1895-1896 de la Plata (Uruguay compris) démontrent un notable accroissement : la dernière a produit 47.481 balles de plus que la précédente.

Durant la campagne du 1ᵉʳ novembre 1897 au 30 avril 1898, la Plata a expédié en Europe 356,329 balles de laine, contre 321,294 en 1896-1897, soit une augmentation de 35,053 balles.

Les ports destinataires figurent dans ce mouvement pour les quantités suivantes :

Ports	1896/97	1897/98
Dunkerque . .	135.212 balles	126.584 balles
Anvers	62.475 —	62.252 —
Hambourg . .	54.540 —	69.781 —
Brême	32.092 —	43.858 —
Le Havre . . .	10.304 —	5.237 —
Liverpool . . .	12.624 —	22.584 —
Gênes	8.926 —	17.626 —
Bordeaux . . .	2.190 —	1.479 —
Londres . . .	2.812 —	3.351 —
Marseille . . .	70 —	3.577 —
Totaux . .	321.285 balles	356.329 balles

La France a donc reçu en 1897-98, 136,877 balles contre 147,776 en 1896-97, soit une diminution de 10,899. Au contraire, les importations en Allemagne, en Angleterre et en Italie se sont accrues respectivement de 27,007, 10,459 et 8,700 balles.

IV

CAUSES QUI ENRAYENT LES BESOINS DE LA FABRICATION ET TENDENT A DÉPLACER LES MARCHÉS DE LA MATIÈRE PREMIÈRE.

L'équilibre entre l'offre et la demande semble altéré depuis que, dans certains tissus de laine, on fait entrer du coton et de la soie.

La crainte ou la prévision d'une crise ont fait accentuer la tendance de supprimer les intermédiaires. Les laines, qui étaient naguère entre les mains de la spéculation, s'achètent maintenant en grande partie aux lieux de production par les négociants et même par les peigneurs et principaux fabricants.

A Buenos Aires, pour faciliter ce mouvement, un puissant syndicat de consignataires a fondé un dépôt et un marché connu sous la dénomination de : « *Mercado central de frutos del pais* (1) ».

Des institutions de cette nature (on vient d'en ouvrir une similaire à Bahia Blanca) modifient le genre des transactions.

Il y a 20 ans, 8 o/o de la production lainière à peine s'importaient directement dans les centres manufacturiers de l'Europe ; le reste se vendait à la criée, à Londres et sur d'autres places.

Aujourd'hui, l'exportation directe de l'Australie dépasse 40 o/o de sa production. L'Argentine a mieux réussi encore, car elle envoie les 75 o/o, sans marché intermédiaire, aux centres manufacturiers de France, d'Allemagne, de Belgique et d'Italie.

Certaines compagnies de navigation ont, à leur tour, facilité les importations directes. Ainsi, les « Chargeurs Réunis » prennent les balles à Buenos Aires pour les remettre à Roubaix et à Tourcoing.

Voici d'ailleurs un tableau qui permet de constater le déplacement des marchés :

		Dunkerque	Havre	Anvers
1886	balles	39.000	19.000	86.000
1887	—	91.000	14.000	92.000
1888	—	91.000	22.000	72.000
1889	—	113.000	9.000	71.000
1890	—	111.000	12.000	72.000
1891	—	105.000	23.000	66.000
1892	—	97.000	16.000	59.000
1893	—	116.000	31.000	77.000
1894	—	149.000	14.000	68.000

Toutefois, ce déplacement n'a pas supprimé les ventes à terme pour les laines moyennes et inférieures.

Il faut donc insister sur la différence des prix qui s'obtiennent

---

(1) Voir annexe IV.

d'une part au moyen de la spéculation opérant sur les quantités susdites et de l'autre grâce aux transactions directes entre producteurs et industriels.

Dans ce dernier genre de commerce, les acquéreurs ne se préoccupent pas des cours de l'article. Ils sont à la recherche d'une qualité déterminée de laine convenant à leur fabrication. Ces spécialistes achètent à 10 et 15 o/o au-dessus des taux ordinaires du marché, sans d'ailleurs altérer les cotes qui s'établissent, selon l'importance des stocks, dans des villes comme Londres, Leipzig, etc.

V

VALEUR ABSOLUE ET COMPARATIVE DES PRINCIPAUX CLIENTS DE L'ARGENTINE.

En dépit de certaines plaintes des peigneurs français, notre pays est demeuré le principal acheteur de l'Argentine.

En 1896, pour une fabrication moyenne annuelle de plus de 1/2 milliard de francs (1), les manufactures de Roubaix, Tourcoing, Reims, Amiens, Fourmies, Avesnes, Elbeuf, Sedan, etc., ont ouvré plus de 271,000 tonnes de laine (412 millions de francs) (2).

Sur ce chiffre, les achats en Argentine figurent pour 104,000

---

(1) Objets manufacturés en laine ou mélangés laine.

	1. Fils de laine pure ou mélangée, simples et retors.	5.566 T
	2. Tissus de laine	27.990
		33.496 T soit
360.000.000 frs.	3. Chapeaux laine ou de mélange 1.235.000 pièces, soit	
1.850 000		
73.340.000	4. Laines en masse teintes ou en blousses teintes.	33.700 T soit
87.200.000	5. Laines peignées, cardées, teintes, etc., et déchets.	36.000 T soit
522.390.000 frs.		103.196 T soit

(2) Laines importées en France en 1896 :

Laines en masse		261.988 T
— — et blousses		329
— teintes, peignées ou cardées.		8.809
Laines déchets		
412.0000.000 frs.		271.036 T soit

tonnes (165 millions de francs). Pendant l'exercice suivant cette fourniture a augmenté de plus de 20 o/o.

La République Argentine voudrait bien s'ouvrir le marché des Etats-Unis, dont les 70 millions d'habitants ne peuvent compter que sur une production nationale lainière de 147,180 tonnes. Cela est insuffisant ; car cette population achète des tissus pour 30 à 40,000,000 $ par an. Aussi, l'importation des laines aux Etats-Unis augmente-t-elle, en dépit des tarifs protecteurs ou même prohibitifs. En 1892, malgré l'application du tarif Mac Kinley, on a introduit 66,329,111 kil. et, en 1893, 76,905,272 kil. Sur ce dernier chiffre, les deux républiques de la Plata n'ont contribué que pour environ 7 millions de kil., l'Australie et la Russie, chacune pour plus de 13 millions, la Turquie et la Chine pour 14 millions, etc.

Pour éviter de subir les nouveaux tarifs Dingley, les manufacturiers nord-américains ont pris 20 millions de kil. de la tonte de 1896. Ce chiffre, loin de faire prévoir une augmentation pour les prochains exercices, annonce plutôt un recul, peut-être même un arrêt. Aussi l'Argentine doit-elle considérer les Etats-Unis comme un acheteur accidentel (1).

En 1895-1896, les véritables clients de la Plata avaient été, en première ligne, la France avec 255,802 balles de laines ; en second lieu, l'Allemagne avec 126,335; et enfin la Belgique avec 104,375. Les statistiques des deux derniers exercices font ressortir des modifications de chiffres sans altérer cet ordre de priorité.

VI

DANGERS QUI MENACENT L'AVENIR DE LA PRODUCTION LAINIÈRE.

Quelque favorables que puissent être les résultats de l'élève du mouton, les Argentins experts dans l'espèce, comme M. Lix

---

(1) Voir la remarquable campagne menée par M. Lix Klett contre l'interprétation douanière des Etats-Unis au Congrès de Philadelphie en 1897,et dans son journal la *Produccion Argentina* en 1898.

Klett, disent qu'on n'a pas suivi dans les pampas une méthode rationnelle. Les croisements de Lincoln et de Rambouillet seraient disparates. De la sorte, la laine fine a diminué alors qu'il y avait augmentation de toutes espèces de laines dites mélangées et dont l'industrie ne veut pas. Cette dernière catégorie prédomine aujourd'hui en Argentine. La vente en est difficile, et le prix tend à baisser.

Dans les pâturages tendres (*tiernos*) du sud et du sud-ouest surtout, il conviendrait d'élever le Lincoln ou les autres races rustiques. Dans le nord, il faudrait des Rambouillet.

Chaque race devrait vivre sur un sol propre à son développement. Si l'on ne tient pas compte, à l'avenir, de ces considérations, la production argentine s'expose à perdre ses marchés.

On doit prévoir la possibilité d'épizooties ; le fléau des sauterelles peut, dans une certaine mesure, compromettre l'état des pâturages et des eaux où se désaltèrent les troupeaux ;

On doit considérer enfin qu'il est désavantageux, au point de vue économique, d'avoir un principal client qui, à lui seul, absorbe une partie considérable de la production.

VII

TRANSACTIONS DIVERSES AUXQUELLES DONNE LIEU LE MOUTON DES PAMPAS.

En dehors des 201,353 tonnes de laine, l'Argentine a exporté en 1895 :

> 429,946 moutons ;
> 41,882 tonnes de viande congelée ;
> Et 33,664 tonnes de peaux de moutons (1).

---

(1) Prix moyen des peaux de mouton : 0,08 à 0,80 $ le kilogramme. Les sabots de] mouton donnent lieu à un commerce spécial. Ils sont cotés sur le marché ; leur prix varie de 1,20 $ à 3,30 les 10 kilogrammes.
Il faut encore faire entrer en compte les os et autres déchets (voir l'étude relative à la race bovine).

Les procédés pour la congélation des viandes de mouton ont été appliqués pour la première fois en Australie en 1880; en Nouvelle-Zélande en 1881, et en Argentine en 1883 (1).

Voici le développement de ce commerce en Argentine, depuis 1885 (2).

1885.	2.627 tonnes		1892.	25.436	tonnes.
1886.	7.351	»	1893.	25.041	»
1887.	12.039	»	1894.	36.486	»
1888.	18.247	»	1895.	41.882	»
1889.	16.532	»	1896.	41.780	»
1890.	20.414	»	1897 (9 1rs mois)	37.650	»
1891.	23.278	»			

Cinq usines installées à Buenos Aires opèrent sur les viandes de mouton (3), en même temps que sur la viande de bœuf. Il est question de créer une sixième fabrique, à Bahia Blanca. Elle répondrait aux besoins de cette région qui expédie annuellement sur Buenos Aires 450,000 moutons vivants (4). (Ce nombre représente environ 50 o/o des bêtes préparées dans les établissements en question.)

A leur arrivée dans la capitale fédérale, après un voyage de 30 à 45 heures, sans boire ni manger, ces animaux pèsent, en moyenne, un kilogramme de moins qu'au moment de leur embarquement (on perd donc par an un total de 450,000 kilog.).

En outre, on mélange dans les frigorifiques les animaux du domaine austral avec leurs congénères de diverses provenances. On déprécie ainsi, sur les marchés étrangers, les viandes d'excellente qualité des premiers.

La fabrique projetée à Bahia Blanca devrait avoir des bergeries

---

(1) « Produccion Argentina », n° 95. Renseignements complétés avec la statistique des premiers neuf mois de 1897.

Aux termes de la loi du 16 novembre 1887, un crédit de 150,000 $, est inscrit d'office chaque année pour primes à l'exportation des viandes de mouton en frigorifique. Cette loi est analysée dans le chapitre concernant la race bovine.

(2) D'après M. C. P. Salas, cité par la « Produccion Argentina » dans son n° 95 du 1er janvier 1897.

(3) Voir en ce qui concerne ces établissements les renseignements qui figurent dans la notice sur la race bovine.

(4) Statistique du chemin de fer du Sud.

pour 5o,ooo têtes. Elle coûterait environ 5oo,ooo $ y compris l'achat de 6 hectares de terrain. Ce capital pourrait facilement, dit-on, rapporter 20 o/o net.

En résumé, l'*Estanciero* a eu la prétention d'arriver, au moyen de croisements, à augmenter et à améliorer en même temps les laines et les viandes. Il est parvenu à obtenir dans ce sens des reproducteurs très remarquables dont quelques-uns ont, sur les meilleures espèces européennes, l'avantage d'être acclimatés dans le milieu où ils sont destinés à vivre.

C'est là un résultat contre lequel ne sauraient prévaloir les critiques, d'ailleurs judicieuses, que l'on a adressées aux éleveurs argentins.

BOVIDÉS

L'Espagnol désigne le bétail par le terme générique *ganado*, participe passé du verbe *ganar*, gagner.

Le génie de la langue a indiqué de la sorte que l'élève du bétail permettait de réaliser un gain sans effort, un bénéfice sans travail.

Récemment encore, on n'aurait pu considérer comme une industrie pastorale régulière l'exploitation des *estancias* avec les troupeaux sauvages qui paissaient sur des « savanes » où les propriétés n'étaient pas même délimitées.

Il y a une vingtaine d'années à peine que le bornage des fermes s'est fait au moyen de milliers de kilomètres de fil de fer ou de ronce artificielle. Le troupeau parqué est, depuis lors, une proie moins facile pour les bandits vagabonds qui jadis vivaient du bien d'autrui ; et les propriétaires ont pu prendre souci d'améliorer la race bovine pour en tirer des profits plus rémunérateurs.

I

ÉTAT DU GROS BÉTAIL DE LA PLATA. — PLACE QU'IL OCCUPE PARMI LES PRINCIPAUX TROUPEAUX DU MONDE.

Les dénombrements de 1888 et de 1895 ont donné les résultats suivants :

	1888	1895	à $ en 1895	Valeur en 1895
Race du pays . . .	17.574.572 têtes	14.197.159 têtes	15	212.957.385 $
— croisée. . . .	3.388.801	4.678.348	50	233.917.400
— pure	37.858	72.216	409	28.886.400
Vaches laitières de toutes races . . .	960.426	1.800.799	70	126.055.930
Bœufs de labour. .	—	943.004	70	66.710.280
	21.961.657 têtes	21.691.526 têtes	—	668.527.395 $

La commission de recensement doute de l'exactitude de ces chiffres. Elle estime qu'il faudrait les majorer de 20 o/o, ce qui donnerait à la République Argentine environ 25,000,000 de têtes de gros bétail (représentant 740 millions de $).

Les Etats-Unis en possèdent 5o millions ;

La Russie, 3o millions.

L'Argentine viendrait donc en troisième rang, propriétaire d'un huitième des individus de race bovine existant dans le monde entier.

II

PROVENANCE DES REPRODUCTEURS.

Les « estancieros » de la Plata ont acheté, presque tous, leurs reproducteurs en Angleterre.

Nombre et valeur des reproducteurs pur sang (pedigree) exportés d'Angleterre dans l'Amérique du Sud :

Années	Têtes	Valeur
1892	13o	£ 8.252
1893	285	17.346
1894	167	8.799
1895	382	22.617
1896	989	60.549
1.953	£ 117.563 (1)

Cependant, en 1896, on a importé de France quelques très beaux taureaux.

L'importation d'animaux à cornes européens a atteint durant cet exercice 716 têtes (317,100 $ or) contre 165 en 1895.

(1) La moyenne, dans les dix dernières années, a été de 75o,000 francs, pour reproducteurs de races ovine et bovine, rien que pour l'Angleterre et l'Écosse.
La moyenne du prix des taureaux a dépassé 6o £ (plus de 1,500 francs).

Nos éleveurs ne publient pas, et c'est regrettable, un « Life stock book », alors que les Anglais adressent gratuitement, à tous les grands éleveurs, cette publication luxueuse, avec les portraits en photogravure des animaux de prix, des notes sur leur caractère rustique, leur production laitière, la qualité de leur viande, etc.

Nos voisins d'outre-Manche ont établi, par ce moyen si simple, un courant d'affaires importantes.

Faute d'avoir employé des procédés semblables, nos éleveurs, si souvent primés dans les concours généraux et régionaux, dans les comices agricoles français, ne tirent pas de leur industrie les bénéfices auxquels ils pourraient prétendre.

III

PARTI QUE TIRENT LES ARGENTINS DE LEUR TROUPEAU.

A. — *Exportation de bétail sur pied.*

Le 16 novembre 1887, les Chambres argentines votèrent une loi accordant au pouvoir exécutif la somme de 450,000 $ pour encourager l'exportation du bétail sur pied, à partir du 1ᵉʳ janvier 1888.

Cette somme devait être répartie comme suit :

a) 250,000 $ pour primes à l'exportation du gros bétail ou de la viande de bœuf en conserve ou en frigorifique ;

b) 50,000 $ pour favoriser l'ouverture de nouveaux marchés de viande sèche (tasajo) ;

c) 150,000 $ pour subsides et primes aux exportations et foires rurales.

Tout exportateur a droit à ces primes sauf dans les cas suivants :

1° Si la quantité exportée dans le trimestre ne dépasse pas 5,000 kgr. de viande ou 25 têtes ;

2º Si le bétail ou la viande est destiné à l'approvisionnement de navires ;

3º Si l'exportation se fait par voie terrestre.

Cette loi a donné d'excellents résultats : après les premières années d'essais et de tâtonnements nous voyons expédier, en 1894, plus de 220,490 têtes (valant 4,540,160 $ or) et dès l'année suivante ce chiffre se trouve doublé.

B. — *Préparation de viandes désossées, salées et séchées au soleil* (charqui *ou* tasajo).

Il a été abattu dans les *saladeros* de la province de Buenos Aires :

En 1891. . . .	844.600 têtes de bétail.	
1892. . . .	759.400	—
1893. . . .	745.400	—
1894. . . .	641.000	—
1895. . . .	736.500	—

Tasajo vendu à l'étranger en 1895 : 55,089 tonnes.

Prix du tasajo : $ or 6,10 à 6,30 les 100 kgr.

Pendant les neuf premiers mois de 1896, il a été exporté :

33,594 tonnes de tasajo représentant une valeur de 2,146,244 pesos oro, soit : 10,731,220 francs.

Le personnel des saladeros a été durant cet exercice de 1,531 individus dont 866 Argentins et 665 étrangers.

Les vingt et un saladeros de cette province représentent un capital de 12,168,572 $, ainsi réparti :

Immeubles.	1.774.000 $
Outillage	555.000
Animaux abattus ou à abattre.	9.839.572
	12.168.572 $

Les saladeros de la province d'Entre Rios sont moins importants.

C. — *Congélation des viandes.*

La loi du 5 novembre 1888 autorise le Pouvoir exécutif à accorder une garantie annuelle de 5 o/o, sur leur capital, aux sociétés établies dans la République pour *exporter la viande de bœuf* (1) fraîche ou conservée par des procédés hygiéniques.

Le maximum du capital garanti de chaque société ne devra pas dépasser 1 million de $ ni être inférieur à 500,000 $. Le Pouvoir exécutif ne garantira pas un ensemble de capitaux excédant 8 millions de $.

Les sociétés seront en outre exonérées de tout impôt national ou provincial pour la durée du contrat.

Les bénéfices dépassant 5 o/o serviront au remboursement de la garantie.

20 o/o du capital devra être réservé aux souscripteurs nationaux.

Sous ce régime, l'exportation des viandes congelées a deux fois décuplé en douze ans.

Voici le relevé de ce mouvement :

1885.	2.862 tonnes	1892.	25.436 tonnes
1886.	7.351 —	1893.	25.041 —
1887.	12.039 —	1894.	36.486 —
1888.	18.247 —	1895.	41.882 —
1889.	16.532 —	1896.	41.780 —
1890.	20.414 —	1897(9 1ers mois)	37.650 —
1891.	23.278 —		

Sur cet ensemble, il revient à la race bovine :

1892.	284 tonnes	1895.	1.587 tonnes
1893.	2.778 —	1896.	3.215 —
1894.	2.267 —	1897 (9 1ers mois)	2.991 —

---

(1) Et la viande de mouton.

Cette industrie est exploitée aujourd'hui, à Buenos Aires, par quatre établissements :

1° « The River Plate Fresh Meat C° L^d », fondée en 1882, par les frères Drable, à Campanà ;

2° La « C^{ia} Sansinena de congelacion de carnes », grand prix d'honneur à Paris en 1889, fondée en 1883, par M. Sansinena. (Occupe 300 ouvriers, et tue 3,000 animaux par jour.) Deux machines (système Delavergue), produisent 50,000 kilogrammes de glaces, journellement ;

3° La « Frigorifica » de San Nicolas ;

4° « Las Palmas meat produce, C° L^d ».

Une cinquième usine, la « Argentine Meat preserving C° L^d », récemment créée, ne fonctionne pas encore.

Le capital des quatre premiers établissements est de 5,934,380 $ (1), dont 1,369,280 $ représentant la valeur de soixante machines, d'une force de 1,652 chevaux-vapeur.

Le personnel occupé en 1895 a été de 1,225 ouvriers et la valeur des produits exportés a atteint 2,145,000 $ or.

Toutes les parties de l'animal sont utilisées. Les langues et rognons se vendent sur place ; les boyaux sont spécialement préparés pour l'Allemagne et l'Italie. Ces deux pays les emploient à diverses industries et surtout à la fabrication de cordes harmoniques. Les viscères sont diversement utilisés. La graisse qui les entoure sert à fabriquer du suif, pour bougies et savons.

L'exportation des viandes occupe quatre-vingts navires faisant en moyenne deux voyages par an et pouvant contenir 2,500,000 bêtes.

La concurrence faite par les viandes congelées aux viandes fraîches du continent a provoqué la baisse de ce dernier article en Angleterre, de 6^d en 1880, à 4 1/4 en 1886 et 3 3/4 en 1894.

La consommation du Royaume-Uni avait été en 1883 de 77,4 livres de viande de boucherie par personne. Elle a passé en 1895 à 82,7.

---

(1) Le revenu net moyen n'ayant jamais été inférieur à 10 o/o.

D. — *Extraits de viande.*

La grande fabrique argentine d'extrait de viande fut fondée à Santa Elena, par M. Kæmmerich, ancien chimiste dans les établissements de Fray Bentos en Uruguay (procédé Liebig).

Il existe aujourd'hui une sorte d'entente entre ces deux usines (1).

A défaut d'un bilan de la première, nous donnons ci-après un compte rendu de la « Liebig's extract of meat C⁰ Limited ».

Depuis 1886, les appels de fonds de la Société montent à £ 500,000. Les actions étant cotées à £ 74 ; la valeur marchande ou négociable de ces titres est de £ 1,850,000 (2).

Les bénéfices de 1866 s'étaient chiffrés par £ 18,437. En 1896, ils se sont élevés à £ 113,280.

Pendant ce laps de trente années, les actionnaires ont reçu plus de 2 millions de £, c'est-à-dire quatre fois leur mise.

Le 1ᵉʳ juin 1897, en dehors d'un dividende accidentel de 5 o/o distribué le 15 février 1897, l'assemblée générale a pu voter 15 o/o (£ 3 par action) soit, pour l'exercice 1896, 20 o/o libres de l'*income tax* (impôt sur le revenu) (3).

La Compagnie emploie à Fray Bentos (4), dans ses « estancias » et dans ses divers dépôts d'Europe un millier de personnes.

Depuis que son premier fourneau a été allumé, l'usine a consommé plus de 250,000 tonnes de charbon, Elle a produit 750,000 tonnes de marchandises diverses (5) dont 230,000 ven-

---

(1) La marque de fabrique de la première semble avoir disparu de nos marchés.
(2) En dehors de la propriété de Fray Bentos et de grandes superficies louées, la Compagnie possède, en Uruguay, 165,000 acres de « savanes » (pâturages), et des propriétés à Anvers.
(3) La Société a, en outre, porté au fonds de réserve 50,000 £. Elle a fait don à la Caisse des retraites des employés de 2,000£. Le Conseil d'administration a perçu statutairement 10 o/o sur les bénéfices nets à savoir :
7,908 £ 1 s. 4 d., en inscrivant un solde pour le compte de profits et pertes du prochain exercice montant à £ 5,543 14 s. 3d.
(4) La *estancia* et l'usine de Fray Bentos forment une petite ville où l'on trouve une école, un hôpital avec sa salle d'opérations, etc., un club, une bibliothèque, des établissements de bains, etc.
(5) 5 millions de bœufs débités.

dues en Europe, à savoir : l'extrait de viande, le « peptarnis », des cuirs, du suif ; du bœuf, des queues et des langues en conserve ; du corned beef, des cornes et des os, de la graisse raffinée pour la cuisine, de la farine de viande pour le bétail, etc.

La Société ne laisse rien perdre. Voici un exemple de l'application de ce principe : l'eau qui a servi au nettoyage des abattoirs, est chargée de sang. L'odeur de ce liquide attire les poissons ; ils viennent en grand nombre aux environs du déversoir.

Dès qu'elle s'est aperçue de ce phénomène, la Compagnie a établi des pêcheries qui, aujourd'hui, fournissent la matière première pour une fabrication d'huile de poisson servant à produire le gaz, au moyen duquel on éclaire l'établissement et la cité ouvrière.

Les restes de la faune fluviale, transformés en guano, paient les frais de ces manipulations.

E. — *Utilisation des déchets.*

Il y a 30 ans, on tuait un bœuf pour vendre le cuir et manger le filet ; aujourd'hui, en dehors des viandes, les déchets donnent lieu à un commerce important.

Voici, à titre d'exemple, pour l'année 1895, les relevés et cotes statistiques concernant les articles en question (1)

Désignation		Prix moyen				Exportation Tonnes
Cuirs de vaches.	1° secs . . . 7	à 16	$ or les	10 Kgr.	27.746
	2° salés . . . 8	à 25	— les	100 Kgr.	34.901
Cornes	1° de bœufs. 55	à 60	— le mille . . .		2.554
	2° de vaches. 15	à 20	— —		
Os 10		à 13	— les	1000 Kgr.	44.264
Cendres d'os 7		à 11	— les	— .	16.065
Sabots 9		à 10 3/8	— les	100 Kgr.	606
Crins de vaches 27.30		à 32.40	— les	100 Kgr.	

---

(1) Tendance constante à l'accroissement des transactions. — Marchés illimités.

F. — *Industrie laitière et fromagère.*

Cette industrie argentine, de création récente, compte, dans la province de Buenos Aires seulement : 201 laiteries, 200 fromageries, 417 « tambos » (vacheries).

Le capital de ces établissements (1) serait de :

2,728,917 $ pour les laiteries.
3,061,521 $ pour les fromageries.
538,400 $ pour les vacheries.

Enfin, il y aurait dans la province, 371,434 vaches laitières ; — production annuelle : 594,000,000 de litres de lait ; — rendement en beurre : 24,000,000 de kilogrammes.

L'importation des fromages à Buenos Aires a diminué d'environ 1,000,000 de kilogrammes, (1,578,900 kilogrammes en 1888 ; et en 1894, 510,400).— Cette tendance s'accentue.

De ce chef, et sans tenir compte de l'augmentation du nombre des habitants, l'économie réalisée par le pays dépasse 4,000,000 de $.

Quant à l'exportation, elle a passé, pendant la période indiquée ci-dessus, de 9,216 kgr. (1,900 $ environ) à 249,000 kgr. (75,000 $).

Les principaux pays destinataires ont été en 1897 :

L'Angleterre pour	31.500 kgr.
Le Brésil	51.320
Le Paraguay.	25.010
L'Uruguay	4.350
L'Italie	600

(1) Le système coopératif, ou l'association du producteur de lait avec le fabricant de beurre et de fromage donne de bons résultats.

Dans cet ordre d'idées, on peut citer, entre autres, l'établissement de MM. Lahore et Elowson, à Florencio Varela, avec 1,500 vaches. On y élabore journellement 16,500 litres de lait. Le lait est payé o $ 25. les 10 litres. Le rendement est d'environ 650 kilogrammes de beurre et de fromage, genre Chester.

La laiterie « La Martona », de M. Vicente Casares, à Cañuelos, est basée sur le système mixte. Elle reçoit 10,000 litres de lait, dont 9,000 environ de « tambos » ou vacheries indépendantes. On trait en outre dans cet établissement 1,200 vaches sur les 1,600 lui appartenant.

Les conditions sous lesquelles se fait l'élevage dans les pampas expliquent cet essor industriel ; — elles compensent si bien les avantages qui résultent, par exemple pour la Suède et le Danemark de leur proximité du marché anglais, que les beurres et fromages argentins peuvent lutter sur quelques marchés contre les produits européens. A plus forte raison, ne saurions-nous aujourd'hui les combattre en pays de La Plata.

Voici d'ailleurs les cotes comparées à Buenos Aires en ce qui concerne les fromages et le beurre importés et les articles confectionnés dans le pays :

PROVENANCE ÉTRANGÈRE	Prix Kgr.	PRODUCTION NATIONALE	Prix Kgr.
Pategras.	$ 2.20	Fromage commun.	$ 0.20
Gruyère.	2.25	— Chester.	1.35
Parmesan.	2.50	— Pategras.	1.30
Gorgonzola.	2.45	— Bola (entière).	1.50
Bola (entière).	2.50	Beurre de la Martona, frais.	1.25
		— — salé.	1.10
		Beurre de « l'Argentina », frais.	0.70 à 1.00
		Beurre de Tambo (laiterie ordinaire).	0.80

Les Chambres discutent actuellement certaines questions relatives à cette industrie, telles que la réglementation des transports par les voies ferrées ; la création d'écoles pratiques de laiterie et de cours spéciaux à la faculté d'agronomie ; la réduction de 50 o/o des impôts qui frappent la laiterie ; les primes à l'exportation ; l'organisation de concours, etc... (1)

Parmi les pays sud-américains, l'Argentine seule a compris qu'il ne suffisait pas d'importer des reproducteurs de choix, sans assurer aux troupeaux la nourriture qui leur convient.

Aussi a-t-on ensemencé des milliers d'hectares de luzerne

---

(1) La « Industria Lechera en la provincia de Buenos Aires, par Eduardo Larguia, ingeniero agronomo » (1897). (Publication officielle du Ministère des Travaux publics de la République Argentine.)

(alfalfa) possédant des qualités nutritives et un caractère de perennité extraordinaires.

On peut faucher ces fourrages et y faire paître le bétail sans jamais affaiblir la végétation de ces herbes hautes d'un mètre.

Et les animaux qui, sur les savanes, ont une capacité laitière strictement nécessaire pour l'allaitement de leurs petits, donnent dans les pâturages dont il s'agit, le remarquable rendement analysé plus haut.

ÉQUIDÉS

ORIGINE DE LA RACE DITE " CRIOLLA ". — TROUPEAU ACTUEL. —
RACES CHEVALINE ET MULASSIÈRE. — DÉNOMBREMENT. — DESCRIP-
TION DU CHEVAL ARGENTIN. — SES CROISEMENTS. — QUESTIONS
COMMERCIALES RELATIVES A SON EXPORTATION.

Pedro de Mendoza s'était engagé, au moment de la conquête
de l'Argentine, à coloniser le Rio de la Plata et à y introduire
cent chevaux et juments (1).

L'origine du cheval dans le domaine des Tehuelches remonte
à cette époque (2).

La tradition veut que les troupeaux qui aujourd'hui peuplent
les *pampas* et les *serraniàs* et qui forment la race « *criolla* »,
descendent de sept étalons et cinq juments que Pedro de Mendoza ne put rassembler lorsque, harcelé par les tribus in-
diennes, il dut abandonner Buenos Aïres après en avoir jeté
les fondations.

Après trois siècles et demi, le nombre des équidés en Argentine (races chevaline et mulassière) se décomposait comme suit :

Race chevaline	Nombres de têtes.	Valeur de l'unité.	Valeur totale.
Race du pays .	4.016.297	10$	40.162.970 $.
Métis	414.985	50	20.749.250
Purs sang. . .	15.577	1.000	15.557.000
	4.446.859	—	76.469.220 $.

_____

(1) Il n'en aurait importé que 72 (de race andalouse).
(2) Notice de M. le comte de Malherbe.

4

Ce troupeau se placerait donc au troisième rang (après la Russie et les Etats-Unis).

Dans cet immense haras naturel, on peut encore acheter des étalons jeunes, vigoureux et résistants depuis 5o francs, des hongres depuis 25 francs, des juments depuis 5 francs.

Quant aux espèces asine et mulassière elle comptaient au dernier recensement :

Race mulassière.	Nombre de têtes.	Valeur de l'unité.	Valeur totale.
Anes.	197.872	10 $	1.978.720 $
Mules	285.497	35	9.992.395

Le cheval argentin a conservé chez nous jusqu'à ce jour la mauvaise réputation que lui ont value des essais infructueux d'importation.

En pays de La Plata, indigènes et Européens apprécient au contraire sans réserve les services de la bête « criolla ».

Durant ces dernières années, on a introduit une grande quantité de chevaux de race pour faire des croisements; l'Argentine compte de nombreux haras appelés « cabanas » où sont représentées toutes les variétés de l'Europe depuis le Cleveland jusqu'à l'Orloff, du Tarbais au Percheron, de l'Arabe au Clydesdale. Mais, de ces sélections, il ne faut pas conclure que les *criollos* soient appelés à disparaître.

Autrefois les gauchos n'avaient cure de leurs bêtes. Les chevaux pâturaient sauvages dans les plaines où les propriétés n'étaient guère délimitées et où l'on s'emparait au *lazo* ou aux *bolcadoras* des poulains que l'on voulait dompter.

L'abondance des animaux était telle qu'on en destinait un grand nombre aux graisseries des « saladeros » (1).

_____

(1) Ces établissements vendaient le cuir des animaux et fabriquaient, pour l'éclairage de la ville de Buenos Aires, de la graisse de *potro* (poulain).

Les temps ont changé : l'Argentine s'est peuplée d'immigrants; les propriétés ont été clôturées; l'esprit d'administration et d'économie rurales s'est développé. Aussi, grâce à la plus-value des types du pays les plus parfaits (recherchés pour les cabanas), la race créole, loin de s'abâtardir et de dégénérer, s'améliore; les paysans, soucieux de leurs intérêts, apportent au recrutement des jumenteries et au choix des étalons des soins naguère ignorés.

Le type du cheval indigène se caractérise généralement ainsi : tête plutôt lourde, nez busqué (signe particulier à la race andalouse); l'encolure est presque toujours gracieuse (1); front plat, œil brillant et net, vue très bonne, paupière supérieure peu saillante; mâchoire et lèvre inférieures, chez certains sujets (surtout chez les chevaux entiers), assez tombantes; oreille plutôt longue; naseaux bien ouverts; garrot peu proéminent en général; poitrail bien proportionné; échine droite; — (si l'on voit des bêtes ensellées, cela tient à ce qu'elles ont été montées trop jeunes).

Le ventre est développé par suite de la nature de l'alimentation : le pâturage en plein champ. La croupe, quelquefois ravalée, est ordinairement arrondie; la queue presque toujours bien plantée. Les jambes sont proportionnées, les crins moyens, comme densité et longueur, les boulets très peu garnis.

La taille est moyenne : on trouve cependant de grands types fort beaux dans le Sud.

Quant aux sabots, ils sont presque toujours petits et bien formés. Les chevaux de la plaine (celle de Buenos Aires surtout) souffrent, dès qu'on les transporte sur des terrains durs, de blêmes, de sêmes, etc.

Les produits originaires des provinces montagneuses et des terrains pierreux sont pourvus d'un sabot sain, bien fait et ferme.

---

(1) On trouve aussi l'encolure droite du cheval de course.

Les jointures sont courtes et rassemblées, ce qui permet à l'animal de se maintenir en bon état, malgré les rudes travaux qui lui sont imposés. Les cas de fourbure sont des plus rares.

Parmi les robes (aussi variées que celles des races européennes) la couleur foncée prédomine; on la préfère aux nuances claires; le gris pommelé et le blanc semblent déprécier la valeur marchande des bêtes.

Certes le cheval de La Plata ne saurait être classé parmi les bêtes de luxe; mais combien les qualités du criollo compensent ce que les sportsmen seraient tentés d'appeler des défauts anatomiques.

Il est sobre et fort, docile et intelligent, sain, résistant aux fatigues et aux privations, souple et même fougueux si on l'entraîne, utilisable de toutes façons.

La plupart des défauts contraires ont été imputés aux « platas », comme on les nommait dans nos quartiers de cavalerie, où, pendant la période d'essai, on les considérait comme des *bêtes féroces*, méchantes, brutes et promptement fourbues.

On peut admettre que l'achat dans l'Argentine des chevaux pour l'armée française ne fut pas effectué avec les précautions nécessaires.

Le cheval du *campo* est *dompté* et non *dressé* : on prend le poulain sauvage au *lazo;* on le jette par terre à l'aide d'une seconde courroie qui lui saisit une jambe de derrière.

On lui met un licol en cuir vert relié aux rênes par le *bocado*, sorte de mors ou frein consistant en une lanière tordue, fortement serrée autour de la mâchoire inférieure ; après lui avoir sanglé vigoureusement sur le dos le *recado* (selle spéciale composée de plusieurs pièces), on le lâche. Au moment où il se relève, le dompteur (*domador*) s'élance habilement en selle et lui plante ses éperons aux flancs. L'animal affolé bondit et cherche à désarçonner son cavalier. N'arrivant pas à ses fins, exaspéré, il entreprend un furieux galop à travers champs (1).

Lorsqu'elle est à bout de forces, la bête s'arrête. On termine son instruction par des procédés aussi rudimentaires.

Le cavalier, marchant au pas, au trot, ou au galop de route, a toujours les rênes molles, et abandonne le cheval à la sûreté de son pied (2).

Dans de pareilles conditions, ces modestes coursiers font souvent 25 à 30 lieues (125 à 150 kilomètres) (3) par jour.

Or, comment s'y prenait-on, chez nous, pour porter une appréciation sur les services que cette race pouvait rendre en France ?

On était en présence d'animaux hébétés par une traversée d'un mois, nourris à bord de foin sec qu'ils ne connaissaient pas. On les plaçait dans les grandes écuries des escadrons où le bruit de leurs congénères, les commandements, les sonneries les ahurissaient, eux qui avaient toujours vécu librement dans le grand silence de la campagne. Nos soldats, instinctivement, pour éviter les coups de pied, portent la main à la tête du cheval ; ce mouvement effraie le « plata » ; il se cabre, brise ses liens, s'échappe, met l'émoi dans l'écurie.

Voici venir la brosse et l'étrille dont le contact se fait sentir sur l'animal pour la première fois, la plupart du temps ; alors son affolement n'a plus de bornes : il se défend des pieds et des dents. Enfin, malheureusement, le cavalier administre sournoisement des corrections à l'indiscipliné, et ne fait que l'effaroucher davantage.

---

(1) Durant cette course, un cheval déjà dompté (*el padrino*) le suit.
(2) On réunit une fois par an le bétail sauvage des « pampas » appartenant à une « estancia » pour le dénombrement et la marque au fer. Pendant cette opération, appelée *rodeo*, on est obligé de tenir les chevaux bien en main. C'est là d'ailleurs, que l'on peut voir la force, la docilité et la vitesse de l'animal. Le « gaucho », galopant à fond de train, colle le poitrail de sa monture contre l'épaule du bétail récalcitrant. Il le pousse vigoureusement ; d'autres cavaliers viennent à la rescousse et, sous cette impulsion le *ganado* prend la direction voulue.
Si c'est un taureau qui fait tête, le cavalier lance le lazo. Durant cette manœuvre, le cheval doit faire preuve d'autant de vigueur que de docilité.
Parfois il faut *pechar* (verbe dérivé du mot *pecho* (poitrine) : on a recours à cette manœuvre pour vaincre la résistance du bétail devenu furieux par la poursuite dont il est l'objet. Au moment où la bête à cornes fait mine de foncer sur le « gaucho », l'un des compagnons se lance sur l'animal menaçant et, d'un coup de poitrail du cheval, le fait rouler sur le sol Après ce choc, il s'arrête net, impassible et prêt à se retirer dès que les intentions de la brute qui se relève lentement seront connues du cavalier.
(3) La lieue mesure cinq kilomètres.

Les rations d'avoine ajoutent à l'enfièvrement (1).

Et voilà comment, d'une race naturellement douce et docile, on fait des bêtes inabordables.

Tout n'est pas fini cependant ; l'essai doit se continuer, on va faire le dressage pour le service des armes ; on met le mors et le filet, ou le mors brisé à ce cheval qui n'y est pas habitué ; on lui impose une selle d'ordonnance à sous-ventrière étroite dont la pression locale l'incommode, lui qui a toujours eu presque le ventre entier assujetti par une très large sangle.

Le soldat va se mettre en selle au commandement, et tâcher d'obtenir que sa monture se tienne en ligne ; mais, au lieu de rester immobile, le *plata*, accoutumé à partir dès qu'il sent sur l'étrier le pied du « gaucho », fait de nouveau un faux mouvement et jette souvent par terre son cavalier surpris.

C'est ensuite la manœuvre au trot, allure qu'il ne connaît qu'en liberté, comme transition du pas au galop et *vice-versa*.

Enfin vient le galop, sa véritable allure des pampas. Là encore il est étonné par ce cavalier qui serre les genoux au lieu de faire de l'équilibre simple.

Telle est l'explication de l'insuccès dont on s'est plaint.

Cependant le cheval sauvage en Argentine, ne sera bientôt qu'un mythe ; on l'a domestiqué ; le piéton ne l'effraie plus.

———

Si la bête créole mérite la préférence à cause de son prix peu élevé et de ses qualités physiques et morales, on ne doit pas négliger les produits de ses croisements. Les animaux métissés sont plus chers — il est vrai — mais ils offrent des avantages : ils acquièrent de la finesse et de l'élégance, en conservant une bonne partie des qualités de douceur et de résistance du créole.

———

(1) Non habitués à ce grain, beaucoup de chevaux mettent plusieurs jours avant d'y goûter.

Les Anglais en font des expéditions suivies sur les îles britanniques, le Cap, etc. Plusieurs envois effectués par des particuliers pour le compte de quelques-uns de nos compatriotes ont d'ailleurs donné des résultats satisfaisants. L'acheteur français à qui l'on présentera un « platá » le reconnaîtra tout de suite à la marque à feu qu'il porte sur la cuisse. L'animal, même s'il n'a aucun défaut, sera déprécié de ce fait. (1).

Mais on ne saurait douter que la race en question ne soit apte à s'acclimater en France. Au point de vue commercial, à la condition de tenir compte des observations qui précèdent, on peut réaliser de bonnes affaires.

Il serait facile d'importer ces chevaux à Bordeaux, Marseille et le Havre, par petits groupes. La traversée de l'Atlantique est des plus bénignes; les pertes en mer sont très rares : l'expérience acquise par les exportateurs de bétail sur pied (bœufs et moutons) l'a suffisamment démontré.

Pour donner une idée de l'écart entre les prix d'achat et de vente (2), il suffit de rappeler que les animaux, revenant à quai en France à 100 $ or (500 francs), ont été vendus de 1,400 à 1,600 francs (3).

---

(1) Un négociant français embarqua l'an passé, sur des vapeurs des « Chargeurs Réunis », une cinquantaine de chevaux pour Dunkerque où il en réalisa la vente dans de bonnes conditions. Propriétaire d'une petite « estancia » dans l'Uruguay, il dresse des animaux à la française pour la selle et la voiture. Quand ses produits arrivent en France, il les laisse reposer dans des pâturages, et les vend une fois revenus en forme; mais il a soin de marquer ses animaux sous la crinière.

D'autres appliquent un fer de petite dimension dont l'empreinte se voit peu. On arrivera même bientôt à marquer au sabot. Les chevaux de prix ne se marquent d'ailleurs plus.

(2) Cet exemple ne saurait être considéré comme donnant l'indication d'un taux constant. Les prix en Argentine sont sujets à des fluctuations assez notables.

Le frêt est de 125 à 150 francs par tête et la nourriture coûte de 50 à 60 francs. L'assurance, les pourboires à bord, chapeau du capitaine, droits d'entrée, frais de débarquement, transports par chemin de fer en France, etc., ne dépassent guère 200 francs.

Il faut encore ajouter les salaires des hommes chargés d'accompagner et de soigner les animaux durant la traversée, et le prix de leur voyage de retour s'il y a lieu. Cependant les compagnies de navigation se sont mises à accorder le passage libre d'un homme par nombre déterminé d'animaux, selon conventions arrêtées avec l'expéditeur.

Il y a enfin l'amortissement et les intérêts de l'argent employé. Mais le dressage et l'exportation du cheval dans les conditions indiquées plus haut n'exigent pas de grands capitaux ni de dispendieuses installations.

(3) Voir pour les autres espèces animales domestiquées, annexe IV *bis*.

AGRICULTURE

ET INDUSTRIES AGRICOLES

BLÉ ET MEUNERIE

Jusqu'en 1877, l'Argentine ne produisait pas le pain de sa population.

Depuis, grâce à sa loi hospitalière et sage, sa persévérance dans la poursuite d'un but nettement indiqué, elle a conquis sa place parmi les fournisseurs de blé du monde (1).

I

CULTURE DES BLÉS.

A. — *Domaine.*

Après les mauvaises récoltes de 1894, 95 et 96, il y a eu des découragements et des désertions parmi les agriculteurs, et il

---

(1) 1894 avait trompé les espérances des agriculteurs de la Plata.
L'insuccès des récoltes de 1895 et 1896 créait une situation menaçante ; on parlait d'émigration des colons, de désastre national. La distribution des semences (annexe V), la lutte générale contre la sauterelle (annexe VI) semblent avoir conjuré le danger.

est impossible de connaître avant un nouveau recensement l'état exact de la superficie ensemencée.

Le domaine emblavé en 1895 dans les quatre principales provinces s'occupant de la culture du blé se répartissait ainsi qu'il suit:

Buenos Aires.......	450.000 hectares.
Santa Fé..........	2.000.000 —
Entre Rios.........	290.000 —
Cordoba..........	250.000 —
	2.990.000 hectares.

Suivant les calculs de certains spécialistes, il faudrait compter, en 1897, un total de 1,945,000 hectares; les champs auraient donc diminué au moins d'un tiers.

B. — *Production.*

Les récoltes de blé en Argentine (1), pour les périodes comprises entre 1890 et 1896, ont donné les résultats suivants:

1890. — 892.661 T. 184.
1891. — 1.001.522 T. 304.
1892. — 1.502.283 T. 456.
1893. — 2.394.944 T. 464.
1894. — 1.632.916 T. 800.
1895. — 1.197.472 T. 320.
1896. — 1.088.611 T. 200.

L'avenir de cette culture, après les désastres des années 1895 et 1896, pouvait donner des craintes.

---

(1) D'après statistiques du « Corn trade Year Book » 1896.
Poids anglais. . . { Quarters. . . . . 480 Lbs } transformés
{ Lbs . . . . 453 gr. 583 } en tonnes

La disette d'argent fut alors telle que dans certaines pro-
inces les colons s'engageaient volontiers comme valets de
erme, pour la nourriture.

Le gouvernement et le haut commerce de Buenos Aires
'efforcèrent de porter remède à cette situation critique en dis-
ribuant des semences.

C. — *Fléaux*.

Parmi les causes des désastres agricoles qui ont affligé
l'Argentine : les gelées, la « *neblina* », les grêles et la sauterelle, cette dernière avait joué un rôle de plus en plus per-
nicieux.

On avait constaté des vols de sauterelles de dix lieues de long.
Les locomotives patinaient sur des sauterelles écrasées. Des
criques, des lacs furent empoisonnés par les millions de ces insectes noyés.

Des rapports de mer, dignes de foi, relatent que dans l'Atlantique des vapeurs filant 12 nœuds avaient navigué dans la sauterelle pendant quinze heures.

Ce n'est qu'en 1897 qu'on se mit à combattre systématique-
ment les sauterelles nées dans les régions habitées.

Avec les fonds spéciaux votés par les Chambres, on créa des
primes à la destruction des œufs et des sauterelles non encore
pourvues d'ailes (*saltonas*), la lutte contre la bête devenue ailée
(*voladora*) étant impossible (1). Et, en somme, le résultat de la
dernière récolte prouve que l'Argentine pourra reprendre son
rôle de notable exportateur de blé.

---

(1) Pendant notre séjour à Rosario, on enterrait journellement en moyenne 35,000 kilos
saltonas.
Nous avons vu à une bifurcation du chemin de fer français de Santa Fé, près de a Rafaela,
un train composé de seize wagons amenant dans des sacs la chasse de quatre jours.
Nous donnons sous l'annexe VI la législation spéciale grâce à laquelle on a réussi cette année
à enrayer les progrès du fléau.

II

COMMERCE DES BLÉS.

A. — *Exportation.*

La République Argentine a exporté depuis 1876, les quantités de blé ci-dessous indiquées :

1876. . . .	20 tonnes.		1891. . . .	395.600 tonnes
1878. . . .	2.540	»	1892. . . .	470.110	»
1880. . . .	1.165	»	1893. . . .	1.008.140	»
1882. . . .	1.705	»	1894. . . .	1.856.000	»
1884. . . .	78.500	»	1895. . . .	1.010.269	»
1888. . . .	178.900	»	1896. . . .	532.000	»
1890. . . .	327.850	»	1898 (1) env.	850.000	»

Total pour les cinq dernières années : 4.347.000 tonnes.

L'importation du blé argentin dans les principaux pays d'Europe s'est répartie ainsi qu'il suit :

Destinations	1895-1896 Tonnes		1894-1895 Tonnes		1893-1894 Tonnes		1892-1893 Tonnes		1891-1892 Tonnes	
Allemagne . . .	182.886	681	347.920	139	246.461	575	104.071	230	46.592	559
Belgique. . . .	101.023	119	357.499	918	617 242	550	198.998	127	84.258	506
France.	(2) 8.708	889	(2)123.883	954	(2)122.142		(2)45.286	²	(2)53.668	532
Royaume-Uni .	370.780	974	736.554	337	537.338	488	295.449	079	115.175	064
Suisse	11.959	500	4.354	444	2.830	389	1.959	500	8.870	888
	675 359	163	1.570.212	792	1 526.015	002	645.763	936	300 565	549

---

(1) En 1897, la récolte a été presque nulle ; exportation à peu près 98.000 tonnes.
(2) Sur un total, respectivement, de 912.952, 1.052.705, 1.776.000, 1.132.201, 3.068.685 tonnes, d'après statistiques du « Corn Trade Year Book », 1896.

B. — *Valeur des Blés Argentins.*

Les produits ont atteint des poids moyens dont voici le relevé (1).

Provinces	Blé poids de l'hectol.	
Santa Fé.	78 k.	11
Entre Rios.	79	98
Corrientes	77	»
Tucuman.	»	»
Mendoza.	76	58
San Juan.	78	20

En ce qui concerne les produits de la province de Buenos Aires, ils ont été étudiés par D. Antonio Gil (2).

Le poids par hectolitre du blé récolté dans cette province, suivant les espèces, est indiqué dans le tableau ci-après (3) :

Variétés	Poids de l'hectolitre		
	Maximum	Minimum	Moyenne
Barletta chico.	78,85	69	73,63
Barletta grande	83,40	70	74,90
Frances blanco	77,50	68,50	72,86
Frances colorado	79,42	66,50	74,10
Touzelle	78,28	70	73,85
Saldomé	76	68	73,12

En divisant le blé en quatre catégories : supérieure, bonne, ordinaire et inférieure, la province donnerait comparativement :

---

(1) Agenda rural, industrial y commercial, por los ingenieros agronomos. Pedro T. Pages. et Enrique M. Nelson.
(2) Caracteres fisicos de los trigos de la provincia de Buenos Aires, cosecha 1895-1896, por Antonio Gil ingeniero agronomo de la faculdad de la Plata.
(3) On a adopté comme base des transactions concernant le blé, le poids de l'hectolitre hectolitre type qui établit les prix du marché est de 77 kilogrammes.

Supérieure, 9 o/o ; bonne, 19 o/o ; inférieure, 28 o/o ; ordinaire, 44 o/o.

La propreté des blés (qui influe beaucoup sur le poids) laisse beaucoup à désirer (1).

Il résulte d'expériences nombreuses, que la moyenne des impuretés, par 100 kgr. de blé récolté dans la province de Buenos Aires, est de 2 kgr. 900, avec un maximum de 11 kgr. 100 et un minimum de o. kgr. 100.

Le nettoyage se fait surtout dans les élévateurs de grains (2).

C. — *Mécanisme du commerce des grains depuis le champ argentin jusqu'au marché européen.*

Au milieu des groupements de colons, on trouve installés des négociants qui vendent à crédit, et au besoin font des avances d'argent.

Leurs magasins contiennent des assortiments généraux de marchandises, depuis la boîte de pâtes alimentaires valant 10 sous jusqu'aux machines agricoles de 20,000 fr., depuis la cotonnade à bas prix jusqu'à des bijoux précieux.

Les remboursements des prêts consentis par ces trafiquants se font, soit en numéraire, soit en produits au cours du marché.

Ce dernier mode de paiement s'emploie, parfois, en vertu d'engagements stipulés à l'avance.

Lorsque le propriétaire du magasin dit de « campagne » (faisant en même temps fonction de banquier rural) s'est procuré des grains, il charge de leur vente l'un des commissionnaires qui opèrent dans les grands ports de l'Argentine (3) et se débarrasse de sa marchandise en se réservant un bénéfice de 3 o/o.

---

(1) « Produccion Argentina », n° du 27 juillet 1897. La nature des impuretés du blé varie selon sa provenance. En dehors des poussière, terre, débris de paille, etc., on a constaté fréquemment la présence de semences diverses telles que : orge (hordeum vulgare), seigle (secole cereale); polygonon fagopyrum, convolvulus arvensis, rumex, lolium temulentum, datura stramonium, alopecurus pratensis. En général, les blés provenant du littoral contiennent plus d'impuretés que les blés récoltés dans l'intérieur. Les deux espèces d'impuretés les plus préjudiciables consistent dans les grains attaqués de carie ou charbon, et dans les semences du lolium temulentum qui sont particulièrement sujettes à être attaquées par l'ergot.

(2) Voir annexe VII.

(3) Annexe IV.

Le commissionnaire perçoit à son tour pour son intervention
1/2 o/o de commission du vendeur et un autre 1/2 o/o de l'acheteur. Ce dernier est exportateur.

Il reçoit télégraphiquement le matin des offres d'Europe.

Les propositions qui lui sont faites restent fermes jusqu'à la
tombée du jour. Il conclut d'habitude son affaire lorsqu'il peut
établir un écart de 3 o/o net en sa faveur.

Les frais accessoires après chargement peuvent se décom-
poser ainsi qu'il suit :

Commission pour Europe. . .	1 o/o
Déchets	1,20
Réclamations.	1
Assurances	0,75
Télégrammes.	0,45
Menus frais en Europe. . .	0,10
	4,50 o/o

Ces frais sont établis d'après une moyenne de quatre années.

Voici le prix du blé (de 1892 à 1896) sur le marché de Buenos
Aires. Bien entendu, la spéculation exerce ici, comme pour
tant d'autres marchandises, une action marquée sur les fluctuations des cours dont la moyenne en 1897 a été de 18 francs,
et en 1898 de 16 fr. 50 les 100 kil.

	1892	1893	1894	1895	1896
	8 m/n				
Janvier	15,	7,40	6,80	7,	7,80
Février . . .	12,60	7,20	6,30	6,10	8,10
Mars	11,30	6,80	6,50	6,60	8,10
Avril	9,	7,	6,60	6,70	8,30
Mai.	9,20	7,50	6,40	7,80	8,50
Juin.	9,30	8,30	6,80	8,70	8,
Juillet. . . .	8,80	8,30	6,60	8,80	7,
Août	9,50	8,30	6,30	8,40	7,
Septembre. .	9,50	8,30	6,30	8,	7,10
Octobre. . .	9,	8,25	5,80	8,10	8,40
Novembre. .	8,20	8,	6,50	8,	9,80
Décembre . .	7,50	7,50	7,25	7,50	9,20

III

MEUNERIE.

Les meuneries de La Plata ont si bien prospéré que, après avoir enrayé l'importation des farines, elles se sont créé une clientèle hors du territoire argentin.

Les transformations successives qui ont amené cette industrie à nous fermer de la sorte certains marchés sud-américains dont naguère nous étions fournisseurs, méritent l'attention de nos fabricants de meules, de nos constructeurs, de nos minotiers.

A. — *Historique de la meunerie argentine.*

Buenos Aires exporta pour la première fois de la farine en 1597. Le Brésil acheta 1,458 *fanegas* de cette récolte, au prix moyen de 4 \$ 1/2 (1).

En 1599, les ventes montèrent à 2,325 *fanegas*. Pendant les dix-septième et dix-huitième siècles, ce courant d'affaires se maintint avec les villes de Rio et de Bahia.

Après la proclamation de l'indépendance, l'immigration se développant plus vite que la production agricole, La Plata dut importer (du Chili, de Californie et d'Australie) du « *wheat and flour* ».

En 1856, des colons libres venus d'outre-mer avaient entrepris (dans la première colonie agricole de la République, « Esperanza », province de Santa Fé), la culture des céréales. Ce fut le début d'une nouvelle orientation des tendances économiques du pays.

Pendant une vingtaine d'années, le nombre des cultivateurs

_____

(1) La piastre a six réaux.

immigrés ne put, en raison de son nombre insuffisant, réaliser le desideratum national; ainsi, en 1862, il fallait acheter à l'étranger 2,760 tonnes de farine. En 1876, sur une importation totale de 7,173 tonnes, 3,826 venaient du Chili et 2,800 des Etats-Unis. En 1877, la production indigène égalait la consommation. A partir de 1878, elle lui était supérieure, et dès lors l'Argentine drainait, en échange de cette denrée, l'argent du dehors.

EXPORTATION

1878	7.290 tonnes	1888	6.392	tonnes
1879	1.603 —	1889	3.361	—
1880	1.428 —	1890	12.018	—
1881	1.287 —	1891	7.015	—
1882	549 —	1892	18.849	—
1883	4.844 —	1893	37.921	—
1884	3.734 —	1894	40.758	—
1885	7.447 —	1895	53.935	—
1886	5.262 —	1896	51.732	—
1887	5.401 —	1897-1898 env.	50.000	—

Le premier moulin à eau fut installé à Cordoba en 1850.

Au dix-huitième siècle, on comptait	9 moulins
De 1801 à 1810	10 —
De 1811 à 1820	13 —
De 1821 à 1830	8 —
De 1831 à 1840	22 —
De 1841 à 1850	24 —
De 1851 à 1860	28 —
De 1861 à 1870	63 —
De 1871 à 1880	108 —
De 1881 à 1885	71 —
De 1886 à 1890	102 —
De 1891 à 1895	110 —
Dates de construction inconnues	83 —
Total	659 moulins

5

En 1894, il a été traité 600,935 tonnes de blé qui ont produit 383,147 tonnes de farine (consommation moyenne par an et par habitant : 86 kgr. 637 gr., soit 237 gr. par jour) (1).

B. — *Outillage.* — *Sa force productive et sa valeur.*

Parmi les 659 moulins qui, en 1895, travaillaient sur le territoire de la République, 234 étaient à vapeur, 17 à vapeur et à eau, 303 à eau, 105 à manèges.

La capitale fédérale comptait pour sa part à cette date 28 moulins à vapeur. La province de Santa Fé, 72 ; celle de Buenos Aires, 59 ; celle d'Entre Rios, 56 ; Cordoba venait au quatrième rang avec 19.

La force motrice était évaluée à 10,501 chevaux-vapeur, dont 70 o/o répartis dans les provinces du littoral. Buenos Aires occupait le premier rang avec 2,884 unités, et Santa Fé le second avec 2,244.

Jusqu'en 1880, on s'était servi exclusivement de meules.

Aujourd'hui, 282 moulins marchent avec des meules, 293 avec des cylindres.

L'outillage actuel permet de moudre, par 24 heures, 4,117 tonnes. La production de 1894 aurait pu dans ces conditions être transformée en farine dans l'espace de 146 jours.

Voici par zones agricoles la capacité productive des moulins :

Zones.	Tonnes de blé qu'ils peuvent moudre	Tonnes de farine ordinaire et de 1re qualité.	Tonnes de son et petit son.
Capitale fédérale.	320.000	217.000	86.400
Province de Buenos Aires .	640.000	435.000	172.800
— de Santa Fé . . .	640.000	435.000	172.800
— de Entre Rios . .	120.000	81.600	32.400
— de Cordoba . . .	60.000	40.800	16.200
Diverses provinces.	132.000	89.760	35.640
Moulins de 3e classe. . . .	66.000	44.880	17.820
Totaux. . . .	1.978.000	1.346.040	535.060

(1) 1,000 kilogrammes de blé donnent en moyenne 645 kilogrammes de farine.

C. — *Nationalité des propriétaires.*

344 de ces moulins appartiennent à des indigènes, 315 à des étrangers (1). Ils représentent un capital de 36,363,522 $. Dans cette évaluation sont compris : les édifices et les terrains qu'occupe chacun d'eux, les machines, l'outillage et les grains et farines en magasin.

Dans les provinces du littoral, le nombre des propriétaires étrangers est quatre fois plus fort que celui des propriétaires argentins ; dans l'intérieur, c'est l'élément national qui domine.

---

(1) 126 établissements appartiennent à des Italiens, 48 à des Français, 18 à des Chiliens, 17 à des Allemands, 10 à des Anglais. Le nombre des personnes occupées par cette industrie peut être évalué à 4,400. « Agenda rural, industrial y commercial », pour 1895, par T. Pagés et E. Nelson, Buenos Aires.

MAÏS

—

A

CULTURE

I

ORIGINE, DÉVELOPPEMENT ET ÉTAT ACTUEL DE LA CULTURE DU MAÏS

Les Indiens bornaient l'ensemencement du maïs aux besoins de leur consommation. Les Espagnols en étendirent et en généralisèrent la culture au point que les exportations de cette céréale commencèrent longtemps avant celles du blé.

En raison de son climat, la province de Buenos Aires est éminemment favorable aux plantations de maïs.

Pendant le printemps et l'été, d'octobre à mars (1), la température présente une égalité utile au développement régu-

---

(1)

	Mois	Température moyenne	Pluies en millimètres
Printemps	Octobre	14°66	67^{mm}9
	Novembre	18°55	73^{mm}6
	Décembre	21°27	74^{mm}9
Été	Janvier	23°23	117^{mm}9
	Février	21°73	50^{mm}8
	Mars	20°27	105^{mm}4

« Cultivo del maiz », memoria presentada por el comisionado del Gobierno, Ingeniero Florencio de Baraldua. La Plata, 1897.

lier de la plante ; les pluies sont assez abondantes pour assurer au sol l'humidité nécessaire.

La superficie des terrains semés en maïs mesurait :

En 1881. . . . . 100.498 hectares
En 1888. . . . . 500.479   —
En 1890. . . . . 471.290   —
En 1895. . . . . 718.633   —

Le rendement moyen par hectare est le suivant : '

Nord de la province de Buenos Aires.   34 hectol.
Centre   27   —
Sud   25   —
Patagonie.   30   —
Moyenne : 30 hectolitres

Un kilogramme de semence donne :

Au nord de la province . . . .   97 kilogr.
Au centre.   72   —
Au sud.   66   —
Moyenne : 80 kilogr.

Poids moyen du maïs suivant les lieux de production :

Buenos Aires . . . .   78 kil. 65
Santa Fé. . . . .   71 — 16
Entre Rios. . . . .   78 — 12
Corrientes . . . .   74 — 16
Mendoza. . . . .   78 — »
San Juan. . . . .   74 — 87

	Hectares ensemencés
Buenos Aires.	350.000
Santa Fé.	45.000
Entre Rios.	63.800
Cordoba.	120.000
Diverses régions	130.000

B

COMMERCE

I

PRIX DE REVIENT

Au prix de 3 $ à 3,3o les 100 kgr., payés par les exportateurs, le cultivateur argentin perd de l'argent.

En effet, ces prix de vente, doivent couvrir non seulement les frais de culture de toutes sortes, mais encore la mise en sacs, la commission de vente, et le transport du point de production au port d'embarquement.

II

EXPORTATION — PORTS D'EMBARQUEMENT — PAYS DESTINATAIRES — IMPORTATIONS EN FRANCE

Voici les quantités exportées depuis 1876 :

1876	8.058 tonnes.	1887	361.844	tonnes.
1877	9.818 —	1888	162.038	—
1878	17.064 —	1889	432.591	—
1879	25.521 —	1890	707.282	—
1880	15.032 —	1891	65.910	—
1881	25.052 —	1892	445.935	—
1882	107.327 —	1893	84.514	—
1883	18.634 —	1894	54.876	—
1884	113.710 —	1895	772.318	—
1885	197.860 —	1896	1.119.780	— (1)
1886	231.660 —	1897	450.000	—

(1) La sauterelle et la sécheresse sont les deux causes de la diminution du rendement pour les années 1891, 1893 et 1894. Mêmes raisons en ce qui concerne la récolte de 1897. — 1898 figurera avec 1.000.000 tonnes.

En 1895, on avait exporté des provenances ci-dessous mentionnées, les quantités qui suivent :

Bahia Blanca . . .	1.209 T.	San Lorenzo . . .	3.709 T.
Buenos Aires . . .	323.890	San Nicolas. . . .	98.920
Campana	4.327	San Pedro	23.034
Goya.	1.158	Villa Constitucion.	31.031
La Plata	206.786	Zarate	17.188
Parana	600	Diverses	884
Rosario.	59.582		

Voici, d'après les statistiques argentines, le relevé, pour deux années, des exportations de cette denrée en regard des pays destinataires.

Pays de destination.	1894		1895	
	Quantités Tonnes	Valeurs $ or	Quantités Tonnes	Valeurs $ or
Afrique.	» »	» »	724	7.963
Allemagne	1.018	19.650	47.194	624.465
Antilles.	48	877	16.328	233.129
Autriche	» »	» »	2.112	31.890
Belgique	4.940	95.180	100.538	1.311.211
Bolivie	2	33	» »	» »
Brésil.	33.338	632.298	50.948	679.379
Chili.	2	45	2	25
Espagne	37	724	2.008	24.225
Las Palmas (ordre) . . .	» »	» »	3.392	37.318
France.	3.835	73.055	51.082	643.664
Italie.	337	6.393	35.813	485.258
Paraguay.	1.461	28.166	42	829
Pays-Bas	» »	» »	1.872	26.201
Portugal	» »	» »	635	6.980
Saint-Vincent (ordre) . .	» »	» »	226.924	3.061.991
Royaume-Uni	9.436	181.172	191.230	2.519.660
Falmouth (ordre)	» »	» »	38.560	457.599
Uruguay.	» »	» »	56	616
Autres destinations . . .	422	8.014	2.858	40.935
	54.876	1.045.607	772.318	10.193.338

Les statistiques anglaises enregistrent les quantités de maïs que la République Argentine envoie sur les grands marchés du monde. (Exercices clos le 31 juillet) (1) :

	1895-96	1894-95	1893-94	1892-93	1891-92
Royaume-Uni . . .	690.832	27.585	22.643	193.120	62.704
Belgique.	124.537	4.354	4.354	24.602	15.241
France.	114.957	3.702	12.411	50.294	8.056
Allemagne	99.717	4 028	8.926	48.334	9.580
Hollande	40.932	5.116	—	7.620	8.926
	1.070.975	44.785	48.334	323.970	104.507

Sur 124,319 tonnes de maïs de diverses provenances importées en France en 1890-91, le produit argentin figure pour 26,344 tonnes.

En 1891-92, sur un chiffre total de	156.760 T.	il figure pour	8.055 T.
1892-93,	—	300.674	—	6.293
1893-94,	—	310.690	—	12.410
1894-95,	—	132.593	—	3.701
1895-96,	—	308.948	—	115.066 (2)

(1) Les *quarters* des publications anglaises ont été réduits en tonnes.
(2) Importation supérieure de 544 tonnes à celle de l'Amérique du Nord.

VITICULTURE ET VINICULTURE

LA QUESTION DES VINS

La République Argentine consomme annuellement environ
2,500,000 hectolitres de vin.

De 1885 à 1889, l'importation totale dépassait 300 millions
de francs.

Nos nationaux, longtemps maîtres du marché, ont vu peu à
peu diminuer leur large participation dans la fourniture de ces
produits, en raison d'abord de la concurrence européenne,
puis de la production indigène.

A

PRODUCTION

I

ORIGINE ET DIMENSION DU VIGNOBLE ARGENTIN.

Les conquérants espagnols introduisirent les premiers ceps
dans la région de Mendoza.

Quoique les autochtones de cette zone (issus des Quichuas)
fussent agriculteurs, les travaux des champs ne prirent nul essor
pendant trois siècles, au milieu de crises de toutes sortes.

Ce n'est que vers 1880 que la viti-viniculture reçut une vigou-
reuse impulsion et devint bientôt l'objet d'une activité intense.

En 1897, le vignoble de la République Argentine couvrait
40,013 hectares, contre 29,000 en 1894.

II

RENDEMENT DU VIGNOBLE.

On estime que :

(*a*) La plantation d'un hectare de vigne coûte 5 à 600 $ or.

(*b*) Les soins de culture, par hectare et par an, reviennent à
100 et 120 $ or.

(*c*) Le produit d'un hectare, à la quatrième année, varie de
3,500 à 4,500 kgr ;

à la cinquième année, de 9,000 à 10,000 kgr ;

à la sixième année, de 14,000 à 15,000 kgr ;

à la septième année, de 15,000 à 18,000 kgr ;

à partir de la huitième année, de 18,000 à 20,000 kgr.

« Les récoltes (1) sont fort variables : le rendement moyen dans
un terrain ordinaire peut se calculer entre 12,000 et 15,000 kgr.
de raisin par hectare de plantation normale, c'est-à-dire à
2 mètres entre les lignes, et à 1 mètre 25 entre les ceps sur les
lignes (2).

» Dans un vignoble de Maipú, en 1896, dans une bonne terre
bien soignée, pour 4 hectares d'une plantation normale de
« Semillon » blanc la récolte a été de 103,000 kgr. de raisin
et 124 hectolitres de vin par hectare.

» Une autre vigne de « Semillon blanc », de 8 hectares, a
donné un total de 190,000 kgr. de raisin.

---

(1) Note de M. Kien.
(2) Il s'agit là du Malbec. Le Cabernet donne les deux tiers des quantités ci-dessus.

» Encore à Maipu, un vignoble de 18 hectares en bonne terre, planté en « Malbec », et âgé de 8 à 10 ans, a produit une moyenne de plus de 18,000 kgr. à l'hectare (89 hectolitres de vin). C'est là le chiffre de la récolte d'une bonne année, avec un bon plant, une bonne terre et une bonne culture.

» En 1894, à la Carodilla, un seul cep de vigne créole, âgé de plus de 50 ans, gros comme un arbre et soutenu en treille horizontale, a donné 280 litres de vin. »

« Il faut déduire des 1,350,000 hectolitres du rendement
» prévu pour 1897, — m'écrit M. Chovet —, la perte occasion-
» née par divers fléaux (grêle, sauterelles, inondations, etc.) et
» la partie des vendanges de San Juan et Mendoza qu'on
» débite comme raisin de table ou qu'on transforme en raisin
» sec. On peut évaluer la production nette des vins indigènes,
» en chiffre rond, à 1,000,000 d'hectolitres. »

III

QUALITÉ DES VINS AU POINT DE VUE CHIMIQUE.

En examinant les divers types de vins du pays qui ont été analysés (1), on trouve les maxima et minima que voici :

	Type français		Type créole		Vin blanc semillon	
	maxima	minima	maxima	minima	maxima	minima
Densité	1,730	0,695	1,540	0,905	1,012	0,900
Alcool	13°43	8°37	14°09	8°63	14°46	9°37
Extrait sec o/oo. .	34,50	24,	30,	11,50	31,90	17,60
Cendres o/oo . . .	5,50	2,	5,20	2,40	5,05	2,15
Sucre réducteur o/oo	27,050	traces.	48,80	traces.	49,990	traces.

(1) Annexe VIII.

IV

UTILISATIONS DIVERSES DES RAISINS ET MARCS.

Le raisin argentin sert dans plusieurs régions à la préparation :

1° de la *uva colgada*.

2° de la *pasa de uva*.

La première dénomination s'applique à des grappes conservées dans des chambres sèches, bien aérées, ou sous les
vérandas. Les grains se rident légèrement sans pourrir. Pendant
l'hiver (d'Avril à Septembre), on en expédie de grandes quantités à Buenos Aires.

Pour obtenir la « *pasa de uva* » (raisin sec), on fait sécher la
grappe sur les « *azoteas* » (terrasses des maisons) ; l'expédition
s'en effectue dans des boîtes, sacs ou bâches, selon la qualité
du produit.

(Exportation en 1895 : 103 T. d'une valeur de 10,305 $ or.)

––––––

Avec les marcs, on fabrique un alcool appelé « *grappa* ».

L'alcool provenant de la distillation des vins avariés ou pi-
qués est employé à fabriquer l' « *anisado* » (espèce d'anisette
non sucrée).

Les statistiques ne mentionnent pas spécialement l'exportation de cet article, comprise dans les chiffres relatifs aux alcools
d'autres espèces.

B

COMMERCE DES VINS

I

PRIX DES VINS DU PAYS.

Les vins rouges créoles et les vins de cépages français se sont vendus comme suit à Mendoza, pris au chai, sans logement :

Récolte de 1896.

Vins de cépages français. . . 20 cent. m/n le litre.
Vins créoles . . . . . . 10 cent. m/n le litre.

Récolte de 1897.

Vins de cépages français. . . 23 cent. m/n le litre.
Vins créoles . . . . . . 13 cent. m/n le litre. (1)

II

AVENIR DE CETTE INDUSTRIE.

Le directeur de l'école nationale de vini-viticulture et avec lui certains propriétaires prétendent que le marché intérieur sera bientôt trop restreint pour la production.

---

(1) Le transfert de chez l'expéditeur de Mendoza jusque chez l'acheteur à Buenos Aires coûte environ 10 $ m/n la bordelaise.
Le prix de la bordelaise, d'à peu près 200 litres remontée, reblanchie et remise à neuf, est au maximum de 10 $ m/n. Il existe un prix de transport réduit pour les bordelaises montées, renvoyées vides à Mendoza.

Dans cette éventualité, pourrait-on tenter de lui ouvrir un débouché au Brésil et dans l'Afrique du sud où l'on parvient sans passer l'équateur ?

A cette question, on doit répondre que l'exportation des vins ne peut se faire avec succès que sous certaines conditions de résistance et de durée des produits, ce qui, au point de vue argentin, constitue un problème non résolu encore.

M. D. L. Simois (1) explique les causes de cet état de choses. Il dit :

« L'époque de la récolte des cépages français coïncide avec les fortes chaleurs.

» Il est impossible d'empêcher la température des cuves (même dans les chais les mieux installés) de s'élever au-dessus du degré correspondant à la fermentation.

» Aussi rencontre-t-on souvent des vins doux et quelquefois aigre-doux; le sucre ne se transforme pas complètement en alcool.

» Pour remédier à cet inconvénient, il faudrait terminer les vendanges dans la deuxième quinzaine de mars. Le cépage approprié au climat devrait, avec les qualités du « malbec », mûrir plus tardivement que lui.

» Or, comme on ne saurait transformer en une année les milliers d'hectares dont il s'agit, il faudrait recourir à l'installation d'appareils réfrigérants afin de régler à volonté la température des moûts en fermentation.

» Un autre inconvénient réside dans le peu d'acidité des moûts auxquels on est obligé d'ajouter de l'acide tartrique pour accélérer la transformation en alcool. Les moûts n'en contiennent jamais 6 $^o/_{oo}$ et ceux qui en ont 5 sont très rares.

» Les propriétaires attribuent cette faiblesse en acidité au terrain et au climat même. »

Ces observations, faites plus spécialement pour la province de Mendoza, s'appliquent à toute l'Argentine.

_____

(1) Directeur de l'Ecole nationale de vini-viticulture.

Si aujourd'hui il paraît encore douteux qu'on puisse exporter
:s vins, s'il est vrai que les marques indigènes se vendent
cincipalement dans les villes de l'intérieur et s'il est malaisé
'imposer ces articles à une clientèle qui, à prix égal, peut se
ournir en Europe, l'avenir du vignoble argentin n'en paraît pas
noins assuré : les qualités du produit s'améliorent constam-
nent, et le marché du pays même pourra, pendant longtemps,
ffrir aux entreprises vinicoles un débouché dont l'importance
accroît sans cesse.

III

DIMINUTION QUE CETTE CULTURE FAIT SUBIR A NOS EXPORTATIONS.

L'introduction des vins et liqueurs dans l'Argentine a subi de-
uis dix-huit ans des fluctuations significatives.
En voici quelques exemples, entre 1880 et 1894 :

Périodes	Boissons en général valeur des importations	Vins communs en fûts	
		Litres	Valeur
	$ Or		$ Or
1880-84	41.489.360	315.301.072	28.527.814
1885-89	62.013.734	246.340.838	25.052.804
1890-94	37.800.354	223.351.876	20.877.135

L'importation en 1896 est en diminution sur l'année 1895 :
:lle n'atteint que 600,000 hectolitres, alors que, l'année précé-
lente, elle était montée à 670,000. Cette décroissance porte
spécialement sur les vins en fûts.
La France a participé à l'approvisionnement de l'Argentine,
lans ce dernier exercice, pour la somme de 1,520,000 $ or.
Cependant, si l'on considère l'étendue des vignes non encore
en pleine production, les terrains reconnus propices à cette
plante et l'engouement pour sa culture, on doit prévoir que le
pays fournira bientôt tous les vins de qualité « courante » pour
la consommation locale.

IV

Le chef de la maison Calvet, de Buenos Aires, m'écrit :

« La question des vins constitue, dans les problèmes douaniers, l'une des principales préoccupations du gouvernement argentin.

» Chaque année, surgissent au Congrès des projets visant des augmentations de droits.

» La France est particulièrement atteinte par l'interprétation des tarifs. Ainsi le litre de vin ordinaire est taxé 0,08 $ *fuerte* ; autrefois, les vins blancs *ordinaires* de Bordeaux entraient comme vins communs. Actuellement, classés comme vins demi-fins (*regulares*), ils acquittent 0,12 $ or par litre, bien que le prix d'achat de cet article ne dépasse pas 0 fr. 50 par litre, soit 450 francs par tonneau.

» Par suite, les droits sur ces vins équivalent à 120 o/o de la valeur de la marchandise. »

D'autre part, l'application des taxes à des vins de 17° d'alcool et 40 $\%_{00}$ d'extrait sec a été nuisible à nos intérêts.

Cette libéralité fit donner la préférence aux produits espagnols, qui, après avoir franchi la douane, pouvaient se dédoubler au moyen d'additions d'eau.

On réduisit, dans le dernier exercice, l'application du tarif à 16°. Cette dépression n'est toutefois pas suffisante pour être réellement utile à notre exportation.

V

Analysons d'abord les causes qui ont amené la décroissance de nos ventes :

1° Le principe fondamental des procédés économiques de
Argentine tend à favoriser la production locale lorsque le
ays se trouve dans l'impossibilité d'augmenter ses exportations.
Les pouvoirs publics établissent des droits de douane assez
evés pour qu'il devienne impossible de triompher de la fabri-
ation indigène par le bon marché uni à la qualité supérieure.

Prenons, par exemple, en ce qui concerne les vins, le Chianti
rdinaire, et voyons à quel prix on peut le vendre au consom-
ateur sur la place de Buenos Aires :

Achat en Italie à 10 fr. l'hectol. ci. . .	10 fr.	»
Fût.	7	60
Mise à bord et frais	1	40
Fret jusqu'à Buenos Aires.	3	60
Total . . .	22 fr. 60	

Soit, à quai, à Buenos Aires $ or : 4,52.

Avec le change à 266 : $ or 4.52 = $ m/n 12.02	
Droit de douane à 8 $ or	21.28
Manutention.	0.39
Transport au dépôt du vendeur . . .	0.25
Prix de l'hectol. pris chez le vendeur (au change de 266)	$ m/n 33.94

Prix de la bordelaise de 2 hectolitres $ m/n : 67,88 (1).

La baisse de l'or a été considérable dans ces derniers mois
(la piastre vaut actuellement plus de 2 fr.); — les calculs ci-dessus
n'en demeurent pas moins vrais. D'ailleurs, loin de profiter d'une
amélioration du change, le consommateur de produits importés
en pâtit généralement, parce que le marchand maintient ses
taux, ce qui équivaut à une augmentation de prix.

---

(1) Si l'hectolitre vaut 15 francs en Italie, la bordelaise vaut à Buenos Aires. $ m/n. 70,54
Si l'hectolitre vaut 20 francs, la bordelaise vaut à Buenos Aires . . . . . . — 73,20
— — 25 — — — — . . . . . . — 75,86
— — 30 — — — — . . . . . . — 78,52

Il faut encore ajouter, en surcharge, les frais de transport par chemin de fer, lorsque les consommateurs ne demeurent pas dans la capitale fédérale : c'est-à-dire 80 o/o de la population.

2° Certaines maisons françaises servent à leur clientèle surtout des vins espagnols, italiens et portugais.

3° L'industrie du dédoublage des vins comptant plus de 15° d'alcool, bien qu'enrayée dans une certaine mesure par les impôts internes, ne fournit à la consommation locale, avec la fabrication clandestine, pas moins de 800,000 hectolitres par an.

La consommation de l'Argentine étant, en effet, comme il a été dit plus haut, d'environ 2,500,000 hectol., la production locale de 1,000,000 (1) à 1,200,000, l'importation de 600 à 700,000 hectol., c'est bien le chiffre susdit qui complète la quantité de vin vendue sur le marché de La Plata.

Nous restons dans de justes proportions en estimant que les marques falsifiées représentent non loin de 50 o/o des quantités qui apparaissent sur le marché.

La contrefaçon augmente en raison directe de la cherté des marques sur lesquelles elle s'exerce (2). Parfois, il est vrai, les tentatives locales de fabrication échouent après avoir fait diminuer sensiblement l'introduction des produits authentiques :

Ainsi, les vins de champagne et vins mousseux imités avaient été, pendant quelque temps, admis par une partie des consommateurs. Mais, depuis 1896, l'importation (3) des articles « genuine », s'est sensiblement accrue (21,500 douzaines de bouteilles en 1896 contre 10,000 douzaines en 1895). Malheureusement, nos champagnes n'entrent que pour une mesure insignifiante dans cette augmentation qui provient surtout des mousseux italiens vendus sous le nom de « spumante » ou de champagne (4).

---

(1) La dernière récolte peut s'estimer à 900,000 hectolitres. Les prix sur les lieux de production ont varié entre 15 et 22 centavos papier le litre nu, ce qui, rendu à Buenos Aires logé représente 25-30 centavos le litre.
(2) C'est ainsi que la chartreuse subit un dommage d'au moins 75 o/o.
(3) Lettre de M. Chovet.
(4) Les liqueurs également accusent une augmentation, fournie en totalité par les bitters ou apéritifs. La véritable liqueur de dessert est en diminution très sensible. Sauf quelques marques connues, nos fines champagnes, nos cognacs, rhums, etc., sont l'objet de contrefaçons de la part de l'industrie nationale ; — cet article est appelé à disparaître avant peu de l'importation.

M. Chovet signale encore la vente, dans ce pays, de mousseux espagnols, portugais et allemands. Ces derniers viennent sous un conditionnement spécial permettant, avec une modification d'étiquette, de se substituer à nos marques les plus renommées.

Quels seraient les moyens d'accroître notre clientèle sans nous attaquer à la production nationale, et sans servir les intérêts de nos concurrents d'Europe ?

1º L'obtention des amendements suivants aux dispositifs qui régissent la matière :

a) Réduction, à 6 centavos or par litre, du droit sur les vins ordinaires.

b) Abaissement à 14º et, si faire se pouvait, à 12º d'alcool du type de vin compris dans le tarif, avec une augmentation de un centavo par degré excédant. Réduction à 25°/°° de la quantité d'extrait sec.

c) Classification de nos articles ordinaires sur factures certifiées, pour éviter que nos vins bon marché, sous prétexte qu'ils valent les produits fins d'autres pays, paient la même taxe que ces derniers.

Le droit de 6 centavos or par litre, représenterait encore, en estimant le vin commun à 400 francs le tonneau (prix au-dessus de la moyenne), 80 o/o de sa valeur.

Si l'on obtenait les conditions susdites, « la production locale se trouverait favorisée grâce à la diminution des vins fabriqués sur place sans raisins frais. Elle resterait suffisamment protégée par un droit presque équivalent à la valeur de la marchandise ».

2º Création d'un commerce de vins de coupage français appelé à augmenter en raison directe de l'accroissement de la production indigène.

Voici à peu près le type de vin fabriqué actuellement par certaines maisons de Buenos Aires :

Vin de coupage (importé)	25 litres.
Vin du pays (Mendoza ou San Juan).	35
Vin de raisins secs additionné d'alcool, colorant, etc., ou bien eau, alcool à 14º avec glycérine, tannin, acide tartrique, phosphate, éther, colorant, etc. .	40
	100 litres.

On se sert pour ces opérations des « carlon », « priorato seco » ou « guarnacia » qui donnent du corps et de la couleur aux produits indigènes et bonifient les genres « priorato » et « oporto » du pays, à la satisfaction de la clientèle espagnole habituée à ces crûs (1).

Nos vins du midi, ceux de l'Algérie et de la Tunisie pourraient, dans cette conjoncture, trouver un excellent placement.

Les observations qui précèdent ne sauraient avoir de portée que si l'on admet le développement normal du vignoble argentin, sans aucune des maladies qui ont arrêté pendant des années notre production vinicole.

Nous ne croyons pas, en effet, que si un désastre pareil au nôtre venait à affliger l'Argentine, le viticulteur américain eût l'indomptable persévérance et les ressources nécessaires pour reconstituer son domaine ravagé.

Or, les cépages français implantés : « malbec », « cabernet franc », « cabernet Sauvignon », « pinots noirs et blancs », « gamais », « semillon blanc » (2), portent des taches de phylloxéra à Concordia.

On n'en a pas encore constaté à Mendoza ; mais l'oïdium y fait déjà quelques ravages ; — dans tout le pays, on peut craindre la sauterelle.

Les maladies de la vigne s'étendront-elles, et verrons-nous l'Argentine redevenir, pour une période indéterminée, tributaire des marchés étrangers ; ou, sachant profiter de notre expérience et de nos travaux, saura-t-on conjurer le péril ?

Quoi qu'il en puisse être, notre situation paraît assez peu favorable. Il faudrait tenter le relèvement de cette branche du commerce français pendant qu'il en est temps encore, par les mesures signalées ci-dessus, ou en adoptant telle autre ligne de conduite que l'on jugerait opportune.

---

(1) On m'affirme que le nombre des fabriques de vins plus ou moins artificiels est depuis quelques mois en notable diminution.
(2) Il y a aussi plusieurs cépages italiens et une variété dite de « San Juan ».

CULTURE DE LA CANNE A SUCRE
ET INDUSTRIE SUCRIÈRE.

Il y a vingt ans, l'Europe fournissait à La Plata la majeure partie de ses sucres. Aujourd'hui cette République en produit plus qu'elle n'en consomme.

A

CULTURE DE LA CANNE A SUCRE

I

ORIGINE DE LA CULTURE. — ESPÈCES DE CANNES A SUCRE CULTIVÉES.

Mgr Colombres, évêque de Salta, introduisit à Tucuman, vers 1830, les premières cannes à sucre du Pérou.

Il créa un petit champ à Cruz Alta, et l'exploita jusqu'en 1838.

M. S. Zavalia étendit cette culture sur 50 hectares.

Aujourd'hui, on cultive dans la province de Tucuman des *cañas* de quatre provenances :

la canne rayée de Batavia,

la canne violette de Batavia,

la canne espagnole ou « criolla »,

la canne de l'Inde.

1° *La canne rayée de Batavia*, désignée dans l'Argentine sous la dénomination de « morada rayada » est préférée aux autres espèces à cause de sa résistance au froid.

Les plants vivent de dix à quinze ans. On a, toutefois, reconnu qu'il était avantageux de les renouveler tous les six ans.

Entre deux et dix ans, ils donnent généralement de bons produits. Leur couleur est jaune, avec des raies longitudinales violacées qui passent au grenat vers la pointe.

La longueur utilisable du plant varie de 1 mètre 10 à 2 mètres. 50 (diamètre 3 à 5 centimètres), suivant la richesse des terrains.

2° *La canne violette de Batavia* connue sous le nom de « morada » ou, dans certains cas, de « moradilla », est moins en faveur que la précédente. Dès l'âge de six ans, elle devient ligneuse et s'amincit. En revanche, elle donne des pousses plus nombreuses que ses congénères.

Certains planteurs la recherchent à cause de sa richesse en sucre. Mais sa culture est surtout avantageuse pour le fabricant; aussi la rencontre-t-on dans les « cañaverales » appartenant aux usines.

Sa couleur est violette (claire à la pointe, foncée dans la partie inférieure).

Elle atteint une hauteur maximum de 2 m. 50; son diamètre ne dépasse pas 5 centimètres; il diminue à chaque coupe.

3° *La canne espagnole, créole, ou canne pauvre du Bengale*, appelée « crystallin sugar cane » dans l'Etat de Louisiane, peu cultivée en Argentine, malgré sa très grande richesse en matières saccharines, tend plutôt à disparaître : elle vient tard et craint les gelées d'août.

Elle dépasse rarement un mètre de hauteur (sa couleur est jaune clair).

4° *La canne de l'Inde ou canne jaune de Tahiti* exige des soins très minutieux à cause de sa sensibilité au froid.

Les propriétaires en ont aujourd'hui presque complètement abandonné la culture. Ses feuilles sont vert pâle (hauteur : 1 mètre 50 à 2 mètres 20 ; diamètre : 4 à 5 centimètres).

II

ÉTENDUE CULTIVÉE DANS LA PROVINCE DE TUCUMAN.

Le relevé suivant marque l'apogée des plantations. Pour des raisons expliquées ci-après, on a dû réduire l'étendue du *cañaveral*.

Département de la Capitale . . 1ʳᵉ section.		1.231	hect.
— — 2⁰ —		951	50
— — 3⁰ —		1.757	50
— — 4⁰ —		811	
Département de Monteros. . . 1ᵉʳ district.		4.464	50
— — 2ᵉ —		91	
Département de Chiquiligasta. 1ᵒʳ —		61	50
— — 2ᵉ —		6.644	
Département de Cruz Alta . . 1ᵒʳ —		10.953	
— 2ᵉ —		11.043	50
Département de Famailla . . . 1ᵒʳ —		4.655	50
— — 2ᵉ —		4.754	
Département de Graneros . . . 1ᵒʳ —		15	50
— — 2ᵉ —		61	
Département de Leales . . . . 1ᵒʳ —		401	50
— — 2ᵉ —		223	
Département de Burruyacu . . 1ᵉʳ —		28	25
— — 2ᵉ —		88	
Département de Trancas . . . 1ᵘʳ —			
— — 2ᵉ —		15	
Département de Tafi . . . . . 1ᵉʳ —		1.476	50
— — 2⁰ —			
Département de Rio Chico . . 1ᵉʳ —		3.367	
— — 2ᵉ —		2.376	
		55.469 h. 75	

B

INDUSTRIE SUCRIÈRE

I

CONDITIONS ACTUELLES DE LA FABRICATION. — CAUSES DE LA CRISE
SUCRIÈRE. — MOYENS DE LA CONJURER.

M. Zavalia fonda, vers 1840, la première usine pourvue d'un
moulin en bois, de chaudières d'évaporation à l'air libre et de
bacs en peaux de bœufs ou de récipients en argile, destinés à
recevoir les masses cuites. (On éliminait alors les mélasses au
moyen de filtrations d'eau continues, durant deux ou trois mois).

Vers 1850, il pourvut son usine d'un manège et d'une distillerie.

En 1858, M. Balthazar Aguirre introduisit à Tucuman le
premier appareil à cuisson dans le vide.

L'industrie sucrière ne se développa réellement en Argentine
que vers 1879. A cette date, on commença à pourvoir les
usines d'un outillage perfectionné.

Le premier industriel qui entra dans cette voie fut M. Wen-
ceslao Posse, qui fit installer, dans son *ingenio Esperanza* un
matériel sortant des usines Cail de Paris.

La production prit un rapide essor à la suite de l'ouverture
au trafic des chemins de fer permettant d'envoyer les produits
fabriqués sur le Rio Parana et à Buenos Aires.

Aujourd'hui, 47 usines valant plus de 120,000,000 de francs
peuvent, dans une campagne de 100 jours en moyenne, transformer en 120,000 tonnes de sucre les cannes plantées sur environ 56,000 hectares (1).

------

(1) L'hectare donne, dans les conditions les plus favorables, 60 tonnes, ce qui ferait à peu près
1,700,000 tonnes, mais la moyenne du rendement ne dépasse guère 30 T.

Or, les fabriques ont travaillé jusqu'à 140 jours, sans tenir compte de la puissance consommatrice du marché national.

De là une surproduction, et, par suite, une crise.

Le problème qui, dès lors, se posait, peut se résumer ainsi : il faut à l'Argentine, par an, 95,000 tonnes de sucre d'un prix abordable pour l'acheteur et rémunérateur pour le fabricant et les planteurs ; il faut que l'usinier puisse payer à ces derniers 7 centavos pour 10 kgr. de canne, et vendre à Buenos Aires 10 kgr. de sucre pour 3 piastres 50 ; l'or étant au change de 250.

Le rendement en sucre « en tous jets » doit être évalué à 6,25 o/o dont 5 o/o de premier jet (1) et 1,25 o/o de bas produits. Le coût de la matière première par 10 kgr. de sucre revient à $ 1,15. Les frais de fabrication sont approximativement (dans une usine travaillant de façon normale) de 75 centavos par 10 kgr. A ces $ 1,90, il faut ajouter l'intérêt du capital à 10 o/o et l'amortissement du prix des machines à 5 o/o soit 25 centavos par 10 kgr. Donc, à l'usine même, le sucre revient à $ 2,25. On peut déduire de cette somme 25 centavos représentés par l'alcool tiré des mélasses. Mais, en revanche, on doit ajouter : fret jusqu'à Buenos Aires : 25 centavos ; impôts fédéraux et provinciaux : 65 centavos ; commission de vente, escompte, déchet : 10 o/o, soit 0,$ 35 sur le prix vente ; perte sur le sac 3 centavos ; total définitif $ 3,28.

Il faut donc vendre à ce prix en gros pour faire rapporter au capital l'intérêt du loyer de l'argent en Argentine.

Les usines de la région de Tucuman, et à plus forte raison celles qui sont situées sur le bord des fleuves dans les provinces et le territoire mentionnés ci-dessus, peuvent, par suite, fournir le sucre nécessaire à 3 $ 30 (2) équivalant à peu près à 65 francs les 100 kgr.

Il s'agit ici du sucre blanc, moulu, fabriqué pour être livré directement à la clientèle. Quant au produit raffiné (30 o/o de

---

(1) Sucres blancs livrés directement à la consommation, comme il est dit plus loin.
(2) Papier monnaie au cours moyen légal des dernières années.

la consommation totale), il faudrait ajouter 35 centavos par
10 kgr. ou 7 francs par 100 kgr.

Si nous examinons la cause de l'excédent qu'on a constaté,
nous trouvons qu'en 1895 la production totale a été de 140,000
tonnes, et que la crise agricole et commerciale réduisait alors la
demande à 85,000.

En 1896, on a produit 170,000 tonnes ; et la crise, devenant
plus intense à la suite d'une très mauvaise récolte de blé, le
pays n'absorbait plus que 80,000 tonnes.

En 1897, les sucriers, afin de parer au danger, réduisaient la
production à 108,000 tonnes ; et, la crise étant passée, les transactions remontèrent à 95,000 tonnes.

Cependant, le stock en souffrance avait atteint 165,000 tonnes.
Un syndicat se forma et réussit à expédier en Uruguay, aux Etats-
Unis, en Angleterre (très peu en France) 25,000 tonnes sans
drawback, 18,000 avec un drawback de 4 centavos par kgr. ;
22,000 avec un drawback de 12 centavos par kgr. ; 13,000 tonnes
sont à déduire comme déchets de raffinerie. Au 1er mai 1898,
il a dû rester environ 80,000 tonnes d'excédent ; — et au 15 mai
1899 le stock sera de 45,000 tonnes.

Pour assurer le maintien du prix à l'intérieur, le syndicat
provoqua le vote d'une série de tarifs protecteurs plaçant l'article
étranger dans la situation suivante :

Le sucre raffiné Say, par exemple, coûte aujourd'hui, en France,
31 fr. 50. Il doit payer 2 francs de fret, 45 francs de droits de
douane, 12 francs d'impôts internes et environ 7 fr. 50 de commission de vente et de frais divers. Il revient donc à 100 francs,
alors que le produit raffiné indigène peut être vendu à 72.

Mais les intéressés n'ont pas seulement obtenu cette loi
d'exclusion ; ils ont encore prétendu enrayer leur propre fabrication jusqu'à écoulement complet du stock ; et, dans ce but, ils
ont fait baisser le prix de la canne jusqu'à 3 centavos les
10 kgr. Dans ces conditions, de nombreux planteurs ne pouvant
faire face aux frais de la culture, de coupe, de pelage, de transport, etc., ont abandonné les champs. Dans un an, 56,000 hectares de cannes à sucre seront réduits de 40 ou 50 o/o et, après

écoulement des marchandises en excédent, la production sera inférieure aux besoins du marché.

Si un tel fait venait à se produire sans qu'on avisât en temps opportun, l'Argentine pourrait redevenir tributaire de l'étranger pour une partie de sa consommation.

Au point de vue fiscal argentin, la question sucrière ne saurait d'aucune façon être considérée comme rémunératrice : la Fédération prélève aujourd'hui 6 centavos par kgr. En transformant cet « impôt interne » en droit de douane, le sucre Say, par exemple, vaudrait sur la place de Buenos Aires $ 2,50 ce qui serait avantageux pour le public qui paie actuellement $ 3,50. Mais lorsqu'on envisage l'intérêt national proprement dit, on doit rappeler que si l'on revenait à l'importation, 33 millions de francs (prix d'achat et de transport) en chiffres ronds seraient drainés au dehors. Aujourd'hui on peut les inscrire à l'avoir du pays(1); — et encore, au point de vue social, quarante mille manœuvres, ouvriers de toutes sortes, sont occupés par l'industrie sucrière qui assure ainsi la subsistance d'environ cent mille personnes.

II

ÉTAT DES FABRIQUES DANS LA PROVINCE DE TUCUMAN

Départements	Nombre des usines.	Fabrication			Plus-value de la fabrication de 1895 sur 1894 kilogr.
		1884 kilogr.	1894 kilogr.	1895 kilogr.	
Capitale. . . .	4	4.620.405	5.649.334	6.789.575	1.049.241
Cruz Alta . . .	12	—	30.568.387	43.057.394	12.489.007
Chiquiligasta. .	3	2.813.325	8.913.204	14.780.651	5.867.447
Famailla. . . .	6	4.938.550	17.946.703	26.718.294	8.771.591
Monteros . . .	3	1.738.200	3.940.210	6.351.058	2.410.848
Rio Chico. . .	2	—	7.540.480	10.883.339	3.343.059
Tafi.	1	—	425.655	663.660	238.005
Graneros . . .	—	401.975	—	—	—
Total. . .	31	14.512.455	75.083.973	109.244.171	34.169.198

1) Sans insister ici sur le montant des sucres exportés, parce que nous ne croyons pas que l'Argentin soit à même de devenir normalement exportateur de cette denrée,

Départements	Nombre des usines	Exportation			Plus-value de l'exportation de 1895 sur 1894 kilogr.
		1893 kilogr.	1894 kilogr.	1895 kilogr.	
Capitale. . . .	4	3.249.993	5.749.334	7.124.578	1.375.244
Cruz Alta . . .	12	17.290.616	30.549.262	42.039.260	11.489.998
Chiquiligasta .	3	5.805.268	8.792.780	14.431.067	5.638.287
Famailla. . . .	6	8.884.634	17.928.100	25.894.832	7.966.732
Monteros . . .	3	2.020.444	3.909.724	5.958.731	2.049.007
Rio Chico. . .	2	3.862.378	7.188.889	9.676.442	2.487.553
Tafi.	1	174.571	425.658	574.077	148.419
Graneros . . .	—	—	—	—	
Total . .	31	41.287.904	74.543.747	105.698.987	31.155.240

Usines (1)	Sucre fabriqué		Sucre exporté
	1895	1896	1895
Lujan.	2.722.402	3.262.785	2.900.470
Santa Barbara.	1.618.628	2.032.976	1.251.250
La Trinidad.	9.247.117	12.252.311	9.247.117
La Azucarera argentina . .	5.271.280	6.157.280	4.931.680
Santa Lucia.	1.378.285	1.733.772	883.466
La Providencia	3.360.203	3.645.719	3.209.421
Santa Rosa	2.076.482	2.934.088	1.865.844
San Pablo.	4.072.442	6.655.860	3.940.623
Bella Vista	4.637.587	7.334.189	4.339.180
Mercèdes	6.259.052	7.886.362	6.163.210
Lules	3.240.810	3.522.511	2.618.662
La Reduccion.	2.948.673	2.573.733	2.747.100
Santa Ana.	8.998.386	9.153.576	8.425.192
Union.	1.147.865	982.280	1.147.865
Nueva Baviera.	6.086.177	8.701.474	6.086.057
Cruz Alta	1.582.012	1.176.612	1.523.857
Industria argentina. . . .	822.008	1.012.160	822.008

(1) Une raffinerie, fondée en 1887 à Rosario a mis ses machines en mouvement en 1889. (Annexe n° IX.)
Lujan, production : 2,722,402, l'excédent provient des stocks.
La Florida : 8,980,936, l'excédent provient des stocks.
Production en 1893 : 41,421,796 kilogrammes.
1894 : 74,543,744

Usines	Sucre fabriqué		Sucre exporté
	1895	1896	1895
Esperanza.	3.811.484	4.586.451	3.344.494
San Juan	1.600.168	2.018.485	1.433.143
Concepcion	7.276.671	7.199.450	6.564.343
Los Ralos.	2.689.006	3.903.973	2.450.366
San Vicente.	1.748.429	1.324.720	1.628.809
San Miguel	2.521.398	2.614.242	2.008.183
Lastenia.	6.205.527	6.810.050	6.205.527
La Florida.	8.980.936	10.604.496	8.981.936
El Paraiso.	4.286.458	6.748.651	4.176.124
San Jose.	683.517	852.192	574.077
Amalia	2.668.789	3.567.900	2.638.789
San Felipe.	1.462.649	2.071.096	1.460.524
El Manantial	2.278.411	2.158.436	1 877.400
San Felipe de las Vegas . .	252.370	247.851	252.270
	111.936.122	139.807.711	105.698.987

III

LA QUESTION SUCRIÈRE ARGENTINE AU POINT DE VUE FRANÇAIS.

Grâce à son réveil industriel, le nord argentin, producteur d'une matière première qui doit être élaborée sur place, nous a, depuis dix ans, progressivement supplantés sur le marché de Buenos Aires, en ce qui concerne les sucres.

Heureusement, M. Clodomir Hileret (de Poitiers) *le sugar King* de cette République, a ouvert aux constructeurs français un pays qui se fermait à nos raffineurs (1).

Fives-Lille pour la plus grosse part, et Cail doivent à l'influence de notre si intelligent et énergique compatriote la vente d'installations d'usines à moulins et à diffusion, valant environ 37 millions. Tucuman et, à son exemple, d'autres centres pro-

---

(1) Voir annexe IX, lettre de M. Cl. Hileret.

ducteurs ont établi avec ces usines un courant de commandes considérables.

En outre, durant de longues années, le personnel français de monteurs, bouilleurs, mécaniciens, etc., employé dans les « ingenios » a envoyé en France le montant de ses économies se chiffrant de 200 à 250,000 francs par an.

TABAC

INDUSTRIES CONNEXES

I. — TABACS EN FEUILLES (1).

Les Argentins s'adonnent plus spécialement à la culture du tabac dans les provinces de Tucuman, Corrientes, Salta, et, depuis peu, sur certains points des territoires du Chaco.

Consommation. — En 1896, les fabriques du pays ont utilisé dans leurs ateliers 7,111,073 kgr. de matières premières conformément au tableau suivant :

Provenances.	Quantités (kgr)
Havane.	58.354
Bahia.	564.420
Tucuman, Paraguay et Chaco.	3.056.281
Provinces de Salta et Corrientes	2.595.990
Tabac noir fabriqué avec des tabacs du pays surtout avec des feuilles de la province de Corrientes	328.442
Sumatra	26.914
Rio Grande do Sul (Brésil)	48.802
Virginie	27.660
Provenances diverses	6.377
Côtes de tabac de toutes provenances	396.833
Total	7.111.073

(1) Note de M. Brisson (manufacture de cigarettes, Buenos Aires). — Mémoire de l'Administration générale des impôts internes pour l'année 1896 ; et « El Commercio Exterior Argentino ».

Durant le premier semestre de l'année 1897, on a importé :

De la Havane. . . . .   41.004 kilogr.
De provenances diverses (Bahia
figure pour environ 75 o/o sous
cette rubrique) . . . .   482.850 —
            Total pour 6 mois. . .   523.850 kilogr.

Les produits argentins sont employés sur place. On ne les recherche pas sur des marchés étrangers.

II. — CIGARES.

Fabrication. — Malgré le chiffre relativement élevé des cigares fabriqués dans le pays (pour 1897 : 108,453,799), il n'existe aucune manufacture bien installée pour cette industrie. Ce sont de petits patrons qui confectionnent à la main, surtout les marques dites « Cavour » et de la « Paja », c'est-à-dire des cigares italiens (longs d'environ 16 à 18 c/m, minces, pourvus d'un chalumeau central en paille).

Ces articles ne s'exportent guère. Durant le premier semestre 1897, il a été importé :

13.562 kgr. de cigares de la Havane.
159.986 — de cigares d'autres provenances.
173.548 kgr.

III. — TABACS EN PAQUETS.

A l'exception des maisons Brisson et Canter, toutes les fabriques produisent du tabac en paquets ; les manufacturiers rivalisent de bon marché. Aussi sont-ils portés à employer beaucoup de *côtes* de feuilles ou de déchets.

On a vendu en 1897 : 3.840.744 kgr. de cette marchandise.

Exportation. — Néant.

Importation. — Dans le premier semestre 1897, il a été reçu en douane :

950 kgr. tabac de la Havane en paquets.

1.452 kgr. paquets de tabac de provenances diverses (tabacs hachés en paquets ou en boîtes).

Les raisons sociales à citer sont :

José (Léon) et Cⁱᵉ, Juan Posse et Cⁱᵉ, Constantino Bolon et Cⁱᵉ, Pedro S. Somay et Cⁱᵉ.

Le nombre des ouvriers occupés par ces manufactures pour la préparation des tabacs est relativement restreint.

Le hachage se fait au moyen de machines (anglaises, allemandes ou nord-américaines) qui, suivant leur puissance, triturent en dix heures de 500 à 4,000 kgr.

Les opérations que subissent les feuilles peuvent se résumer ainsi :

I. — Mouillage.

II. — Séchage dans les torréfacteurs agissant par feu direct sur des cylindres (système anglais) ou par vapeur dans des serpentins (système nord-américain).

III. — Ventilation (pour refroidir le tabac).

IV. — Mise en paquets, au moyen de machines américaines, donnant, par journée de dix heures, 2,400 kgr. de tabac en paquets de 100 grammes.

IV. — CIGARETTES.

En 1896, il s'est vendu en Argentine 141,110,118 paquets de cigarettes (1).

Exportation. — Environ 1,000,000 de paquets sont exportés par an pour Punta Arenas seulement.

Importation. — Le prix de revient de l'article étranger paraît trop élevé aux fumeurs indigènes ; aussi, l'importation en 1896, n'a été que de 304,771 paquets.

---

(1) Chaque paquet contient en moyenne 14 cigarettes.

MANUFACTURE. — MACHINES. — MAIN-D'ŒUVRE. — NOMBRE DES FABRICANTS. — PAPIER A CIGARETTES.

A part la cigarette de tabac noir, roulée à la main, cet article se confectionne mécaniquement. Les fabricants et ouvriers en chambre se servent de petites machines donnant de deux à quatre cigarettes à la fois. Chacun d'eux arrive à fournir une moyenne de 4,000 cigarettes par jour.

Les grandes manufactures font usage, pour les marques espagnoles, à bouts doublés, des machines nord-américaines. (système Comas) produisant 3,000 pièces par heure.

Le système Bonsack (pour les cigarettes dites françaises) donne environ 150,000 cigarettes par journée de travail.

Il y a quelques années, on employait à Buenos Aires des machines françaises Decouflet et Leblond ; on a dû les abandonner à cause de leur faible production (20,000 à 25,000 cigarettes en dix heures), et leur trop grande fragilité.

MM. Brisson ont été les premiers à adopter, il y a quelques mois, une machine anglaise fabriquant 30,000 cigarettes par heure.

Le papier auquel on a recours est de provenance espagnole ou française.

La mise en paquets se fait à la main.

Les principales fabriques appartiennent à MM. H. Brisson, José Léon et Cie, Testoni Chiesa et Cio, Juan Canter, Juan Posse et Cio.

A la date du 31 décembre 1896, l'administration des impôts internes publiait pour la ville de Buenos Aires seulement, où l'industrie des cigarettes occupe 3,000 personnes des deux sexes, une liste de 681 noms sous la rubrique : « Manufactures de tabacs ». Cette énumération s'applique en majeure partie à des ouvriers qui, travaillant en chambre, sont considérés comme patrons payant patente (1).

---

(1) Les tabacs sont frappés d'un droit *ad valorem*. L'administration exige des vendeurs que des bandes soient apposées sur les boîtes à cigares, les paquets de cigarettes et de tabac. Quand les cigares sont vendus au détail, le timbre doit être collé à même sur le cigare.

DIVERSES CULTURES

Orge. — Lin. — Alpiste. — Colza. — Arachides. —
Pomme de terre. — Luzerne.

ORGE

A la fin du xviiiᵉ siècle, la province de Buenos Aires seule
produisait près de 600,000 hectolitres d'orge.

Des troubles politiques ralentirent la production agricole et,
en 1862, on dut importer environ 15,000 tonnes de cette céréale.
En 1877, la récolte suffisait à la consommation locale. L'exportation prit son essor en 1878, comme il résulte du tableau
ci-dessous :

1878	2.547	tonnes.	1888	178.929	tonnes.
1879	25.679	—	1889	22.806	—
1880	1.165	—	1890	327.894	—
1881	157	—	1891	395.555	—
1882	1.755	—	1892	470.110	—
1883	60.755	—	1893	1.008.137	—
1884	108.499	—	1894	1.608.249	—
1885	78.493	—	1895	1.010.269	—
1886	37.864	—	1896	583.000	—
1887	237.866	—	1897 environ	750.000	—

Dans les dernières années, le prix moyen de l'orge a oscillé
entre 3 et 5 $ m/n, les 100 kilogrammes.

En dehors de la forte exportation mentionnée plus haut, la consommation locale est considérable : l'orge remplace dans beaucoup de cas l'avoine. Elle alimente en outre la florissante industrie des brasseurs.

LIN

Les exportations de graine de lin de l'Argentine ont augmenté régulièrement depuis 1891.

En 1895, on a ensemencé près de 150,000 hectares dont :.

49,975 hectares pour la province de Buenos Aires.
60,455   —   Santa Fé.
1.841   —   Entre Rios.
5,000   —   Cordoba.

La récolte a produit 99,029,000 kgr. sur lesquels :

83,029,000 kgr. ont été exportés;
8,000,000 kgr. ont servi à la fabrication d'huile de lin;
et 8,000,000 kgr. ont été réservés pour les semences.

La graine de lin s'est vendue à Buenos Aires à des prix variant de 0,80 à 1,30 $ m/n les 10 kgr.

ALPISTE

La France et l'Argentine sont les principaux producteurs de cet article.

Depuis 1878, l'Argentine en a exporté les quantités suivantes :

1878	2 T.	1889	1.116 T
1880	13	1890	803
1881	5	1891	193
1883	963	1892	101
1884	214	1893	200 environ.
1885	1.112	1894	—
1886	2.400	1895	—
1887	1.540	1896	4.301
1888	1.560		

Prix moyen : 3,39 à 3,43 $ m/n les 100 kgr.

COLZA ET NAVETTE

Les premiers essais de culture du colza sont dus à M. Carlos Lix Klett, qui, en 1883, ensemença 300 hectares à Talpaqué (province de Buenos Aires).

Les résultats ne répondirent pas aux espérances. Cependant le prix, qui varie de 3 $ 29 à 4 $ m/n les 10 kgr., est assez rémunérateur.

Les fabriques d'huiles d'olives de l'Argentine utilisent pour opérer des mélanges le peu de colza qui se récolte dans le pays.

Même observation pour la graine de navette, dont le prix varie de 0,80 à 1,30 $ m/n les 10 kgr.

ARACHIDES

Surfaces ensemencées en 1895 :

Santa Fé.................	6.642 hectares.
Entre Rios..............	4.000. —
Cordoba.................	107 —
Corrientes..............	1.858 —
	12.607 hectares.

Cette superficie a produit 23,000,000 de kgr. d'arachides dont :

175,000 kgr. ont été exportés ;

104,000 kgr. ont servi à divers usages ;

et 22,720,000 kgr. ont été employés à la fabrication de 4,600,0000 kgr. d'huile.

POMME DE TERRE

Les indigènes habitant les campagnes se sont nourris, pendant des siècles, surtout de viande ; — aussi la pomme de terre n'a jamais été beaucoup cultivée.

Depuis 1880, l'importation a été considérable, et on peut prévoir que les colons venus du nord de l'Europe tenteront la culture de ce tubercule.

LUZERNE

La luzerne (alfalfa) est en Argentine d'un grand rendement avec le moindre effort.

Elle présente des caractères de pérennité remarquable, sans qu'il soit nécessaire de mettre les champs en jachère et de les assoler.

Ce fourrage atteint 1 m. 50 de hauteur, et donne, dans les régions bien irriguées et d'un état hygrométrique élevé, jusqu'à six coupes par an. Les luzernières sont, d'ailleurs, d'autant plus belles que les coupes sont plus régulières. Si, par contre, on fait pâturer le bétail dans les « alfalfares », le piétinement des animaux durcit le sol et enraie le développement rapide des plantes. En outre, le gros bétail les déracine souvent en broutant.

La luzerne coupée (sèche ou verte) sert à engraisser dans les « corales » les bêtes que l'on destine à l'exportation, aux abattoirs (mataderos), à la préparation des viandes par le procédé frigorifique et aux fabriques de « tasajo » (1) (viande désossée, salée et séchée au soleil).

Les plus grandes luzernières se trouvent dans les provinces de : Buenos Aires, Cordoba, Mendoza, Santa Fé, Tucuman, San Luis, Entre Rios ; elles y couvrent 521,100 hectares.

L'hectare produit en moyenne dans la province de Buenos Aires 12 T. 4.

Si l'on obtenait un pareil rendement dans toutes les provinces, les 521,100 hectares auraient donné en 1895 6,461,640 T.

La récolte en question s'est vendue en moyenne à raison de 32 $ m/n la tonne. Ces prix se sont maintenus depuis.

La graine vaut de 3 à 5 $ m/n les 100 kgr.

---

(1) Dans les « saladeros ».

PROJETS ET TENTATIVES DE PLUSIEURS
GRANDES CULTURES

Café. — Cacao. — Maté. — Coton. — Mauve. — Osier.

En dehors de ses plantations de toutes sortes en plein rapport (1), l'Argentine se préoccupe de l'introduction de certaines cultures qui n'existent pas encore sur son domaine.

Il n'est peut-être pas oiseux de signaler ces tendances.

Si, chez nous, les innovations sont dues généralement à la seule initiative privée, non sans de grands sacrifices et de nombreux mécomptes, dans les pays sud-américains, et plus spécialement dans l'Argentine, l'effort individuel est encouragé par les pouvoirs nationaux.

Le Gouvernement et les Chambres ont le vif désir d'affranchir le pays de ce qu'ils appellent la suzeraineté de l'étranger.

Ils veulent, avant toute chose, faire pencher, de plus en plus, la balance commerciale en leur faveur, en accroissant la production indigène et en réduisant les importations.

Pour atteindre ce but, ils ne reculent pas devant des débours

---

(1) Céréales. — Vignes. — Champs de cannes à sucre. — Tabac.

considérables, et escomptent des compensations plus ou moins prochaines.

L'Exécutif, dans les provinces et à Buenos Aires, soutient ces tentatives par des subventions, des concessions de terrains, des franchises douanières ou des droits protecteurs.

Le pays importe encore aujourd'hui son café (3,675 tonnes); son maté (34,170 tonnes); son cacao (303 tonnes); son riz (22,583 tonnes); les soieries (1,547,400 $) (1); les cotonnades (2) (51,602,400 $); comme il introduit actuellement une partie des vins et liqueurs, comme jadis il achetait au dehors toutes les céréales ou le sucre dont il avait besoin.

Le changement de cet état de choses ne paraît pas irréalisable si l'on considère la rapidité avec laquelle s'est fondée l'industrie sucrière, la facilité avec laquelle le pays a arrêté, grâce au développement des champs d'orge, l'importation de la bière; la façon dont il a su diminuer l'importation des vins, au moyen de la création, en dix-huit ans, de son vignoble; l'aisance avec laquelle il a supplanté les alcools de l'Europe au moyen de ses distilleries, qui datent d'hier.

Et pourtant est-il possible d'admettre que, d'ici à quelques années, La Plata complétera simultanément son approvisionne-

---

(1)

Soieries. — Fils.	58.550
Tissus de soie pure ou mélangés	659.000
Ceintures	54.150
Cordonnets	1.500
Chemisettes	2.000
Cravates	2.000
Chaussettes	6.500
Mouchoirs	280.400
Chapeaux	64.000
Divers articles confectionnés	29.300
$.	1.157.400

Chiffres de 1895.

(2) Cotonnades:

Coton en rame	18.800
Coton filé	358.700
Tissus de coton. Purs ou mélangés	18.789.000
Sacs	31.152.000
Chemisettes	24.400
Chaussettes	361.000
Mouchoirs	630.500
Divers articles confectionnés	268.000
$.	51.602.400

ment indigène de denrées, et créera de toutes pièces un outillage industriel?

Les droits protecteurs permettront-ils d'improviser des manufactures qui, en Europe, aux Etats-Unis, sans parler de l'Inde, du Japon, etc., sont arrivées à un degré de perfectionnement exceptionnel?

On peut citer, il est vrai, les filatures et tissages au Brésil, qui, sans enrayer l'importation d'une façon complète, l'ont ralentie dans des proportions sensibles. De même les fabriques de chapeaux, les tanneries, les manufactures d'allumettes, de bougies, de savons, de produits pharmaceutiques, etc., etc.

Mais les innovations projetées par les Argentins sont de nature bien complexe:

On a la prétention d'entreprendre à la fois les grandes cultures et les grandes industries. Cependant, pour ne citer que deux exemples: l'acclimatation du ver à soie n'est pas faite, et les optimistes seuls peuvent considérer comme concluants les quelques essais de plantations du cotonnier.

D'autre part, la main-d'œuvre en Argentine est plus chère qu'en Europe, et surtout qu'en Orient et en Extrême-Orient.

Nous n'avons pas à nous demander s'il n'est pas plus avantageux pour ce pays d'acheter à l'étranger ses cotonnades, ses soies, etc., que d'en protéger la fabrication au profit d'un nombre restreint d'industriels et au préjudice de la majorité des habitants.

Si pourtant les Argentins persévèrent dans leur manière de voir, nos constructeurs, filateurs, fabricants de couleurs, devront s'efforcer de s'ouvrir un marché nouveau pour leurs machines, les fournitures de matières mi-manufacturées, comme Fives-Lille l'a fait en ce qui concerne les usines de Tucuman.

Sous le bénéfice des réserves qui précèdent, nous donnons ci-dessous, d'après les spécialistes argentins, quelques indications sur les projets à l'ordre du jour.

Café et maté dans la région de Tucuman.

Dans le jardin d'essai de M. Hileret, à Lules, on peut voir la première plantation argentine de café. C'est là que se font aussi les essais de plantation de maté.

On croyait jusqu'à ces derniers temps que la graine du matéier germait seulement à la suite de son passage dans le tube digestif de l'homme ou d'une bête.

M. Thaïs, ingénieur français, a soumis les semences en question à un bain d'eau tiède et à des courants de vapeur d'une durée déterminée. Il a obtenu par ce procédé une germination qui permet de planter normalement cette « ilex », dont l'Argentine achète en moyenne pour 27 à 30 millions de francs au Paraguay et au Brésil.

Cacao, café, sucre, riz, bananes, coton dans la province de Jujuy.

Dans une lettre du 22 février 1896, le gouverneur de la province de Jujuy, M. Manuel Beltres, donne avis que son gouvernement a résolu de venir en aide aux personnes décidées à se fixer dans le pays pour y faire progresser quelque branche de l'industrie agricole.

La province de Jujuy possède, dans la partie orientale de son territoire, 100 lieues superficielles (département de San Pedro) pouvant se prêter à la culture du café, du sucre, des bananes, du riz, du coton, du cacao etc...

Le gouvernement offre, à titre gratuit, le terrain, sous la condition que les concessionnaires y développent l'une des cultures mentionnées plus haut. Tout établissement agricole sera exempt d'impôts pendant une période déterminée.

Pour cultiver les territoires de Santa Barbara on disposerait de la main-d'œuvre indigène (indiens chiriguanos et matacos (1).

Les cotons dans la zone septentrionale (2).

D'après un rapport de M. Hutchinson, consul d'Angleterre à Rosario, le delta du Parana, dont le climat rappelle celui de la Géorgie, du Mississipi et de l'Arkansas, serait éminemment favorable aux cultures cotonnières.

Le cotonnier vient en outre très bien, paraît-il, au nord du 32° de latitude sud. Les pluies y sont rares, et les travaux d'irrigation faciles.

Dans la colonie fondée par M. Aturralde dans le territoire de Misiones, les premières plantations de ce textile remontent à 1892. On estime à 1,000,000 le nombre des arbustes en plein rapport, aujourd'hui.

Le coton provenant des concessions de M. Silverio Silvagny, à Formosa (Chaco), est de qualité supérieure. Il a été récolté sur des plantes obtenues avec des semences géorgiennes.

Les graines semées à la fin de janvier, dans des terrains où l'on avait fait venir déjà du maïs et d'autres céréales, ont donné une récolte satisfaisante vers le milieu de mai. (La fibre était large et assez blanche.)

Une « cuadra » carrée peut contenir 20,000 pieds de cotonniers nains ou 10,000 de la grande espèce.

On tente également de les acclimater dans la province de Cordoba. Une commission nommée à cet effet distribue gratuitement la semence de trois variétés importées des Etats-Unis le coton *ozier*, le « watagoda cotton seed » et le « *egypcia met afifi* ».

---

(1) La lettre en question parle de la construction d'un chemin de fer reliant les départements de San Pedro et Ledesma, par une société d'exploitation des pétroles de Bréa.
(2) La « Produccion Argentina » des 10 juillet, 4 t 8 septembre 1896, et du 1er janvier 1897.

Un spécialiste, M. Antonio Amorena, croit à l'avenir de l'industrie cotonnière dans son pays.

Le gouvernement de la province de Santa Fé, partageant cette conviction, a non seulement exempté de tout impôt les terrains livrés à la culture du coton, mais vient encore de voter une prime de 50 pesos par hectare cultivé.

D'autres provinces, particulièrement celle de Tucuman (1), semblent disposées à imiter cet exemple :

La province de Buenos Aires compte :

4 fabriques d'étoupes, 11 voileries et 3 fabriques de tissus qui occupent 329 personnes, utilisent 210 chevaux-vapeur de force répartis entre 6 moteurs. (Capital : 917,350 pesos.)

Les industries dérivées du coton s'implanteraient à leur tour aussitôt que la culture en serait étendue.

Indiquons encore ici, à titre documentaire, un nouveau textile que l'on prétend avoir trouvé et expérimenté en Argentine : la mauve commune (2).

Cette plante renfermerait 40 o/o de fibres, faciles à extraire par voie de macération.

La culture de la mauve est des plus faciles. L'arbuste prospère dans les terrains bas et humides.

La culture de l'osier dans les îles du Parana (3).

Les plantations d'osier consolident les terrains bas, périodiquement inondés.

Ce sont des entreprises exigeant peu de capitaux.

Le développement constant de la vannerie assure à cette

---

(1) Dans un article publié par le journal « El Orden », de Tucuman, M. Gigena fait ressortir les avantages de la culture du coton, plus profitable — dit-il — que celle de la canne à sucre : Un hectare avec 2,500 plants, à raison de 250 grammes de coton en rame, par plant, fournirait 650 kilogrammes. La graine représentant 60 o/o du rendement brut, le produit net en coton dégrainé serait de 260 kilogrammes. Ce qui donnerait, au prix de 2 à 3 pesos le kilogramme, au moins 730 pesos par hectare, non compris la valeur de la graine.
(2) « Produccion Argentina », 1er janvier 1897.
(3) « Produccion Argentina », 16 septembre 1895.

culture des débouchés sans cesse croissants sur les marchés intérieurs et sur ceux de l'étranger.

Les produits des îles du Parana se vendent actuellement à raison de 1,30 $ les 10 kgr. pris sur quai à San Fernando. Ils avaient valu, jusqu'en 1895, de 2 à 3 $.

On peut récolter en moyenne de 4,000 à 5,000 branches par *cuadra* (1 hectare 40), sans autres frais que ceux de la coupe et du transport, revenant à environ 0,60 $ par 10 kgr.

Le rendement net par hectare d'osier en plein rapport serait donc de 150 à 180 $.

LE COLON AGRICOLE

Absence d'intérêt commercial. — Avenir de l'immigrant agricole en Argentine.

Le cultivateur français, transplanté comme colon agricole dans le pays de La Plata, est amené par la force des circonstances à se désintéresser commercialement de son pays d'origine.

Qu'il réussisse ou non, il ne devient presque jamais client de notre industrie. Ses descendants directs se disent le plus souvent Argentins.

Les produits de son travail, articles de grande consommation, sont soumis aux fluctuations du marché universel.

Nos compatriotes émigrés procèdent, en ce qui concerne nos produits ouvrés, comme nous faisons pour leurs grains : ils achètent, selon leurs besoins, au plus bas cours, sans se préoccuper des provenances.

Il nous importe pourtant de suivre de près le problème de l'émigration, pour connaître la mise en œuvre des ressources de La Plata, et pour savoir par quels procédés peut devenir propriétaire, locataire ou métayer l'émigrant européen qui arrive dans l'Argentine pour s'adonner à l'agriculture (1).

---

(1) Les conditions que les gouvernements des provinces ou les particuliers offrent au colon, la situation de l'immigrant au point de vue des lois du pays (législation concernant la propriété : terrains, chevaux, bestiaux, récoltes, etc.), se trouvent analysées sous l'annexe X.

Doit-il, dans des conditions normales (sans accidents imprévus), réussir mieux que dans son pays d'origine, ou ses efforts sont-ils, dans ces zones neuves, frappés souvent de stérilité relative (1) ?

Si l'on veut être équitable, il ne faudrait point écouter trop complaisamment les détracteurs de l'Argentine : à de rares exceptions près, ces derniers sont mécontents de ne pas réussir à l'étranger après avoir déjà échoué chez eux, dans leurs efforts à se suffire.

Les Français qui, comme agriculteurs, ont su se créer, en pays de La Plata une large aisance, sont fort nombreux.

Des familles arrivées en Argentine, sans sou ni maille, possèdent aujourd'hui, grâce à un labeur incessant de dix ou douze années, et des privations gaillardement supportées, de petits domaines de 75 à 150 hectares, une vaste maison, un matériel agricole, les chevaux et les bœufs pour labourer, etc. (2).

Si ces colons qui ont acquis une situation indépendante n'ont nulle raison de se plaindre de l'Argentine et de ses lois, ils ont intérêt à ne pas protester contre les critiques, puisque les doléances des soi-disant victimes découragent, de prime abord, et par suite écartent les concurrents éventuels. Et c'est ainsi qu'en France, on n'a pu entendre que les abattus ou les non-valeurs.

Pour apprécier le système argentin de colonisation, il faudrait sérier les territoires ouverts aux nouveaux arrivants.

Certes, nos compatriotes transplantés dans les plaines du Chaco y trouvent un milieu assez inhospitalier.

Sur la ligne du chemin de fer qui, de Santa Fé se prolonge vers le nord, le moustique, à partir du centième kilomètre, devient une plaie, rendant la vie sinon intolérable, du moins extrêmement pénible.

D'autre part, les chaleurs dans les plaines de Santiago del

---

(1) Annexe XI.
(2) J'ai visité, en trois jours, 50 de ces fermes sur la seule ligne du chemin de fer Oeste Santa-fecino, entre Villa Casilda et Cruz Alta.

Estero, de Tucuman, de Corrientes, sont très fortes. Le caractère légèrement paludéen de ces régions compromet la santé et anémie les forces.

Il m'a été toutefois donné d'y rencontrer de nos nationaux décidés, même dans les conditions les moins favorables, à ne devoir qu'à leurs efforts personnels et persistants, une situation aisée (1).

Mais cette zone est peu étendue comparée aux immenses territoires demeurant ouverts à l'agriculture, dans Santa Fé, Entre Rios, dans la province de Buenos Aires et même dans plusieurs régions de la Pampa Centrale.

La population de l'Argentine est encore trop clairsemée pour que le paupérisme puisse se manifester là avec la même rigueur qu'en Europe. On n'y meurt pas de faim, lorsqu'on ne répugne pas au travail ; et la main-d'œuvre ne chôme que lorsqu'elle le veut bien.

---

(1) M. Guéritault observe que, « sauf exception, les fermiers en Argentine sont des spéculateurs. Le colon sème autant de blé et de maïs qu'il peut ; généralement, il ne se livre qu'à une seule culture ; de sorte que, si la récolte est mauvaise ou si les prix sont très bas, il est ruiné.

Cela n'arriverait pas si le colon voulait être un véritable fermier produisant tout ce qui est nécessaire pour l'alimentation de la famille (légumes, fromages, etc., etc.), et consacrant à la grande culture le travail que n'exige pas la production de tout ce qu'il faut à la consommation de la maison.

Cette manie de la spéculation est tellement passée dans les mœurs des cultivateurs, que la plupart d'entre eux sont réduits à acheter jusqu'aux légumes dont ils ont besoin.

Dans les colonies où les paysans ont eu la sagesse de garder les traditions de la ferme européenne, on ne connaît pas les coups de fortune subite des grands planteurs de blé, mais on ignore aussi leurs ruines radicales. »

EXPLOITATION FORESTIÈRE

Essences. — Utilisation. — Classification et Exportation.

-I

NOMENCLATURE DES PRINCIPALES ESPÈCES DE BOIS ARGENTINS.

La zone sylvestre qui encadre au Nord, à l'Ouest et au Sud les savanes ou pampas argentines, couvre environ 1,400,000 km².

Voici par ordre alphabétique et, sauf quelques exceptions, sous leurs dénominations locales, les principales essences qui constituent les forêts de ce pays (1) :

Algarrobo, Albarillo, Atamisque.

Cebil, Catigua, Cèdres, Chañar, Cañafistula, Calamuchina, Curupai, Churqui, Coronilla, Cuchupi, Canelon, Caucharaña, Camboata, Carabo, Canela, Coco.

---

(1) L'aspect de ces futaies ne ressemble en rien à la forêt européenne.
Ainsi, la région de Tucuman rappelle le fourré équatorial. Le Chaco et le sud de la Pampa centrale sont couverts de groupes d'arbres assez clairsemés qui alternent avec des clairières où poussent des herbes sauvages.
On ne trouve qu'exceptionnellement la haute futaie ombreuse, composée d'une seule espèce, telle que nos forêts de hêtres, de bouleaux, de chênes, de pins ou de sapins.

Espina de Corona, Espinillo.

Guayubira, Guacho, Guayacan, Guasatunga, Garrapato grande Guayiyu.

Hirapiapuña, Hêtre antarctique.

Ibiraro, Iguajai, Ingla, Incienso.

Jacaranda.

Limón, Lapacho, Lata, Lauriers.

Mora, Mistol, Mistol retamo, Molle.

Naranjo, Nogal.

Palo santo, Piquilin.

Quebracho, Quassia, Quina.

Runacaspi, Romerito.

Sota Caballo.

Tarumá, Tusca, Timbo, Traporiti, Tatané

Urundei, Uriburetina.

Visco.

Yerba Maté.

II

EXPLOITATION FORESTIÈRE.

L'exploitation des bois laisse fort à désirer.

En dépit des règlements, les particuliers abattent, pour les besoins domestiques, dans les forêts appartenant à l'Etat, des arbres innombrables.

L'exploitation, en vue de l'industrie locale et de l'exportation de bois déterminés, donne lieu à un commerce dont il est difficile de fixer l'importance.

En 1893, la Compagnie du chemin de fer de Santa Fé seule avait transporté 1,400,000 T. de Quebracho. Sur cette quantité 250,000 T. devaient être expédiées à l'étranger.

En 1881, le pays avait drainé de ce chef $ or 219,900; en 1893, 1,300,000 $ or, chiffre doublé aujourd'hui.

Les manufactures qui utilisent les bois, en Argentine, se

servent principalement des essences du pays. Cependant elles, emploient encore des bois étrangers (1).

III

CLASSIFICATION DES PRODUITS SELON LEURS COULEURS, DENSITÉS ET EMPLOIS (2).

A. — *Couleurs.*

On compte :

32 essences d'arbres de couleur blanche.
92 — — — — claire.
57 — — — — grise.
67 — — — — jaune de diverses intensités.
184 — — — — rouge — —
54 — — — — foncée ou noirâtre.

Total 486.

B. — *Densités.*

On ne compte que 27 espèces de bois très léger, dont la densité varie de 0,250 à 0,350.

74 ont une densité variant de 0,350 à 0,500
250 — — — — — 0,500 à 0,750
107 — — — — — 0,750 à 1,000
28 — — — — — 1,000 à 1,400

Total 486.

---

(1) En 1895, on a importé 250,000 mètres cubes de bois, tels que noyer, rouvre, pin et cèdre.
(2) Voir les études de M. Niederlein, chargé de la section d'arboriculture à l'exposition de Chicago.

C. — *Emplois.*

Voici la classification selon son emploi de la richesse forestière argentine.

a) *Bois de construction.*

Les Lapachos (tabelina flavescens et avellanedæ), l'Ibiraro
(pterogine intens), l'Urundei (astonium juglandifolium), le
Quebracho (schinopsis Balansæ), le Palo Santo (bulnesia
sarmientii), les Cèdres (cedrela fissilis et Brasiliensis), le Cañafistula (peltopharum vogelianum), les Lauriers (espèces de nec-
tranda, phœbe et ocotea), et plusieurs autres.

b) *Bois pour traverses de chemins de fer.*

Les Quebrachos rouges (schinopsis Balansæ et Lorentzii), le
Curupai, le Ñandubay (prosopis Ñandubay Ltz), les diverses
espèces de Caroubier (prosopis nigra, alba, juliflora), l'Urundei
(astonium juglandifolium), le Guayacan (Cœsalpina melano-
carpa).

c) *Bois pour manches d'outils.*

Le Guayubira (Patagomula americana), le Catiguá (trichilia
castigua), le Traporiti (Eugenia Michelii).

d) *Bois pour constructions navales.*

L'Ibiraro (pterogine intens), diverses sortes d'Algarrobo
(prosopis nigra, alba, juliflora), le Lapacho (tabebuia avellanedæ et flavescens), le Cèdre, l'Urundei (astonium juglandifolium), le Cañafistula (peltopharum virgilianúm), le Timbo
(enterolobium timbouva), le Laurier.

e) *Bois pour charronnerie.*

Le Guayacan, le Quebracho blanco et colorado, les Cèdres,
le Curupai, le Lapacho, le Cañafistula, le Ñandubay et le
Timbo déjà cités; puis, en outre, l'Oranger (citrus aurantium),

le Cebil (piptadenia cebil), le Mistol (zizyphus mistol), le Mova (maclura mova) et le Sota caballo (larhea divaricate).

f) *Bois pour le tour.*

Toutes les espèces déjà vues de Prosopis, le Palo santo, le Curupai, le Guayacan, le Lapacho, l'Oranger ou Maranjo, le Mistol, le Quebracho également cités, et en outre : le Garrapato grande (mimosa Lorentzia), la Lata (mimosa carinata), le Chañar (gourlea decorticans), le Churqui (mimosa farinosa), la Coronilla (scutia tutifolia), le Cuchupi (porliera hygrometrica), le Citronnier ou limon (citrus limonum), et le Tatané (pothecolobium aortum).

g) *Bois pour tonnellerie.*

Deux espèces de hêtre :
Fagus antarcticus, Fagus betuloïdes (de la Terre de Feu).

h) *Bois pour la gravure.*

Le Palo et le Quebracho blanco, mentionnés plus haut.

i) *Espèces contenant du tan.*

Le Curupai, le Cebil, le Quebracho colorado, le Traporiti, le Guayacán, le Catiguá, le Cañafistula, le Lapacho, le Timbo et le Sota caballo dont il a été déjà parlé et, en outre, le Canelón (myrsine floribunda), le Caucharana (cabralea canjerana), le Camboata guarea trichilioïdes), l'Ingla (inga uruguensis), le Nogal (juglans australis), le Piquilin (condalia lineata) et le Vunacaspi (achatocarpus nigricans).

j) *Bois servant pour la teinture.*

La plupart des bois dont l'écorce sert au tannage ont des propriétés tinctoriales; à citer particulièrement les Catiguá, Curupai, Cebil, Traporiti et Nogal.

Il faut ajouter à cette série, la racine de l'Albarillo Grabowskia), les feuilles de l'Atamisque (atamisquea emarginata), les pousses du Calomuchina (una lippia) et celles de l'Uriburetima (eupatorium lœvigatum), les feuilles et les fruits du Molle (euvana latifolia), la racine du Guacho (bulnesia bonaviensis), le Romerito (eupatorium virgatum) et quelques autres.

k) *Bois médicinaux.*

En dehors du Quebracho chico, du Cèdre fissilis et de la Coronilla, on peut énumérer :

Le Carabo (bignonia caraba), le Quassia (simuruba suaveolens), le Guasatunga (cascaria sylvestris), la Cannelle ou Canela (drymis winterii), le Quina (pogonopus febrifuguo), le Mistol retamo (bulnesia retamo), la Yerba maté (ylex bonplandiana), le Tusca (acacia aroma Gillevar moniliformis), le Taruma (vile Montevidensis) et le Coco (zanthozylum coco).

l) *Bois de luxe.*

A cette catégorie appartiennent toutes les essences de bois durs servant à l'ébénisterie fine et à la sculpture. Ce sont :

Les Cèdres, le Caucharana, le Noyer, les trois espèces d'Algarrobo (blanc, noir et rouge), la Ñandubay, le Palo rosa et santo, le Curupai, la Mora, le Tatané, le Molle, le Lata, le Coco, le Mistol, le Retamo et le Guyacan — dont nous avons indiqué plus haut les usages multiples ; — et, en outre : le Jacaranda (dalbergia nigra), l'Incienso (myrocarpus fastigiata), l'Hirapiapuña (apulcia pagomana), l'Espina de Corona (gleditschia amorphoïdes), le Visco (acacia visco), le Guaviyú (Eugenia pungens) et beaucoup d'autres.

Avec les fruits du Caroubier, du Chañar, du Mistol, du Piquilin, les habitants de l'intérieur fabriquent, surtout dans le Nord, *des boissons fermentées ;* du fruit de l'Iguajai (Eugenia edrilis), ils tirent du *vinaigre.*

Enfin certaines essences contiennent des parfums. Ce sont : l'Incienso, le Molle, le Tetané, le Noyer, le Quina et l'Espinillo (prosopis ruscifolia) qui trouveront, dit-on, facile placement aux Etats-Unis du Nord Amérique.

IV

COMMERCE DE CERTAINS BOIS.

A. — *Bois de Quebracho au point de vue du tannage.*

Le « Quebracho colorado », utilisé pour la tannerie, croît dans les forêts du Gran-Chaco qui s'étendent au Nord jusqu'à la rivière Bermejo, et sont bornés à l'Est par le rio Parana.

Il existe quelques forêts de faible étendue sur la rive opposée de ce dernier fleuve, dans la province de Corrientes ; on en trouve aussi dans la zone Nord-Ouest (Salta et Santiago del Estero).

On l'exporte sous le nom de *rollijo*. Les troncs et branches maîtresses seuls, dépouillés de leurs écorce et aubier, servent à l'industrie susdite. Les troncs mesurent de 5 à 10 mètres de long et 0^m,50 à 1 mètre de diamètre.

Le meilleur bois pousse au nord de Vera, station du chemin de fer de Santa Fé au Chaco (Garabato).

Les arbres de Corrientes (Empedrado) et de Santiago del Estero sont petits et chétifs.

Ils fournissent, au point de vue du tannage, des produits inférieurs (et meilleur marché) qui contiennent une matière tinctoriale salissante.

Les tans des bois du Gran-Chaco donnent au cuir une couleur jaune. Ils sont encore d'une application avantageuse en ce qui concerne le poids des produits.

Les Allemands ont obtenu de bons résultats en mélangeant le Quebracho avec de l'écorce de chêne ou de sapin. On a aussi essayé des additions de ciguë, de « gambier » et de « canaigre ».

Le bois de Quebracho du Gran-Chaco contient de. . . . . 22 à 28 o/o de tan.

Le bois de Quebracho de Empedrado. 18 à 20 o/o de tan.
—   de Santiago del
Estero . . . 10 à 17   — (1).

ANALYSE DE QUEBRACHO DE GARABATO (GRAN-CHACO) (2).

Substances propres au tannage. . . .   28.20
—   étrangères. 1.70
Cendres 0.40
Eau. 11.85
Parties insolubles. 57.85
                                      _____
                                      100 »

Voici les chiffres de l'exportation de Quebracho :

29.700 tonnes en 1892
49.400   —   1893
54.955   —   1894
154.466   —   1895

Les 10,000 tonnes qui partent en moyenne chaque mois du port de Colastiné sont presque toutes destinées à l'Allemagne.

Le prix moyen des « rollijos » pour tanneries est de $ m/n 23 «à bord, Colastiné», et leur fret est de 25 fr. Ces prix s'entendent par 1,000 kgr. L'assurance par voilier est de 2 o/o, et de 3/4 o/o par vapeur.

B. — *Bois de « Quebracho colorado » de la province de Santa Fé pour traverses de chemins de fer.*

« Ces bois, constituent l'une des plus grandes richesses de la province, écrit M. Gouiran. Ils couvrent une superficie

_____

(1) Le poids spécifique des espèces les plus pauvres de bois de Quebracho est inférieur d'environ 20 à 30 o/o à celui de la première qualité du Gran-Chaco.
(2) Nous donnons ci-après, d'après M. Muller, les résultats obtenus à Buenos Aires.

de plusieurs centaines de lieues carrées, et malgré l'exploitation la plus active, ils ne seront pas épuisés de quelques années encore.

» Le bois de « Quebracho colorado » est très dur, très résistant, et son imputrescibilité parfaite (des expériences répétées le prouvent) rend sa durée indéfinie dans quelque milieu qu'on le place; son emploi est tout indiqué pour les travaux de grosse charpente, tels que ponts, jetées, pilotis, etc., etc. »

On ne peut trouver aucun bois meilleur pour les traverses de chemins de fer.

Toutes les Compagnies de la République Argentine l'ont adopté depuis longtemps. Les quelques lignes qui, tout d'abord avaient été pourvues de traverses métalliques (système « tortues »), substituent, au fur et à mesure des besoins de la voie, le *durmiente* de Quebracho au *sleeper* de fer.

M. Raabe, directeur général du chemin de fer de Santa Fé, dit :

« Les traverses en Quebracho peuvent être usées par les incisions, les trous de vrille, etc., mais le climat n'exerce sur elles aucune action appréciable. »

Exemple : le chemin de fer paraguayen a été construit de 1852 à 1854. Le Gouvernement l'a cédé aux Anglais en 1892. Or, après quarante ans d'usage, 99 o/o des traverses se trouvaient en parfait état.

Nos chemins de fer pourraient profiter d'expériences aussi concluantes, si le droit d'entrée appliqué à cet article n'en empêchait pas l'introduction en France

Cependant, en raison de sa résistance, le Quebracho, revient en fin de compte, moins cher que les traverses de chêne et d'autres essences.

Ces dernières doivent subir une préparation chimique, et occasionnent des frais de pose souvent renouvelés.

La traverse de Quebracho vaut \$ $^m/_n$ 3, 5o, sous vergues à Colastiné ; le fret est d'environ frcs 2,5o et l'assurance de 2 o/o par voilier et 3/4 o/o par vapeur.

On cotait à Buenos Aires, au mois de novembre 1897 :

Quebracho colorado.

Pieux, 25 $ les 1,000 kgr.; 28 $ pour la qualité supérieure.

Poutres équarries, 34 à 37, 50 $ les 1,000 kgr.

Traverses doubles de chemins de fer, 32 $ les 1,000 kgr.

Poteaux entiers rendus à bord, 160 $ le 100 ; moyens 150 $: courts 140 $.

Quebracho blanco.

22 $ les 1,000 kgr.

Les branches et rameaux de cet arbre sont employés comme combustible dans les usines et sur les lignes de chemins de fer. Ils donnent en moyenne 33 o/o des calories développées par le charbon de Cardiff.

La majeure partie de l'exportation va en Allemagne. Ainsi, en fait d'extrait de Quebracho, sur 401,674 kgr. (production totale), l'Allemagne a reçu, pendant le dernier exercice, 344,558 kgr., soit 85 o/o.

Le commerce anglais vient de faire de très importants achats de ce bois.

Il s'agirait de 5,000 tonnes par mois pendant cinq ans, rien que pour la région nord de la province de Santa Fé et la zone voisine du Chaco (1).

C. — *Exportation pour France.*

L'importation des bois en France s'est chiffrée :

En 1895 par 24,465,710 francs.

En 1896 par 27,288,976 francs.

---

(1) On commence à exploiter le Ñandubay qui, comme dureté, se rapproche du Quebracho. Il se vend à 30 $ les 1000 kilogrammes.

L'Argentine figure dans cette somme pour 1,652,418 francs, valeur des 11,016,123 kgr. de billes de quebracho qu'elle nous a fournies.

Or, si ce dernier chiffre représente le 1,65 o/o de nos achats, il constitue 14 o/o de l'exportation de Quebracho argentin (1) (154,466 tonnes).

D. — *Cours à Buenos Aires, en 1897, de quelques bois argentins.*

Classes de bois	Prix $ m/n	Mesures
		Vara
Urunday et Quebracho-poutres	2.40 à 2.60	10/10 pouces anglais
Lapacho, Viripita, Viraro et Curupay-poutres	2.30 à 2.60	— — —
Horco cebil de Tucuman en poutres de 15 pieds et au-dessus.	» » » »	les 1000 pieds
Cèdre du Paraguay et Misiones. . . .	1.25 à 1.50	— —
Tipa — —	1.30 à 1.40	— —
Pacara — —	1.10 à 1.30	— —
Nogal — —	1.20 à 1.40	— —
Cèdre de Tucuman.	» » » »	— —
Poteaux de Ñandubay	1.45 à 1.50	le cent
Poteaux courts de Ñandubay.	1.35 à 1.40	—
1/2 poteaux courts de Ñandubay . . .	1.25 à 1.30	—
1/2 poteaux légers de Ñandubay. . . .	80 à 90	—
Poteaux de Quebracho colorado . . .	1.50 à 1.60	—
— courts — — . . .	140	—
1/2 — renforcés — — . . .	130	—
Quebracho blanco engrumy du Rio Apa.	45	les 1000 kgr.
— — — autres pro-venances.	20 à 30	—
Quebracho colorado du Chaco	28 à 31	—
— colorado de Santiago del Estero.	23 à 24	—
Palo blanco du Chaco engrumy . . .	26 à 28	—
Traverses de chemins de fer	3.80	l'unité
Picanillos (bambou)	5	le cent

---

(1) L'exportation d'autres bois est irrégulière, et d'un contrôle malaisé.

Le Lapacho et le Curupai, en planches de 1 m. 50 à 2 mètres pour parquets et menuiserie, se vendent à Buenos Aires 150 $ le mille. A recommander aux entrepreneurs français. Même observation en ce qui concerne l'Algarrobo ou Caroubier.

E. — *Bois pour pavage.*

Les premières expériences de pavage en bois à Buenos Aires furent faites par nous, avec les essences employées à Paris.

On passa bientôt, par mesure d'économie, à des espèces indigènes, et, après quelques tâtonnements (le Quebracho et le Ñandubay ayant paru trop glissants pour les chevaux), on s'arrêta au Caroubier, qui a donné les meilleurs résultats.

Il ne nécessite aucune préparation, et, d'après les essais actuels, résiste au moins deux fois plus de temps que les pavés en bois du Nord.

Voici les prix moyens (marché de Buenos Aires), en 1897, des poutrelles rabotées sur deux faces :

12 cuartas.	$ 1,60
13 —	1,80
14 —	2,30
15 —	3,10
16 —	3,40
17 —	3,70
18 —	4 »
19 —	4,30

Au-dessus de cette mesure, chaque *cuarta* en plus, 0 $ 30.

Les pavés d'Algarrobo (Caroubier), dont l'emploi serait à recommander aux sociétés de pavage en bois françaises, se vendaient sous vergues à Buenos Aires (l'or étant à 268,60) :

Pavés 0,20 × 0,08 × 0,10, le cent . .	frcs. 17,25
— 0,16 × 0,06 × 0,10, — . .	— 10,25
— 0,15 × 0,05 × 0,08, — . .	— 7,25
— 0,15 × 0,06 × 0,05, — . .	— 6 »

Les contrats se font en papier monnaie.

Les cotes qui précèdent (datées du 5 avril 1898) peuvent donc fluctuer suivant le cours du change.

F. — *Les Hêtres de la Terre de Feu.*

Les Hêtres de la Terre de Feu, ont fait l'objet d'une étude spéciale de M. G. Duclout, ingénieur et professeur à la Faculté des Sciences de Buenos Aires.

Voici les résultats de ses expériences :

Numéros des échantillons.	Densité de Kg. m. 3.	Coefficient d'élasticité A c Kg. cm. 2	Coefficient de la limite d'élasticité A c Kg. cm. 2.	Coefficient de la limite d'allongement A a Kg. cm. 2,	Coefficient de rupture r Kg. cm. 2,	Coefficient de qualité T Kg. cm.
1 à 6	573	106501 + 2742	661,5 + 69	442,7 + 30,4	1444,6 + 13,3	36,95 + 1,40
7 à 12	623	98432 + 4102	886,9 + 83,8	530,4 + 39,9	1761 + 58,2	54,35 + 4,10

MM. Uriburu et Médici, à San Juan, ont employé ces bois avec succès pour la fabrication des futailles.

M. Edgar T. Ely, grand industriel, a donné un avis également favorable (essais dans une tonnellerie et dans une manufacture de meubles).

La région boisée qu'on pourrait exploiter court tout le long du canal de Beagle, où se trouvent plusieurs ports sûrs et d'un accès facile pour des navires de fort tonnage.

Les dimensions moyennes des arbres sont :

Hauteur, 12 mètres.

Diamètre, o m. 40.

DÉPOTS INORGANIQUES
INDUSTRIES MINIÈRE ET MÉTALLURGIQUE

Les gîtes minéralisés se rencontrent surtout dans les provinces de San Juan, La Rioja, Mendoza, Jujúy, Salta, etc., et dans les territoires de Santa Cruz, Chubut, Pampa, Neuquen, Terre de Feu et Rio Negro (1).

Lorsqu'on étudie l'avenir minier de ces régions, on doit considérer la distance qui sépare de l'Atlantique les gisements situés dans l'Ouest et le Nord-Ouest.

L'éloignement des ports d'embarquement a une importance relative pour les métaux précieux; il décide du sort de tel gisement de soufre, de borax, etc.

Quant au bassin houiller, il alimentera probablement les villes voisines; mais pour que l'exploitation en atteigne un certain développement, il faudrait admettre la création, pour le moins problématique, de centres industriels à proximité de la mine, alors que la ville manufacturière actuellement consommatrice de charbon en Argentine (Buenos Aires) se trouve à 1,500 km. des lieux de production dont il s'agit(2).

D'autre part, si les émigrants espagnols des xvie et xviie siècles, colonisateurs du Chili, du Pérou, de l'Équateur, du Mexique,

---

(1) Annexe XII.
(2) Le charbon anglais revient à Buenos Aires à bien meilleur marché que ne coûterait le charbon argentin amené par voie ferrée.

etc., étaient surtout des chercheurs d'or, doués de tempéraments de mineurs, le « gaucho », Espagnol métissé de Tehuelche, a été surtout et toujours pasteur nomade.

Quant à l'immigration moderne, elle a amené à La Plata des agriculteurs et des artisans.

Il n'existe donc pas, à notre connaissance, au moins à l'heure actuelle, en Argentine, un personnel de « cateadores » habiles à fouiller et à explorer le sol, et de capitalistes disposés à risquer leur avoir dans l'aventureuse exploitation des mines.

On semble se rendre compte, en pays *platense*, que le rendement le plus sûr de la terre est la culture qu'elle permet et le troupeau qu'elle nourrit.

FILONS MÉTALLISÉS

A. — MINES D'OR

On a trouvé de l'or dans les territoires du Chubut et dans les provinces de San Juan, La Rioja, Cordoba, Catamarca, Mendoza, Salta, Jujuy et San Luis.

Voici quelques notes sur ces régions.

I.

TERRITOIRE DU CHUBUT.

DISTRICTS AURIFÈRES.

1° *District de Teca* (sillonné par le Rio du même nom) se trouve à environ 400 km. en amont de l'embouchure du fleuve Chubut.

Les filons de quartz aurifère suivent la direction nord 65° 30' ouest magnétique.

La teneur moyenne du minerai est 0,000617 o/o soit 0^{once} 2197.

Dans certains sables aurifères on.a trouvé de 5 gr. à 7 gr. 25 d'or par mètre cube.

Les quarante et une concessions, accordées jusqu'à ce jour, couvrent une étendue de 26,700 m.².

Près de ce district, il existe des bois de facile exploitation ; sur certains points, il y a de beaux pâturages.

En outre, les nombreux torrents et rivières qui se jettent dans la Teca ont, pendant la fonte des neiges, qui dure de six à huit mois, un débit très considérable.

2° *District de Corcovado* (région du lac et du rio ainsi dénommés).

Il est situé à 40 km. au sud-ouest du précédent.

Les terrains aurifères se rencontrent principalement dans l'ancien lit de la rivière Corcovado et dans ses affluents, Margarita et Gran Fortuna.

Les concessions sont au nombre de cinquante (environ 1,460 hectares). Celles qui se trouvent dans le nouveau lit du Corcovado disposent d'eau durant toute l'année.

L'or y est à l'état de grains extrêmement fins. On ne peut découvrir le métal qu'au moyen de la loupe. Une exploitation économique n'est possible que dans la partie orientale du district où le rio forme une grande courbe. Là, les pépites d'or sont moins ténues.

A environ 2 lieues du lac Corcovado, on trouve des bois de construction faciles à exploiter.

3° *District du rio Corintos.*

L'or existe en grande quantité sur un plateau traversé par le rio Corintos. On a obtenu un métal contenant 96,37 o/o de fin, après un simple lavage.

II.

PROVINCE DE SAN JUAN.

La province de San Juan est riche en minerais de toutes sortes. Des filons d'or ont été exploités sur cinq points, à savoir:

1° *Gualilan.*

Découvert en 1751, ce terrain semble avoir été autrefois fouillé par les Indiens (1).

Il est situé à 27 lieues au nord de San Juan et à 1,760 m. au-dessus du niveau de la mer.

On y rencontre principalement des carbonates et sulfates de chaux, des argiles imprégnées d'oxydes et de carbonates de fer, du feldspath cristallisé, des pyrites arsénicales qui renferment de l'or à l'état natif, de l'argent (sous la forme de sulfures et d'arséniures), et du plomb.

En 1867, il se forma en Angleterre une Société au capital de 250,000 $ or pour exploiter ces mines. Le travail n'y fut actif qu'en 1871, époque où l'on introduisit des machines perfectionnées; mais, après neuf années d'existence, la Société dut procéder à sa liquidation.

Il reste, à côté des anciens établissements, environ 10,000 m.^{3} de résidus, dont on estime la richesse à 6 gr. d'or par tonne. On pourrait encore, avec bénéfice, les traiter par le cyanure de potassium.

Des analyses faites sur trente-deux échantillons de minerais de ce district, il résulte que la teneur moyenne est de 55,76 gr. d'or et 300 gr. d'argent, soit, pour 1,000 kgr. 35 $ 12 d'or et 6 $ 25 d'argent.

2° *Morado.*

Les principales mines d'or sont : Sanchez à 1,040 m. d'altitude. Teneur moyenne du minerai : 50 gr. par tonne.

Mercenario donne un minerai moins riche que celui de Sanchez; il contient des traces d'oxyde de fer.

San Francisco actuellement exploité sur une petite échelle.

Carmen et San José Nuevo, avec vingt-cinq mineurs

3° *Cerro Blanco.*

La seule mine d'or de ce district est Blanca. Le filon court sur une longueur de 300 m.; son épaisseur varie de 7 à 8 m. Il

---

(1) Le mot « gualilan », en idiome huarpe, signifie « terre d'or ».

est formé de quartz blanc poreux coloré par l'oxyde de fer, et de terres argileuses.

La tonne de minerai produit 10 gr. d'or. L'exploitation en a été abandonnée à cause, semble-t-il, de ce faible rendement.

4° *Chita.*

En 1830, on découvrit les trois mines suivantes :

California, à 2,950 m. d'altitude. On en a extrait une grande quantité de minerai de haut titre. Elle est aujourd'hui abandonnée.

Cabello, très proche de la précédente. On y travaille depuis deux ans. Elle semble contenir plus d'argent que d'or.

Santa Ana, considérée comme la meilleure du district. Elle donne de 60 à 90 gr. d'or par tonne (1). Cinq ouvriers sont occupés à son exploitation.

5° *Guachi* (3,300 m. d'altitude).

On trouve, il est vrai, de l'or à peu près partout dans cette région ; mais la teneur des minerais est faible.

Pour cette raison, et aussi à cause des difficultés de transport, l'exploitation n'en est pas rémunératrice.

Principales mines : Oro Blanco, Veta Chilena, Carmen, Ramirez, Capacho et Oro Rico.

III

1° *District de Humango.*

A une altitude de 3,485 m. on a trouvé des minerais d'or dont la richesse est de 70 gr. (2) environ par tonne.

Les trois mines de Principal, Picada de Arriba et Victoria n'ont jamais été exploitées.

---

(1) Quoique ce chiffre soit extrait d'un rel officiel, il demeure sujet à caution et semble erroné.
(2) Même observation que dessus.

On rencontre aux environs de ces mines, des pâturages, des bois et de l'eau.

C'est là encore que se trouvent les mines de Famatima, les plus riches de la province et peut-être de la République (1).

Corrales, au centre de cette région et au point de jonction de quatre torrents, en est la plus puissante.

On y a ramassé des pépites pesant jusqu'à o gr. 760.

Le titre de l'or obtenu varie de 805 à 820 millièmes de fin.

Climat sain, abondance d'eau, chemins assez praticables.

La Compagnie Fouert, qui exploite les sables aurifères de cette région, y a construit un chemin de fer Decauville.

2° *District de la Mejicana* (2).

Les minerais sont surtout riches en cuivre. L'or et l'argent n'en sont que les sous-produits. L'or se rencontre sous la forme de pyrites de fer aurifères, d'arséniures, de sulfures et de quartz aurifères.

Dans la mine Upulongos, le minerai rend 30 gr. d'or par tonne; celui de la mine Compañia, louée à une compagnie française de Nonogasta, 15 à 50 gr.

3° *District de Ampillado.*

Filon aurifère (Piedras Grandes) à 3 km. environ des gisements de cuivre de la Mejicana. La richesse moyenne du minerai n'est pas déterminée. Elle a atteint — dans certains cas —. 200 gr. par tonne.

Le premier propriétaire est mort pauvre; ses fils n'ont pas continué les travaux.

D'ailleurs, le traitement est difficile dans ces parages situés à des altitudes variant de 4,400 à 4,800 m.

4° *District du Tigré.*

La seule mine en exploitation, connue sous le nom de « La Chilena »; est située à 4,640 m. d'altitude et à 2 lieues 1/2 environ du S. O. du district de la Mejicana.

Le minerai est de bonne qualité. On extrait, par mois, une

---

(1) Voir annexe XIII.
(2) Voir les analyses de ces minerais au chapitre du cuivre.

moyenne de 2,400 kgr. qui rendent, au traitement, de 200 à 260 marcs d'or. Douze ouvriers y travaillent en toute saison sous la surveillance d'un administrateur.

Les usines Colon, Descubridora et d'autres sont abandonnées.

5º *District de Cerro Negro.*

Les principales mines sont la propriété de la Compagnie française de Nonogasta.

A citer, en premier lieu, la Peregrina. Les minerais en sont pyriteux.

Trente ouvriers y travaillent durant toute l'année.

(Le filon Carmen donne surtout du minerai argentifère.)

Les autres galeries appelés Cortaderas (3,980 m.), Santo Domingo (3,880 m.), Puerto, La Sombra, San Pedro, etc., sont moins importantes. Ces gisements appartiennent à des particuliers qui vendent leurs produits, en presque totalité, à la Compagnie française.

MÉTALLURGIE DANS LA PROVINCE DE LA RIOJA.

Les minerais des districts de la Rioja sont traités en majeure partie dans quatre usines dont voici l'énumération :

1º « Corrales » (propriété de MM. Fouert et Cⁱᵉ) située à 2,120 m. d'altitude et à 8 lieues des mines de la Mejicana, principal fournisseur de l'établissement.

On y trouve six fours de grillage (d'une capacité de 30 t. par vingt-quatre heures), et un four Siemens.

La charge nécessaire pour produire une barre de matte riche de 450 à 550 kgr. est la suivante :

450 kgr. de scories,
2.000 — de minerai gros,
400 — — menu.

La tonne de minerai vaut de 55 à 60 $ (1).

_____

(1) Avec le transport de la mine à l'usine (8 lieues), à raison de 25 $ les 2,300 kilogrammes (le *cajon*).

Richesse moyenne des mattes :

Cuivre . . . . 49 à 54 o/o
Argent . . . . 0,300 à 0,334 o/o
Or . . . . . . 0,018 à 0,0213 o/o

La production annuelle atteint 150 T. Elle pourrait être supérieure si l'on disposait de porteurs plus nombreux pour descendre le minerai à l'usine (1).

2° « Progreso ».

Cette usine, située à 2 lieues du village de Chilecito, est louée par M. Tréloar, et traite principalement les minerais des filons de Upulongos, district de Mejicana.

Elle occupe une superficie de 40,000 m². Ses fours à réverbère peuvent charger de 2 t. 5 à 3 t. (2). La machine à vapeur est timbrée à 40 chevaux.

Le *grillage* se fait à l'air libre par tas de 15 à 20 t., nécessitant 2,000 à 2,500 kgr. de charbon de bois.

Après cette opération, le minerai est mis dans les fours à réverbère. Au bout de vingt-quatre heures de fusion, on obtient 2,240 kgr. de matte contenant 35 à 40 o/o de cuivre.

La charge du four à réverbère se fait dans les proportions suivantes :

1.500 kgr. de minerai calciné,
300 — de menus de calcination,
400 — de scories,
250 — de minerai cru.

Les mattes ainsi obtenues subissent encore quatre ou cinq calcinations et une seconde fonte. Elles contiennent alors 60 o/o de cuivre avec de l'or et de d'argent.

Ces mattes sont exportées à Londres dans des sacs en cuir.

---

(1) Personnel : vingt-cinq hommes.
(2) La construction d'un four revient à 4,000 $ m/n

Elles se vendent actuellement sur ce marché à 60 £ la tonne anglaise de 1,016 kgr.

L'usine exporte anuellement 200 t.

3° San Miguel (1).

4° Compagnie Française de Nonogasta (2).

IV

PROVINCE DE CORDOBA.

1° *District de San Ignacio.*

La mine d'or de San Ignacio est à 900 m. au-dessus du niveau de la mer et à 12 lieues au N. O. de Cordoba. Le chemin de fer « Cordoba et Nord-Ouest » la relie à cette ville.

Les travaux sont actuellement abandonnés.

Il en est de même pour les mines la Argentina, Rara Fortuna, Santa Catalina, Colonia, Margarita.

D'autres filons plus importants tels que Paso del Molle, Paso del Carmen et Bragada sont l'objet d'une exploitation irrégulière.

La seule usine métallurgique de ce district, « Ojo de Agua », est en ruines.

V

PROVINCE DE CATAMARCA.

1° *District de Andalgala.*

M. Fouert y possède une mine de cuivre et d'or (3).

Les minerais contiennent jusqu'à une once d'or par tonne (en dehors de 50 o/o de cuivre).

Ils ont donné des rendements considérables à l'époque de la

---

(1) Voir les notes sur l'argent.
(2) Voir annexe XIII.
(3) Voir les analyses de deux échantillons exposés à Chicago en 1893 (chapitre du uivre).

domination espagnole. Le travail pourrait être utilement repris quand le chemin de fer sera construit jusqu'à Tinogasta.

VI

PROVINCE DE MENDOZA.

District de Paramillo.

On cite, dans cette région, cinq mines, d'ailleurs non exploitées. A savoir : Boqui, Mina Vieja, Mascariño, Trinidad et Las Tapias.

A la surface, le métal apparaît sous la forme d'or natif ; à une certaine profondeur, il se trouve dans un filon de pyrites.

VII

PROVINCE DE SALTA.

1° District de San Antonio.

Les minerais de cuivre de San Antonio de los Cobres contiennent des traces d'or (1) ; mais on ne les exploite pas pour ce dernier métal.

2° District de Uruya.

Le département de ce nom et une partie de celui de Santa Victoria sont réputés riches en minerais d'or et d'argent. Cependant les explorations faites jusqu'à ce jour ont été peu nombreuses.

VIII

PROVINCE DE JUJUY.

Les mines de cette province ont été insuffisamment « prospectées ».

---

(1) Voir les analyses des échantillons présentés, en 1893, à l'exposition de Chicago (chapitres relatifs à l'argent et à l'or).

Dans le département de Santa Catalina, on a trouvé des filons aurifères.

A la Rinconada, le lavage de l'or se fait depuis très longtemps au moyen de systèmes des plus primitifs.

Les habitants en retirent pourtant, paraît-il, d'assez notables bénéfices.

IX

PROVINCE DE SAN LUIS.

Peu de minerais dans cette province; quelques placers à Cañada Honda, où on lave le métal par des procédés rudimentaires.

B. — MINES D'ARGENT

Les mines d'argent de la République de La Plata se rencontrent principalement dans les provinces de San Juan, La Rioja, Cordoba, Mendoza, Salta, Jujuy et San Luis.

Les notes ci-après sur l'état de ces régions ont été prises vers la fin de l'année 1897.

I.

PROVINCE DE SAN JUAN (8 DISTRICTS).

1° *Marayes.*

Cette région produisit autrefois de grandes quantités d'argent.

Aujourd'hui, les mines de *Rosarita* sont abandonnées (le rendement mensuel en avait atteint 70 kgr. d'argent). On chôme à *Reyes, Baltazar, Salvadora.*

La *Mercedilas* est le seul filon qui soit exploité ; mais les travaux y sont peu actifs (cinq ouvriers).

La tonne de minerai rend jusqu'à 20 kgr. d'argent.

2° *Cerro Blanco.*

Depuis longtemps déjà, on a cessé tout travail à *San Antonio* (épaisseur du filon : 10 à 15 centimètres), *Veta Compañia* (affleurements sur une longueur de 20 m.) avec une faible épaisseur (teneur du minerai : 3 à 7 kgr. d'argent fin par tonne) ; à citer encore : *Quebrada Sanjuanina.*

Des résultats satisfaisants ont été obtenus, il y a quelques années, à *Quebrada Seca*. Mais, la Société propriétaire de cette mine (capital 1,000,000 de $ m/n), a dû liquider, par suite de la gestion malhabile des directeurs.

A *Santo Domingo*, la galerie est en très mauvais état.

Près du hameau de Cerro Blanco, la Maison Klappenbach et Cie a construit, il y a une trentaine d'années, un établissement métallurgique,« El Argentino » qui possédait deux fours à réverbère, un four à coupellation et cinq fours à manches ; mais les feux durent être éteints au bout de peu de temps en raison des pertes causées par le traitement imparfait des minerais. Il restait alors, près de l'usine, environ 500 tonnes de scories dont on évaluait la richesse à 700 gr. d'argent par tonne et à 17 o/o de plomb.

Un ancien employé de MM. Klappenbach, M. L. Marchand, acheta la fonderie en 1874. Pendant dix années, presque sans capital, il traita les scories, n'achetant que très peu de minerai. Il exportait de la sorte en moyenne 700 kgr. d'argent fin par an.

Après lui, les travaux n'ont pas été poursuivis ; le minerai n'est du reste pas assez riche pour être traité ailleurs que sur place.

3° *Tontal.*

Cette zone a été découverte par un Chilien, en 1860. En 1862, une Société anonyme installa à Hilario une usine qui dut arrêter son activité pendant la guerre civile de 1865.

En dix mois, on avait extrait 11,820 marcs d'argent de 1,290 tonnes de minerai, soit 2 k. 07 par tonne.

La veine métallifère est complexe. Elle contient des oxydes, des sulfures, du carbonate de fer, du carbonate et du sulfure de plomb ; l'argent s'y trouve sous la forme de chlorures, bromures et iodures.

Les conditions de travail sont très favorables ; le climat permet l'exploitation pendant toute l'année ; la neige tombe rarement. Pendant la saison sèche, le torrent qui roule ses eaux à proximité peut alimenter un moteur de 50 chevaux (1).

Une Compagnie s'est fondée à New-York, il y a quelques années, au capital de 180,000 \$ or (*The General Sarmiento Mining C°*) pour tirer profit d'un certain nombre de concessions.

En 1895, après avoir réparé les chemins et exploré les princi-

---

(1) Les ouvriers sont presque tous chiliens. Leur salaire varie de 1 \$ 50 à 2 \$.

paux filons, cette Société avait exporté 25,000 kgr. d'une teneur de 6 kgr. d'argent par tonne.

A peu près à la même époque, sur les indications fournies par M. T. J. Gibb, un autre groupe, au capital de 50,000 £, se constituait à Londres. Son objet était le traitement sur place des minerais de Carmen et Mediodia.

L'usine a commencé à travailler depuis un an; son succès paraît assuré.

4° *Chita.*

La mine *Cabello*, qu'on exploite depuis deux ans, semble devoir donner de bons résultats. Deux autres gisements contiennent plus d'or que d'argent.

5° *Rayado* (3,600 m. d'altitude).

Le filon *San Antonio* est abandonné. *Alianza* est exploitée depuis quatre ans; on en a extrait des minerais contenant en moyenne 5 k. 600 par tonne.

6° *Salado.*

La mine *Desengaño* renferme un minerai de fer argentifère. On peut en extraire le métal précieux avec bénéfice.

7° *Las Totas.*

Les gisements sont surtout composés de galènes argentifères. L'exploitation a cessé depuis quelques années à cause de la dureté du climat (3,010 m. au-dessus du niveau de la mer) et de la pauvreté du minerai.

8° *Guachi.*

Cette riche région aurifère renferme une mine d'argent appelée *La Plata.*

Le minerai rend au traitement une moyenne de 1 kgr. 70 par tonne.

II

PROVINCE DE LA RIOJA (5 DISTRICTS).

1° *Descubrimiento.*

Les filons argentifères sont situés à 3,120 m. d'altitude.

Citons : *San Pedro, Andacollo, Bermudez, Carmen* et *San Antonio.*

On ne travaille qu'à San Antonio.

2° *Humango.*

A 3,800 m. d'altitude, on trouve un minéral très rare appelé *eucarite* ou séléniure d'argent et de cuivre (mine Descubridora) (1).

2,400 mètres cubes de minerai en ont été extraits. Actuellement les travaux sont arrêtés (2).

On ne connaît, dans le monde entier, que trois autres mines d'eucarite.

3° *La Mejicana.*

Les minerais qu'on exploite contiennent surtout du cuivre sous diverses formes. L'argent et l'or n'en sont que les sous-produits (3).

Le premier se rencontre, avec des proportions variables, dans les arséniures, sulfures et antimoniures de cuivre, et dans les minerais de cuivre gris (4).

A la mine d'*Upulongos*, le minerai laisse 1 k. 40 d'argent par tonne ; celui de la mine *Compañia*, louée à une Compagnie française, 1 k. à 1 k. 70.

4° *Tigre.*

Une seule mine, *San Miguel*, contient de l'argent. Elle a été ouverte, il y a quelques années, et a produit 6,000 kgr. d'argent en barres.

5° *Cerro Negro.*

La Société française de Nonogasta est propriétaire des principaux filons.

---

(1) Analyse d'un minerai d'Eucarite, faite à Leipzig en 1890 :

Argent.	42,71 0/0
Cuivre.	25,47 »
Séléniure	31,53 »
Divers.	0,29 »
	100, » 0/0

(2) Le propriétaire est M. Vincent Carrizo de Guandacol.
(3) Voir les notes sur le cuivre.
(4) Voir les analyses des minerais de ce district dans la note sur le cuivre.

Carmen fournit un minerai très riche en argent. Sa teneur moyenne est de 4 à 5 kgr. par tonne (1).

MÉTALLURGIE (2).

Quatre usines travaillent les minerais de la Rioja.

L'une d'elles traite presque exclusivement les minerais d'argent. C'est l'*usine San Miguel.* Elle est la propriété de M. Narcisse Parchappe. Son installation a dû coûter environ 20,000 £.

Une chute d'eau actionne la turbine fournissant la force motrice à un concasseur « Archer » et à une paire de cylindres broyeurs. Il y a, en outre, deux fours de grillage et de calcination, un four « Water jacket », deux fours de coupellation du type anglais, cinq tuyères, deux machines soufflantes à double cylindre condenseur, mues par une machine à vapeur de 10 chevaux.

L'*usine de Corrales*, de MM. Fouert et Cie, l'*usine « Progreso »* et l'*usine de la Cie française de Nonogasta* traitent les minerais de cuivre, d'argent et d'or.

III

CORDOBA.

District de Guyaco.

Située dans le département de Minas, à 8 lieues du chemin de fer de Chilecito, la mine *Constante* renferme de l'argent. Elle a été exploitée, il y a une quinzaine d'années ; aujourd'hui, elle est envahie par les eaux. La teneur moyenne est de 6 k. 15 d'argent par tonne.

---

(1) Voir annexe XIII sur la région minière de Famatina.
(2) Voir la note sur l'or.

IV

MENDOZA.

District de Paramillo.

Cette zone renferme une quarantaine de filons dont on connaît approximativement la puissance et l'étendue.

Près de la surface et jusqu'à environ 5o m. de profondeur, le minerai tient de 200 à 5oo marcs par *cajon* (64 quintaux).

Entre 60 et 7o m., la venue de l'eau contrarie souvent le travail.

Au-dessous de 7o m., le minerai, plus riche, est composé surtout de sulfures et d'antimoniures d'argent.

L'inclinaison des gîtes varie de 1o à 2o°.

V

SALTA (3 DISTRICTS).

1° *Concordia.*

Un syndicat anglais en retire de l'argent et du cuivre (1).

2° *San Antonio de los Cobres.*

On y trouve du cuivre contenant des traces d'argent.

3° *Uruya.*

Le département de ce nom et la région de Santa Vitoria semblent renfermer en grande quantité des minerais d'argent et d'or. Cependant on n'a pas encore procédé à des sondages systématiques.

---

(1) Analyses des minerais de cette région exposés à Chicago :

	N° 1	N° 2	N° 3
Argent.	67 onces.	192 onces.	278 onces.
Or.	1	—	—
Cuivre	12 o/o	18,5 o/o	24,5 o/o

VI

JUJUY.

Cette province est considérée comme la plus riche zone minière de la République.

Dans le département de Santa Catalina les gisements argentifères seraient assez considérables.

VII

SAN LUIS.

Il existe, près de la Carolina, quelques minerais d'argent mélangés de plomb.

PLOMB

Le plomb se rencontre dans certains filons de la Rioja; mais les minerais ne sont pas traités en vue de son extraction.

La mine *Rosario de San Marcos*, dans le département de Cruz del Eje (province de Cordoba) renferme des sulfures dudit métal. La teneur du minerai est de 60 o/o de plomb avec, quelquefois, de l'argent (4 kgr. par tonne).

Cette région serait facilement exploitable. Jusqu'à ce jour, on s'est borné à faire des essais.

Le chemin de fer passe à 2 lieues de la mine.

Le plomb (ainsi que l'antimoine et le zinc) est abondamment mélangé à l'argent dans les mines du district de Paramillo (province de Mendoza).

Enfin on en a signalé, près de la Carolina (à San Luis), des gisements assez importants.

C. — MINES DE CUIVRE

Du cuivre a été découvert dans les provinces de San Juan, La Rioja, Cordoba, Catamarca, Mendoza, Salta et Jujuy.

Voici les renseignements essentiels sur les principaux filons de ce métal.

I

SAN JUAN (2 DISTRICTS).

1º *Castaño Viejo.*

A *Lucha* et à *Pandorga*, il y a des carbonates et des sulfures de cuivre; on les traite dans une petite usine qui, à cause des neiges, ne peut fonctionner pendant l'hiver.

2º *Salado.*

La principale mine est située à 3,350 mètres d'altitude et à 350 kil. de San Juan; elle fournit des pyrites de cuivre.

II

LA RIOJA (2 DISTRICTS).

1º *Humango.*

Dans la mine *Descubridora*, dont il a été parlé plus haut à propos des séléniures d'argent que contiennent les *eucarites*, on a trouvé des minerais de cuivre très rares, auxquels on a donné le nom de *humanguite* (1).

2º *La Mejicana.*

---

(1) En voici la composition :

Cuivre.	54,35 o/o
Argent.	0,55 o/o
Sélénium	45,10 o/o

Le minerai est un mélange de cuivre, d'argent et d'or ; — le cuivre y prédomine (1).

Ce dernier se présente sous les formes les plus variées : cuivre gris, sulfure de cuivre (*coveline*), sulfo-arséniure (*enargite*), sulfo-antimoniure (famatinite et pyrites de cuivre, etc., etc. (2).

Les principales mines sont :

1° *Upulongos*, à 4,620 mètres d'altitude, exploitée par la maison Tréloar. En 1894, elle a produit 1,012 tonnes de minerai lavé (3).

Les frais d'extraction d'un *cajon* (64 quintaux), atteignent 60 $.

La richesse moyenne est de :

Cuivre, 4,50 o/o.
Or, 30 gr. par tonne.
Argent, 1 k. 40 par tonne (4).

2° *Mellizas*, située à 4,615 mètres d'altitude.

Le premier concessionnaire « La Esperanza », société anonyme, l'a louée à la maison Fouert et Cⁱᵉ, qui exploite aussi Corrales (même district) (5).

La composition du minerai est à peu près la même qu'à Upulongos.

---

(1) Personnel : quarante ouvriers environ.
(2) Voir annexe XIII sur la région minière de famatina.
(3) 1° Analyse de trois échantillons de « enargite » ou sulfo-arséniure de cuivre :

	Nᵒ 1	Nᵒ 2	Nᵒ 3
Cuivre	46,99	47,10	48,10
Arsenic	14,38	16,90	17,04
Antimoine	2,24	1,54	1,89
Fer	2,50	1,76	1,19
Plomb	3,20	0,99	0,50
Soufre	29,20	30,86	31, »
Résidus	1,49	0,85	0,28

2° Analyse de deux échantillons de « famatinite » ou sulfo-antimoniure de cuivre :

	Nᵒ 1	Nᵒ 2
Cuivre	43,84	44,87
Arsenic	4,01	2,93
Antimoine	23,10	23,65
Soufre	29,05	28,55

(4) On y a occupé sans interruption quarante ouvriers.
(5) Analyses d'échantillons présentés à Chicago par M. Tréloar :

	Nᵒ 1	Nᵒ 2
Cuivre	15 o/o	14,45 o/o
Argent	70,08 onces par tonne.	66,24 onces par tonne.
Or	1,28 —	1,24 —

3° *Compañia*, située à 4,580 mètres d'altitude, propriété de MM. Huniken et Bauch, et louée actuellement pour cinq années à la Société française de Nonogasta.

Voici la richesse moyenne des filons que l'on exploite :

Verdiona. — Cuivre, 8 à 12 o/o.

> Or, 25 à 50 gr. par tonne.
>
> Argent, 1 kgr. par tonne.

Compañia. — Cuivre, 12 à 15 o/o.

> Or, 15 à 30 gr. par tonne.
>
> Argent, 1 k. 50 à 1 k. 70.

Verdiona fournit beaucoup de sulfo-antimoniure de cuivre (famatinite).

4° *Andueza*. Cette mine renferme deux filons (1).

MÉTALLURGIE

Les trois usines «*Progreso*», *Corrales* (Fouert et Cⁱᵉ), et *Nonogasta* (Cⁱᵉ française), traitent, en même temps, les minerais de cuivre, argent et or.

Les mattes qu'elles produisent contiennent des proportions variables de ces trois métaux (2). Une quatrième, *San Miguel*, installée dans la même zone, ne s'occupe que de l'extraction de l'argent.

III

CORDOBA.

Le district de *Calamuchita*, au centre duquel se trouve le village de San Agustin, était un des plus actifs, il y a environ trente-cinq ans.

Il est formé de trois mines, à savoir :

1° *Tio*, qui renferme deux filons de chalcopyrite de cuivre mélangée de fer magnétique.

---

(1) Le personnel se compose de quatre ouvriers.
(2) Voir la description de ces mines dans la note sur l'or.

La présence de ce dernier métal en rend la fusion assez difficile.

Le minerai contient, en outre, du soufre et une petite quantité d'argent (1).

2° *Tacurú*, autrefois exploitée à ciel ouvert.

Elle est actuellement en très mauvais état ; une reprise des travaux semble malaisée.

Le minerai se compose de sulfures et de carbonates de cuivre recouvrant des chalcopyrites.

3° *Tauro* est aussi abandonnée. L'usine de Manzanas qui traitait ses minerais est aujourd'hui en ruines.

On estime que la richesse de ce filon varie de 17 à 20,5 o/o.

MÉTALLURGIE

Le minerai de Tio est traité, près du village de San Agustin, dans l'usine *Thule*, de MM. Carlos Malman et Cⁱᵒ.

Cet établissement se compose d'un moteur, type Standard, Compound de 18 chevaux de force, d'un ventilateur système Root, d'un four à manches Water Jacket de 36 pouces de diamètre, avec 6 tuyères.

Il possède également des fours de grillage pour agglomérer le minerai sans le désulfurer complètement.

Vingt ouvriers sont occupés à l'usine et vingt à la mine. En outre, une équipe de douze hommes fabrique du charbon dans les bois des environs.

IV

CATAMARCA.

Le district d'*Andalgala* renferme des minerais de cuivre et d'or dont la richesse en cuivre a atteint 47 o/o (2).

---

(1) Richesse du cuivre 8 o/o..
(2) Analyse de deux échantillons présentés à Chicago, en 1893 :

	N° 1	N° 2
Cuivre.	21,09 o/o	46,49 o/o
Argent.	0,028 o/o	0,087 o/o
Or.	0,004 o/o	0,0024 o/o

On pourra entreprendre une exploitation avantageuse quand le chemin de fer jusqu'à Tinogasta sera achevé.

D'autres gîtes métalliques, récemment découverts ne sont pas encore exploités à cause du manque de voies de communication.

V

MENDOZA (2 DISTRICTS).

Les mines de cuivre de la province (carbonates et sulfures), peuvent donner, grâce à un triage soigné, des minerais, atteignant de 35 à 40 o/o comme teneur en métal.

1° *Paramillo.*

Cruz de Paramillo est un filon aujourd'hui abandonné ;

2° *Tambillos.*

A quelques kilomètres de Paramillo, on trouve des pyrites ferrugineuses qui ont une teneur allant jusqu'à 20 o/o.

Llaiguaras a produit des minerais qui, choisis, tiennent depuis 30 jusqu'à 90 o/o.

Le cuivre se présente là sous la forme de carbonates et d'oxyde rouge.

Santa Elena, Sacramentos et *Sud California* donnent du cuivre natif, de l'oxyde rouge et des carbonates, avec rendement variable de 10 à 60 o/o, minerais triés, bien entendu.

On signale enfin de nombreuses mines dont les gisements sont moins connus.

VI

SALTA (3 DISTRICTS).

1° *Concordia.*

La mine du même nom est exploitée par un syndicat anglais. Ses produits contiennent subsidiairement de l'argent (1).

---

(1) Voir la note sur l'argent.

2º *San Antonio.*

A environ 7 lieues de Concordia, se trouve San Antonio de los Cobres, riche en minerais de cuivre (1).

3º *Uruya.*

A Cuesta del Obispo, on a signalé quelques gisements de cuivre que l'on n'a pas encore suffisamment prospectés.

VII

JUJUY.

Quoique les richesses minéralogiques de cette province soient, comme il a été dit plus haut, bien peu connues, on proclame l'importance des filons cuprifères du département de Santa Catalina.

---

(1) On y a découvert aussi de l'argent et de l'or.

D. — MINES DE FER

D'aucuns ont prétendu, à diverses reprises, avoir découvert en Argentine du fer facile à exploiter. Cependant, il n'existe nul haut fourneau dans ce pays.

A peine emploie-t-on certains de ces minerais comme fondants.

Voici d'ailleurs, brièvement résumés, quelques renseignements sur ce métal dans quatre provinces (Mendoza, Cordoba, La Rioja et San Juan).

I

MENDOZA.

A Uspallata, le fer se présente sous la forme d'oxydes, de carbonate et de pyrite.

Les chutes du Rio Mendoza permettraient, dit-on, l'établissement économique d'usines de traitement.

II

CORDOBA.

La mine Tio (district de Calamuchita) contient du fer magnétique, en quantité insuffisante toutefois pour en permettre l'exploitation avec bénéfice.

III

LA RIOJA.

Dans le district aurifère de Cerro Negro la Cie Française de Nonogasta exploite une mine d'oxyde de fer, appelée *Zacarias*.

Les veines ont une épaisseur moyenne de 1^m. On emploie le minerai de fer comme fondant dans l'établissement de ladite compagnie, à Nonogasta.

IV

SAN JUAN.

Desengaño (district de Salado, 3,450^m d'altitude) contient de la pyrite de fer, avec de la pyrite de cuivre et un peu d'argent. (Les autres mines sont : Animas, Cortada et Farellon.)

On avait construit là, en 1892, une usine pour le traitement de ces minerais (Usine Mallman); sa capacité était de 10 tonnes par jour.

Elle avait commencé à travailler en 1893, quand le tremblement de terre d'octobre 1894 la détruisit complètement.

GISEMENTS MINÉRAUX NON MÉTALLISÉS

A. — BORATES ET SOUFRE

BORATES

Dans le département de la Poma, province de Salta, non loin de la route conduisant de San Antonio en Bolivie, il existe de grands amas de boracite en exploitation.

Lorsque le chemin de fer « Central Norte » desservira cette zone, l'exportation de la boracite pourra prendre un grand développement.

SOUFRE

Non loin de La Laja, à *Honda* (district de Salado, province de San Juan), à 71 lieues de la ville de San Juan, se trouve une mine de soufre. Les essais d'exploitation n'ont pas été rémunérateurs.

Même observation en ce qui concerne le *Tio* (district de Calamuchita, province de Cordoba).

Cette mine de cuivre renferme du soufre en quantités insuffisantes pour que l'extraction en laisse des bénéfices.

B. — DÉPOTS HOUILLERS — PÉTROLE

CHARBON

L'Argentine voudrait découvrir du charbon dans son domaine.

Voici les résultats auxquels l'ont amenée jusqu'à ce jour ses travaux d'exploration :

1º Dans la province de Mendoza (département de San Rafaël), à 6 lieues au nord-ouest de la ville de ce nom, on a trouvé des couches horizontales de charbon de bonne qualité.

Les principales sont celles de « *Eloïsa* », « général *Roca* » et « général Mitre ».

A 15 kilom. au sud-ouest de cette dernière, on a signalé un gisement houiller dont l'importance n'est pas encore connue.

Enfin, il paraîtrait qu'il en existe aussi dans l'Arroyo Malo et au Neuquen.

ELOISA.

Cette mine est située à 3,200 m. d'altitude. Les travaux d'extraction se poursuivent lentement. On doit les interrompre pendant les grands froids. Un premier puits de 6 m. 1/2 de profondeur a été creusé pour recouper une couche dont l'épaisseur est de 35 centimètres. Un second à 15 m. a atteint une autre couche de 60 centimètres, et un troisième de 24 m. traverse une couche de 1 m. d'épaisseur.

GENERAL ROCA.

(3,200 m. d'altitude) sur le même plateau que « Eloïsa ». Les couches de charbon de Général Roca sont le prolongement de celles de la Eloïsa. On se propose d'amener jusque-là les galeries, en disposant sur leur parcours des appareils de ventilation.

On en retire le charbon au moyen de huit puits verticaux recoupant diverses veines.

Une route charretière de 5o à 6o lieues qui doit relier Mendoza avec ces gisements est en voie de construction. On étudie, en outre, un projet de chemin de fer à voie étroite le long de la chaussée. Si ces travaux peuvent être menés à bon terme, ils assureront probablement l'avenir des mines en question.

Un chimiste en renom, le docteur Kyle, a publié à Londres, en 1892, des informations satisfaisantes sur les houilles de San Rafaël.

Les analyses faites, également à Londres, à la demande du directeur du *Gran Oeste Argentino* ont donné de bons résultats.

Voici enfin, d'après le musée de La Plata, la composition des charbons de *Mitre* et *Roca* :

Densité	Mitre (1)	Roca (1)
Eau.	4.25	2.28
Matières volatiles	43.70	41.72
Cendres.	0.72 } 52.50	0.78 } 56.00
Coke	51.33	55.22
	100. »	100. »
Calories.	5.573.16	6.075.75

Les frais de transport de Buenos Aires à Mendoza (près de 1,000 kil.), ajoutés au fret d'Europe au Rio de La Plata, mettent les charbons anglais à des prix si élevés que l'exploitation rationnelle d'un bassin houiller, situé à environ 3oo kil. du marché en question, semble devoir donner des résultats rémunérateurs.

---

(1) A l'Exposition de Chicago, ces combustibles ont obtenu deux récompenses.

2° Dans la province de San Juan, on connaît le district carbonifère Morado.

Vers 1868, on y reconnut des gisements houillers à Las Hermanas.

En 1872, la maison Klappenbach et Cⁱᵉ fit faire des sondages qui permirent de constater la présence, à 17 m. de profondeur, d'un gîte de faible épaisseur.

En 1889, une société anonyme fut fondée pour exploiter ces gisements. Des sondages à 84 et 130 mètres ne donnèrent aucun résultat. La société fut dissoute après avoir dépensé $ 300,000.

Il existe, en outre, dit-on, à *Dehesa*, dans la région de Salado, à 15 lieues de San Juan, une mine de charbon. Elle n'a jamais été exploitée et les données qu'on possède sur ce dépôt ne sont pas sérieusement établies.

PÉTROLE

On a découvert, il y a peu de temps, plusieurs petites sources de pétrole (de qualité inférieure) dans le département de Anta (province de Salta) et près de la ville d'Oran, non loin de la frontière bolivienne.

Ç. — EAUX MINÉRALES ET THERMALES

On a capté, depuis quelques années, certaines sources minérales et thermales du Nord et de l'Ouest argentins (1).

Voici l'énumération des eaux que l'on connaît et plus particulièrement les noms de celles que l'on utilise.

I

PROVINCE DE SAN JUAN.

(2 groupes de sources).

1° *La Laja*, à 5 lieues de la ville de San Juan (2), (district de Gualilan).

Trois sources. Température : 25 à 26°. Débit : un litre par seconde.

Eau sulfureuse assez désagréable au goût. On la recommande contre les rhumatismes et les maladies cutanées.

2° Les eaux alcalines de *Pismanta* (district de Salado). A 73 lieues de San Juan, à plus de 3,000ᵐ d'altitude, assez efficaces contre les bronchites et les affections de l'arthritisme. Température 45° (3).

II

PROVINCE DE MENDOZA.

(7 groupes de sources).

On trouve des eaux thermales à *Puente del Inca*, à une quinzaine de kilomètres de Punta de Vacas, (point terminus actuel

---

(1) Provinces de San Juan, Santiago del Estero, Jujuy, Salta, Mendoza et Tucuman.
(2) Une diligence fait le service deux fois par semaine de San Juan à La Laja.
(3) Les sources se trouvent dans un paysage fort désolé.— Les malades doivent apporter avec eux leur nourriture, leur lit, etc.; nul hôtel n'a été construit pour eux.

du chemin de fer transandin), à *Boca del Rio* et à *Villavicencio*.

A citer, en outre, les sources moins importantes de Capiz, Challao (à 7 kilom. de Mendoza), Borbollon et Laguna, à 11 kilom. de Mendoza.

III

PROVINCE DE SALTA.

(3 groupes de sources).

La station de Rosario de la Frontera était déjà célèbre à l'époque de la domination espagnole (1).

Toutes les sources de la région sont chaudes.

Les analyses ont donné les résultats suivants :.

1° *Eaux siliceuses.*

Température environ 66°.

Densité : 1,00063 à 15°.

Limpides, incolores, inodores et sans saveur.

Silicate de potasse.	0.07248
— de soude	0.02254
Chlorure d'aluminium.	0.00042
— de sodium.	0.25339
Sulfate de soude.	0.20220
Nitrate —	0.00659
Carbonate —	0.15930
— de chaux. . . . . :	0.00872
— de magnésie	0.00073
	0.72547
Résidus fixes.	0.73240

(1) On raconte qu'elles ont surgi à la suite d'un tremblement de terre.

2° *Eaux sulfureuses.*

(3 sources).

Limpides et sans saveur, leur odeur rappelle celle de l'hydro-
gène sulfuré (elles renferment 0,014 o/o de ce gaz).

Les températures observées sont respectivement de 84°58, 9°6
et 83°5 (densité à 15° : 1,000980).

Silicate de potasse	0.06964
— de soude	0.03165
Nitrate —	0.04549
Chlorure d'aluminium	0.00345
— de sodium	0.54054
Sulfate de soude	0.20749
Carbonate de soude	0.09119
— de chaux	0.01250
— de magnésie	0.00170
— de fer	0.00053
	1.00418

Résidus fixes. 1.0107

3° *Eaux ferrugineuses.*

(Température : 80°5. Densité à 15° : 1,00065).
Incolores, inodores, sans goût prononcé.

Silicate de potasse	0.03607
— de soude	0.05937
Chlorure d'aluminium	0.00447
— de sodium	0.49555
Sulfate de soude	0.12913
Carbonate de soude	0.06362
— de chaux	0.01320
— de magnésie	0.00065
— de fer	0.00031
	0.38578

4° *Eau salée.*

Inodore et incolore. Température variable de 80° à 88°.

Silicate de potasse'.	0.10127
Chlorure de 'sodium	16.38000
— d'aluminium.	0.00070
Sulfate de soude	0.89560
— de potasse.	0.24280
— de chaux.	0.67813
Carbonate de magnésie.	0.04947
— de chaux.	0.14969
— de fer	0.00046
	18.50313

5° *Eau dite de Vichy.*

Incolore, inodore, de saveur saline. Densité à 15° : 1,0026, à une vingtaine de mètres de la source elle a 26°7.

Silicate de potasse.	0.04969
Chlorure d'aluminium	0.03300
— de sodium	2.74850
Sulfate de soude.	0.05618
— de potasse.	0.77129
Nitrate de potasse.	0.00486
Carbonate de soude	0.17982
— de chaux.	0.11679
— de magnésie	0.03086
— de fer	0.00507
	3.99606

6° *Eau purgative.*

Inodore, salée, un peu trouble (température 21°8. Densité à 15° : 1,0109).

Silicate de potasse.	1.08009
— de soude.	0.29841
Chlorure d'aluminium	0.00123
— de sodium	7.99041
Sulfate de soude.	3.95941
— de chaux.	1.24816
Nitrate de soude.	0.00623
Carbonate de chaux	0.24116
— de magnésie	0.21273
— de fer	0.00094
	15.03957

De 1880 à 1887, 1186 malades ont fréquenté les bains de Rosario de la Frontera. (Moyenne annuelle 169,28.)

Voici le relevé des principales affections qui ont été traitées :

Syphilis.	350 cas
Rhumatismes	253 —
Maladies de la peau	115 —
Dyspepsies.	90 —
Catarrhes	90 —
Névralgies (frontales, sciatiques ou intercostales).	72 —
Anémie	34 —

De 1889 à 1894, l'établissement a reçu :

409 malades en	1889
216 —	1890
316 —	1891
342 —	1892
376 —	1893
1,659 au total (1)	

Près de cette station thermale, on a découvert, il y a quelques années, deux sources connues sous les noms de « Eaux Chaudes » et « Rawson ».

---

(1) Les rhumatisants sont les plus nombreux ; viennent ensuite les syphilitiques.

Elles présentent beaucoup d'analogie avec les eaux de Plombières.

Leur température atteint parfois 92° et n'est jamais inférieure à 89°.

Silicate de potasse	0.07255
Chlorure d'aluminium	0.00026
— de sodium	2.32853
Sulfate de soude	0.66791
— de potasse	0.01776
— de chaux	1.62040
Carbonate de chaux	0.14767
— de magnésie	0.28161
— de fer	0.00032
	5.13701

Résidus fixes par litre.

Dans le département de Candelaria (à quelques kilomètres de Rosario) on signale deux autres sources de peu d'importance au point de vue thérapeutique.

A Galpon (8 lieues de la station du Rio de las Piedras, sur la ligne de Tucuman à Salta) jaillissent des eaux à base de chlorure de sodium.

Enfin, à 9 lieues de Salta et à 7 kilomètres de la station de Campo Sunta (chemin de fer Central Norte), il faut citer les sources thermales de *Paraiso* (39°).

On en recommande l'emploi contre les rhumatismes et certains ulcères. Elles servent aussi comme purgatif (1).

IV

PROVINCE DE JUJUY.

(3 groupes).

1° *Los Reyes.*

Eaux chaudes salines (36°5).

---

(1) Il n'y a pas d'établissements hydrothérapiques. es malades se baignent dans une piscine naturelle (de 200ᵐ superficiels).

2° *Volcan.*

(2,000ᵐ d'altitude. Température 38°). Les eaux n'ont ni odeur, ni saveur spéciales; leur couleur est opaline.

3° Le troisième groupe est formé par :

a) « *La Quinta* », très chargée en sels. Température : 50°.

b) « *Agua Caliente* », non minéralisée.

c) « *Punta del Agua* », sulfureuse et chaude (35°).

Aucun établissement de bains n'a été encore fondé dans ces parages.

V

PROVINCE DE SANTIAGO DEL ESTERO.

Les eaux minérales sont localisées dans un département appelé Rio Hondo, à égale distance de Tucuman et de Santiago.

En 1887, le Dʳ R. Linaro fut autorisé par le pouvoir exécutif à y construire un établissement thermal et à capter les sources. Les travaux furent poursuivis par le Dʳ Dœring jusqu'en 1890. On ne les a pas continués depuis.

Les sources connues sont :

1° *Atacama,* acidulée et alcaline (active la digestion). Température : 30°4.

2° *Barrancayaco,* ferrugineuse (température : 35°6).

3° *Totorayaco,* très chargée en chlorure de sodium et contenant peu de sels de chaux et de magnésie (température : 30°).

4° *Uturuncu-huasi.* Tonique et digestive ; contenant surtout du bicarbonate de fer et de soude (température : 34°1).

5° *Orilla del Rio.* Bicarbonate de fer (température : 42°).

VI

PROVINCE DE TUCUMAN.

Il existe à Siambon, dans le département de Tafi, des nappes souterraines qui fournissent des eaux salées et se déversent dans le Rio Lules (temp. : 17°.)

L'exploitation des salines est arrêtée depuis quelques années.

A Timbo (département de Burroyacu) on a découvert, en 1895, deux sources d'eaux minérales sulfureuses.

L'une est froide et l'autre jaillit à 37° (1).

---

(1) Les données relatives aux richesses inorganiques de la République argentine ont été revues, au point de vue technique, par M. Louis Pelatan, ingénieur civil des mines.

FAUNE TERRESTRE ET MARITIME

FAUNE TERRESTRE

La faune terrestre argentine est peu abondante et n'offre, au point de vue commercial, qu'un intérêt des plus restreints.

Les espèces que l'on rencontre le plus fréquemment sont les suivantes :

Le *lama* de la famille du chameau (dans les régions sèches et froides des Andes). Il peut porter une charge de 3o à 4o kgr., à raison de 2 ou 3 lieues par jour.

L'*alpaca*, de la même famille que le précédent, préfère un climat humide ; — sa laine est plus fine que celle du lama.

Le *guanaco*, qu'on croit être une variété de lama, se trouve aussi bien dans les chaudes vallées des provinces du Nord que dans les plaines froides de la Patagonie.

La *vicuña*, (vigogne) est une espèce beaucoup plus belle que les précédentes. Sa laine sert à confectionner des tissus très appréciés. Cet animal est appelé à disparaître bientôt ; les chasseurs détruisent les mâles et les femelles en toutes saisons.

La *viscacha,* léporide à longue queue ; sa chair est bonne, mais rarement utilisée.

L'*ave struʒ*, espèce d'autruche (casoar), dénommée *ñandu*, se trouve dans toutes les provinces.

A citer, en outre, l'*armadillo* (tatou), la loutre, le *tigre* (jaguar) et le chat sauvage, le renard, la *comadrega*, le weasel ou zibeline de Patagonie (sorte de skungs), le lièvre, — le jabali, les singes, etc. — le caïman ou *jacaré* (crocodile de l'hémisphère occidental), les paons, les perdrix de toutes les tailles, les perroquets et les perruches aux plumages les plus variés, les cygnes, les palombes, bécasses, bécassines, poules d'eau, canards sauvages et la plupart des espèces de petits oiseaux du Brésil ; toutes sortes de variétés de serpents, couleuvres, serpents boas, etc.

L'INDUSTRIE DE LA PÊCHE

Les moyens de communication entre Buenos Aires et le Sud sont trop lents et trop irréguliers pour permettre l'exploitation de la faune marine du domaine austral de l'Argentine.

Aussi la pêche s'exerce-t-elle à peine sur quelques rares points du littoral voisins de la capitale et dans le Rio de La Plata.

Les points où l'on opère principalement sont : Mar del Plata, Miramar, Laguna Brava, Arroyo Vivorata, Arroyo del Tandil, Necochea.

Montevideo fournit d'ailleurs à l'alimentation de Buenos Aires un large contingent de marée, par les vapeurs du service quotidien entre ces deux villes.

MAR DEL PLATA.

De janvier à septembre (1) les bénéfices nets d'un pêcheur de Mar del Plata atteignent mensuellement environ 150 $.

-----

(1) Renseignements fournis par le Dr Lahille, du Musée de La Plata.

Pendant les neuf premiers mois du dernier exercice, Mar del Plata a expédié sur Buenos Aires 203,370 kgr. de poissons.

Pendant les mois de janvier, février et mars, la moyenne des jours utiles pour la pêche est de vingt et un.

Vers la fin de l'été (mars) les pêches sont particulièrement fructueuses.

MIRAMAR.

Miramar possède des bancs d'huîtres d'une certaine importance (*ostrea pulcharia*). Il serait facile d'y établir des parcs.

La crevette se trouve en abondance sur cette côte.

LAGUNA BRAVA.

Vaste étang d'eau douce qu'on pourrait utiliser comme vivier.

ARROYO VIVORATA.

Rivière qui se jette dans la lagune de Mar Chiquito. Les eaux saumâtres de celle-ci sont favorables à la reproduction du saumon, de l'anguille, etc.

ARROYO DEL TANDIL.

La froideur des eaux de ce ruisseau permettrait l'acclimatation de la truite ou de ses similaires.

NECOCHEA.

Un groupe de Napolitains y a entrepris, avec succès, la pêche de certaines variétés de thon, entre autres le Germon (thynnus alalonga).

L'embouchure de l'Arroyo Quequen, près du port en question est très poissonneuse.

Dans les rios se multiplient avec abondance le *robalo* et le *zurubi* qui pèsent jusqu'à 40 et 60 kgr., la *dorade*, l'*armado*, la *palometa*, le *pati*, le *pacu*, la *boga*, l'*anguille*, etc., etc.....

On y trouve aussi le veau marin (*lobo marino*).

Notre importation à Buenos Aires de sardines, de harengs, de moules, etc.... se trouvera enrayée le jour où les Argentins étendront leurs pêcheries au delà du 40ème degré de latitude Sud.

LA QUESTION INDUSTRIELLE
DANS SES LIGNES GÉNÉRALES

Préoccupé d'assurer l'assiette du budget, le législateur argentin a employé le procédé le plus rudimentaire, les hautes taxes douanières (1).

Mais bientôt, la dépréciation du crédit national se traduisant par la baisse du change, il comprit la nécessité de ne pas se désintéresser de la balance commerciale et, ne pouvant imposer aux marchés étrangers une augmentation de commandes de ses produits indigènes, il chercha à diminuer l'importation (2).

---

(1) Pour permettre une appréciation juste du système, prenons un exemple : les droits sur la chartreuse (annexe XIV). En 1886, la douzaine de bouteilles était évaluée à 15 $ m/n. Droit spécifique par bouteille 0,25 $ m/n. Droit global, au taux moyen de l'or à 139,70, 3,15 $ m/n — 11 frs, 34. En 1891 : évaluation 15 $ or. Droit spécifique 0,30 $ or. Droit global (cours moyen de l'or 357,01) 3,74 $ or = 18 frs 69. En 1897 : évaluation 16 $ or. Droit spécifique 0,33 $ or + 2 o/o de droits de magasinage. Taux moyen de l'or 300,40 = 21 frs 30.

Donc, en dix ans les droits ont doublé.

Des observations semblables pouvant se faire pour les liqueurs et alcools, c'est bien la politique douanière qui a provoqué, de 1886 à 1894, la création de 21 distilleries de grains, produisant annuellement 20 millions de litres, et 55 distilleries de canne, fournissant 12,500,000 litres (annexe XV). Une grande partie de ces alcools a été transformée au moyen d'essences que vendent la France, l'Allemagne et l'Italie, en liqueurs et apéritifs de toute espèce et débitée, sous des étiquettes et des noms européens. (Voir Annexe XXIX. Tarif douanier.)

(2) Voici un exemple de la progression dans le système protecteur:

Une maison de Troyes (Aube) importait depuis de longues années des gilets de flanelle en Argentine. Le Parlement imposa des droits tellement élevés, sur cet article que la fabrique résolut d'introduire des gilets coupés mais non montés; on envoya un contremaître et des ouvriers à Buenos Aires pour y terminer la marchandise. Deux ans après, nouveaux droits sur les gilets mi-confectionnés; notre compatriote expédia des flanelles, des machines à couper, et des contremaîtres pour diriger cette nouvelle partie de l'industrie. Nouveaux droits sur les flanelles : la maison installa des machines et un tissage. Nouveaux droits sur le fil. Probablement d'ici deux ans, on créera une filature.

C'est fâcheux pour notre industrie; mais, au point de vue argentin, ce procédé est logique, attendu que la matière première en question est l'un des principaux produits du pays.

Or, tout ralentissement des transactions ayant pour conséquence une moins-value de recettes qui porte dommage au fisc,
il dut, progressivement, accroître les tarifs(1).

C'est ainsi que prirent naissance, fortuitement, les droits
protecteurs, grâce auxquels les manufactures les plus diverses
se développèrent, sur le territoire argentin, à l'abri de la concurrence d'industries plus anciennes et plus perfectionnées.

Les premiers ateliers et usines prospérèrent singulièrement
sous ce régime (2), d'autant plus que le protectionisme de rencontre auquel on avait recouru de prime-saut, soutenu par un
sentiment nationaliste très vif, se changea bientôt en système
économique.

La balance commerciale s'en ressentit avantageusement,
mais les droits prohibitifs devinrent, de façon sensible, dangereux pour l'équilibre budgétaire.

Dès lors, le Parlement résolut de rétablir l'état des recettes, en
grevant l'industrie.

Comme dans toute période de transformation, on procéda par
tâtonnements : on vint, dans certains cas, en aide aux usines, si
bien qu'on provoqua la surproduction au point de compromettre l'existence même de l'industrie : telle fut l'origine de
la crise sucrière (3); d'autres fois, on frappa certains articles
nationaux plus que ne pouvait le permettre leur valeur marchande (4) : tels les droits sur l'industrie de la vinification.

L'expérience seule pourra, peu à peu, faire établir une équitable répartition des faveurs et des charges.

Les pouvoirs publics sauront distinguer — il faut le supposer
— entre les établissements traitant sur place des produits argentins, et les manufactures obligées d'importer leurs matières
premières.

---

(1) Parmi les éléments dont l'Argentine doit tenir compte, se trouvent les engagements con-
tractuels avec d'autres nations. (Voir le chapitre : Politique commerciale et douanière.)
(2) Il était séduisant pour des fabricants improvisés de contrefaire des marques appréciées et
d'écouler des marchandises inférieures, en les faisant passer sous un nom connu, à des prix
conventionnels acceptés par le public. (Voir annexe XVI.)
(3) Voir chapitre relatif à l'industrie sucrière.
(4) Voir annexe XVII. Patentes commerciales et industrielles.

Ainsi, les industries de la viande et des produits animaux, les industries agricoles (transformation du blé en farine et pâtes alimentaires, des raisins en vin et eau-de-vie, de l'orge en bière, de la mélasse et du maïs en alcool, etc.) sont de celles qui doivent être encouragées ; pendant que l'industrie du fer, du bois, du coton, du papier, du verre, etc., peuvent être considérées comme artificielles.

Il y aurait avantage pour le fisc, l'épargne de l'acheteur et le capital du fabricant, à traiter ces questions selon des principes nettement établis. Dans l'état actuel, généralement, l'un de ces trois grands facteurs de la prospérité nationale se déclare lésé (1).

Quoi qu'il en soit, voici, d'après le recensement de 1896, le nombre des ateliers et usines :

A Buenos Aires (capitale).	5.450
Dans la province de Buenos Aires.	5.145
— — Santa Fé.	2.419
— — Cordoba.	1.174
— — Mendoza.	433
— — Tucuman.	527
etc., etc.	

Parmi les 18.727 (2) établissements recensés, on doit surtout citer :

532 moulins à farine ;
852 fabriques de vin de raisins ;
108 distilleries d'alcools ;
44 brasseries ;
48 usines sucrières ;
Aujourd'hui, 24,000 ateliers occupent une population ouvrière de 215,000 personnes.

---

(1) Dans le message que, le jour où il prit le pouvoir, le général Roca adressa aux chambres, il signala, comme suit, ce grave problème à l'attention du pays :
« La protection due à nos industriels doit se maintenir dans des limites sagement tracées ; elle se retournerait contre son objet même, si elle amenait des difficultés dont souffrirait notre commerce d'exportation. La prudence conseille de nous placer dans un juste milieu. »
(2) Chiffres approximatifs.

Quatre provinces sur quatorze se sont résolument engagées dans la voie manufacturière : Buenos Aires, Santa Fé, Tucuman et Cordoba.

Les Allemands, les Anglais et les Italiens ont tiré profit du protectionisme argentin au moyen du crédit, en fournissant des machines-outils, en s'ouvrant un marché d'articles mi-confectionnés et autres, en procurant des emplois à des ouvriers atteints par le chômage de certaines usines européennes. Ils ont encore assuré à d'importants capitaux de larges rémunérations, en créant, derrière ces barrières douanières, de nombreuses entreprises.

Ce sera l'honneur de la « Sociedad industrial argentina » de délimiter les droits et devoirs de l'Etat et du manufacturier, de faire créer l'instrument de crédit industriel, et d'empêcher la fondation d'ateliers dont la prospérité n'est pas avantageuse pour le consommateur et porte préjudice au Trésor.

INDUSTRIE DES TRANSPORTS

I

Les premiers 10 kilomètres de voie ferrée furent livrés au trafic en 1857.

En 1864, on exploitait		94 kilom.
1872,	—	930 —
1876,	—	2.033 —
1883,	—	3.164 —
1885,	—	4.502 —
1895,	—	14.320 — (1)

représentant aujourd'hui un capital de 523,549,918 piastres (deux milliards et demi de francs) dont 54,958,782 ont été déboursés par le Trésor public pour des voies appartenant aujourd'hui à la nation.

Le bénéfice global ayant été de 135,600,000 $ (328,300,000 $ de recettes contre 192,700,000 $ de dépenses), le capital aurait reçu une rémunération annuelle moyenne de 3,14 o/o.

---

(1) Et depuis cette époque les lignes suivantes : la Rioja, ouverte en décembre 1897 (environ 100 kil.); les 2/3 du Transpampa-centralien (plus de 300 kil.) en exploitation jusqu'à Toay; — et la moitié du futur Transcontinental viâ Neuquen qui, sur territoire argentin, aura, sans les embranchements, 650 kilomètres.

Certaines lignes ont produit 7,98 o/o, en 1884.
Les années 1859 et 1860 avaient laissé des pertes.

Le bilan général pour 1895 a donné :

Recettes.	90.571.084 $
Dépenses	47.307.629 $
Bénéfices	43.263.455 $

ou 2,52 o/o d'intérêt.

Ces résultats ont été fournis par le trafic suivant :

Voyageurs (total depuis l'origine)	167.577.358
En 1895	13.856.184
Marchandises (total depuis l'origine). . .	75.604.598 T.
En 1895	9.215.751 T.

Au 31 août 1898, le nombre des voyageurs avait dépassé 210 millions et le nombre de tonnes transportées 104 millions.
Le matériel roulant au moyen duquel se sont effectués les transports se composait de :

> 1.063 locomotives.
> 1.470 voitures de voyageurs.
> 957 wagons servant de fourgons.
> 38.379 wagons de charge.
> 2.080 wagons pour le bétail.
> 434 wagons divers spéciaux.

A ce réseau principal s'ajoutent des lignes locales secondaires — *tramways ruraux* (1) — appartenant à des particuliers ou à des compagnies non soumises à la surveillance de l'Etat.

---

(1) Il en sera parlé plus loin.

II

CHARGES CRÉÉES A L'ÉTAT PAR LA CONSTRUCTION OU LA GARANTIE. —
RÈGLEMENT DE LA QUESTION PAR VOIE DE RACHAT.

Les grandes lignes sont subdivisées, jusqu'à ce jour, en
quatre catégories :

Chemins de fer de l'Etat,
— garantis
— non garantis
— provinciaux.

Les garanties d'intérêt, bien qu'elles soient appelées à ne
plus fonctionner dans un avenir très prochain, doivent être
mentionnées, d'abord parce que tous les arrangements conclus
avec les exploitants ne sont pas encore entrés en vigueur,
ensuite parce qu'elles ont constitué la principale cause efficiente
de la construction du réseau, la confiance étant ainsi donnée
aux capitaux étrangers (1).

Naguère encore, la garantie de l'Etat s'étendait sur 3,864 km.
582 représentant un capital de 86,031,000 $ or (2). Mais l'aug-
mentation progressive des sommes payées annuellement par le
gouvernement préoccupait depuis longtemps les pouvoirs publics.

On reconnaissait généralement que l'application du système
de garanties ne répondait pas au but qu'on s'était proposé. La
nation versait chaque année aux compagnies de chemins de fer
une somme de cinq millions de piastres or, qui atteignit quelquefois vingt millions de piastres papier au cours légal.

---

(1) Un nouveau classement des Compagnies sera bientôt nécessaire, sans d'ailleurs
rien changer à toutes ces questions, sauf celles qui intéressent les revenus du Trésor Public :
(2) Ce chiffre ne représente pas le capital réellement employé à la construction des 3,864 km.
c'est le produit de ce nombre de km. par les divers prix kilométriques inscrits dans les contrats
de garantie, prix variant de 18,000 à 31,125 $, suivant les lignes.

Lors de la crise, l'Etat dut suspendre ce service, à charge de payer plus tard l'arriéré. Mais, en présence des réclamations des compagnies, les versements furent repris partiellement, et on inscrivit au budget une somme annuelle de deux millions de piastres or, distribuée au prorata des capitaux engagés et du taux garanti.

Il importait de résoudre ce litige qui affectait le crédit du pays, et faisait naître des conflits incessants entre le fisc et les compagnies.

Dans les arrangements à intervenir il fallait, d'autre part, tenir compte des exigences du trafic, sauvegarder les intérêts du commerce, et obtenir le prolongement de certaines lignes. Enfin, si le Cabinet de Buenos Aires avait dû momentanément ne pas tenir ses obligations, les entreprises, de leur côté, s'étaient exonérées, pendant un temps, du paiement du 50 o/o de leurs recettes brutes, auquel les astreignaient les contrats de concession.

Un décret signé en 1888, et approuvé par la loi n° 2,265 du 6 juillet de la même année, prescrivit aux compagnies de s'exécuter.

Ce règlement ne fut pas longtemps en vigueur; une autre loi, n° 2,835, établit des règles diamétralement opposées.

Afin de corriger les effets de ces ordonnances contradictoires, le pouvoir exécutif entra directement en pourparlers avec les représentants, munis de pleins pouvoirs, des dix compagnies intéressées.

Voici les résultats obtenus en 1895 :

Pour sept compagnies, un arrangement était intervenu.

L'Etat avait acheté, de l'une d'elles, le chemin de fer de San Cristobal à Tucuman.

La nation désintéressait les six autres entreprises, pour les arriérés de garanties et pour les garanties à venir, en leur versant, une fois pour toutes, des sommes à déterminer après accord entre les parties contractantes.

Le paiement était fait au moyen d'un emprunt dont les titres comportaient un intérêt de 4 o/o et un amortissement de 1/2 o/o.

De la sorte, l'Etat donna aux compagnies une indemnité de 33,575,319 $ or, représentant un service annuel de 1,510,852 $ or.

Le service de la garantie pour les sept lignes en question, ayant coûté 3,063,753 $ or par an, le budget était donc dégrevé de 1,552,901 $.

Le tableau suivant montre le détail des opérations :

Désignation des Lignes.	Capital garanti au moment de l'opération.	Service annuel de la garantie à cette date.	Sommes versées pour cessation de la garantie et versement des intérêts.	Service de l'emprunt émis à cet effet.
1 Noreste Argentino	10.085.500	607.170	11.500.000	517.500
2 San Cristobal à Tucuman . (rachat)	12.025.089	601.250	10.400.000	468.000
3 Argentino del Este	4.886.966	340.883	3.780.000	170.100
4 Bahia Blanca.	4.110.693	205.534	2.292.819	103.140
5 Noroeste Argentino . . .	1.942.605	97.130	1.852.500	83.362
6 Villa Maria à Rufino . . .	4.083.120	244.987	1.850.000	83.250
7 Buenos Aires al Pacifico .	13.811.415	966.799	1.900.000	85.500
Totaux comparatifs.	50.945.388	3.063.753	33.575 319	1.510.852

Lorsque la loi n° 3,351 approuvant les arrangements sus mentionnés fut votée, le pouvoir exécutif négociait encore avec les trois autres compagnies : « Central Cordoba », « Gran Oeste Argentino », et « Trasandino ».

Un message, en date du 16 décembre 1894, soumit à l'approbation du congrès le contrat *ad referendum* passé avec le « Gran Oeste Argentino » sur les bases suivantes :

Le capital garanti s'élevait à la somme de 10,331,479 $ or ; le service annuel de garantie atteignait 723,128 $. Comme l'Etat était engagé pour onze ans encore, le Trésor eût payé au terme de ses obligations 14,463,000 $.

On éteignit d'un coup le fonctionnement de la garantie, en remettant aux concessionnaires pour 2,500,000 $ de titres de la dette des chemins de fer, titres dont le service n'exigeait plus que 112,500 $ or par an.

III

FAIBLESSE DES RECETTES MOTIVÉE PAR UNE POLITIQUE ÉCONOMIQUE
QUI SACRIFIE LE RENDEMENT DU CAPITAL INVESTI DANS LES CHE-
MINS DE FER A LA MISE EN VALEUR DU PAYS.

Le gouvernement a diminué, dans la mesure du possible, cela résulte de l'exposé qui précède, les charges que lui imposaient les contrats de concession. S'il n'a pas allégé davantage le pays de ses obligations vis-à-vis des compagnies, c'est qu'il a voulu maintenir à un taux très bas les tarifs de transport (1).

Ce pays ne produit rien tant qu'il n'est pas desservi par des voies ferrées.

On peut établir, en quelque sorte mathématiquement, la part qui revient au chemin de fer argentin dans le progrès des zones qu'il traverse.

Voici, à titre d'exemple, ce qui s'est passé dans la région comprise entre le parallèle correspondant à la Sierra de Tandil, d'une part, et l'Atlantique et le Rio Sauce Chico, d'autre part (ligne de pénétration du Sud) :

En 1881, la terre cultivée y occupait une superficie de 6,417 hectares.

En 1895, c'est-à-dire quatorze ans après, les champs en culture s'étendent sur 102,156 hectares ; le matériel agricole destiné à l'exploitation comprend alors 6,863 charrues, 2,205 herses ou rateaux, 127 batteuses à vapeur, et 2,071 faucheuses.

L'espèce bovine, représentée par un million et demi de têtes en 1881, dépasse deux millions en 1895 (dont 76,340 vaches laitières).

L'espèce chevaline qui, à la première de ces époques, comptait seulement 3,000 têtes, en possède 1,500,000 à la deuxième.

---

(1) Cette politique, d'une haute portée économique, est cause de la faible rémunération des sommes investies dans cet outillage de locomotion.

L'espèce ovine passe de 8,876,071 têtes en 1881, à 19,307,113 en 1895.

Les carrières de Tandil, Hinojo et Olavarria doivent leur utilisation aux facilités de transport créées par le chemin de fer. Leur exploitation, au cours de l'année dernière, a produit 117,354 tonnes de pierre, sans mentionner la chaux, le sable et autres produits.

En 1885, le chemin de fer du Sud a transporté :

> 196,603 voyageurs.
> 15,039 tonnes de marchandises.

En 1895 :

> 2,480,640 voyageurs.
> 1,043,368 tonnes de marchandises.

M. Frers, Ministre des Travaux publics de la province de Buenos Aires, dit à ce sujet (1) :

» .... Les stations de chemins de fer sont les premiers
» centres de cultures agricoles. Celles-ci (en vertu de leur déve-
» loppement naturel) s'irradient en tous sens ; les champs de la-
» bour s'étendent à 30 ou 40 kilom. des deux côtés de la voie
» ferrée ; au delà de cette limite, les frais de transport, de la
» ferme à la ville ou la station, deviennent trop considérables ».

IV

DÉFAUTS DU RÉSEAU.

Si, comme il appert des chiffres indiqués plus haut, tels chemins de fer ont donné, à un certain moment, près de 8 o/o d'intérêt, le taux de rémunération des capitaux est resté fort en

---

(1) Mémoire du ministre pour l'année 1894-1895.

deçà de ce qu'il aurait pû être sans les fautes d'ordre divers qui ont été commises :

1° On a — dit notre compatriote M. Maguin (1) — multiplié les lignes sans un plan arrêté d'avance; on n'a pas étudié les ressources des régions à traverser.

On a sillonné de voies ferrées certaines zones sans valeur, tandis que d'autres, très riches, ont été laissées de côté.

En dehors des chemins de fer qui relient entre elles les capitales des provinces et les mettent en communication avec Buenos Aires, on eût dû étudier un réseau de voies ferrées destiné à favoriser le développement progressif du pays.

Après l'établissement des lignes principales, il aurait fallu construire les divers embranchements.

2° Une autre faute a été de donner inopportunément au réseau quatre types de voies (2) : 1 m. 676 ; 1 m. 44 ; 1 m. et 0 m. 75.

L'écartement de 1 m. 676 ou voie large était cependant tout indiqué pour les quatre cinquièmes de la République dont le terrain est généralement plat, sans obstacle, pour la construction et la vitesse.

Les augmentations de dépenses (de premier établissement) eussent été largement compensées par l'accroissement de la capacité des trains.

L'écartement de 1 mètre se recommandait pour les pays de montagnes; mais, pour éviter les transbordements on aurait dû, de préférence, admettre comme terme moyen, la voie normale de 1 m. 44, suffisante en plaine et applicable aux régions montagneuses.

---

(1) Ingénieur en chef, en résidence à Rosario de Santa Fé, du chemin de fer anglais « Oeste Santafecino ».
(2) A la fin de l'année 1897, il existait 9,035 kilom. à m. 1,676 d'entrevoie.
$$\begin{array}{ccc} 1,118 & - & 1.435 & - \\ 4,646 & - & 1,000 & - \end{array}$$

L'exposé qui précède montre la complexité de ces questions, leur ampleur industrielle et financière (1).

Le capital français ne les a jamais suivies avec attention (2). Il s'est presque toujours engagé à la légère ; il a eu des mécomptes.

Ces derniers motivent et justifient à ses yeux l'abstention dans laquelle il se confine depuis.

De la sorte, les insuccès de 1891, environ huit fois moindres que les pertes supportées par les Anglais, sont demeurés sans compensation alors que nos voisins d'outre Manche, grâce à la construction et à l'exploitation des chemins de fer seulement, ont drainé, au cours des dernières sept années, près d'un demi-milliard de l'Argentine (3).

V

CLASSEMENT DES CHEMINS DE FER PAR CATÉGORIES.

A. — *Lignes en exploitation en 1897.*

1° Les *lignes appartenant à la nation* sont :

Andino	254 kilom.	300
Primer Entreriano (4)	9 —	800
Central Norte.	334 —	500
Dean Funes à Chilecito	298 —	500
Chumbicha à Catamarca.	65 —	700
Total.	962 —	800
Auquel total il faut ajouter. . . .	64 —	100
d'embranchements, soit. . .	1.026 kilom.	900

(1) Il permet de supputer les bénéfices qui ont été réalisés sur la construction, sur les affaires de terrains, etc.
(2) Pourtant, parmi les concessions accordées jusqu'au 31 décembre 1895, et, en dehors du grand réseau de Santa Fé, nous relevons neuf lignes secondaires concédées à nos compatriotes. Ce sont :
1° Chilecito à Mejicana (23 décembre 1887 — Prud'homme et Cⁱᵉ);
2° Bahia Blanca et Noroeste (15 octobre 1887 — Lanus);
3° Resistencia à Metan (8 octobre 1887 — Abreu) ;
4° San Cristobal à Tucuman (21 octobre 1887 — Portalis et Carbone);
5° Villa Mercedes à La Rioja (15 octobre 1887 — Portalis et Dupont);
6° Belgrano à las Conchas (8 octobre 1887 — Nouguier et Cⁱᵉ);
7° Rivadavia à San Antonio (10 novembre 1888, les mêmes) ;
8° Capilla del Señor à Giles (14 septembre 1889, les mêmes) ;
9° Tigré à San Roque (10 novembre 1889 — Rouaix et Cⁱᵉ).
(3) Moyenne de 5 o/o, entre rendement et garantie, sur un capital de un milliard 700 millions pendant six ans.
(4) L'Etat a vendu à la compagnie des chemins de fer d'Entre Rios le chemin de fer Primer Entreriano, pour la somme de 35,000 $ or.

2°. *Les lignes garanties par l'Etat* sont au nombre de dix :

Buenos Aires au Pacifique.	685 kilom.	300
Avec embranchement de	3 —	300
Gran Oeste Argentino.	513 —	100
Villa Maria à Rufino.	226 —	800
Bahia Blanca y Noroeste	241 —	900
Noroeste Argentino	80 —	»
Avec embranchement de	1 —	900
Este Argentino	155 —	»
Avec embranchement de	5 —	900
Noreste Argentino.	329 —	600
Avec embranchement de	2 —	200
Trasandino	121 —	300
San Cristobal à Tucuman	600 —	100
Avec embranchement de	22 —	500
Central Cordoba.	547 —	200
Avec embranchement de	337 —	300
Total.	3.873 kilom.	400

Ci-après, l'état des garanties, avant les négociations qui ont abouti à la cessation de ce régime :

CHEMINS DE FER GARANTIS	Capital garanti $ or	Intérèt garanti	Durée totale de la garantie	Délai restant à s'écouler jusqu'à l'expiration de la garantie.
Noreste Argentino. . . .	10.085.500	6 o/o	20 ans	16 ans
San Cristobal à Tucuman	12.025.089	5 o/o	55 —	50 —
Argentino del Este. . . .	4.886.089	7 o/o	40 —	19 —
Bahia Blanca y Noroeste .	4.110.693	5 o/o	20 —	15 —
Noroeste Argentino . . .	1.943.605	5 o/o	55 —	49 —
Villa Maria à Rufino. . .	4.083.120	6 o/o	11 —	6 —
Buenos Aires al Pacifico. .	13.811.415	7 o/o	20 —	11 —
Central Cordoba.	21.000.000	5 o/o	15 —	6 —
Gran Oeste Argentino . .	10.331.479	7 o/o	20 —	11 —
Trasandino	3.720.000	7 o/o	20 —	16 —

85.996.867

3° *Les lignes non garanties :*
(Au nombre de sept), savoir :

Sur de Buenos Aires	1.934	kilom.	»
Avec embranchements de.	323	—	200
Oeste de Buenos Aires.	443	—	800
Avec embranchements de.	260	—	600
Buenos Aires à Rosario.	1.153	—	100
Avec embranchements de.	336	—	700
Central Argentino	326	—	100
Avec embranchements de.	875	—	900
Buenos Aires et port de l'Ensenada.	60	—	300
Avec embranchements de.	130	—	300
Gran Sur de Santa Fé et Cordoba. .	299	—	300
Avec embranchements de.	2	—	400
Central de Chubut	70	—	100

Total . . . . 6.215 kilom. 800

4° Les *chemins de fer provinciaux* (au nombre de sept) (1) :

Chemin de fer de la province de Santa Fé	822	kilom.	200
Avec embranchements de.	426	—	200
Cordoba et Noroeste	153	—	200
Oeste de Santa Fé (Santafecino). . .	125	—	500
Avec embranchements de.	82	—	300
Entre-Rios	288	—	500
Avec embranchements de.	324	—	»
Noroeste Argentino	141	—	»
Avec embranchements de.	11	—	»
Central Cordoba	210	—	500
Cordoba y Rosario	223	—	600
Avec embranchements de.	64	—	200

Total. . . . . 2.872 kilom. 200

La longueur totale des voies de chemins de fer ouvertes

---

(1) Plusieurs de ces lignes sont la continuation des chemins de fer nationaux mentionnés plus haut.

au trafic qui, en 1897, était de 14,048 km. 300, mesurait au 1er août 1898 : 14,799 km (1).

VI

Années.	Mouvement des voyageurs.	Mouvement des marchandises.	Recettes.	Dépenses.
1857 . . .	56.190	2.257	19.185	12.448
1867 . . .	1.648.404	128.818	1.537.064	982.985
1877 . . .	2.353.407	720.683	5.174.753	3.141.918
1887 . . .	8.199.051	3.844.045	19.516.585	10.969.373
1895 . . .	14.573.037	9.651.100	26.394.30	13.846.464

VII

1° RECETTES TOTALES D'EXPLOITATION.

2° DÉPENSES TOTALES.

1° *Recettes.*

Les recettes sont fournies par les :

Transport des voyageurs. . . . . . . $ or.	6.149.000
Excédents des bagages.	84.600
Marchandises en grande vitesse	749,000
Marchandises en petite vitesse.	18.211.000
Télégraphe	149.300
Magasinage	50.800
Trains spéciaux	78.600
Loyers et affermages.	910.000
Total des recettes. . . . $ or.	26.382.300

(1) Voir annexe : énumération des 4,820 km. de lignes projetées et dont la construction se fera à bref délai.

RECETTES ANNUELLES DE 1857 A 1895 (piastres or).

Compagnies	1857	1867	1877	1887	1895
Andino	» »	» »	99.120	336.880	250.377
Primer Entreriano	» »	» »	6.468	8.933	9.299
Central Norte.	» »	» »	372.247	1.480.289	209.965
D. Funes a Chilecito. . .	» »	» »	» »	» »	49.170
Chumbicha a Catamarca. .	» »	» »	» »	» »	13.375
Pacifico.	» »	» »	» »	560.152	1.503.047
Gran Oeste Argentino . .	» »	» »	» »	507.744	1.339.081
Villa Maria a Rufino . . .	» »	» »	» »	» »	59.216
Bahia Blanca et Noroeste. .	» »	» »	» »	» »	1.078.835
Noroeste Argentino . . .	» »	» »	» »	» »	9.683
Este Argentino	» »	» »	84.158	199.924	192.848
Noreste Argentino	» »	» »	» »	» »	93.419
Trasandino	» »	» »	» »	» »	32.954
San Cristobal a Tucuman .	» »	» »	» »	» »	415.858
Central Cordoba (Sec. norte), ...	» »	» »	» »	» »	1.069.424
Sur de Buenos Aires . . .	» »	429.855	1.762.407	5.565.364	6.036.720
Oeste de Buenos Aires. .	19.185	683.441	1.521.997	3.569.627	3.251.377
Buenos Aires y Rosario. .	» »	» »	119.461	1.921.315	3.251.122
Central Argentino . . .	» »	172.630	747.719	3.122.804	3.903.003
Buenos Aires-Ensenada. .	» »	65.791	236.228	953.454	950.453
Gran Sur de Santa Fé y Cordoba	» »	» »	» »	» »	430.775
Central Chubut.	» »	» »	» »	» »	18.56
Provincia de Santa Fé. .	» »	» »	» »	471.108	1.023.578
Cordoba (Noroeste). . . .	» »	» »	» »	» »	48.722
Oeste Santafecino.	» »	» »	» »	169.171	467.670
Entre Rios	» »	» »	» »	68.283	316.347
Noroeste Argentino a La madrid	» »	» »	» »	» »	413.881
Central Cordoba (Sec. este).	» »	» »	» »	» »	466.248
Cordoba y Rosario	» »	» »	» »	» »	592.985
Norte de Buenos Aires. .	» »	180.347	224.898	583.537	» »

2° *Dépenses.*

Les dépenses proviennent :

De la voie et des travaux d'art pour $ or.	2.800.000
De la traction.	4.337.000
Du trafic	2.675.000
Du mouvement	2.107.000
De la direction	1.926.000
Total. . . . . . . $ or.	13.845.000

RÉSUMÉ :

Recettes. . . . . $ or.	26.382.300
Dépenses	13.845.000
Excédent des Recettes. $ or.	12.537.300

DÉPENSES ANNUELLES DE 1857 A 1895 (piastres or).

Compagnies	1857	1867	1877	1887	1895
Andino	» »	» »	79.296	342.902	165.459
Primer Entreriano	» »	» »	14.041	11.077	8.153
Central Norte	» »	» »	253.892	1.039.423	212.506
D. Funes a Chilecito . . .	» »	» »	» »	» »	67.726
Chumbicha a Catamarca . .	» »	» »	» »	» »	19.922
Pacifico	» »	» »	» »	377.611	843.910
Gran Oeste Argentino . .	» »	» »	» »	536.079	631.601
Villa Maria a Rufino . . .	» »	» »	» »	» »	80·627
Bahia Blanca y Noroeste . .	» »	» »	» »	» »	113.681
Noroeste Argentino	» »	» »	» »	» »	15.463
Este Argentino	» »	» »	129.253	165.666	138.244
Noreste Argentino	» »	» »	» »	» »	228.753
Trasandino	» »	» »	» »	» »	101.385
San Cristobal a Tucuman .	» »	» »	» »	» »	373.742
Central Cordoba (Sec. Norte)	» »	» »	» »	» »	670.662
Sur de Buenos Aires . . .	» »	250.871	1.003.754	2.981.854	2.244.250
Oeste de Buenos Aires . .	12.448	447.626	812.041	1.905.926	1.206.228
Buenos Aires y Rosario . .	» »	» »	59.730	960.742	2.649.386
Central Argentino	» »	104.373	445.067	1.431.743	3.099.305
Buenos Aires-Ensenada . .	» »	39.461	188.033	442.871	519.836
Gran Sur de Santa Fé y Cordoba	» »	» »	» »	» »	221·382
Central Chubut	» »	» »	» »	» »	9.706
Provincia de Santa Fé . .	» »	» »	» »	315.503	839.727
Cordoba (Noroeste)	» »	» »	» »	839.727	48.187
Oeste Santafecino	» »	» »	» »	143.518	267.705
Entre Rios	» »	» »	» »	112.647	279.109
Noroeste Argentino a La-madrid	» »	» »	» »	» »	236.811
Central Cordoba (Sec. este)	» »	» »	» »	» »	210.932
Cordoba et Rosario	» »	» »	» »	» »	352.763
Norte de Buenos Aires . .	» »	140.654	157.811	202.066	» »

VIII

ÉTAT DU CAPITAL.

		1897	Par Km.
1° Chemins de fer de l'État	$ or.	54.958.782	31.310
2° Chemins de fer avec garantie		56.651.665	37.717
3° Chemins de fer sans garantie		338.960.455	38.354
4° Chemins de fer provinciaux		72.979.016	27.029
Total	$ or.	523.549.918	moyenne 35.317

Ce capital se compose :

1° d'obligations 4, 4 1/2, 5, 6 et 7 o/o.

2° d'emprunts de natures diverses.

3° d'actions privilégiées portant un intérêt annuel de 5, 6 et 7 o/o.

4° d'actions ordinaires et différées.

Rémunération du capital.

Les chemins de fer argentins ont donné globalement :

Chemins de fer de l'Etat 0,20 o/o, de 1890 à 1897 moyenne   0.04 o/o
Chemins de fer avec garantie 1,56 o/o, —   —   —   0.56 o/o
Chemins de fer sans garantie 4,28 o/o.   —   —   —   3.76 o/o
Chemins de fer des provinces :
  1° Avec garantie 0,63 o/o. . . . }
  2° Sans garantie 2,73 o/o. . . . } — — — 1.05 o/o
                  Moyenne générale. . . . . . . 2.30 o/o

Voici d'ailleurs le relevé concernant la rémunération du capital de chacune des lignes en exploitation pendant les années 1895, 96 et 97 :

	1895	1896	1897
Este Argentino	+ 1,07	+ 0,87	+ 0,66
Noreste Argentino.	— 0,35	— 0,44	— 0,40
Trasandino.	— 1,65	— 1,34	— 1,26
Central Cordoba (Sec. Norte) . . .	+ 1,90	+ 2,47	+ 1,27
Sur de Buenos Aires	+ 4,84	+ 5,16	+ 5,16
Oeste Buenos Aires.	+ 6,43	+ 5,47	+ 3,75
Buenos Aires y Rosario	+ 3,61	+ 4,11	+ 3,64
Central Argentino.	+ 3,32	+ 4,15	+ 2,72
Buenos Aires al Pacifico	+ 2,78	+ 4,36	+ 2,84
Gran Oeste Argentino.	+ 2,93	+ 3,91	+ 3,65
Villa Maria à Rufino.	— 0,37	— 0,23	— 0,28
Bahia Blanca y Noroeste	— 0,08	+ 0,41	+ 0,57
Buenos Aires y Ensenada	+ 3,26	+ 3,53	+ 2,48
Gran Sur de Santa Fé y Cordoba .	+ 2,80	+ 4,30	+ 1,31
Cordoba y Rosario.	+ 2,96	+ 2,57	+ 1,17
Central del Chubut	+ 0,89	+ 0,93	+ 1,14
Provincia de Santa Fé.	+ 0,63	+ 0,74	+ 0,58
Cordoba y Noroeste	+ 0,01	+ 0,03	— 0,02
Oeste Santafecino.	+ 2,00	+ 2,26	+ 0,52
Entre Rios	+ 0,23	+ 0,12	— 0,05
Noroeste Argentino à Lamadrid. .	+ 3,05	+ 4,47	+ 2,58
Central Cordoba (Sec. Este). . . .	+ 5,06	+ 6,84	+ 5,06

IX

TARIFS.

Intervention de l'Etat en ce qui concerne les dispositions relatives aux tarifs.

PREMIÈRE CATÉGORIE

Néant.

DEUXIÈME CATÉGORIE

Chemins de fer avec garàntie.

1) Buenos Aires au Pacifique (Loi du 5 novembre 1872). Intervention de l'Etat pendant toute la durée de la garantie (art. 10).

Le contrat du 19 mars 1898 laisse à l'entreprise le soin d'établir ses tarifs pendant les deux premières années de l'exploitation (art. 10).

Par l'article 22, la compagnie consent à faire un rabais de 50 o/o sur le prix des billets des employés voyageant pour le service de l'Etat, et de 25 o/o sur leurs bagages. Elle transporte gratuitement les valises et sacs de correspondance.

2) Gran Oeste Argentino.

Loi du 5 novembre 1872 (art. 10). Le Pouvoir exécutif établira les tarifs de concert avec la compagnie pendant la durée de la garantie.

Les dispositions du contrat du 19 mars 1878, sont semblables à celles du chemin de fer de Buenos Aires au Pacifique citées plus haut.

3) Villa Maria à Rufino.

Loi du 6 septembre 1886. Intervention de l'Etat dans l'établissement des tarifs sans fixation de durée (art. 14).

Le contrat du 18 juillet 1888 (art. 18) limite cette intervention
à la durée de la garantie.

4) Bahia Blanca et Noroeste.

Loi du 5 octobre 1887 (art. 5). La compagnie accorde une
réduction de 50 o/o aux employés de l'Etat en service et
aux colons embarqués par le commissaire général de l'immigration.

Par l'article 14, le Pouvoir exécutif intervient dans la fixation
des tarifs pendant la durée de la garantie et, après son expiration, quand les recettes donnent un intérêt supérieur à 12 o/o.

Cette dernière clause est d'ailleurs d'application courante
à l'égard de toutes les compagnies.

Les articles 7 et 17 du contrat du 28 mars 1888 reproduisent
ces dispositions.

5) Noroeste Argentino.

Loi du 15 octobre 1887 (art. 14). Si, après l'expiration de la
garantie, le produit liquide venait à dépasser 12 o/o, le Pouvoir exécutif ne pourra pas imposer à la compagnie des tarifs
supérieurs à ceux des chemins de fer de l'Etat.

Réduction de 50 o/o sur les transports effectués pour le
compte de la nation et des gouvernements de San Luis, Cordoba et la Rioja.

Le contrat du 18 février 1889 reproduit ces dispositions
(art. 16, 17 et 19).

6) Este Argentino.

Loi du 5 octobre 1864 (art. 7). Transport gratuit de la correspondance, et intervention du Pouvoir exécutif dans l'établissement des tarifs (art. 13).

Par la résolution du 20 septembre 1889 (art. 2), les troupes
voyagent gratis avec leurs approvisionnements.

7) Noreste Argentino.

Loi du 4 novembre 1886 (art. 9 et 18) et contrat du 12 juin
1887 (art. 7 et 12). Reproduction des dispositions relatives au
chemin de fer de Buenos Aires au Pacifique.

8) Trasandino.

13

Loi du 5 novembre 1872 (art. 10) et contrat du 19 mars 1878 (art. 10 et 22). Dispositions identiques.

9) San Cristobal à Tucuman.

La loi du 21 octobre 1887 (art. 15 et 18) et le contrat du 3 avril 1888 (art. 15 et 19) reproduisent les mêmes dispositions que ci-dessus.

10) Central Cordoba.

La loi du 28 octobre 1887 (art. 4) et le contrat du 28 janvier 1889 (art. 23) reconnaissent l'intervention de l'Etat dans l'établissement des tarifs pour la durée de la garantie et, par la suite, quand le produit net annuel dépassera 10 o/o.

TROISIÈME CATÉGORIE

Chemins de fer non garantis.

Le Pouvoir exécutif n'intervient pas dans l'établissement des tarifs des entreprises auxquelles la garantie n'est pas accordée; mais les barêmes lui sont présentés chaque année.

Toutefois la compagnie du Central Chubut, par le contrat du 27 février 1885 (Art. 7), concède au Pouvoir exécutif le droit de fixer, dans des cas spécifiés, certaines parties des tarifs.

La plupart des compagnies accordent d'ailleurs à l'Etat le transport gratuit de la correspondance, une réduction de 50 o/o sur les passages pris au compte du Gouvernement, et 25 o/o sur le transport des bagages.

QUATRIÈME CATÉGORIE

Chemins de fer provinciaux.

Seule la compagnie de Cordoba Noroeste a dû consentir, par la loi du 9 octobre 1884, le transport gratuit, pour les embranchements d'Entre Rios, des troupes de ligne, des munitions de guerre de l'Etat et des colons envoyés à l'intérieur par le Pouvoir exécutif.

X

LIGNES SECONDAIRES DE CHEMINS DE FER ET TRAMWAYS.

Il y a dans la République Argentine trois lignes que l'on désigne sous le nom de chemins de fer secondaires.

1º Le chemin de fer de Malagueño qui va de Cordoba à Malagueño et Ferreira (loi de concession du 16 mai 1883 ; ouverture de la ligne le 1er novembre 1885 ; mesure 26 km. 500 de voie principale et 3 km. 500 de voies embranchées, voies de garage, etc.).

Cette ligne a coûté 240,000 $ or.

Les frais annuels étant de 29,400 $ or, et les recettes de 42,200 $ or, il en ressort un bénéfice net de 13,200 $ or, soit une rémunération du capital de 5,35 o/o.

2º Le chemin de fer de Florencia et Port Florencia.

3º Le chemin de fer d'Ocampo à Port Parana.

L'administration centrale ne possède aucune donnée sur ces deux lignes.

Il n'existe dans toute la République que deux tramways à vapeur.

Le premier est celui de Rafaela (province de Santa Fé) concédé, savoir :

La section de Rafaela à Vila, le 8 juin 1889 ;
— Vila à Josefina, le 20 février 1889 ;
— Vila à Carolina, le 20 février 1889 ;

et ouvert au service public le 18 août 1890.

Il transporte surtout des céréales.

Les recettes sont de. . . . . 31.000 $ or
Les frais sont de. 22.100

Excédent . . . . . . 8.900 $ or.

Le capital investi ayant été de 420,000 $ or, l'intérêt annuel est donc de 2,11 o/o.

Nombre d'employés : 50.

Longueur de la ligne : 86 kilomètres.

Le second est le « Tramway rural » (province de Buenos Aires) avec 202 km. 58.

Il a été concédé par une loi en date du 4 février 1886.

XI

LONGUEUR DES CHEMINS DE FER EN REGARD DE LA SUPERFICIE ET DE LA POPULATION DES PROVINCES ET TERRITOIRES. — RAPPORTS ENTRE CES DONNÉES.

Désignation des provinces et territoires.	Superficie du territoire.	Habitants.	Longueur des chemins de fer par province.	Longueur des chemins de fer pour 100 kil. carrés de superficie.	1000 habitants.
	kil. carrés	unités	kilomètres	kilomètres	
Capitale fédérale . .	186	663.854	76.1	40.9	0.1
PROVINCES					
Buenos Aires. . . .	303.530	921.225	4.299.2	1.4	4.7
Santa Fé	132.500	397.285	3.299.3	2.5	8.3
Entre Rios	74.150	290.994	717.3	1.0	2.5
Corrientes	85.160	239.570	397.2	0.4	1.7
Cordoba	172.810	351.745	1.959.0	1.1	5.6
San Luis	74.180	81.155	327.1	0.4	1.7
Mendoza	148.160	116.698	372.7	0.3	3.2
San Juan	95.010	84.251	83.6	0.1	1.0
Catamarca	84.620	90.188	362.1	0.4	4.0
Santiago del Estero.	93.600	60.445	1.066.0	1.1	6.7
La Rioja	81.900	62.228	153.0	0.2	2.2
Tucuman	21.970	215.963	523.7	2.4	2.4
Salta	163.610	118.138	257.5	0.2	2.2
Jujuy	51.180	49.543	50.5	0.1	1.0
TERRITOIRES					
La Pampa	145.913	25.765	104.5	0.1	4.0
Chubut	249.100	3.748	70.1	0.03	18.7
	1.977.579	3.772.695	14.118.9	Moyenne 0.7	3.6

CHEMINS DE FER ARGENTINS

Réseau, Transports de Voyageurs et de Marchandises, Recettes et Dépenses depuis l'origine (1857 jusqu'à la fin de l'exercice 1897) (1).

(1) D'après le mémoire de la Direction générale des Chemins de fer nationaux. Présidence de M. Carlos Maschwitz, Buenos Aires 1898.

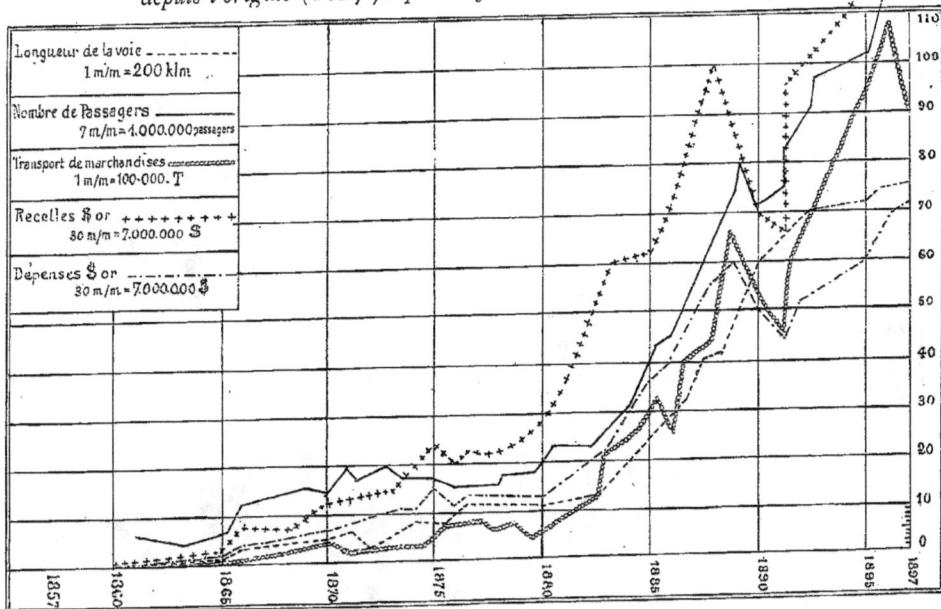

Longueur de la voie ----------
1 m/m = 200 klm

Nombre de Passagers ————
7 m/m = 1.000.000 passagers

Transport de marchandises ========
1 m/m = 100.000. T

Recettes $ or + + + + + + + +
30 m/m = 7.000.000 $

Dépenses $ or — · — · — · —
30 m/m = 7.000.000 $

NAVIGATION INTÉRIEURE ET EXTÉRIEURE
DANS LES PORTS ARGENTINS

MARINE MARCHANDE ARGENTINE
PROJETS DE CANAUX

Quoique le développement côtier, maritime et fluvial, de l'Argentine soit considérable, la population, douée de goûts terriens, semble peu portée vers la navigation.

Le nombre des marins indigènes n'est guère important (1).

Le cabotage à voile et à vapeur reste stationnaire malgré la notable augmentation du courant commercial entre les provinces et les ports de Buenos Aires et de la Plata.

Nombre total de bateaux de la marine marchande argentine : 7.015. Tonnage : 196.010 tonnes, qui se répartissent ainsi :

Petites embarcations			Navires à voile			Navires à vapeur	
Classe.	Nombre.	Tonnage.	Classe.	Nombre.	Tonnage.	Nombre.	Tonnage.
Canots . . .	4.778	9.289	Pailboats. .	391	47.670	222	36.323
Chalands et			Goëlettes. .	260	20.448		
pontons. .	468	31.017	Barques . .	35	18.841		
Canots à va-			Trois-mâts .	71	10.431		
peur . . .	131	487	Balandres. .	593	8.740		
			Lougres . .	18	4.886		
			Bricks goë -				
			lettes. . .	32	4.416		
			Bricks . . .	16	3.462		
	5.377	40.793		1.416	118.894	222	36.323

---

(1) Le commerce extérieur et le mouvement sur les fleuves Parana, Plata et Uruguay se font sur des navires étrangers malgré l'étiquette nationale de certaines lignes.

Dans les douze dernières années, les voies ferrées se sont développées de telle sorte que le nord et le nord-ouest de la République envoient leurs marchandises par chemin de fer dans la capitale fédérale, et non comme jadis dans la ville de Rosario (1) : parallèlement au fleuve, il existe aujourd'hui un outillage de locomotion terrestre à vapeur des plus complets.

Quoi qu'il en soit, la navigation entre l'Argentine et tous les points du globe a été l'un des principaux auxiliaires de la production nationale de cette république et, par suite, de ses rapides progrès.

Ce pays est l'un de ceux qui n'ont jamais souffert d'une crise de transports, faute de tonnage (2).

A

MOUVEMENT DE LA NAVIGATION EXTÉRIEURE DANS LES PORTS DE L'ARGENTINE PENDANT LES DIX DERNIÈRES ANNÉES.

Années — Entrées	Nombre de navires		Totaux	Tonnage		Totaux
	à voile	à vapeur		à voile	à vapeur	
1887	5.694	6.607	12.301	1.010.731	3.460.870	4.471.001
1888	7.558	5.935	13.473	1.192.852	3.692.925	4.885.777
1889	8.222	6.223	14.445	1.675.345	5.036.341	6.711.686
1890	6.826	7.047	13.873	1.288.240	5.052.715	6.340.955
1891	3.496	7.369	10.865	697.519	4.577.575	5.275.094
1892	2.650	7.298	9.948	710.122	5.336.705	6.046.827
1893	3.036	7.731	10.767	763.764	5.641.254	6.404.018
1894	4.520	7.103	11.623	1.082.531	5.605.240	6.687.971
1895	3.381	6.496	9.877	785.633	5.461.468	6.247.101
1896	4.039	7.791	11.830	783.588	6.331.879	7.115.467

(1) Port situé sur la rive droite du Rio Parana, qui fut, il y a quelques années encore, le terminus nord d'une navigation très active avec Buenos Aires.

(2) Voir Annexe XXX.
Voici l'énumération des principales lignes entre l'Europe et l'Argentine :
Lignes Françaises : Messageries maritimes : très beaux paquebots et cargoboats (construction française).
Chargeurs Réunis (grands cargoboats).
Transports maritimes : paquebots ; — à signaler les aménagements pour émigrants.
La compagnie Cyprien Fabre : cargoboats; les seuls français allant à Rosario.
Lignes Anglaises : Royal Mail. — Pacific Steam Navigation : fait escale à Montevideo, mais prend beaucoup de passagers de l'Argentine (grands paquebots).
L'Allan Line. La ligne Houston. La ligne Lamport and Holt. La ligne Walford : quatre lignes de cargoboats.

La navigation extérieure, pendant les neuf premiers mois de 1897, a présenté le mouvement qui ressort du tableau ci-après :

ENTRÉES

Provenances	Vapeurs		Voiliers	
	Nombre	Tonnes	Nombre	Tonnes
Allemagne	81	1.649.466	1	540
Brésil	254	180.264	147	9.658
Espagne	5	9.655	23	16.184
Etats-Unis	41	63.010	25	103.711
France	83	174.416	1	595
Italie	88	183.905	7	9.056
Paraguay	1.411	825.832	166	53.083
Royaume-Uni	316	591.049	81	188.404
Uruguay	2.958	1.982.072	2 088	21.776
Divers	92	165.368	32	»
	5.329	5.825.037	2.571	403.007

SORTIES

Destinations	Vapeurs		Voiliers	
	Nombre	Tonnes	Nombre	Tonnes
Allemagne	116	212.101	22	18.653
Brésil	361	258.111	181	42.139
Espagne	23	39.297	11	7.095
Etats-Unis	25	36.278	75	59.798
France	147	281.204	11	8.262
Italie	73	160.259	15	8.718
Paraguay	1.467	848.872	121	8.944
Royaume-Uni	375	670.584	78	56.056
Uruguay	2.916	2.026.411	1.914	175.138
Divers	154	258.296	136	100.331
	5.657	4.791.413	2.564	485.134 (1)

Lignes Italiennes : La Veloce : grands paquebots réputés rapides (les meilleurs sont de construction anglaise).
La Navigazione Generale.
Lignes Allemandes : Le Nord-Deutsche Lloyd. La Sud-Americanische Dampfschifffahrts-Gesellschaft.
Les lignes espagnoles ne fonctionnent pas actuellement.
Et d'autres.
Il n'existe pas actuellement de service argentino-nordaméricain qui mérite d'être cité.
(1) Ces deux derniers tableaux sont singulièrement instructifs sur notre commerce. Ainsi, pendant que 83 vapeurs et 1 voilier, avec 175,011 T. registre, suffisent pour porter de faibles chargements à Buenos Aires, les frets de retour occupent 147 vapeurs et 11 voiliers de diverses nationalités : jauge : 289,466 T.

CANAUX

Parmi les efforts tentés en vue de doter le pays d'un outillage de locomotion à bon marché, il faut noter le projet relatif au creusement d'un canal de navigation entre Cordoba et un point du Rio Parana.

A l'époque de la domination espagnole, le marquis de Sobremonte avait fait jalonner le tracé de cette voie d'eau.

La guerre de l'Indépendance et les événements politiques qui s'ensuivirent empêchèrent le gouverneur de donner suite à ce projet.

L'idée fut reprise en 1890 par l'ingénieur Huergo.

La crise de 1891 la fit abandonner de nouveau; mais il paraît probable que ce travail se fera, et que l'exploitation commerciale en sera rémunératrice.

On étudie actuellement un système de canaux dans la province de Buenos Aires (1) :

Il s'agirait tout d'abord, selon le plan dressé par les ingénieurs MM. Moreno et Hansen, de mettre l'intérieur de ladite zone en communication avec *le Riachuelo*, c'est-à-dire avec la Capitale fédérale.

---

(1) Legislatura provincial. — La Plata 27 Julio 1898. — Sumario, n° 256 (Sancionado en general, en Julio 1898). — Canal del Sur.

TRANSACTIONS ET ÉCHANGES

AUXQUELS DONNE LIEU LA PRODUCTION ARGENTINE

Au dernier recensement, on avait relevé, en Argentine, 46.433 maisons de commerce : une pour quatre-vingt-deux habitants environ (1) ; ou, en calculant par familles, toutes nombreuses dans ce pays : un établissement par huit familles.

La rareté de la population des acheteurs, comparée à la densité excessive du groupe des vendeurs, occasionne souvent l'arrêt des transactions. Il est inutile de chercher d'autres causes aux crises commerciales de ce pays (2).

Les négociants disposant de gros capitaux ont seuls pu résister à cette situation anormale, et attendre l'augmentation de débit résultant pour eux des faillites de leurs concurrents moins fortunés.

Ralentie par les progrès de l'industrie indigène, l'absorption de marchandises étrangères n'en suit pas moins sa progression en raison directe de l'accroissement de la population, de la richesse publique et des besoins de bien-être ou de luxe.

Observation semblable en ce qui concerne l'exportation. Elle s'accentue à mesure que les moyens de transport élargissent le domaine exploitable, et que le flot immigratoire met en valeur les terres naguère en friche.

---

(1) Buenos Aires (capitale) 15,986. Province de Buenos Aires, 9,747. Province de Santa Fé, 5,472. Province de Cordoba, 2,750. Province de Mendoza 1,571. Province de Tucuman, 1,471, etc., etc.

(2) A côté de cette cause générale, on peut citer certaines contingences : ainsi, l'importateur fait crédit au détaillant rural qui, à son tour, vend dans des conditions identiques au colon. Ce dernier s'engage à payer, après la vente de sa récolte. Trois années ayant donné des résultats faibles ou négatifs, l'agriculteur n'a pu se libérer, l'intermédiaire se trouva dans l'impossibilité de rembourser son créancier de Buenos Aires, et celui-ci dut déposer son bilan.

A

MOUVEMENT D'IMPORTATION ET D'EXPORTATION

ENTRE L'ARGENTINE ET SES PRINCIPAUX CORRESPONDANTS
DE 1887 A 1897

I

Commerce de l'Argentine avec l'Allemagne.

(Valeurs en piastres or.)

Années	Importation	Exportation	Total
1887	$ 12.108.456	$ 9.835.754	$ 21.944.210
1888	12.310.094	13.309.546	25.620.640
1889	15.477.654	17.120.172	32.597.826
1890	12.301.472	11.566.451	23.867.923
1891	6.206.572	11.621.898	17.828.470
1892	10.676.513	16.635.103	27.311.616
1893	11.030.573	11.544.516	22.575.089
1894	10.689.487	11.544.516	22.234.003
1895	11.162.549	13.322.324	24.485.873
1896	13.895.065	13.332.785	27.228.850
1897	11.114.102	14.047.135	25.161.237

II

Commerce de l'Argentine avec l'Angleterre.

(Valeurs en piastres or.)

Années	Importation	Exportation	Total
1887	$ 34.779.210	$ 17.085.001	$ 51.864.211
1888	44.044.851	17.061.411	61.106.262
1889	56.820.169	14.931.394	71.751.563
1890	57.819.516	19.299.095	77.118.611
1891	28.312.410	16.798.212	45.110.022
1892	35.835.492	19.720.513	55.556.005
1893	32.523.270	18.501.349	51.024.619
1894	33.189.014	20.410.884	53.599.898
1895	38.524.270	14.694.783	53.219.053
1896	44.729.966	14.388.761	59.118.727
1897	36.392.057	12.984.690	49.376.747

III

Commerce de l'Argentine avec les Antilles.

(Valeurs en piastres or.)

Années	Importation	Exportation	Total
1887	$ 5.942	$ 783.296	$ 789.238
1888	2.112	1.246.716	1.248.828
1889	910	1.290.472	1.291.382
1890	» »	975.075	975.075
1891	13.034	1.340.660	1.353.694
1892	» »	1.254.714	1.254.714
1893	» »	1.030.984	1.030.984
1894	2.547	1.391.318	1.393.865
1895	86.233	1.616.602	1.702.835
1896	25.119	252.600	277.719
1897 (9 1ers mois)	34.230	189.699	223.929

IV

Commerce de l'Argentine avec la Belgique.

(Valeurs en piastres or.)

Années	Importation	Exportation	Total
1887	$ 10.947.935	$ 12.111.531	$ 23.059.466
1888	11.084.842	16.679.944	27.764.786
1889	13.985.427	16.326.423	30.311.850
1890	10.986.170	12.003.086	22.989.296
1891	6.374.868	18.130.787	24.505.655
1892	6.646.838	14.672.427	21.319.265
1893	9.636.845	10.771.163	20.408.008
1894	8.959.561	12.769.341	21.728.902
1895	7.441.356	15.417.711	22.859.067
1896	8.453.200	12.062.348	20.515.548
1897	8.046.254	8.934.829	16.981.083

V

Commerce de l'Argentine avec la Bolivie.

(Valeurs en piastres or.)

Années	Importation	Exportation	Total
1887	$ 60.766	$ 191.290	$ 252.056
1888	53.359	247.265	300.624
1889	63.313	328.303	391.616
1890	58.509	296.952	355.461
1891	149.485	463.764	613.249
1892	54.849	506.393	561.242
1893	68.557	384.598	453.155
1894	73.547	385.586	459.133
1895	72.639	591.868	664.507
1896	55.405	320.208	375.613
1897 (9 1ers mois)	39.565	303.952	343.517

VI

Commerce de l'Argentine avec le Brésil.

(Valeurs en piastres or.)

Années	Importation	Exportation	Total
1887	$ 2.217.943	$ 1.841.112	$ 4.059.055
1888	2.377.734	2.460.251	4.837.985
1889	2.601.017	3.690.000	6.291.017
1890	3.354.566	4.136.000	7.490.566
1891	1.497.434	5.153.000	6.650.434
1892	2.107.188	5.125.000	7.232.188
1893	2.117.377	5.208.000	7.325.377
1894	1.980.468	6.794.000	8.774.468
1895	4.095.665	8.096.105	12.191.770
1896	5.252.621	9.841.460	15.094.081
1897	4.761.505	8.685.187	13.446.692

VII

Commerce de l'Argentine avec l'Espagne.

(Valeurs en piastres or.)

Années	Importation	Exportation	Total
1887	$ 5.005.699	$ 1.421.203	$ 6.426.902
1888	3.913.811	3.413.864	7.427.675
1889	4.565.470	3.432.115	7.997.585
1890	4.302.284	2.083.816	6.386.110
1891	1.567.984	1.285.535	2.853.519
1892	2.179.259	2.412.485	4.591.744
1893	3.164.731	2.590.486	5.755.217
1894	1.703.314	2 384.507	4.087.821
1895	2.575.125	1.311.999	3.887.124
1896	3.007.207	1.166.400	4.173.607
1897	3.245.646	1.271.149	4.516.795

VIII

Commerce de l'Argentine avec les États-Unis du Nord.

(Valeurs en piastres or.)

Années	Importation	Exportation	Total
1887	$ 11.044.553	$ 5.938.808	$ 16.983.361
1888	9.909.895	6.665.520	16.575.415
1889	16.801.740	7.726.691	24.528.431
1890	9.301.541	6.066.958	15.368.499
1891	3.445.904	4.214.502	7.660.406
1892	7.373.583	4.834.454	12.208.037
1893	9.619.317	3.416.740	13.036.057
1894	10.148.018	5.285.210	15.433.228
1895	6.686.999	8.947.165	15.634.164
1896	11.610.475	6.461.365	18.071.840
1897	10.101.714	8.321.611	18.423.325

IX

Commerce de l'Argentine avec la France (1).

(Valeurs en piastres or.)

Années	Importation	Exportation	Total
1887	$ 22.743.550	$ 24.871.354	$ 47.614.904
1888	22.966.857	27.973.561	50.940.418
1889	30.237.407	38.264.414	68.501.821
1890	19.875.877	16.683.318	36.559.195
1891	7.925.296	24.142.260	32.067.556
1892	10.425.865	26.438.097	36.863.962
1893	12.094.253	18.157.977	30.252.230
1894	10.156.320	18.844.323	29.000.643
1895	9.116.870	20.337.169	29.454.039
1896	12.028.514	23.654.976	35.683.490
1897	11.019.576	22.999.019	34.018.595

X

Commerce de l'Argentine avec l'Italie.

(Valeurs en piastres or.)

Années	Importation	Exportation	Total
1887	$ 7.037.741	$ 3.107.113	$ 10.144.854
1888	7.764.023	2.742.960	10.506.983
1889	10.188.189	2.939.134	13.127.323
1890	8.663.027	3.194.802	11.857.829
1891	4.205.841	3.314.103	7.519.944
1892	8.412.941	4.343.066	12.756.007
1893	9.318.945	3.374.929	12.693.874
1894	8.873.277	3.066.767	11.940.044
1895	10.363.129	3.518.087	13.881.216
1896	11.394.910	3.897.063	15.291.973
1897	10.943.038	3.964.616	14.907.654

(1) D'après les statistiques françaises, nous trouvons au commerce spécial (1897) frs. 210,644.478 d'importations de produits argentins avec une diminution de frs. 2,100,000 sur l'exercice précédent. Notre exportation de «, *marchandises françaises ou francisées* », durant la même période (commerce spécial), figure pour frs. 50,677.197 avec une diminution, sur 1896, de frs. 6,340,000. Les apparentes contradictions s'expliquent par le fait qu'en Argentine, on inscrit au commerce franco-argentin, les envois directs, et surtout les chargements sous pavillon français. Or, nous recevons beaucoup de marchandises au Hâvre, à La Pallice, à Bordeaux, etc., sous pavillons étrangers.

XI

Commerce de l'Argentine avec le Paraguay.

(Valeurs en piastres or.)

Années	Importation	Exportation	Total
1887	$ 1.309.023	$ 423.795	$ 1.732.818
1888	1.762.411	384.373	2.146.784
1889	1.377.543	855.292	2.232.835
1890	1.724.050	336.566	2.060.616
1891	1.483.914	463.469	1.947.383
1892	1.987.887	334.762	2.322.649
1893	1.157.644	374.644	1.532.288
1894	1.712.615	211.730	1.924.345
1895	1.824.312	100.160	1.924.472
1896	1.222.025	159.387	1.381.412
1897 (9 1ers mois)	1.011.071	112.868	1.123.939

XII

Commerce de l'Argentine avec les Pays-Bas.

(Valeurs en piastres or.)

Années	Importation	Exportation	Total
1887	$ 432.128	$ 13.250	$ 445.378
1888	276.815	» »	276.815
1889	881.372	116.479	997.851
1890	850.121	160.240	1.010.361
1891	119.251	39.335	158.586
1892	149.106	6.700	155.806
1893	168.891	76.640	245.531
1894	102.856	164.473	267.329
1895	103.931	92.050	195.981
1896	110.381	581.686	692.067
1897 (9 1ers mois)	61.097	33.133	94.230

XIII

Commerce de l'Argentine avec le Portugal.

(Valeurs en piastres or.)

Années	Importation	Exportation	Total
1887	$ 61.783	$ 14.517	$ 76.300
1888	59.670	136.271	195.941
1889	72.567	189.581	262.148
1890	110.182	456.701	566.883
1891	15.522	17.119	32.641
1892	24.007	114.373	138.380
1893	49.107	1.064.117	1.113.224
1894	48.286	74.276	122.562
1895	58.405	138.497	196.902
1896	84.728	19.487	104.215
1897 (9 1ers mois)	42.765	62.823	105.588

XIV

Commerce de l'Argentine avec l'Uruguay.

(Valeurs en piastres or.)

Années	Importation	Exportation	Total
1887	$ 6.507.934	$ 2.360.005	$ 8.867.939
1888	5.433.001	2.681.283	8.114.284
1889	7.206.315	5.393.960	12.600 275
1890	5.885.758	5.506.675	11.392.433
1891	2.574.498	4.518.752	7.093.250
1892	3.726.491	3.132.567	6.859.058
1893	2.613.164	4.160.878	6 774.042
1894	2.317.129	4.511.904	6.829.033
1895	736.110	3.290.574	4.026.684
1896	568.560	2.784.661	3.353.221
1897 (9 1ers mois)	271.322	1.801.380	2.072.702

B

PRINCIPALES FLUCTUATIONS DU COMMERCE DE CERTAINES NATIONS
(A NOTRE DÉTRIMENT).

On doit citer, à titre de commentaire des tableaux qui précèdent, les observations suivantes de M. Latzina, directeur de la statistique. Pendant la période décennale 1887-1896, on constate l'augmentation du commerce d'importation de l'Allemagne, du Brésil, des Etats-Unis, de l'Italie et du Royaume-Uni. Les autres pays présentent une diminution.

En 1887, les marchandises françaises formaient 19,4 o/o du total des importations ; en 1896, ce chiffre est descendu à 10,7 o/o (diminution de 8,7 o/o).

Les importations de l'Angleterre qui étaient en 1887 le 29 o/o de la somme totale, s'élèvent en 1896 à 40 o/o (augmentation de 11 o/o).

Dans la même période, l'Allemagne, le Brésil et l'Italie accusent un accroissement de 8,7 o/o, le chiffre même des affaires que nous avons perdu.

On a publié, à diverses reprises, des ouvrages et articles sur le progrès du commerce allemand.

Les auteurs de ces travaux ont négligé d'indiquer le développement constant de l'Angleterre, de la Belgique et le rapide accroissement des transactions italiennes.

Ainsi, dans la République Argentine, il y a surtout nous, et, pour certains produits, l'Espagne, qui perdions du terrain. Voyons donc plus particulièrement :

1° Le commerce de la République Argentine avec l'Allemagne de 1890 à 1895-1896 ;

2° Le commerce entre la République Argentine et l'Italie (de 1885 à 1896).

I. — *Commerce germano-argentin.*

Dans la période de 1890 à 1896, ces transactions ont présenté le mouvement suivant :

14

Pendant que, en 1890, l'Allemagne importe pour 61 millions de francs et la France pour près de 100 millions, quatre ans après, l'importation des deux pays est sensiblement la même.

Depuis la crise de 1891, l'Allemagne gagne, par exemple, pour 1896, 35 millions de francs, la France 25 millions, l'Angleterre 80 millions.

Les augmentations les plus sensibles dans la période 1885-1896 portent sur l'importation des articles allemands suivants :

Produits	1885	1895	1896
Riz (1). . . . . . $ or	326.832	451.121	622.081
Morue (1)	69.189	198.639	—
Toile pour sacs	127.692	826.306	826.245
Bas.	273.497	436.646	611.650
Mouchoirs.	2.647	151.055	—
Papier d'imprimerie. .	232.750	605.564	737.940
Fil de fer pour clôtures.	64.539	459.195	540.313
Confections	185.530	362.641	332.425
Coutellerie	34.570	69.770	79.918
Jouets.	69.101	88.406	—

Voici les principales augmentations constatées dans la période 1885-1896, en ce qui concerne l'exportation de produits argentins pour les pays d'outre-Rhin :

Articles	1885	1894	1896
Cuirs de bœuf salés et secs.	393.675 $	1.108.065 $	1.667.560 $
Cuirs de cheval, salés et secs.	356.568	813.341	451.516
Lin	16.741	198.805	418.501
Blé	1.880	930.292	965.228
Laine (kgr.)	24.331.358 K.	29.643.000 K.	44.242.000 K.

En 1875, le commerce avec l'Allemagne représentait le 3,09 o/o du commerce extérieur argentin ; en 1894, la proportion atteignit 11,46 o/o ; elle doit être d'environ 14 o/o à l'heure qu'il est.

---

(1) Accaparement au détriment des Anglais opéré par le commerce et la navigation allemands.

II. — *Commerce italo-argentin (1885-1896)*.

L'importation et l'exportation italiennes représentaient en 1885, 3,78 o/o du commerce argentin (6,656,000 $ sur 176,100,000).

En 1894, dix ans plus tard, sur un total de 193,972,926 $, elles étaient montées à 11,939,000 soit 6,15 o/o ; et en 1896, elles avaient atteint 15,291,973$ sur 228,965,607$ soit 6,70 o/o.

Pendant cette période, l'importation en Italie de produits argentins a passé de 2,448,000 $, en 1885, à 3,066,000, en 1894, et à 3,897,063 $, en 1896.

A ces mêmes dates, l'Argentine recevait de la péninsule pour 4,208,000 $ (en 1885), et 8,873,000 (en 1894).

Principaux articles d'exportation argentine pour l'Italie :

	1885	1894	1896
Cuirs salés et secs.	738.500 $	1.150.000 $	852.197 $
Suif et graisse. . .	146.000	360.000	790.935
Peaux de moutons.	150.000	600.000	465.078
Laines.	469.000	420.000	841.796
Blé	340.000	574.000	14.722
Maïs	286.000	160.000	359.973

L'importation des vins italiens en Argentine a considérablement augmenté dans l'espace de dix années, tandis que les autres pays producteurs de vins voient diminuer le chiffre de ces affaires.

De 140,000 $ en 1885, le commerce passe à 3,083,000 $ en 1894 (en 1896, 2,994,416 $).

Voici d'ailleurs un tableau indiquant les quantités introduites en 1885, 1894 et 1896 par les principaux fournisseurs de la République :

Provenances	Vins en caisses Douzaines			Vins en fûts Nombre de litres		
	1885	1894	1896	1885	1894	1896
Allemagne. . .	5.800	2.900	2 757	67.000	99.000	» »
Espagne. . .	4.900	1.700	2.402	26.919.000	20.164.000	16.323.583
France. . . .	29.600	9.000	38.282	43.290.000	15.500.000	14.074.500
Italie	2.400	8.600	11.913	1.400.000	30.500.000	28.161.500
Uruguay . .	6.200	1.205	» »	6.200.000	1.070.000	» »

En 1885, l'Italie n'importait que 1,71 o/o du total des vins introduits en fûts dans l'Argentine ; en 1894, cette proportion atteint 44,5 o/o ; elle est sensiblement la même en 1896 (1).

L'introduction des toiles de coton lombardes et piémontaises est en accroissement constant :

1885.	82.000 kgr.	valeur officielle	64.000 $
1894.	1.200.000	—	1.190.000 $
1896.	2.106.600	—	2.098.258 $

C

PRINCIPALES EXPORTATIONS DE LA RÉPUBLIQUE ARGENTINE.

ANNÉES	BLÉ		FARINE	
	Quantité	Valeur	Quantité	Valeur
	Tonnes	$ or	Tonnes	$ or
1892	470.000	14.700.000	19.000	1.020.000
1893	1.008.000	23.500.000	38.000	1.320.000
1894	1.600.000	27.100.000	41.900	1.020.000
1895	1.010.000	19.500.000	54.000	1.880.000
1896	532.000	12.850.000	52.000	2.000.000
1897	101.845	3.470.351	41.443	2.411.719
1898 (1er sem.) .	642.265	20.552.480	13.204	619.772

(1) Le commerce des vins espagnols semble avoir particulièrement souffert de la concurrence des produits italiens :

Années.	Vins d'Espagne.	Vins d'Italie.	Différence + — pour l'Espagne.
1884.	29.918.792 l.	1.383.859 l.	+ 28.534.933 l.
1888.	26.270.548	14.293.102	+ 11.977.446
1889.	29.024.193	30.030.353	— 1.006.160
1891.	8.991.618	12.662.119	— 3.670.501
1892.	11.158.566	23.213.222	— 12.054.656
1893.	20.164.635	30.469.784	— 10.305.149
1896.	16.323.583	28.161.500	— 11.837.917

Les huiles de provenance espagnole subissent également un fort mouvement de recul. Le commerce ibérique, qui, en 1880, représentait 3,51 o/o du commerce extérieur argentin, n'est plus que de 2,10 o/o en 1894.

| ANNÉES | GRAINE DE LIN | | MAIS | |
| | Quantité | Valeur | Quantité | Valeur |
	Tonnes	$ or	Tonnes	$ or
1892	43.000	2.550.000	446.000	8.600.000
1893	72.200	2.900.000	85.900	1.600.000
1894	104.500	3.600.000	55.000	1.050.000
1895	276.500	8.300.000	772.000	10.200.000
1896	240.000	7.000.000	1.570.000	16.000.000
1897	162.477	4.996.288	374.942	5.478.718
1898 (1er sem.). .	155.771	5.080.441	141.808	1.418.080

| ANNÉES | LAINE | | PEAUX DE MOUTONS | |
| | Quantité | Valeur | Quantité | Valeur |
	Tonnes	$ or	Tonnes	$ or
1892	155.000	44.000.000	30.100	9.600.000
1893	123.000	25.000.000	25.600	4.200.000
1894	162.000	28.950.000	37.000	4.900.000
1895	201.000	31.000.000	34.000	3.712.000
1896	188.000	33.550.000	37.000	4.100.000
1897	205.571	37.450.244	37.077	4.094.640
1898 (1er sem.). .	140.725	28.446.355	12.851	1.849.475

| ANNÉES | PEAUX DE BŒUFS SÈCHES | | MOUTONS SUR PIED | |
| | Quantité | Valeur | Nombre | Valeur |
	Tonnes	$ or	Têtes	$ or
1892	2.850.000	6.060.000	40.000	170.000
1893	3.178.000	5.900.000	71.000	363.000
1894	36.600	7.050.000	122.000	450.000
1895	27.700	8.950.000	430.000	1.300.000
1896	22.000	6.600.000	512.000	1.536.000
1897	29.300	8.596.344	504.128	1.512.684
1898 (1er sem.). .	14.291	4.287.195	319.116	957.357

ANNÉES	GROS BÉTAIL SUR PIED		VIANDES CONGELÉES	
	Nombre	Valeur	Quantité	Valeur
	Têtes	$ or	Tonnes	$ or
1892	125.500	2.600.000	25.500	2.000.000
1893	202.000	4.450.000	25.000	2.000.000
1894	220.500	4.500.000	36.500	1.860.000
1895	408.000	7.000.000	41.900	1.675.000
1896	382.500	6.544.000	45.100	1.900.000
1897	238.121	5.018.222	50.894	2.035.778
1898 (1er sem.). .	119.664	2.832.260	33.352	1.343.056

D

MOUVEMENT COMMERCIAL DU 1er SEMESTRE 1898 PAR PAYS (1)

Importation.

	1er semestre 1898	1er semestre 1897 ±		1er semestre 1898	1er semestre 1897 ±
Angleterre .	17.800.137	— 1.147.423	Paraguay .	875.247	+ 296.766
Italie . . .	6.424.622	+ 1.081.876	Uruguay. .	257.961	— 37.425
Allemagne.	5.703.359	— 24.885	Pays-Bas .	50.454	— 1.712
France . .	4.949.982	— 828.105	Chili . . .	33.873	— 62.470
Belgique. .	4.700.491	+ 613.595	Portugal. .	29.305	— 1.924
Etats-Unis.	4.431.998	— 553.748	Bolivie . .	26.325	+ 3.148
Brésil . . .	2.493.410	+ 666.607	Antilles . .	15.514	— 12.493
Espagne. .	1.719.396	— 35.779	Divers. . .	41.301	— 6.172

Exportation.

	1er semestre 1898	1er semestre 1897 ±		1er semestre 1898	1er semestre 1897 ±
France . .	15.859.150	— 987.815	Bolivie . .	351.195	+ 80.704
Allemagne.	13.159.974	+ 3.838.691	Pays-Bas .	296.934	+ 263.801
Angleterre.	11.784.252	— 4.133.029	Espagne. .	142.684	— 369.601
Belgique. .	9.719.564	— 3.415.980	Antilles . .	95.139	— 92.407
Brésil . . .	3.057.577	+ 2.617.846	Paraguay .	80.279	+ 6.839
Italie . . .	2.884.947	— 956.224	Portugal. .	11.597	+ 1.435
Etats-Unis.	2.818.987	— 2.408.778	Divers. . .	3.969.008	+ 462.418
Uruguay. .	2.244.374	+ 1.140.781	Divers pour		
Chili . . .	1.095.498	— 32.223	ordres. .	14.061.666	+ 7.827.408

(1) Voici donc le résumé du commerce extérieur de la République Argentine pendant le 1er semestre de 1898 :

Ensemble des importations et des exportations (en dehors des espèces métalliques) : $ or 131.186.200; du 1er janvier au 1er juillet 1897, $ or 113.742.314.

Augmentation : $ or 17.443.896 portant sur les exportations dont le chiffre total de

A la suite des mauvaises récoltes l'exportation de 1897 a présenté sur l'année précédente une moins-value de 15,632,717 $ or ($ 101,169,299, contre $ 116,802,016). — L'importation accuse une diminution de 13,874,643 $ or ($ 98,288,940 contre $ 112.163.591).

Les résultats de 1898 permettent de constater que cette crise est terminée. (Annexe XI, — n° 4 — note.)

E

CAUSES DU RECUL DE NOTRE IMPORTATION.

Les notables français de l'Argentine ont exposé à la mission les causes de notre recul commercial dans leur résidence (1).

La sincérité de ces correspondants est hors de doute et leur expérience, dans certains cas, hors de pair. Les renseignements qu'ils ont fournis, sans se concerter et souvent sans se connaître, constituent un mutuel contrôle.

Plus d'une question y paraît en quelque sorte définitivement élucidée et classée par l'uniformité même des opinions émises : tels sont les points relatifs au crédit allemand, aux ingénieuses conceptions des grandes entreprises anglaises, à l'esprit accommodant des Belges, à la remarquable activité des Italiens, au rôle suranné du commissionnaire, lorsqu'il veut se maintenir dans la formule de 1850 à 1870, à l'esprit non commerçant de beaucoup de nos industriels, au rôle fâcheux de la contrefaçon et au peu d'habileté que déploient bien des pro-

81.737.879, sur le 1er semestre 1897. $ or 17.594.290; pour les animaux vivants, 2.042.311 ; les dépouilles animales, 1.436.093 et les produits agricoles, 13.431.392, etc.

Les importations ont baissé de $ or 150.404.

Valeur des marchandises introduites dans la République :.

Articles sujets aux droits, $ or 43 357.646; articles exempts de droits, 6.195.729; espèces métalliques, 1.446.617.

L'augmentation a porté principalement sur : les substances végétales, $ or 997.673; les produits alimentaires, 247.201; les vins, 541.563; les bois. 433 312.

Les produits en diminution sont : les fers et machines, $ or 1.318 790 ; les soieries, 363.499; les lainages, 782.441 ; les tabacs. 189 754; les animaux vivants, 213.043.

(1) Annexe XVIII (avis d'une cinquantaine de nos nationaux résidant en Argentine), où ils sont très honorablement connus.

priétaires de marques de fabrique pour combattre les falsifica-
teurs (1).

En ce qui concerne l'organisation des fraudes industrielles,
l'un des négociants mentionnés plus haut écrit ce qui suit :

« Certains créateurs de marques françaises ont donné leur
» représentation à des maisons qu'ils ne connaissaient pas
» suffisamment. Pendant de longues années, ces dernières pa-
» raissaient maintenir la clientèle des « spécialités » en ques-
» tion. Mais, un jour, des investigations provoquées par quelque
» incident fortuit ont fait découvrir que plus d'un représentant
» vendait des quantités bien supérieures à ses achats :

» Ils étaient eux-mêmes contrefacteurs et opéraient avec la
» sécurité résultant de la délégation du manufacturier français ! »

L'enquête dont il s'agit permet encore de pénétrer dans les
coins ignorés de la « *gran bodega* » ou de « *l'almacen* » : ainsi, ceux
de nos correspondants qui habitent les villes de deuxième ordre,
ces hommes qui pourraient amener à notre fabrication des
clients cinq fois plus nombreux que les chalands de Buenos
Aires, déclarent qu'ils ne *connaissent pas l'origine de leur assor-
timent*. C'est que, quoi qu'ils aient fait à l'encontre, la France
manufacturière semble vouloir les ignorer.

Peut-on dès lors s'étonner qu'ils soient entraînés inconsciem-
ment dans l'orbite des Allemands ou Italiens qui font com-
manditer les grands fournisseurs du pays ? (2).

F

MOYENS DE RELEVER NOTRE COMMERCE.

Les mesures que préconisent nos nationaux, consultés sur
les moyens de relever notre commerce (3), se rattachent à trois
ordres de faits :

---

(1) Notre production ne « joue » pas de la publicité avec la même virtuosité que nos rivaux.
Voir annexe XIX sur l'état de la presse en Argentine.)
(2) Analyse des rapports, notes et procès-verbaux (annexe XVIII).
(3) Annexe XX.

1º Création de réseaux financiers.
2º Transformation industrielle.
3º Réorganisation commerciale.

I

Sans réseau financier, l'exportation est en quelque sorte impossible :

L'industriel ne dispose pas habituellement des capitaux nécessaires pour faire de longs crédits.

S'il ne vend pas sa marchandise contre espèces, il doit donc pouvoir escompter ses traites endossées par son client.

Lorsque la ville où réside son débiteur se trouve hors de notre territoire, cette opération est d'autant plus malaisée que la distance du lieu de vente est plus grande.

Il est, par suite, essentiel de fonder des établissements de crédit ayant leur siège en France et des succursales à l'étranger. Ces dernières, connaissant, grâce à leurs conseils d'escompte, la solvabilité des négociants de la place, mettront la maison mère en mesure de se rendre compte de la valeur du papier commercial offert en paiement.

Dès lors, le principal obstacle à nos transactions lointaines aura disparu ; nous serons renseignés sur la clientèle étrangère, et les remboursements se feront sans difficulté.

II

Le second ordre de mesures qu'on recommande consisterait à établir une production manufacturière à bas prix par la création d'un outillage *ad hoc*.

En France, en effet, l'ouvrier inventeur de son œuvre l'exécute à la main, comme s'il faisait un modèle. Et combien de ces originaux, achetés par des fabricants allemands, sont reproduits mécaniquement à des milliers d'exemplaires. De sorte que si le cerveau qui crée se trouve à Paris, la machine qui multiplie fonctionne hors de nos frontières.

Un effort bien peu considérable nous permettrait d'envoyer directement et en quantités suffisantes sur le marché argentin les articles dont nous avons fourni l'idée et dont l'origine est réellement française.

III

Les procédés commerciaux auxquels nous devrions avoir recours comportent l'installation de dépôts d'échantillons ou, mieux encore, de dépôts de marchandises en consignation (1), avec bureaux de commandes, de renseignements ; — la création de syndicats d'exportation, — la modification dans la façon d'agir d'un certain nombre de commissionnaires, — l'entente des compagnies de chemins de fer et des compagnies maritimes en vue d'une diminution des tarifs et des frets, — l'accord avec le gouvernement de Buenos Aires pour obtenir le déclassement de marchandises déterminées, favorable au consommateur argentin et au manufacturier français — le vote d'une nouvelle législation concernant la contrefaçon, — la publicité organisée en vue de faire connaître nos produits « *genuine* ».

De ce qui précède, il résulte qu'il faudrait, à la fois en France et à l'étranger, un effort combiné, une collaboration du capitaliste, du producteur et du transporteur.

Cette « Geschäftsfreundschaft » (2) existe au delà du Rhin : le crédit industriel y produit, au point de vue de l'exportation, les plus heureux résultats.

---

(1) Plusieurs des correspondants considèrent le dépôt de marchandises comme un pis-aller d'une utilité pour le moins contestable.
(2) Entente amicale entre hommes d'affaires.

Nos compagnies de transports terrestre et maritime devraient consentir les mêmes tarifs que les lignes étrangères afin de compenser, par l'augmentation du trafic (salut économique de la nation), la moins-value momentanée des transports ou frets.

Les producteurs devraient abandonner leur particularisme, et opposer à l'action d'ensemble de nos concurrents l'effet d'associations puissantes.

Industriels et commerçants, chambres syndicales et chambres de commerce devraient se préoccuper surtout de former un personnel de représentants (1) possédant les connaissances techniques suffisantes pour plaider utilement la valeur de leurs marchandises (2), et une instruction commerciale assez développée pour leur permettre la discussion et l'établissement rationnel des prix.

En France, on fait bien de l'arbitrage financier, mais non pas de l'arbitrage commercial. On dirait que notre manufacturier veut établir une échelle de prix en raison croissante de la distance. Non satisfait de la plus-value normale résultant de l'augmentation des frets, il estime que son article doit se vendre plus cher par le simple fait qu'il est transporté dans un pays plus lointain. Ses confrères d'autres nationalités ont, depuis longtemps, adopté un système différent : leur tarif est établi selon la qualité et non selon la destination (3).

_____

(1) Le Ministère, les Chambres et plusieurs écoles de commerce français ont créé des bourses de voyage. Les bénéficiaires sont censés passer deux ou trois ans à l'étranger pour étudier l'état économique et commercial d'une région déterminée. Ces expériences n'ont pas donné des résultats appréciables. On peut se demander s'il ne serait pas plus logique d'accorder des bourses semblables à des fils de Français nés à l'étranger. Ces subventions leur permettraient de venir en France pour y suivre, pendant une année ou deux, les cours de nos écoles supérieures de commerce, et pour travailler ensuite comme volontaires dans nos maisons d'exportation. Après cette préparation et cet apprentissage, ils retourneraient dans leur pays natal comme représentants de nos fabricants et, connaissant la langue qu'on y parle, ayant des relations d'amitié avec les hommes de leur génération, ayant évolué dans l'orbite française, ils deviendraient les auxiliaires de notre production, autrement utiles que les jeunes théoriciens qui pendant leur séjour en pays étranger rêvent surtout un retour triomphal au milieu des leurs.

(2) Ou d'en indiquer à leurs mandants les modifications.
(3) Analyse de cette enquête en annexe n° XVIII.

POLITIQUE COMMERCIALE ET DOUANIÈRE

CLAUSE DE « LA NATION LA PLUS FAVORISÉE ».
EFFETS DE CE RÉGIME.

Les conventions commerciales sous le régime desquelles s'opèrent les transactions de l'Argentine avec l'Europe et les Etats-Unis contiennent la clause de « la nation la plus favorisée ».

Théoriquement, il en ressort l'égalité de situation pour les pays intéressés. Dans la pratique, il en va autrement :

Les marchés du monde comprennent de diverses façons la puissance absorbante et productive de « La Plata ». Et, en ce qui concerne cette zone, les appréciations commerciales auxquelles nous nous référons placent chacun d'eux dans une posture qui répond plutôt à des efforts individuels qu'aux effets d'un régime de faveur.

Pour faire comprendre ces situations et en tirer l'enseignement dont nous serions peut-être à même de profiter, on doit rappeler :

1° Les traités dont il s'agit ;

2° Les ventes et les achats effectués en Argentine(1) par nous

---

(1) Voir p. 201 et suivantes.

et par les peuples en relations avec cette région dans des conditions réputées exceptionnelles ;

3° (*a*) Les arguments que font valoir les Argentins contre le maintien de la clause de privilège.

(*b*) La preuve de son innocuité.

(*c*) Les avantages que ce régime a valus au cabinet de Buenos Aires même.

POLITIQUE COMMERCIALE

TRAITÉS. — RÉGIMES. — RÉSULTATS PAR PAYS DE L'IMPORTATION ET DE L'EXPORTATION.

EUROPE ET ETATS-UNIS

France. — Le traité de commerce franco-argentin date du 10 juillet 1853 (1).

Le 19 août 1892, il a été conclu une convention additionnelle par laquelle l'Argentine s'engage à n'accorder aux autres puissances aucune faveur. ou immunité sans nous en faire bénéficier.

En échange, les produits du dit pays reçoivent à nos douanes l'application du tarif minimum.

Dans le commerce général avec le Rio de la Plata, nous occupons le second rang; mais nos achats représentent le double de nos ventes.

Et l'importation à Buenos Aires de nos produits ouvrés est,

---

(1) Ce traité a remplacé la convention d'amitié du 31 août 1851.
Le 10 juillet 1852, la France a encore signé un traité de libre navigation des fleuves Parana et Uruguay.

on doit le rappeler, en baisse constante. L'article allemand remplace le nôtre, et tente de se substituer à l'article anglais.

Pourtant, le traitement fiscal est le même, à l'entrée en douane de Buenos Aires, pour les marchandises de ces trois provenances.

Allemagne. — Le traité de commerce germano-argentin date du 19 septembre 1857.

Il a été conclu avec la Prusse et les Etats du Zollverein.

Sous ce régime, l'Allemagne est arrivée à occuper, dès 1895, le second rang pour les produits importés.

Angleterre. — La Grande-Bretagne a signé, le 2 février 1825, son traité de commerce avec l'Argentine (1).

Par suite de l'évolution générale du commerce et des transformations successives de l'Amérique latine, la plupart des stipulations de cet instrument sont aujourd'hui si bien lettre morte que les transactions s'opèrent conformément aux habitudes mercantiles du jour, sans privilège effectif.

Cela n'empêche pas l'Angleterre de tenir le premier rang dans les transactions argentines.

En dehors des chiffres qui figurent dans les statistiques commerciales, on doit tenir compte des capitaux placés par la Grande-Bretagne dans les chemins de fer sillonnant cette région, dans les lignes de navigation et les câbles qui relient l'Argentine au reste du monde, dans les sociétés de crédit, les sociétés agricoles, industrielles, etc.

---

(1) L'Angleterre a signé en outre le 10 juillet 1853 un traité de libre navigation des fleuves Parana et Uruguay, le 22 mai 1889 un traité d'extradition et le 12 décembre 1890 un Protocole explicatif de l'article V du dit traité.

Autriche-Hongrie. — Traité d'amitié, de commerce et de navigation du 27 octobre 1870.

Belgique. — Il existe trois instruments belgo-argentins.

1° Un traité d'amitié de commerce et de navigation, du 3 mars 1860;

2° Protocole concernant la part contributive de l'Argentine à un rachat de péage pour navires argentins, du 20 octobre 1860 (il n'a plus aujourd'hui de raison d'être);

3° Convention du 28 mars 1883, relative à la conversion des tarifs du port d'Anvers.

Le traité de commerce avec la Belgique a pour base le libre échange en ce qui concerne les produits bruts et les matières premières : les laines, cuirs, céréales, os, bois, matières textiles, etc., ne paient pas de droits d'entrée.

Pour le bétail sur pied on acquitte, depuis quelque temps, des droits, variant, pour la race bovine, de 0 fr. 03 à 0 fr. 05 par kgr., pour la race ovine, de 1 fr. à 2 fr. 50 par tête.

La viande fraîche paie 15 fr. les 100 kilogrammes.

Espagne. — Les relations avec l'Espagne ont pour base le modus vivendi du 17 août 1894 (1). Aux termes de cette entente, les vins entraient selon tarif, sans surcharges, jusqu'à 17°. Cette disposition leur assurait une importante clientèle (8.135.000 pesetas en 1895), grâce à la possibilité d'augmenter considérablement (par des additions d'eau) les quantités ayant payé des droits. La surcharge frappant aujourd'hui les vins à 16° diminue actuellement ce commerce.

---

(1) Traité de paix et d'amitié avec l'Espagne, du 21 septembre 1863.

D'ailleurs, l'Espagne a été la première puissance européenne imposant aux laines des droits d'entrée.

D'autre part, elle n'avait pas modifié ses tarifs sur les viandes salées introduites à Cuba et Puerto-Rico.

La viande conservée payait 18 pesetas par 100 kgr., les blés 8, plus une surcharge de 2,50 ; la farine 13,20, plus une surcharge de 4,12.

Dans ces conditions, les importations argentines en Espagne n'ont atteint, en 1896, que 1.166.400 $, alors que ce dernier pays envoyait encore, pendant la même période, à Buenos Aires des marchandises pour 3.007.207 $.

Etats-Unis du Nord-Amérique. — Les relations des Etats-Unis avec la République Argentine sont régies par le traité de libre navigation des fleuves Parana et Uruguay du 10 juillet 1853, suivi, le 27 juillet de la même année, d'un traité d'amitié de commerce et de navigation. Les tarifs Mac Kinley, appliqués aux produits de la Plata, ont fait baisser progressivement le chiffre des exportations argentines vers ce pays, tandis que les Etats-Unis voient s'accroître leurs affaires d'importation à Buenos Aires.

Aussi le congrès fédéral, à titre de représailles, a-t-il accru les droits sur les pétroles, céréales, voitures, machines agricoles et pièces de rechange de toutes sortes, de provenance nord-américaine (1).

L'interprétation donnée par les Etats-Unis au bill Dingley en ce qui concerne les laines, porte aux transactions entre les deux pays un très grand préjudice.

Italie. — Le traité de commerce italo-argentin actuellement

---

(1) Dans le mouvement interaméricain du commerce de l'Argentine, les États-Unis figurent au troisième rang, après le Brésil et l'Uruguay.

en vigueur date de 1894. Il proroge et développe les traités d'amitié de commerce et de navigation du 21 septembre 1855 avec la Sardaigne et les instruments des 23 juin et 3 septembre 1868, 1er et 30 septembre 1869, 26 août et 26 septembre 1870, signés entre l'Argentine et l'Italie.

Le courant migratoire qui s'est établi entre ces deux nations a provoqué des échanges actifs, dont le solde est en faveur de l'Italie (près de 7.000.000 de \$).

A l'entrée de ce pays, les cuirs, laines, peaux, crins, os, cornes, minerais de plomb et les bois sont libres de droits, le blé paie 7 lire 50 par quintal. Les animaux sont soumis à des tarifs de 38 lire par tête de gros bétail, de 3 lire par tête de brebis.

L'Argentine importe annuellement en Italie : 6.000 balles de laine.

Elle voudrait empêcher la création par les Chambres italiennes, d'un impôt interne sur les laines, et désirerait une diminution des droits sur les blés (1).

Portugal. — Traité d'amitié, commerce et navigation du 24 décembre 1878 pour remplacer le pacte du 9 août 1852.

Suède et Norvège. — Traité d'amitié de commerce et de navigation du 6 juin 1872.

AMÉRIQUE DU SUD

Il existe entre l'Argentine et les Etats limitrophes des instruments diplomatiques relatifs à des questions de frontières.

---

(1) Elle vend à l'Italie pour environ 200.000 \$ or de cette céréale, et en moyenne pour demi million de \$ de maïs, grâce au droit de 1 lire 15 par quintal.

Ce sont, en dépit des titres qu'ils portent, plutôt des traités d'amitié. Les échanges se font ici selon les nécessités des pays, sans souci des relations entre les chancelleries.

La politique, soi-disant économique, est plutôt d'ordre fiscal et, jusqu'à ce jour, les guerres de tarifs sont à peu près inconnues entre nations de cet hémisphère.

Bolivie. — Le commerce entre ce pays et la Plata est à peu près nul. — Importation : 591.688 piastres de divers produits argentins parmi lesquels le bétail sur pied.

Exportation : 72.639 piastres dont 32.000 pour la coca seule (1).

Brésil. — Les relations commerciales entre le Brésil et l'Argentine sont régies par un traité signé en 1856 (7 mars).

Le Brésil a acheté à la Plata en 1895, pour 8.096.105 $ d'animaux sur pied, de viande sèche (tasajo), de farine, de blé, de maïs, etc., et il a importé pour 4.095.665 $: café (1.052.000 $) yerba maté (2.436.000 $) etc... (2).

Chili. — Le Chili reçoit de l'Argentine pour environ 3,067,000 $ de bétail sur pied, et ne lui envoie que pour

---

(1) Instruments diplomatiques entre l'Argentine et la Bolivie ;
Protocole du 2 juillet 1868;
Traité d'amitié de commerce et de navigation du 9 juillet 1868, remplaçant les instruments du 7 décembre. 1858 et du 2 mai 1865;
Abrogation de l'article 20 du dit traité, par le Protocole du 27 février 1869;
Protocole du 29 août 1872 : *statu quo*;
Protocole du 11 juin 1888 : *modus vivendi*;
Traité de limites du 10 mai 1889.
Protocole du 26 juin 1894 sur les moyens de mettre à exécution le traité de 1889;
Entente du 27 décembre 1894 et du 8 janvier 1895 sur les opérations de démarcation;
Protocole du 17 avril 1896 sur le rôle de la Bolivie dans les opérations de démarcation entre les parallèles 23 et 26°52'45" lat. S.
(2) 1896. Exportation : 9,841,460 $. Importation : 5,152,621 $.

41,635 $ de fruits en conserves et autres articles sans importance (1).

Mais la contrebande par les passes de la Cordillère est très active.

Colombie. — Traité d'amitié et de commerce du 8 mars 1823. Effet pratique du traité : Néant.

Paraguay. — Traité d'amitié de commerce et de navigation du 15 juillet 1852, remplacé par l'instrument du 29 juillet 1856 où est stipulé l'ajournement des questions de délimitation; et enfin après la guerre, le traité d'amitié de limites de commerce et de navigation du 3 février 1876.

Le congrès argentin a octroyé certains privilèges à plusieurs produits du Paraguay n'ayant pas leurs similaires en Europe.

Pérou. — Traité de commerce du 9 mars 1894. Convention consulaire du 5 mai 1874.

Convention postale du 9 mars 1879.

Le commerce argentino-péruvien est nul.

Uruguay. — La statistique uruguayenne diffère notablement de celle de l'Argentine. Elle donne, en 1895, à l'importation

---

(1) Les traités d'alliance de commerce, etc., du 20 novembre 1826 et du 3o août 1855 semblent ne plus exister. Les traités et conventions en vigueur, avec le Chili, sont :
Traité de limite du 31 juillet 1881 ;
Convention du 20 août 1888, relative à la mise en exécution du traité de 1881 ;
Protocole additionnel et interprétatif du dit traité, signé le 1er mai 1893;
Ententes du 21 décembre 1893, du 6 septembre 1895, du 17 avril 1896 et du 1er mai 1897 sur les pouvoirs des commissions de démarcation ;
Conventions des 29 août, 1er et 3 septembre 1898 relatives au règlement des questions de frontières par voie d'arbitrage.

1,725,000 $ au lieu de 736,110 $, et à l'exportation 4,073,800 $ au lieu de 3,290,574 $ (1).

TENDANCES ARGENTINES EN CE QUI CONCERNE LA CLAUSE DE LA « NATION LA PLUS FAVORISÉE ».

Le *desideratum* argentin dont M. Guasalaga, ministre plénipotentiaire, s'est fait le défenseur consiste :

1° Au point de vue général, dans la suppression de la clause relative à « la nation la plus favorisée ».

2° A des points de vue particuliers, dans une série de projets que nous allons indiquer ci-après :

I

M. Guasalaga pense que la clause de « la nation la plus favorisée » constitue aujourd'hui un obstacle au développement des affaires argentines avec les pays de l'Amérique du Sud : le bénéfice n'en devrait être concédé qu'à certains Etats sud-américains, tels que le Chili, le Brésil, l'Uruguay, la Bolivie, le Paraguay ; la balance commerciale résultant des échanges avec chacun de ces pays serait alors seule favorable à l'Argentine (2).

On ne peut pas actuellement accorder la moindre faveur à une de ces nations, sans que l'Europe ou les Etats-Unis en réclament aussitôt le bénéfice.

Mais ces traités seraient, d'après le même auteur, surtout désavantageux pour la marine argentine, dont ils arrêteraient l'essor : la République ne peut pas concéder d'exemptions, d'avantages ou de privilèges quelconques, sans être obligée de les étendre, par voie de conséquence, aux autres puissances.

Actuellement, l'Argentine ne possède pas même une flotte

---

(1) Exercice 1896 (statistique argentine). Importation : 568,560 $. Exportation : 2,784,661.
(2) Cette hypothèse est hasardée, comme on le verra plus loin.

de cabotage, les services du littoral et du réseau fluvial (1) étant faits par des navires étrangers.

« L'évolution constante et prodigieusement rapide du pays dans l'ordre économique, dit M. Guasalaga, conseille aux gouvernants de réserver, pour l'avenir, leur liberté d'action.

» Les conventions avec les pays étrangers devraient n'être conclues que pour deux, trois ou quatre années au maximum.

» Enfin, si la clause de « la nation la plus favorisée » devait figurer encore dans de nouveaux traités, il faudrait stipuler que » les faveurs spéciales, exemptions et privilèges dont seraient » l'objet les citoyens et les produits des Etats sud-américains, » ne pourraient être réclamés par les autres puissances ».

« Quelle relation peut-il y avoir entre la convenance d'accor- » der au Paraguay, à l'Uruguay ou à la Bolivie un avantage » douanier quelconque, et l'intérêt de le concéder en même » temps à l'Allemagne par exemple ? »

A ces raisonnements, on peut répondre ceci : l'Argentine ne saurait accorder la franchise aux produits ouvrés du Chili et du Brésil. Ce serait contraire à son intérêt industriel.

Elle a tout avantage, sous prétexte de la clause susdite, à ne pas ouvrir chez elle un marché aux cuirs, aux vins du Chili, aux draps, cotonnades, chapeaux, allumettes du Brésil et aux alcools de l'Uruguay.

Grâce à son système douanier, elle est maîtresse chez elle; et l'impossibilité de favoriser ses voisins est un moyen de maintenir ses barrières fiscales à la hauteur qu'il lui plaît.

Si la marine argentine et le cabotage sont entre les mains d'étrangers, cela provient de ce que le taux des capitaux placés dans les entreprises de navigation est inférieur au loyer normal de l'argent sur le marché de la Plata.

Le capitaliste européen se contente par exemple de 6 o/o. L'Anglais ou l'Italien emploiera donc ses fonds dans une entreprise de bateaux susceptible de donner ce dividende. Il n'en est

---

(1) Dans les statistiques, on ne trouve mentionné aucun caboteur national.

pas de même de l'Argentin qui veut 10 ou 12 0/0 de son argent. Lorsque le taux moyen de l'intérêt à Buenos Aires tombera au-dessous de son niveau actuel, ou que le cabotage rapportera un chiffre égal ou supérieur au dit loyer moyen, les Argentins voteront une loi empêchant les étrangers de s'y livrer, comme l'ont fait les Brésiliens.

Mais, dans la situation actuelle, l'argument de M. Guasalaga n'est pas fondé.

II

D'après M. Guasalaga, les Argentins pensent que des tarifs spéciaux ouvriraient le marché du Pérou à leurs blés. (Ce pays consomme 70,000 tonnes de froment venant du Chili, de la Nouvelle-Zélande et de la Californie.)

Buenos Aires, qui reçoit annuellement des Etats-Unis pour près de un million de piastres de pétrole, et d'Europe pour environ 400,000 $ de sel, exonérerait en échange ces deux articles en provenance du Pérou.

Or, les frets entre le Pérou et la Plata sont tellement élevés que le commerce n'est pas possible dans les conditions prévues par l'économiste argentin.

Une tonne de pétrole ou de sel paierait environ 70 $ de Païta dans un port du Parana, alors que pour parvenir de la Méditerranée, ou de New-York, à Buenos Aires, le pétrole paierait 80 francs et le sel 25 fr. + 10 fr. de prime et 3 fr. 50 par tonne (1).

Quant aux blés, comment l'Argentine pourrait-elle concurrencer le Chili qui, par son traité de paix avec le Pérou, a imposé à ce dernier la franchise douanière pour ses produits et qui, en toute conjoncture, en dehors des transports très courts par chemins de fer (par exemple entre Traiguen et Talcahuano) aurait toujours l'avantage d'une traversée moins longue pour le moins de dix jours, c'est-à-dire de 50 0/0 au minimum.

---

(1) Tarif des « Chargeurs Réunis ».— Les Compagnies anglaises ou allemandes ont des taux moins élevés.

La liberté réciproque des échanges, dit encore notre auteur, devrait être la base d'un traité argentino-bolivien.

« La Bolivie accorderait la franchise aux sucres, farines, bières, meubles, chapeaux, vêtements confectionnés, conserves, etc.

L'Argentine donnerait l'entrée libre aux café, cacao, coca et peaux.

En outre, elle obtiendrait pour les mêmes marchandises à destination de la Bolivie, non pas le rabais illusoire de 15 o/o sur les transports par chemins de fer, mais une diminution de 60 o/o. »

De pareilles combinaisons commerciales ne pourraient que rester inefficaces :

Ainsi, en ce qui concerne les transports entre la Bolivie et l'Argentine, elles se font jusqu'à nouvel ordre, de la façon que voici :

De Buenos Aires à Jujuy : près de 1,800 kilomètres de chemins de fer ; ensuite, dix jours de mule.

On peut économiser environ 300 kilomètres (ligne de Buenos Aires à Rosario); mais les Transatlantiques vont très difficilement dans ce dernier port, à cause des passes dangereuses de Martin Garcia.

De Salta à Jujuy, où les lignes argentines n'ont qu'un mètre d'entrevoie, les wagons de charge peuvent encore contenir 15 tonnes. Or, une mule de charge porte 8 arrobas, c'est-à-dire 100 kgr. Donc, pour transporter 15 tonnes, il faut une troupe de 150 animaux; sans compter les mules de rechange et les mules de selle pour les muletiers ; Il faut compter 3 francs par bête et par jour ; — et les mules ne peuvent transporter que des colis de dimensions relativement petites....

Dans ces conditions, les marchandises arriveraient tellement grevées, qu'elles seraient invendables et que la franchise douanière n'aurait aucun effet pratique.

Même observation pour les importations de Bolivie.

Comment, d'autre part, l'Argentine pourrait-elle songer à combattre la concurrence du Chili, qui par le chemin de fer d'Antofagasta, met ses marchandises à Challapata ou Oruro, au cœur même de la Bolivie, d'où à mules, ou en charettes, il suffit de quatre ou six jours de route pour les faire parvenir à Sucre, Potosi, Cochabamba, etc.

Dans la même plaidoirie de M. Guasalaga, nous trouvons qu'une « réduction de 5 à 10 o/o sur les vins chiliens « permettrait » de déloger les vins d'Europe des marchés argentins ».

Or, les bons vins chiliens ne sauraient atteindre comme qualité, une valeur supérieure à celle des vins courants français ; et les propriétaires ne les vendent pas au-dessous de 20 francs la caisse, alors que les vins similaires valent à Bordeaux entre 8 et 12 fr.

Buenos Aires demanderait, en échange, l'entrée libre pour son bétail dans la République transandine.

Mais les Chiliens ne peuvent pas accorder le dégrèvement : ils cherchent, au contraire, à augmenter leurs revenus et, dans la dernière session parlementaire, on a déjà discuté un accroissement de ce droit.

L'Argentine semble ne pas se rendre compte qu'elle est dans une situation excellente à tous les points de vue.

Il n'y a mévente sur aucun de ses produits (à l'exception des sucres). Elle est sûre d'exporter ce qu'elle ne consomme pas sur place.

Elle a su (pour ne donner qu'un exemple) faire revenir, pour 75 o/o de la production totale, le marché de ses laines sur son propre territoire.

L'Allemagne, la France et la Belgique y sont représentées par des acheteurs : la concurrence fait monter les cours bien au-dessus des cotes du marché ; les fabricants qui veulent avoir une marchandise ou très supérieure, ou très spéciale, paient, par convenance particulière, des prix très élevés.

D'autre part, la surproduction industrielle de l'Europe est telle, que l'Argentine n'a rien à désirer, grâce encore à une concurrence sans frein, aux points de vue des taux et des crédits.

En outre, le régime qui établit cette égalité de traitement fournit à l'Argentine un prétexte, comme il a été dit plus haut, pour refuser à ses voisins des franchises qui pourraient compromettre le développement de son industrie naissante.

Mais, si nous avons déjà constaté que la clause en question permet de ne pas abaisser les barrières douanières derrière lesquelles prospèrent actuellement les manufactures, il y a mieux encore : Buenos Aires a su invoquer ce régime pour ouvrir le marché allemand à ses céréales.

Depuis les nouveaux tarifs douaniers maxima et minima votés par le Reichstag de Berlin, l'Allemagne a conclu divers traités.

En premier lieu, elle accorda des privilèges aux céréales autrichiennes, puis à celles de la Russie, de la Belgique, de l'Italie et de la Suisse.

Aussitôt, l'Argentine fit valoir la clause de « la nation la plus favorisée » inscrite dans le traité de 1857, et obtint pour ses blés les mêmes faveurs que la Russie. Actuellement, cette céréale ne paie que 3 marks et demi pour 100 kilogrammes ; le maïs 2, l'orge 2,25. Le lin est libre de droits.

INSTRUMENTS DE CRÉDIT

HISTORIQUE DES BANQUES D'ÉMISSION. — LOIS DE CONVERSION. — CAISSE DE CONVERSION. — ÉMISSIONS DE PAPIER MONNAIE. — CIRCULATION. — BOURSE DE BUENOS AIRES. — COUTUMES LOCALES. — PRINCIPALES OPÉRATIONS DE BOURSE. — INDICATIONS GÉNÉRALES SUR LES ÉTABLISSEMENTS DE CRÉDIT. — RARETÉ DU CRÉDIT FRANÇAIS. — ÉTABLISSEMENT DE CRÉDIT COOPÉRATIF. — COMPAGNIES D'ASSURANCES.

A

BANQUES D'ÉMISSION ET LOIS DE CONVERSION

La première banque fut fondée à Buenos Aires, en 1822, sous le nom de *Banco de descuentos.* Successivement transformée en *Banque Nationale* (1826), *Hôtel des Monnaies* (1836) et *Banque de la Province* (1854), elle conserva, jusqu'en 1872, son privilège d'émission de billets au porteur, primitivement consenti pour vingt ans (1).

A côté d'elle, il s'était fondé quatre autres banques :

1° *La Banque de Londres et du Rio de la Plata,* en 1862, avec un capital de 297.310 £.

---

(1) En 1872, cette banque avait en circulation pour 698,457,656 $ de papier monnaie. Cette somme réduite en or à 25 pour 1 ne représenterait en réalité que 27,938,366 $ fortes.

2° *La Banque de Cuyo* en 1871, au capital de 80.000 $ porté dans la suite à 350.000.

3° *La Banque hypothécaire*, sous les auspices de la « Banque de la Province », en 1872.

4° En 1872 également, la *Banque d'Italie et Rio de la Plata*, avec un capital de 1.500.000 $ augmenté actuellement des deux tiers environ.

Le 5 novembre 1872, une loi autorisait la création de la Banque nationale, au capital de 20.000.000 de $ or divisé en 200.000 actions de 100 $ (faculté d'émission limitée). Le gouvernement national devait souscrire 2.000.000 $ payables en fonds publics, créés à cet effet et portant intérêt de 5 o/o avec un amortissement accumulatif de 2 o/o.

50.000 actions (5.000.000 de $) étaient affectées au groupe financier qui avait fondé la banque.

Enfin on réservait 130.000 actions, soit 13.000.000 de $ pour le public.

Cet établissement ayant pour but de donner une nouvelle impulsion au commerce, ne reçut pas le secours efficace du gouvernement sur lequel il avait compté. Il ne put, en outre, réaliser tout son capital, ni se faire agréer par le public, peu habitué alors à se servir des instruments de crédit.

Prudemment administré, il réussit à vaincre ces premières difficultés.

Au commencement de mai 1876, ses billets en circulation (1) s'élevaient à la somme de 1.559.600 $, avec une réserve supérieure à celle que prescrivait la loi.

Mais à la suite de dispositions législatives (inconvertibilité du papier) le gouvernement ne reçut plus les billets de la « Banque Nationale » que pour leur valeur sur le marché.

---

(1) Aux termes de la loi ils devaient être reçus dans toutes les caisses publiques tant qu'ils seraient convertibles à vue.

Néanmoins, même après la crise commerciale qui se prolongea jusqu'en 1880, on put éviter une liquidation qui eût été désastreuse. Les statuts furent modifiés et le capital diminué (1880).

A cette époque, la situation monétaire de la République était particulièrement troublée. Dans les provinces où l'or était devenu rare, il circulait des billets, les uns convertibles, les autres inconvertibles, émis en piastres boliviennes (1), et des monnaies d'argent étrangères de toutes sortes : chiliennes, péruviennes et boliviennes.

La loi du 5 novembre 1881 prescrivait l'unification des billets en circulation, sous la garantie de la nation, et le retrait du papier d'une valeur inférieure à une piastre.

Cependant les affaires reprenaient. Le capital de la Banque nationale était devenu insuffisant : une loi du 12 octobre 1882 le porta à 20.000.000 de $. L'Etat couvrit sa part au moyen d'une émission de fonds publics ; les autres actions furent souscrites par les particuliers.

Ce n'est qu'en 1883, qu'on songea à mettre en vigueur la loi de 1881. Dans ce but, la Banque nationale fut autorisée à faire une émission de fractions de piastres pour le compte et sous la responsabilité de la nation.

L'opération s'accomplit lentement, et pour cette raison ne répondit pas complètement aux besoins du pays. D'autre part, la situation des banques d'émission était devenue difficile, en présence des efforts tentés par la spéculation pour ramener le cours forcé, et des craintes qu'avaient fait naître sur les marchés d'Europe les nombreux emprunts.

Le gouvernement dut autoriser les sociétés de crédit à suspendre, pendant deux ans, la conversion de leur papier (2).

Leur circulation totale atteignait alors 70,971,280 $ et leur encaisse 17,484,314 $.

Le papier ancien, celui qui avait été émis en monnaie étran-

---

(1) Contrairement à la loi du 24 octobre 1876.
(2) Loi du 14 octobre 1885.

gère, et les billets de la première banque de la province étaient déjà hors de circulation.

Vers cette époque, on mena à bien la création d'une banque hypothécaire. (Loi du 14 septembre 1886) (1).

Les cédules hypothécaires lancées sur le marché alimentèrent la spéculation; le papier des banques continua à être déprécié. Le gouvernement fut obligé de proroger la loi d'inconvertibilité du 14 octobre 1885 pour deux nouvelles années.

Mais avant l'expiration de cette période, il prit des mesures pour régler la situation monétaire du pays, en faisant disparaître les différences de valeur entre les billets des diverses banques (loi du 3 novembre 1887).

Cette loi, dans ses parties essentielles, repose sur le système adopté en 1863 par les Etats-Unis du Nord-Amérique. C'est elle qui régit actuellement les banques d'émission.

En voici le résumé :

Toute société a le droit d'établir, dans la République, des banques avec faculté d'émission de papier monnaie, à la seule

---

(1) Banque hypothécaire nationale.

Cette banque a pour objet de consentir des prêts sur hypothèques par l'émission de cédules de 25 à 1,000 $, exemptes de toutes sortes d'impôts et de timbres, amortissables par tirage au sort et au pair.

Les cédules sont émises par séries désignées par les lettres de l'alphabet.

Jusqu'à ce jour, six séries complètes, marquées de A à F, et une portion de la 7e (G) ont été lancées sur le marché.

La série F, émise en 1895, s'élève à 15,000,000 de piastres. Les biens hypothéqués qui la garantissent sont évalués à environ 48 millions et demi, produisant un revenu de 4 millions et demi et donnant lieu à un service annuel d'intérêt de 1,350,000 $.

A la date du 29 février 1896, le total des prêts représentés par les séries de A à F (déduction faite des remboursements successifs), atteignait 83,701,200 $ m/n.

Si l'on ajoute à cette somme les prêts non encore remboursés, faits au moyen de billets (loi 2,715), on obient un total définitif de 106,474,030 $.

A la fin de 1895, 17,301,800 $ avaient été amortis.

D'autre part, bien que le montant accumulé des non-paiements s'élève à 9,499,127 $, le fonds de réserve est de :

8.548.693 $ m/n.
1.388.424 $ or.

Par suite de prêts consentis dans de mauvaises conditions, à une époque antérieure, cet établissement semble devoir encore supporter des déficits dans le paiement des sommes dues pendant une quinzaine d'années.

Il est intéressant d'opposer à la Banque hypothécaire nationale le *River Plate Trust Loan* (banque hypothécaire anglaise).

Cette Société emprunte en Angleterre, à taux peu élevé, des capitaux qu'elle prête aux Argentins à 12 et même 15 0/0 en première hypothèque (avec clause de vente à réméré) sur des immeubles ou propriétés rurales.

Les bénéfices réguliers provenant de ces opérations s'accroissent encore lorsque le créancier ne remplit pas ses engagements, par la vente du gage. Cette réalisation laisse généralement des bénéfices appréciables, car les sommes prêtées ne dépassent guère 50 0/0 du gage.

Dans ces conditions, les actions émises à 10 L. (1/5 seulement versé) ont donné en moyenne 13 0/0 de dividende (13,50 en 1896 et en 1897).

Elles ont d'ailleurs dépassé la cote de 4 L.

condition de garantir cette émission par des fonds publics nationaux, et de se conformer aux prescriptions de la loi.

Le montant du papier que la nouvelle banque émettra ne pourra excéder 90 o/o du capital réalisé, et celui-ci devra représenter au moins le 30 o/o du capital autorisé.

On accordait aux banques fonctionnant au moment où la loi fut promulguée, la faculté de bénéficier des avantages susdits, à la condition d'acquérir les fonds nécessaires pour garantir leur circulation fiduciaire. Cet achat pouvait se faire en sept ans, par septièmes. Le paiement anticipé était autorisé par la loi.

Cette disposition unifiait les émissions, supprimait les différences de change, et mettait un terme à l'anarchie monétaire dans laquelle se débattait le pays, en substituant le crédit public au crédit des banques.

Toutes les banques d'émission en activité le 3 novembre 1887, demandèrent à bénéficier de la loi (1).

Ces banques étaient: la « Banque de la Province », et les Banques provinciales de Santa Fé, Cordoba, Entre Rios, Tucuman et Salta.

Le papier monnaie en circulation au 1er mars 1888 s'élevait à 88,294,613 $, tandis que le capital de tous les établissements d'émission atteignait 100,404,978 $, et leur réserve métallique 35,196,830 $ 53.

Dans la suite, demandèrent à bénéficier de la loi :

La Banque de la province de Santiago del Estero (création nouvelle), la Banque allemande transatlantique (établie depuis 1877), la Banque de Buenos Aires (fondée le 23 août 1888), la Banque provinciale de la Rioja (créée le 16 août 1888), la Banque de Mendoza (créée le 23 juillet 1888), les Banques de San Juan (1er septembre 1888), de Catamarca (29 septembre

---

(1) Pour garantir sa circulation (41,333,333 $) la « Banque Nationale » ordonna, pour son propre compte, l'émission et le dépôt de pareille somme en fonds publics. Les autres banques achetèrent, par annuités, les fonds nécessaires.

1888), de San Luis (14 novembre 1888), et de Corrientes (4 septembre 1888).

Au total, seize banques garanties dont l'émission atteignait au 1er mars 1889, 155,042,490 $.

Cette loi eut pour résultat immédiat l'amélioration du crédit.

On doit ajouter que l'exportation prit un notable essor vers cette époque, grâce à la suppression des droits de sortie; et malgré cette diminution des ressources du Trésor, les rentes de la nation se sont accrues par la plus-value de la propriété et par l'augmentation du commerce général.

B

CAISSE DE CONVERSION

I. — ÉMISSION DE PAPIER MONNAIE.

D'après sa loi organique, les attributions de la caisse de conversion comprennent l'impression, l'*habilitacion* (c'est-à-dire le numérotage et la signature des billets), l'émission et l'amortissement de tout papier légalement mis en circulation.

Depuis le 8 janvier 1894, les coupures ayant cours dans la République sont de deux espèces : les banknotes nationales proprement dites, ainsi libellées : « Le gouvernement central paiera au porteur, etc., etc. », et les billets émis par les banques dont le texte dit : « La Banque de la province de..... paiera au porteur, etc., etc. »

Les établissements dont il s'agit étaient, à la date du 31 mars 1896, au nombre de neuf, à savoir : les Banques de Santa Fé, Entre Rios, Tucuman, San Juan, Catamarca, San Luis, Mendoza, Corrientes et Britannique de l'Amérique du Sud.

La loi du 8 janvier 1894, dont il a été parlé plus haut, donnait au Pouvoir exécutif le droit de remplacer les billets hors d'usage. Ce renouvellement devait se faire, en plusieurs fois, par la caisse de conversion. A cet effet celle-ci disposait de réserves (montant à 12,584,500 $) constituées par le papier fiduciaire des banques autrefois garanties et qui s'étaient libérées des obligations de la loi du 3 novembre 1887.

II. — ÉMISSION DE COUPURES DE 1 A 1,000 $.

Depuis la promulgation de la loi du 3 novembre 1887, il avait été émis les quantités suivantes (comme il appert de l'état de la circulation fiduciaire au 6 mars 1894).

16

Loi du 3 novembre 1897	$	179.341.878
— 6 septembre 1890		57.806.203
— 16 octobre 1891		· 49.839.260
— 29 octobre 1891		4.992.400
		291.979.741
Emission ancienne autorisée . . .		1.713.675
Total (au 6 mars 1894)	$	293.693.417

Le 27 janvier 1894, le gouvernement rendit un décret en vertu duquel la caisse de conversion était autorisée à mettre en circulation de nouveaux billets jusqu'à concurrence de 259,367,733 $, montant de l'émission à la charge de l'Etat (1).

La caisse de conversion commença cette opération le 6 mars 1894.

Avec ses coupures en réserve, sur lesquelles on mettait le timbre « loi du 8 janvier 1894 », elle avait remplacé, à la fin du mois de mars, 741,900 $.

En outre, pendant cette même période, en conformité des lois nos 2,789 et 2,790, elle avait incinéré par amortissement 500,000 $.

Donc, comme il a été dit plus haut, au 31 mars 1894, il ne restait plus en circulation que 293,193,417 $.

Une année plus tard, c'est-à-dire le 31 mars 1895, la caisse avait renouvelé 10,582,792 $, et le 14 juin 12,584,500 $; elle avait épuisé ses réserves.

A partir du 15 juin 1895 de nouveaux billets furent mis en circulation.

Cependant, la caisse recevant encore du papier des anciennes banques garanties, elle dut émettre 1,457,442 $ de plus, soit un total de 14,041,942 $.

---

(1) Le renouvellement du papier émis par les banques devait se faire aussitôt après.

Voici d'ailleurs, d'après l'état de la circulation fiduciaire, au 31 mars 1896 :

1° la somme de papier de chaque émission restant encore sur le marché ;

2° le montant des billets renouvelés :

Loi du 3 novembre 1887 . . . . . $	131.577.722
— 6 septembre 1890	49.243.472
— 16 octobre 1891	47.239.240
— 29 octobre 1891	4.936.200
— 8 janvier 1894, billets timbrés.	14.041.942
— 8 janvier 1894, billets neufs.	37.060.555
$	284.099.131
Ancienne émission de la Banque nationale (autorisée)	593.868
Total du circulant . . $	284.692.994

III. — ÉMISSION DE COUPURES INFÉRIEURES A 1 $.

La loi du 8 janvier 1894 prescrivait également de renouveler le papier de 50, 20, 10 et 5 centavos.

Les lois nᵒˢ 1334 et 2707 avaient autorisé l'émission successive de 6 millions de piastres en monnaies divisionnaires, soit 12 millions ; la loi nᵒ 2822 avait porté ce chiffre à 13,500,000 $.

En réalité, il ne fut émis que 10,500,000 $ en billets de quatre types différents.

Cette quantité ne répondait pas aux besoins du commerce ; on s'en aperçut dès le début de l'année 1895, la caisse de conversion ne pouvant suffire aux demandes du Banco de la Nación.

Le conseil d'administration de la caisse se crut donc autorisé, aux termes mêmes de sa loi organique, à faire une nouvelle émission.

Elle passa contrat avec la maison Bradbury, Wilkinson et C°
de Londres, le 19 juillet 1895, pour 14 millions de billets dont :

3.500.000 de $ 0,50, soit. . . .	1.750.000 $
5.500.000 de $ 0,20, —	1.100.000
5.000.000 de $ 0,10, —	500.000
Total . . .	$ 3.350.000

La « Compagnie sud-américaine de billets de banque »
fournit les coupures de $ 0,05.

La caisse put, de la sorte, faire face aux besoins de la Banque
de la Nation, qui réclamait pour son service environ 250,000 $
par mois de ces types de papier monnaie.

IV. — MONNAIES DE NICKEL.

Les sommes considérables que le Gouvernement dépensait
pour le renouvellement des coupures de 20, 10 et 5 centavos,
dont l'impression coûtait d'ailleurs aussi cher que celle des
coupures de 1 à 1,000 $, la fréquence de ces renouvellements
et aussi des raisons d'hygiène, amenèrent le Pouvoir exécutif à
demander aux Chambres l'autorisation de frapper des monnaies
de nickel dont la falsification est plus coûteuse et plus difficile
que celle du papier monnaie.

La loi n° 3321, du 4 décembre 1895, lui accorda cette autorisation :

Article premier. — L'hôtel des monnaies frappera des pièces
de bronze de nickel (alliage : 75 o/o de cuivre et 25 o/o de
nickel) suivant les poids, diamètre, valeur et tolérance ci-après:

Valeur	Poids		Diamètre
—	exact	tolérance	—
20 centavos	4 grammes	4 millièmes	21 millimètres
10 —	3 —	5 —	19 —
9 —	2 —	5 —	17 —

Art. 4. — Trois ans après le jour de l'émission des premières 100,000 $ en monnaies de nickel, les coupures en papier de 20, 10 et 5 centavos n'auront plus cours.

Un décret en date du 16 janvier 1896 détermina les conditions de la frappe :

10.000.000 de pièces de 5 centavos.	100.000 $
3.000.000 pièces de 10 centavos. .	350.000
2.000.000 pièces de 20 centavos. .	400.000
	850.000 $

Cette première somme était loin de couvrir les quantités de papier en circulation. Nous avons vu en effet qu'elles étaient de 10,050,000 $, sans compter l'émission de 3,500,000 $ dont la caisse de conversion avait pris l'initiative (1).

Les frais de cette première frappe s'élevèrent à environ 20,000 $ or. Les pièces n'exigeant d'être refondues que tous les vingt ou vingt-cinq ans, on réalisait donc une notable économie pour le Trésor, puisque le renouvellement des petites coupures, sans compter celles de 50 centavos, lui coûtait environ 200,000 $.

V. — FALSIFICATION DES BILLETS.

Par un décret en date du 10 octobre 1895, la Caisse de conversion, la Banque de la Nation et ses succursales, la Douane de la capitale, l'Administration de la Contribution territoriale et des Patentes, et les banques régies par la loi du 3 novembre 1887 furent autorisées à anéantir les billets contrefaits.

La caisse de conversion proposa en outre la répression, sous peine de fortes amendes, de réclames commerciales sur les billets (2).

---

(1) Il faut ajouter que les coupures d'une demi-piastre n'étaient pas remplacées. Elles devaient continuer à être renouvelées par du papier neuf quand leur état d'usure l'exigerait.

(2) Beaucoup de commerçants avaient en effet l'habitude d'apposer au dos des banknotes qui leur passaient entre les mains des timbres humides portant leur annonce commerciale. Il en résultait que les billets étaient surchargés de toutes sortes de réclames, s'usaient plus vite, et finissaient par n'être plus lisibles.

VI. — RAPPORTS DE LA CAISSE DE CONVERSION AVEC LA BANQUE
, DE LA NATION ARGENTINE.

La Banque de la Nation argentine fut fondée après l'effondrement de la Banque nationale au moyen d'une émission de
$ 50,000,000, que fit la Caisse de conversion.

Par contre, celle-ci devait recevoir à titre de réserves, 75 o/o
des dépôts effectués [à la Banque dont il s'agit (décret du
30 juin 1892).

Mais un décret du 7 juin 1895 exonéra cette dernière de son
obligation. La Caisse lui remit aussitôt 22,500,000 $ (montant
des réserves qu'elle avait reçues).

D'autre part, la Banque de la Nation doit prélever en faveur
de la Caisse 85 o/o de ses bénéfices nets.

Au 31 mars 1896, la Banque avait versé 6,000,000 de piastres,
et l'émission était donc réduite à 44 millions.

C

BOURSE DE BUENOS AIRES

La Bourse des Valeurs, appelée autrefois Camuati, fut fondée au commencement de ce siècle (1).

Le général Rosas la fit fermer en 1841. Quelques années après la chute du dictateur, elle fut rouverte dans la rue San Martin.

En 1885, on l'aménagea dans l'hôtel qu'elle occupe actuellement, place Victoria.

Elle appartient à une société dont font partie presque tous les négociants de la capitale.

Son fonctionnement est assuré par une Chambre syndicale et par la Chambre de Commerce.

La première s'occupe, statutairement, des intérêts matériels de la compagnie et de l'administration de l'immeuble en question.

La seconde a la garde des intérêts commerciaux. Elle représente la compagnie près les autorités locales et politiques. Elle doit, en outre, unifier les usages du commerce, en conserver la tradition, étudier les questions économiques, répondre aux demandes de renseignements adressées par les pouvoirs publics et les négociants; servir d'arbitre dans les affaires contentieuses, nommer chaque année, en dehors de son sein, trente syndics de faillite, etc., etc.

Les frais de toute nature sont couverts par des cotisations, le produit des expertises, les amendes pour infraction aux règlements, les donations, etc., etc. (2).

Pour faire partie du syndicat, il « faut être capable de commercer » (art. 85 du Code de commerce), résider dans la capitale ou y posséder un domicile, ne pas se trouver sous le

---

(1) On l'installa dans un local de modeste apparence.
(2) Les sociétaires ont seuls le droit d'entrer et de séjourner dans le local; — ils peuvent y louer des bureaux.

coup d'une suspension de paiements ou de poursuites judiciaires et n'avoir pas été expulsé d'un établissement analogue dans le pays ou à l'étranger.

Les « commissionnaires de Bourse » ou agents de change et les courtiers de commerce, sociétaires, sont seuls reconnus comme intermédiaires dans les transactions en Bourse ; ils ont accès à la Corbeille.

Les premiers sont nommés par la Chambre de Commerce sous certaines conditions ; leur nombre n'est pas limité.

Ils doivent être majeurs, avoir été négociants pendant dix ans au moins ; fournir un certificat de moralité ; n'avoir jamais suspendu leurs paiements.

Un agent de change, ne saurait être fonctionnaire public, banquier, commerçant, associé ou employé dans un commerce quelconque.

Pour être courtier, il suffit d'être sociétaire de la Bourse, d'être domicilié dans la capitale depuis un an au moins, d'avoir vingt-deux ans et la capacité légale de faire du commerce, de présenter un casier judiciaire en blanc, et d'obtenir son inscription sur un registre *ad hoc*.

Les commissions et courtages sont les suivants :

1/8 o/o pour achat ou vente de monnaie métallique ;

1/4 o/o pour achat ou vente de titres ou actions ;

1/2 o/o pour achat ou vente, par ordre judiciaire, de monnaie métallique, de titres ou d'actions.

1 o/o pour vente de marchandises quelconques, de bétail, etc. (payable par le vendeur) et pour achat, aux enchères, d'immeubles (payable par l'acheteur).

2 o/o pour vente d'immeubles (payable par moitié par le vendeur et par l'acheteur), pour vente de navire (payable par le vendeur), pour contrat de fermage et pour prêts sur hypothèques, avec ou sans la clause de la vente à réméré (payable par moitié par chaque partie).

5 o/o pour fret d'un navire (payable par l'armateur, le capitaine ou le consignataire).

2 o/o pour achat ou vente de lettres de change ou autres papiers négociables (payable par le cédant et le preneur, chacun par moitié).

Les commissions se traitent de gré à gré lorsqu'il s'agit d'assurances de toutes sortes (payables par l'assureur).

Les liquidations ont lieu à date fixe. Elles se font par l'intermédiaire d'un bureau de liquidation et d'un liquidateur officiel.

De 1882 à 1891, on a négocié à la Bourse les plus grandes entreprises de l'Argentine, à savoir :

Chemins de fer	151.000.000 $
Banques	137.800.000
Sociétés d'assurances. .	138.900.000
Sociétés immobilières .	165.800.000
Divers	356.600.000
	950.100.000 $

soit non loin de 5 milliards de francs.

Ces chiffres se répartissent par périodes, de la façon suivante :

1882-84 . . .	30.700.000 $
1885-87 . . .	141.300.000
1888-89 . . .	574.400.000
1890	190.500.000
1891	13.200.000
Total égal .	950.100.000 $

Ces titres étaient sérieux pour la plupart. Les entreprises répondaient aux besoins et aux mœurs nouvelles. Il semblait qu'une ère de prospérité sans aléa fût née pour la République. Par malheur, on avait marché trop vite. L'agio s'empara des meilleures valeurs.

On avait, en outre, compté sans les accidents de culture ; on n'avait pas imaginé que le rendement des terres pût être nul à un moment, la crise de 1891 désorganisant et arrêtant brusquement l'activité complexe du pays.

A l'exception des chemins de fer en exploitation, de quelques terrains favorablement situés, et de quelques entreprises déjà existantes, qui ont conservé leur valeur ou même acquis une plus-value, les titres subirent alors une dépréciation moyenne de 90 o/o ; quelques-uns tombèrent même à zéro.

Cependant, depuis deux ans environ, une hausse très accentuée se fait sentir. Le change s'améliore ; le papier remonte ; la piastre vaut aujourd'hui 2 frs 17, taux qu'elle n'avait jamais atteint depuis la crise.

Deux fois par jour, les cours de la monnaie fiduciaire sont affichés à la Bourse. C'est sur ces indications que se liquident les opérations au comptant.

Dans le cadre de ce travail, ne sauraient trouver place des appréciations sur les sociétés financières fondées en présence du succès extraordinaire des institutions qui, en quelque sorte, appartiennent à l'histoire du crédit national argentin, comme il a été dit plus haut.

La moyenne des dividendes distribués par une dizaine d'établissements bien dirigés en Argentine, se maintient à 10 o/o. Il dépend de l'habileté des directeurs, modérée par leur prudence, d'accroître encore ces bénéfices : ainsi les banques anglaises ont distribué (en dehors des retenues statutaires et de prévision) de 15 à 20 o/o, les italiennes et les allemandes de 8 à 11 o/o (1).

---

(1) Voici la liste des principales banques qui fonctionnent en Argentine :

Banco de la Nacion argentina.
— Aleman Trasatlantico.
— Anglo-Argentino.
— Britanico de la America del Sud.
— Comercial del Azul.
— de Londres y Rio de la Plata.
— de Italia y Rio de la Plata.
— de Londres y Brazil.
— Espanol del Rio de la Plata.
— Popular Argentino.
— Agricola del Rio de la Plata.
— Comercial de Ayacucho.
— Comercial de Dolores.
— Comercial de la Colonia Esperanza.
— del Comercio.
— de Santa Fé.
— Constructor de Cordoba.
— Territorial de Corrientes.
— Territorial de Gualeguaychu.
— de Bahia Blanca.
— de Cuyo y San Juan.

Banco España y Rosario de Santa Fé.
— Frances del Rio de la Plata.
— Immobiliario.
— Nuevo italiano.
— Popular de Mercedes.
— Real y personal de Bahia Blanca.
— Argentino.
— Comercial de las Colonias.
— Credito real.
— Colonizadar nacional.
— de Roma.
— Mercantil de la Plata.
— Sud Americano.
— Territorial y agricola de Santa Fé.
— Nuevo Ingles del Rio de la Plata.
— Comercial.
— Monte de Piedad de la provincia de Corrientes.
— Agricola, comercial y immobiliario del Uruguay.
— Agricola y Comercial del Rio Negro.

On peut regretter que notre crédit joue dans ces transactions un rôle des plus effacés. Car, pour ne parler que des affaires courantes : les comptes créditeurs des banques rapportent 10 o/o, et les comptes débiteurs paient 1 o/o.

En d'autres termes :

Une banque accepte en dépôt, du client **X**, 100 francs; elle les prête au client **Y**; elle perçoit de ce dernier 10 francs, sur lesquels elle paie 1 franc au premier : bénéfice 9 francs.

Et encore faut-il tenir compte que nulle banque sérieuse à Buenos Aires ne fait des avances de fonds sans des endos de toute sécurité ou des hypothèques.

En outre, le 10 o/o dont on parle est souvent au-dessous de la vérité.

Voici en effet la note fournie à ce propos par une des principales maisons de commerce de cette ville.

« On prête à des négociants inconnus en banque, mais d'une » parfaite honorabilité, à 1 1/2 et 2 o/o par mois, à 18 et 20 o/o » par an contre « pagarés » (billets à ordre). »

» Le petit commerce emprunte couramment à 2 et 3 o/o par » mois. Le taux annuel de 36 o/o n'a rien qui étonne cette classe » de négociants.

» On emprunte 25,000 $ sur une propriété valant notoirement » 75,000. $ à 12 o/o sous condition de vente à réméré. »

Peut-on parler d'abondance de crédit dans un pays où l'intérêt de 15 o/o est inscrit dans des contrats, actes judiciaires, actes notariés, etc.?

M. Carlos Lix Klett, l'un des principaux économistes argentins, donne (en 1897) un avis semblable, appuyé d'un exemple concluant :

« Le nombre de nos banques n'est pas en rapport avec l'impor- » tance de notre mouvement commercial; le taux de l'argent en » compte-courant se maintient *au-dessus* de 10 o/o, et les avances » ne sont consenties qu'avec des signatures de premier ordre. »

On connaît les magnifiques dividendes que, malgré la crise, tous les établissements financiers de la capitale ont distribués à leurs actionnaires.

Voici à quel degré de prospérité peut prétendre une entreprise bien dirigée :

Il y a onze ans que fut fondé le « Banco Popular Argentino ». C'était le premier essai de coopération dans la République. Survint la grande crise de 1891 ; ce cataclysme n'a pas atteint l'institution. Ses bureaux sont restés ouverts et son crédit n'a pas souffert. Aujourd'hui la compagnie est en pleine prospérité.

Le dernier rapport (10ᵉ exercice) énonce un chiffre d'affaires qui dépasse le mouvement antérieur.

Le nombre des sociétaires et des inscrits est de 1,677 ; 76,616 actions (1,532,320 $) ont été placées dans le public. La souscription aux nouveaux titres a atteint le chiffre de 23.132 $.

Les opérations de caisse montent à 78,369,876 $ en 1896, contre 72,028,083 $ en 1895.

Enfin, on vient de distribuer 10 o/o aux actionnaires et, en même temps, on a mis 27,330 $ au fonds de réserve statutaire et 30,000 $ au fonds de prévision. Les réserves de la banque, qui atteignaient 207,254 $ pendant l'exercice antérieur, se chiffrent aujourd'hui par 336,615 $.

La répartition des bénéfices s'est faite de la façon suivante :

Fonds de réserve	$ 27.330 85
— prévision	30.000 »
Parts de fondateurs 2 o/o . . .	3.644 »
Président 1 o/o	1.882 »
Directeur 4 1/2 o/o	8.199 25
Syndic 1/2 o/o	911 »
Dividendes aux actionnaires :	
2 $ par action, soit 10 o/o . .	109.766 20
Profits et pertes	532 22
	$ 182.265 52

Le syndic de cette banque écrivait en 1896 :

« Cette société est en voie de devenir l'un des principaux » établissements de crédit, tant par les bénéfices qu'elle rap- » porte à ses associés que par l'aide qu'elle saura toujours » prêter au développement du pays. »

» Elle a débuté avec un capital de 44,903 $; aujourd'hui, elle possède 1,372,323 $ effectivement versées. »

Dans les lignes qui précèdent, le rôle insuffisant du crédit hypothécaire n'est pas indiqué ; quant au crédit agricole et industriel, il n'existe pour ainsi dire qu'à titre accidentel.

Certes, les industriels ou commissionnaires qui font des affaires à découvert, sans bien connaître ou sans surveiller de près leur clientèle, ont souvent perdu par des avances hasardeuses leurs marchandises, c'est-à-dire leur argent.

Par suite, s'il est juste de dire qu'en Argentine la proportion entre les commerçants et la clientèle n'est pas équilibrée, on ne saurait prétendre comme il a été dit que « la fondation de nouvelles banques n'a pas de motif d'être », ou, en d'autres termes, que la Plata souffre d'une pléthore de capitaux.

LES COMPAGNIES D'ASSURANCES
EN ARGENTINE

On pratique largement en Argentine l'assurance sous ses formes si diverses : sur la vie, contre les accidents et risques de toutes sortes, commerciaux, maritimes et agricoles (1).

On ne relève qu'un nombre relativement restreint d'incendies. Il n'est pas dans les habitudes de ce peuple de recourir au feu pour liquider la situation obérée d'une maison de commerce.

Des sanctions pénales ont du reste été édictées en vue de garantir les assureurs contre l'éventualité de pareilles tentatives. Et pourtant, malgré ces prévisions du législateur, en Argentine, comme partout, l'introduction d'un nouvel outillage est marquée dans les statistiques des sinistres par des courbes très accentuées.

Les compagnies nord-américaines et anglaises ont su attirer dans leurs caisses d'importants capitaux de l'hémisphère latin, et en particulier des pays de la Plata.

Il est fâcheux que nos capitalistes n'aient pas songé à profiter, dans une plus large mesure, de cette tendance favorable. On comptait, en effet en 1897, sur cinquante et une sociétés d'assurances ou *filiales* de compagnies d'Europe et des États-Unis, seulement deux ou trois agences françaises.

---

(1) Voir sous l'annexe nº XXI la législation commerciale et fiscale qui régit la matière.

BUDGET

ORGANISME BUDGÉTAIRE

On a accusé la République Argentine de grever inutilement le Trésor public de frais multiples et souvent peu justifiés. C'est que, dans l'espèce, avec un gouvernement unitaire, l'irradiation du pouvoir national serait impossible si elle devait se transmettre directement aux administrés.

On ne peut concevoir, avec des effets pratiques, la centralisation dans un territoire six fois plus grand que la France, habité par une population dix fois moindre (ce qui constitue une densité soixante fois inférieure à la nôtre).

La forme fédérale s'est donc imposée ici avec ses inconvénients pécuniaires. Il a fallu organiser, en dehors du pouvoir exécutif et des administrations de la République, des gouvernements, des parlements, des administrations provinciales, c'est-à-dire en quelque sorte un système de réflecteurs où les aspirations locales et les intérêts nationaux forment faisceau (1).

Quelque cher que puisse coûter ce procédé gouvernemental, il a permis la mise en valeur d'un immense domaine; et à la

---

(1) A côté du pouvoir exécutif, du ministère national, du congrès et de l'administration siégeant à Buenos Aires, on a été contraint de faire élire, par chacune des quinze provinces, un gouverneur (président reconnaissant la suzeraineté du chef fédéral) qui, avec ses trois ministres, constitue le pouvoir exécutif local responsable devant des Sénats et des Chambres de Députés de « provincias ».

seule condition de suivre une politique de paix, ce pays n'aura pas à regretter les lourdes charges qu'il a assumées.

Pour s'en rendre compte, il suffit d'étudier l'assiette des impôts : fédéral, provincial, municipal et « territorial » (1) et le cadre des fonctionnaires et employés qui font mouvoir le mécanisme administratif du pays.

I

BUDGET FÉDÉRAL

A

RECETTES.

Il existe en Argentine trente catégories d'impôts fédéraux qui ont donné en 1894 : 125,428,447,58 $ m/n; en 1895, 136,147,544,52 $ m/n; en 1896, 32,088,072,76 $ or et 34,183,510,97 $ m/n; en 1897, 30,566,322,33 $ or et 61,035,852,09 $ m/n; en 1898, 35,750,146 $ or et 52,918,000 $ m/n. — Projet de la loi des finances pour 1899, 32,242,200 $ or et 64,026,600 $ m/n.

Les recettes susdites se divisent comme suit :

---

(1) Par territoire, il faut entendre les zones insuffisamment peuplées et exploitées, soumises à un régime administratif spécial.

SOURCES DES REVENUS	1895	
	$ or	$ m/n
Droits d'importation et droits addition-nels.	24.686.902 08	» »
Droits d'exportation	2.622.816 08	» »
Droits de magasinage et de manutention.	798.277 51	» »
Droits de ports. . . . . :	551.364 40	» »
Droits de phares et de bouées.	168.234 38	» »
Droits de grues	140.673 03	» »
Droits consulaires	88.370 13	» »
Visites de santé	34.330 44	» »
Droits de statistique et de timbre. . . .	243.239 12	» »
Revenus de titres.	471.443 62	» »
Travaux d'assainissement.	» »	4.136.566 7
Contribution territoriale	» »	1.220.833 7
Patentes.	» »	1.726.926 8
Papier timbré	» »	5.301.370 0
Postes. Tarif supplémentaire des postes.	» »	2.545.947 7
Télégraphes. Tarif supplémentaire des télégraphes	» »	1.050.177 6
Service de traction dans le port	» »	88.818 5
Exploitation de forêts de maté	» »	»
Loyer et vente de terrains.	» »	2.638.484 4
Terrains du port de la capitale.	» »	»
Casuel.	» »	624.848 7
Amendes	» »	132.190 3
Chemin de fer « Central Norte »	» »	723.277 8
Chemin de fer « Andino »	» »	861.296 8
Chemin de fer « Dean Funes à Chilecito »	» »	169.145 4
Chem. de fer «Chumbicha à Catamarca».	» »	46.008
Enregistrement de propriétés.	» »	»
Conservation des hypothèques, etc. . .	» »	»
Bénéfices de la « Banque de la Nation ».	» »	»
Titres de la Banque nationale	» »	»
Impôts internes :		
Alcools	» »	5.427.596
Bières.	» »	427.648
Allumettes.	» »	1.677.819
Sociétés anonymes.	» »	»
Vins artificiels.	» »	159.502
Cartes à jouer	» »	»
Tabacs	» »	»
Sucre	» »	»
	29.805.650 79	28.958.460

1896		1897	
$ or	$ m/n	$ or	$ m/n
840.015 19	» »	25.177.947 32	» »
308.539 83	» »	2.550.692 97	» »
820.024 92	» »	776.393 81	» »
609.696 41	» »	487.385 24	» »
179.803 57	» »	153.024 43	» »
162.859 20	» »	132.442 76	» »
110.460 13	» »	113.479 66	77 04
39.079 45	» »	28.208 48	» »
253.333 42	» »	214.171 42	» »
699.216 34	» »	783.028 60	» »
» »	4.534.724 99	» »	4.682.328 12
» »	1.222.089 17	» »	1.715.153 27
» »	1.884.427 75	» »	1.760.824 22
» »	5.471.562 76	» »	5.370.765 40
15 »	2.831.673 75	» »	3.051.593 39
» »	1.133.707 56	» »	1.182.055 66
» »	189.657 84	» »	249.780 85
» »	75.999 33	» »	67.505 86
65.029 30	513.165 96	29.631 48	4.048.450 91
» »	» »	» »	3.961 95
» »	556.915 92	9.628 66	564.973 54
» »	836.972 47	» »	1.758.328 15
» »	1.045.694 53	» »	1.031.180 57
» »	173.475 34	» »	224.569 10
» »	62.912 57	» »	55.080 26
» »	» »	» »	30.000 00
» »	» »	» »	25.000 00
» »	» »	» »	2.000.000 00
» »	» »	» »	12.000.000 00
» »	» »	» »	» »
» »	6.605.764 22	» »	10.627.951 90
» »	481.972 32	» »	630.410 32
» »	1.618.328 65	» »	1.556.014 23
» »	25.333 96	10.887 50	379.682 18
» »	281.427 50	» »	119.013 70
» »	56.972 14	» »	66.497 31
» »	4.580.732 40	» »	4.750.698 98
» »	» »	» «	3.083.956 24
2.088.072 76	34.183.516 97	30.566.322 33	61.035.852 09

PROJET DE LA LOI DES FINANCES

POUR 1899

Recettes

SOURCES DES REVENUS	$ or	$ m/n
Droits d'importation	25.800.000	» »
» d'exportation	2.229.800	» »
» additionnels	920.000	» »
» de phare	191.800	» »
Service sanitaire	30.200	» »
Droits de docks	1.062.700	» »
» consulaires	116.400	» »
» de timbre	322.800	» »
Service de la dette extérieure (province de Buenos Aires)	1.360.000	» »
Banque nationale (Loi n° 3655)	208.500	» »
Alcools	» »	18.000.000
Huiles	» »	500.000
Bières	» »	692.400
Allumettes	» »	1.670.000
Sociétés anonymes ou autres	» »	400.000
Vins naturels	» »	6.000.000
Vins artificiels	» »	340.000
Cartes à jouer	» »	66.000
Chapeaux et pelleteries	» »	1.000.000
Tabac	» »	8.849.400
Sucre	» »	3.200.000
Travaux publics	» »	5.900.000
Impôts généraux	» »	1.000.000
Papier timbré	» »	5.554.600
Postes	» »	3.225.500
Télégraphes	» »	1.318.400
Transports	» »	159.300
Exploitation de forêts de maté	» »	60.000
Vente et location de terres	» »	1.000.000
Enregistrement de propriétés	» »	6.000
Revenus de terrains dans les ports	» »	3.000.000
Amendes	» »	35.000
Registres des hypothèques	» »	50.000
Boni de la Banque de la Nation	» »	2.000.000
	$ or 32.242.200	$ m/n 64.026.600

La loi de 1895 (impôt interne) soumet les banques à une redevance représentant 50 o/o de leur patente.

Les droits qui frappeut les primes réalisées par les compagnies d'assurances se trouvent actuellement controversés (1). Dès 1895, 1,117 établissements industriels ont acquitté l'impôt interne, à savoir :

383 distilleries ; 114 fabriques de vins artificiels ; 60 de bière ; 11 d'allumettes ; 10 de cartes à jouer ; et 529 de tabac.

L'examen des recettes suggère au ministre des finances les réflexions que voici :

« Les entreprises industrielles gérées par le fisc sont loin d'augmenter les revenus nationaux. En général, les recettes n'arrivent pas à équilibrer les dépenses. »

Tel est le cas des chemins de fer exploités par l'Etat.

Le ministre espère que cette situation s'améliorera quand le réseau aura été complété, quand les lignes desserviront des centres plus importants de production, et quand ces entreprises seront conduites de façon plus experte.

Le rendement de l'administration des postes et des télégraphes est négatif.

Ainsi en 1895 : 3,596,125 $ m/n de recettes contre 5,297,453 $ m/n de dépenses ; soit un déficit de 1,701,328 $ (2).

Et encore pour avoir le déficit réel, faudrait-il tenir compte de 340,183 $ dépensées en construction et réparation de lignes télégraphiques. En outre, dans le montant des recettes, figure le port de la correspondance officielle. Or, ce port n'est pas remboursé à l'administration.

L'entreprise des travaux d'assainissement (adduction et distribution d'eau etc.) est la seule qui donne des bénéfices. En

---

(1) Annexe XXI.
(2) Voir annexe XX.

1895, sur un excédent de recettes de 2,330,362 \$ m/n, elle a pu employer 1,677,000 \$ à faire de nouveaux travaux.

Enfin le loyer et la vente de terrains appartenant à l'Etat a produit 2,638,484 \$ m/n. Mais ces rentrées sont exceptionnelles et ne sauraient figurer dans les prévisions budgétaires.

Il résulte de cet exposé que le plus clair des revenus de la nation se trouve fourni par les droits de douane.

Si l'on convertit les piastres or, en piastres m/n, par exemple au cours moyen de 1895 (344 o/o), on peut (pour rendre plus facile la comparaison entre le rendement des divers chapitres) établir le tableau suivant :

Impôts indirects . . . . \$ m/n	108.198.199.57
Impôts directs	7.605.406.15
Rémunération de services qui n'ont pas le caractère d'impôts	6.914.933.77
Usufruit de propriétés du domaine privé; produit d'entreprises exploitées par la nation	11.050.199.70
Recettes éventuelles	2.378.805.33
Total . . . . \$ m/n	136.147.544.52

Les chiffres précédents démontrent que les impôts indirects représentent dans l'Argentine 79,4 o/o du revenu de la nation (1).

La douane (importation et exportation) et les taxes de toutes sortes en or, sur le commerce extérieur, constituent donc la plus grosse contribution au budget fédéral :

---

(1) Au Brésil et au Venezuela, l'impôt indirect représente la presque totalité, au Chili, le 68 o/o.

en 1895 avec 29,805,651 $ 09 ;

en 1896 avec 29,148,555 $ 02 ;

en 1897 avec 27,728,640,29 $.

On peut — sans crainte d'erreur — attribuer à la production indigène la moins-value progressive de ces droits.

B

DÉPENSES.

Voici la répartition des $ 167,061,810 du budget des dépenses de 1896 :

	$ m/n	$ or
I. *Congrès.*	2.033.934.43	» »
II. *Ministère de l'Intérieur* (1).		
a. Dépenses ordinaires. . . .	20.163.080.49	1.000.000
b. Dépenses autorisées par des lois spéciales.	5.724.271.03	427.140.14
c. Dépenses décidées en conseil des Ministres. . . .	27.817.31	20.000
A reporter. . .	27.949.103.26	1.447.140.14

(1) Voici l'énumération des différents services du Ministère de l'Intérieur. Ces services représentent respectivement une section du budget. Chaque section est divisée en chapitres.
1 Présidence.
2 Administration centrale.
3 Direction générale des postes et télégraphes.
4 Département des travaux publics.
5 Direction générale des chemins de fer.
6 Chemin de fer national « Andino ».
7 Chemin de fer national « Central Norte ».
8 Chemin de fer de Dean Funes.
9 Travaux de salubrité.
10 Musée historique.
11 Département national d'hygiène.
12 Assistance publique.
13 Subventions.
14 Pensions et retraites.
15 Police de la capitale.
16 à 24 : Gouvernement des neuf territoires.
25 Travaux du port de Buenos Aires.

	$ m/n	$ or
Report. .	27.949.103.26	1.447.140.14

En résumé :

En $ m/n, 25.915.168.83
En $ or, 1.447.140.14

III. *Relations extérieures* (1).

En $ m/n, 603.902.90
En $ or, 353.447.52

ainsi réparties :

a. Dépenses budgétaires prévues	488.203.77	289.068.87
b. Dépenses autorisées par des lois spéciales.	111.491.08	64.378.65
c. Dépenses décidées en conseil des Ministres	4.208.05	

IV. *Finances* (2).

En $ m/n, 16.623.848.80
En $ or, 14.081.337.40

A reporter. ..	28.553.006.16	1.800.587.66

(1) 1 Administration centrale et cabinet du ministre.
   2 Pensions et retraites.
   3 Légations.
   4 Commission de délimitation des frontières avec le Chili.

(2) 1 Administration centrale et cabinet du ministre.
   2 Comptabilité générale.
   3 Crédit public.
   4 Caisse de conversion.
   5 Trésorerie générale.
   6 Département des mines.
   7 Administration des impôts intérieurs.
   8 Section de chimie.
   9 Hôtel des monnaies.
  10 Archives.
  11 Direction générale de statistique.
  12 Direction générale des rentes.
  13 Administration générale du timbre.
  14 Administration générale de la contribution territoriale.
  15 Police de la Douane.
  16 Douane de la capitale.
  17 à 22 Douanes des provinces de Buenos Aires, Santa-Fé, Corrientes et Entre Rios, des provinces intérieures et des territoires nationaux..
  23 Postes de douane dans la Cordillère.
  24 Pensions et retraites.
  25 Dette intérieure et incinération des billets.
  26 Dette publique.

	\$ m/n	\$ or
Report. .	28.553.006.16	1.800.587.66

ainsi réparties :

a. Dépenses autorisées par la Chambre	13.642.410.07	13.130.316.19
b. Dépenses autorisées par des lois spéciales.	2.962.085.48	822.687.88
c. Dépenses décidées en Conseil des Ministres . . .	19.353.25	128.833.33

V. *Justice, Culte, Instruction publique* (1).

En \$ m/n, 13.101.716.17
En \$ or, 17.600

ainsi réparties :

a. Dépenses autorisées par les Chambres	12.078.689.12	
b. Dépenses autorisées par des lois spéciales.	1.023.027.05	17.600
A reporter. .	58.278.571.13	15.900.025.06

---

(1) A Justice :
1 Ministère et cabinet du ministre.
2 Cour suprême.
3 Juges de section.
4 Justice ordinaire de la capitale.
5 Administration de la justice des territoires nationaux.
6 Prisons et maisons de correction.
7 Pensions et retraites.

B Culte :
1 Archevêché.
2 Pensions.

C Instruction publique. Voir pour l'organisation de l'Instruction publique annexe XXI.
1 Sous-secrétariat.
2 Instruction supérieure.
3 Instruction secondaire.
4 Écoles normales.
5 Instruction primaire.
6 Enseignement spécial.
7 Pensions et retraites.
8 Administration des territoires et colonies.
9 Département de l'immigration.

	$ m/n	$ or
Report. .	58.278.571.13	15.900.025.06

VI. *Guerre* (1).

En $ m/n, 17.342.793.99
En $ or,   3.837.769.20

ainsi réparties :

   a. Dépenses autorisées par les
      Chambres 16.554.272.08
   b. Dépenses autorisées par des
      lois spéciales. 722.668.09   3.837.769.20
   c. Dépenses décidées en Con-
      seil des Ministres. . . .   65.853.82

VII. *Marine* (2).

$ m/n, 8.312.022.24
$ or,   4.427.944.95

                 A reporter   75.621.35.12   19.737.749.26

---

(1) Voir pour l'organisation des forces de terre annexe XXII.
1 Ministère et cabinet du ministre.
2 Conseil supérieur de guerre et marine.
3 Etat-Major général.
4 Direction de la santé.
5 Direction de l'école militaire.
6 Direction de la fabrique des poudres.
7 Direction des arsenaux de guerre.
8 Commissariat de la guerre et bureaux de l'administration et de l'intendance.
9 Invalides et pensionnés.
10 Bureau de liquidation des salaires de l'armée.
11 Bureau des plans et cartes de l'Etat-Major.
12 Administration des lignes frontières.
13 Bureau des retraites.
14 Bureau de recrutement.
(2) Sous-secrétariat de la marine. L'administration de la marine relève du ministère de la guerre. Voir pour l'organisation des forces navales annexe XXII.
1 Bureau du sous-secrétariat.
2 Bureau de la liquidation des soldes de la marine (personnel subalterne).
3 Bureau de la liquidation des soldes de la marine (officiers).
4 Etat-Major général.
5 Direction de l'artillerie.
7 Division des torpilleurs.
8 Bureau de la santé.
9 Ecoles.
10 Arsenaux et chantiers.
11 Commissariat de la marine, administration et intendance.
12 Direction des phares.
13 Administration du lazaret de Martin Garcia.
15 Préfectures maritimes.
16 Pensions et retraites aux marins et aux veuves.

	$ m/n	$ or
Report. .	75.621.345.12	19.737.749.26

ainsi réparties :

a. Dépenses autorisées par les Chambres	8.024.145.41	
b. Dépenses autorisées par des lois spéciales.	282.656.83	4.427.944.95
c. Dépenses décidées en Conseil des Ministres . . .	5.220	
Totaux.	83.933.369.36	24.165.739.21

Si on réduit en piastres papier les 24,165,239,21 piastres or, au taux moyen de l'année, soit 344 o/o, on obtient un total définitif de $ m/n 167,061,810,24.

———

Les recettes effectuées n'ayant atteint que $ m/n 136,147,544 52, le budget a présenté un déficit de : $ m/n 30,914,265,72.

Le ministre des finances attribue ce déficit aux dépenses résultant de la mise à exécution des lois spéciales votées dans l'année et dans les années antérieures pour parer aux éventualités d'une guerre.

C'est ainsi que les ministères de la guerre et de la marine ont eu leur budget ordinaire accru, le premier de :

$ m/n, 722.668.09 $ or, 3.837.769.20

le second de :

$ m/n, 282.656.83 $ or, 4.427.944.95

Pendant les années 1896 et 1897, les frais d'armements ont dépassé 130,000,000 de francs. La mobilisation a même amené le Gouvernement et le Parlement à une mesure d'exception (loi

du 22 septembre 1898) : pour faire face aux dépenses extraordinaires résultant de l'augmentation des effectifs de l'armée et de
la marine, on a doublé pendant le dernier trimestre de cette
année tous les droits de douane.

Un projet ultérieur reporte du 30 septembre au 31 octobre
1898 la mise en vigueur de ce dispositif.

BUDGET DES DÉPENSES POUR 1897

I. — BUDGET ORDINAIRE

Départements	$ m/n c/l			$ or		
	Dépenses prévues	Dépenses effectives	Excédent	Dépenses prévues	Dépenses effectives	Excédent
Congrès National . .	2.167.948 08	2.138.779 24	29.168 84	» »	» »	» »
Intérieur	22.655.567 08	22.092 295 88	563.271 20	» »	» »	» »
Relations Extérieures	970.648 »	935.763 33	34.884 67	355.880 »	326.070 52	29.809 48
Agriculture	11.705.578 80	10.408.794 54	1.296.784 26	15.350.491 83	13.906.729 21	1.443.762 62
Justice, Culte et Instruction publique .	14.308.579 76	13.852.168 94	456.410 82	» »	» »	» »
Guerre	20.834.584 »	20.224.758 63	609.825 37	» »	» »	» »
Marine	10.874.178 84	9 879.607 83	994.571 01	» »	» »	» »
Travaux publics . . .	4.850.600 »	2.471.557 62	2.379.042 38	2.500.000 »	1.710.101 88	789.898 12
	88.367.684 56	82.003.726 01	6 363.958 55	18.206.371 83	15.942.901 61	2.263.470 22

II. — CRÉDITS EXTRAORDINAIRES

Départements	$ m/n c/l			$ or		
	Dépenses prévues	Dépenses effectives	Excédent	Dépenses prévues	Dépenses effectives	Excédent
Congrès National . .	» »	» »	» . »	» »	» »	» »
Intérieur	14.928.312 97	4.703.769 39	10.224.543 58	16.252.444 77	9.022.330 70	7.230.114 07
Relations Extérieures	13.018 64	9.256 20	3.762 44	34.988 14	683 46	34.304 68
Agriculture	1.363.638 62	1.152.695 52	210.943 10	1.437.814 11	1.437.814 11	» »
Justice, Culte et Instruction publique .	5.654.544 55	4.964.411 91	690.132 64	» »	» »	» »
Guerre	1.408.154 89	401.831 99	1.006.322 90	1.002.500 57	1.002.500 57	» »
Marine	228.251 41	191.811 31	36.440 10	3.660.390 82	1.808.533 65	1.851.857 17
Travaux publics . . .	» »	» »	» »	» »	» »	» »
	23.595.921 08	11.423.776 32	12.172.144 76	22.388.138 41	13.271.862 49	9.116.275 92

III. — CRÉDITS SPÉCIAUX

Départements	$ m/n c/l			$ or		
	Dépenses prévues	Dépenses effectives	Excédent	Dépenses prévues	Dépenses effectives	Excédent
Congrès National . .	» »	» »	» »	» »	» »	» »
Intérieur	172.977 71	68.621 30	104.356 41	» »	» »	» »
Relations Extérieures	» »	» »	» »	» »	» »	» »
Agriculture	24 60	24 60	» »	» »	» »	» »
Justice, Culte et Instruction publique .	16.537 12	» »	» »	» »	» »	» »
Guerre	3.625 »	16.537 12	» »	» »	» »	» »
Marine	» »	3.625 »	» »	» »	» »	» »
Travaux publics. . .	» »	» »	» »	» »	» »	» »
	193.164 43	88.808 02	104.356 41	» »	» »	» »

IV. — RÉSUMÉ

Départements	$ m/n c/l			$ or		
	Dépenses prévues	Dépenses effectives	Excédent	Dépenses prévues	Dépenses effectives	Excédent
Congrès National . .	2.167.948 08	2.138.779 24	29.168 84	» »	» »	» »
Intérieur	37.756.857 76	26.864.686 57	10.892.171 19	16.252.444 77	9.022.330 70	7.230.114 07
Relations Extérieures	983.666 64	945.019 53	36.647 11	390.868 14	326.753 98	64.114 16
Agriculture	13.069.242 02	11.561.514 66	1.507.727 36	16.788.305 94	15.344.543 32	1.443.762 62
Justice, Culte et Instruction publique .	19.963.124 31	18.816.580 85	1.146.543 46	» »	» »	» »
Guerre	22.259.276 01	20.643.127 74	1.616.148 27	1.002.500 57	1.002.500 57	» »
Marine	11.106.055 25	10.075.044 14	1.031.011 11	3.660.390 82	1.808.533 65	1.851.857 17
Travaux publics. . .	4.850.600 »	2.471.557 62	2.379.042 38	2.500.000 »	1.710.101 88	789.898 12
	112.156.770 07	93.516.310 35	18.640.459 72	40.594.510 24	29.214.764 10	11.379.746 14

Pour 1898, les dépenses ont été évaluées à $ or, 22,100,182,
$m/n, 97,881,110.

Il y aurait donc un excédent de 13,649,964 $ sur les recettes
en or, et 44.963,110 $ sur les recettes en papier.

Ce résultat serait plus satisfaisant que n'avait été le bilan de
1897, qui s'était soldé par 11,379,740 $ or, et 18,536,103 $ papier-monnaie, avec les restrictions indiquées plus haut (1).
Ces restrictions devront, d'ailleurs, à l'apurement des comptes,
s'appliquer aussi à 1898.

	DÉPENSES	
	$ or	$ m/n
Congrès	—	2.270.400
Affaires intérieures	—.	15.039.311
Relations extérieures . . .	237.441	249.792
Finances.	—	6.872.113
Dette publique.	22.476.732	11.249.408
Justice, Culte et Instruction	—	10.331.465
Guerre.	—	14.027.582
Marine.	—	11.256.614
Travaux publics	6.086.000	4.400.000
	—	96.000
Total	28.800.173	75.792.685

Le Parlement met à la disposition du Pouvoir exécutif pour
dépenses imprévues en 1899 :

1° un solde disponible du dernier exercice : 801,306 $;

2° une assignation communale sur la capitale : 1,589,366 $;

3° le produit de la vente de terrains dans les ports :
2,000,000 $.

Soit un total de 4,300,000 $.

Les bonis nets de la Banque de la Nation seront versés
trimestriellement au Trésor, jusqu'à concurrence de 2,000,000
piastres papier-monnaie.

---

(1) Pour 1897, les comptes apurés donnent un déficit de $ papier : 20.967.872 contre un
excédent de $ or 14.523.420.

Le service des obligations de la Banque nationale (acquises par la Banque de la Nation) est évalué à 3 o/o de rente et 10 o/o d'amortissement; — le service des obligations, reprises par la même banque au bureau de conversion, pour paiement de l'emprunt, est fixé à 6 o/o de rente et 2 o/o d'amortissement.

On trouvera ci-après un tableau résumant le rendement de 1864 à 1897 des impôts fédéraux.

Dans des colonnes spéciales se trouvent consignées, pour le budget ordinaire comme pour le budget extraordinaire, en regard des chiffres votés, les sommes réellement dépensées.

Pendant ces trente-quatre exercices, six années seulement se sont soldées en excédent.

Les différences en moins ont atteint 286,338,435 $.

BUDGETS FÉDÉRAUX

ANNÉES	Rendement des impôts	Budget ordinaire		Budget extraordinaire lois spéciales d'accord avec le gouvernement		Dépenses effectives	Déficit excédent des recettes +—	OBSERVATIONS
		Vote législatif	Dépenses	Vote législatif	Dépenses			
1864	7.005.328	8.777.000	6.764.522	1.023.183	355.49	7.119.931	— 114.603	Les chiffres de la dernière colonne ont été réduits en piastres or, comme suit :
1865	8.295.071	8.595.038	7.309.627	9.499.880	3.117.59	2.517.147	— 4.222.076	
1866	9.568.555	8.166.593	6.955.885	10.638.560	6.747.56	3.702.590	— 4.134.035	De 1864 à 1881, 1 piastre forte vaut 1,033 piastre nationale or.
1867	12.040.287	7.838.075	5.463.530	10.520.835	8.621.52	4.110.077	— 2.069.790	
1868	12.496.126	8.123.266	6.436.152	12.085.278	10.257.08	6.663.406	— 4.197.280	De 1882 à 1884, 1 piastre papier vaut 1 piastre or.
1869	12.676.860	9.620.754	8.751.138	8.124.249	6.202.97	4.653.431	— 2.276.751	1885, 1 $ papier (m/n) = 0,735 $ or.
1870	14.833.904	14.486.995	12.459.851	9.004.394	6.960.16	9.439.967	— 4.606.663	1886, — 0,710
1871	12.682.155	16.215.388	12.866.127	32.432.874	8.300.49	1.166.230	— 8.484.075	1887, — 0,741
1872	18.172.380	28.623.953	23.844.504	19.634.327	2.618.56	6.462.786	— 8.290.406	1888, — 0,676
1873	20.217.252	25.565.826	22.137.042	30.421.215	8.888.41	1.025.070	— 10.807.838	1889, — 0,515
1874	15.974.042	23.383.154	19.680.854	26.670.187	10.103.52	9.784.096	— 13.810.054	1890, — 0,395
1875	17.205.747	21.428.690	17.394.317	23.136.596	11.173.59	8.567.861	— 11.361.114	1891, — 0,254
1876	13.583.633	20.259.605	16.952.753	11.892.869	5.220.39	1.155.048	— 8.569.415	1892, — 0,301
1877	14.824.007	17.080.734	15.524.915	10.907.775	4.420.09	9.924.961	— 5.100.864	1893, — 0,310
1878	18.415.896	17.068.704	16.139.689	6.528.615	4.701.19	6.840.918	— 2.425.010	1894, — 0,280
1879	20.961.893	17.311.614	16.306.803	7.251.841	6.216.38	1.523.159	— 1.561.268	1895, — 0,290
1880	19.594.306	18.648.949	16.809.163	11.163.097	10.110.10	5.919.293	— 7.324.089	
1881	21.345.926	20.299.738	17.818.903	11.882.074	10.562.30	8.381.224	— 7.035.298	Le déficit total au cours de 32 années, 1864-1895, monte à 286.338.435 $ or, résultant de la différence entre les déficits $ or 337.120.342 et le total des excédents $ or 50.781.907.
1882	26.822.320	27.844.009	25.292.839	35.411.521	32.744.56	8.007.158	— 31.184.838	
1883	30.050.196	31.635.667	29.383.762	20.858.794	15.447.68	831.378	— 14.781.182	
1884	37.724.374	34.561.260	32.176.329	30.950.276	24.263.84	6.440.137	— 18.715.763	
1885	36.416.132	43.488.195	37.932.146	18.630.089	17.573.59	5.305.660	— 19.089.528	
1886	42.250.152	41.448.799	38.346.515	26.333.477	16.111.89	4.458.335	— 12.208.182	
1887	51.582.460	47.066.888	43.263.632	31.035.778	21.888.28	141.982	— 13.559.528	
1888	51.640.400	52.643.537	46.004.987	41.563.438	29.872.69	5.877.682	— 24.237.282	
1889	72.903.757	63.722.632	54.682.728	61.560.921	52.368.42	7.251.131	— 34.347.374	
1890	75.150.856	69.493.055	61.846.842	43.365.204	33.517.80	5.363.854	+ 22.212.998	
1891 p	73.537.099	41.230.349	38.566.888	12.638.507	7.673.19	6.240.058	— 27.297.041	
o	497.121	20.315.427	14.299.116	10.303.642	7.343.39	7.343.39	+ 21.145.306	
1892 p	103.757.026	42.344.356	40.339.186	12.544.868	7.860.40	8.151.258	— 55.605.768	
o	1.344.968	11.517.610	16.103.277	14.709.606	14.807.19	4.239.850	— 22.804.888	
1893 p	21.746.790	53.385.856	47.192.166	20.996.418	15.219.58	62.411.384	+ 40.664.594	
o	31.864.096	28.035.789	14.007.507	8.197.206	4.601.86	18.698.911	— 13.165.185	
1894 p	21.142.921	64.768.735	58.579.111	19.469.735	13.536.80	5.015.214	+ 50.872.293	
o	28.255.719	18.474.517	4.963.007	1.475.63	1.475.63	20.930.193	— 8.305.526	
1895 p	28.958.460	75.074.100	72.984.735	22.000.935	10.928.68	3.033.387	+ 54.974.927	
o	29.805.651	15.023.838	14.419.385	26.004.724	9.746.86	4.165.329	— 5.640.412	
1896 p	34.183.511	» »	» »	» »	» »	2.003.726	+ 6.363.958	
o	32.092.072	» »	» »	» »	» »	15.942.901	+ 2.263.470	
1897 p	61.035.853	88.367.684	82.003.726	23.595.921	11.422.77	93.427.502	+ 18.536.103	
o	30.466.322	18.206.372	15.942.902	22.388.136	13.271.88	20.214.764	+ 11.379.740	

Les chiffres de 1864 à 1881 inclusivement représentent des piastres fortes, et, à partir de 1882 des piastres papier (monnaie nationale ou *moneda nacional* : m/n valeur fiduciaire fluctuant selon l'état du change).

Le abréviations p et o signifient respectivement papier et or.

Les déficits annuels ont été successivement couverts par des emprunts ou convertis en dette intérieure consolidée ou flottante.

II

BUDGETS PROVINCIAUX ET MUNICIPAUX

Les impôts perçus par les provinces et les municipalités pour leur propre compte s'étaient élevés en 1895 à la somme de 46,215,565.86 $.

Dans ce total, les droits municipaux figurent pour 15,503,918 $.

La plupart des provinces ont donné en 1895 des rendements supérieurs à ceux de 1894. Les seules dont le rendement ait été diminué sont :

> Santiago del Estero, de 16 o/o.
> Salta, de 14 o/o.
> San Juan, de 7 o/o.
> Cordoba, de 1 o/o.

Les recettes de Tucuman ont été sensiblement les mêmes en 1894 et 1895. Celles de Mendoza avaient augmenté de 37 o/o.

III

BUDGET DES TERRITOIRES

Aux termes de la Constitution, l'administration des territoires est à la charge du gouvernement central. Les frais dépassent un million 1/2 de piastres (monnaie fiduciaire). Les recettes sont insuffisantes pour couvrir ces dépenses (1).

Toutefois, la façon d'agir de l'Exécutif est des plus sagaces. Le coût de la mise en valeur de ces terrains est une avance dont on est en droit d'escompter les résultats rémunérateurs.

---

(1) La plus grosse partie des perceptions (322,023,85 $) a été fournie par le prélèvement du 4 o/o de certains droits fédéraux.

RELEVÉ DES FONCTIONNAIRES

1° Fonctionnaires nationaux :
Le nombre des employés, hommes de troupe, etc., à la charge du budget de la fédération s'élève à 38,294.

A savoir :

Guerre et Marine (1)	19.348
Intérieur.	11.419
Postes et télégraphes (2)	4.343
et Police (dépendant de ce Ministère)	4.623
Justice, Culte, Instruction	4.438
dont pour la première	1.051
et pour la dernière (3)	2.971
Finances.	3.030
Douanes ressortissant à ce département.	2.314
Relations extérieures (4)	59

2° Fonctionnaires des gouvernements provinciaux.
Les 19,604 employés des provinces sont répartis très inégalement : Buenos Aires, Santa Fé, Cordoba et Entre Rios, en ont le plus grand nombre. La province de la Rioja est celle qui en compte le moins (272).

3° Fonctionnaires des municipalités.
Dans les diverses municipalités des provinces sont répartis 4,820 employés. Buenos Aires en occupe 3,066 à elle seule. Par ordre d'importance viennent ensuite : Cordoba, 345 ; Rosario, 385 ; La Plata, 194, etc., et en dernier lieu, Santiago et Jujuy, 16.

L'Argentine a donc, sans l'armée et la marine, environ 40,000 fonctionnaires de tous grades en activité de service.

---

(1) Annexe XXII (avant les armements actuels qui doivent être considérés comme exceptionnels).
(2) Annexe XXIII.
(3) Annexe XXXI.
(4) Les Relations extérieures, sur 59 agents, en comptent 30 à l'étranger.

DETTE

Avec sa population de 4 millions d'habitants sur une superficie de 2,800,000 kilomètres carrés (1) la République Argentine doit, en chiffres ronds, 2 milliards de francs, soit 500 francs par tête (2).

Quoique cette charge ne paraisse pas au-dessus des forces économiques de la nation, le crédit de la Plata a été compromis par le désastre financier de 1890.

On a considéré que les causes de cette catastrophe devaient être attribuées à la seule Argentine. Il eût été équitable d'admettre que les responsabilités en incombaient pour une part aux prêteurs mêmes : loin de réfréner les dispositions de l'emprunteur à s'endetter, des financiers européens lui ont fait des avances qui ne pouvaient pas produire des rendements immédiats (3).

Et pourtant, après qu'on eut défalqué des sommes souscrites les commissions, participations et gratifications, on avait employé le reste dans des chemins de fer (4), dans des travaux d'assainissement, dans la création de ports, etc.

Mais ces entreprises ne mettaient pas le pays en mesure de

---

(1) 1,43 habitants par kilomètre carré.
(2) A peu près 50 o/o de la quote-part de notre dette qui revient à chaque citoyen français.
(3) Les bénéfices réalisés par certains émetteurs de titres au moyen d'opérations de bourse devaient fatalement compromettre la valeur de leur papier.
(4) Il en a été construit, durant dix ans, 3 kilomètres par jour.

payer les intérêts du capital emprunté, avant qu'elles ne fussent menées à bien, avant qu'elles n'eussent produit leur effet.

Peut-on mettre en exploitation des terrains en même temps qu'on construit les lignes pour les desservir ?

Est-il sage d'ouvrir de nouveaux quartiers d'une ville, d'y appeler la population avant d'avoir fait des travaux de cadastre, de voirie, d'assainissement et d'adduction d'eau potable?

Est-il possible de faire entrer dans des ports insuffisamment creusés les navires qui, en payant des droits, amortiront les capitaux de construction?

C'est pourtant ce qu'on semblait attendre de l'Argentine.

Qu'on voie aujourd'hui Cordoba : on y a construit le barrage dit de San Roque, créant le lac artificiel le plus grand du monde, avec 240,000,000 de mètres cubes d'eau. Les terrains de cette zone se vendaient autrefois à 2 et 3 $ l'hectare. Ravagés durant six semaines par des courants torrentiels, ils étaient arides sous l'effet d'une sécheresse absolue pendant le reste de l'année.

Aujourd'hui, au moyen de canaux et de vannes, on irrigue la région : l'hectare y vaut de 50 à 60 $. Mais là ne s'arrête pas l'effet rémunérateur du barrage de San Roque : grâce à une entreprise de force et de lumière, le pays peut en même temps devenir industriel...

Qu'on prenne Santa Fé et Entre Rios.

Il y a quinze ans, ils figuraient aux recettes pour des sommes insignifiantes. Ils donnent aujourd'hui une centaine de millions par an en céréales et en bestiaux...

Qu'on voie les quartiers de Callao et les boulevards de Buenos Aires.

On a créé un service d'eau potable qui a coûté plus de 150 millions. Cet ouvrage d'art a permis à la capitale de s'étendre. Dans des terrains vagues il y a huit ans, d'immenses quartiers se sont élevés. Il en est résulté, non seulement une plus-value formidable du sol, un accroissement de recettes de la ville et de son commerce, mais des bénéfices directs de l'entreprise en soi...

Qu'on étudie le port Madero ou le port de l'Ensenada.

Dans le premier, le nombre des bâtiments est maintenant en moyenne de 700! (1).

Certes, il y a eu des abus. L'élan national n'a pas été dirigé avec ensemble ; la fièvre du progrès a pris parfois l'intensité du délire qui s'est manifesté par l'escompte du succès, c'est-à-dire la spéculation.

On semble avoir été souvent inconscient de la valeur de l'argent ; on a créé des chemins de fer où il n'en aurait pas fallu alors qu'on négligeait d'ouvrir certaines artères essentielles. Les travaux d'art n'ont pas été exécutés avec l'économie nécessaire. Mais là encore, on peut dire que l'Européen a sollicité les entreprises, et que, entraînant l'épargne cisatlantique, il l'a mise en péril.

Quoi qu'il en soit et en dépit de ces erreurs, on doit constater que les crises argentines marquent des moments climatériques d'une croissance rapide.

Les maîtres dans l'emploi de l'argent, les Anglais, semblent d'ailleurs bien augurer de ce pays, eux qui, malgré les erreurs, les pertes et l'effondrement de quelques-uns de leurs puissants capitalistes, y ont à peine ralenti leur activité. Ne continuent-ils pas aujourd'hui encore à y créer à coup de centaines de millions, des entreprises (sans garantie) telles que la construction du chemin de fer de Neuquen, de 600 kilomètres, à voie large ?

Par ses banques, ses chemins de fer, ses télégraphes, ses câbles, ses lignes de navigation et ses entreprises agricoles et industrielles, la Grande-Bretagne draine, comme au moyen d'une dîme prestigieuse, une moyenne dépassant 10 o/o du formidable capital qu'elle a avancé à ce pays.

L'examen du passif de l'Argentine permet de constater que l'établissement d'un bilan en équilibre n'a rien que de fort possible, de probable même.

Et pour le démontrer on n'a qu'à résumer comme ci-après :

---

(1) Voir la notice sur la ville de Buenos Aires.

l'historique et l'état de la dette nationale intérieure et extérieure ; les projets concernant l'unification de cette dette et des dettes provinciales extérieures, les projets de leur conversion (dispositions législatives) (1) ; et les arrangements les plus récents entre les porteurs de ces valeurs et les pouvoirs publics argentins (2).

I

MONTANT DE LA DETTE

Le 31 décembre 1895, la Dette de la République Argentine s'élevait aux sommes de 388,471,013 $ or et 46,181,474 $ m/n réparties de la façon suivante :

a. Dette intérieure ($ m/n).   46.181.474.26
    —   —   ($ or).   189.226.500
b. Dette extérieure ($ or).   199.244 513.88
          Totaux . . . . .   388.471.013.88   46.181.474.26 $ m/n

Au 31 décembre 1896, le bilan se résumait ainsi :

a. Dette intérieure $ m/n.   45.838.067
    —   — $ or.   189.162.500
b. Dette extérieure $ or.   216.757.443
       Totaux. . . . $ or.   405.919.943   et $ m/n 45.838.067

Au 31 décembre 1897, nous relevons :

Pour la dette intérieure $ m/n.   46.758.087
    —   — $ or.   189.096.500
    —   extérieure $ or.   233.288.444
       Totaux . . . $ or.   422.384.944   et $ m/n 46.758.087

(1) Annexe XXIV.
(2) Annexe XXV.

A. — DETTE INTÉRIEURE

Dette papier.

La loi du 2 septembre 1881, a créé un million de piastres fortes (*pesos fuertes*) en fonds publics à 5 o/o d'intérêt et 1 o/o d'amortissement pour le paiement de la dette civile et militaire contractée pendant les guerres de l'Indépendance et du Brésil.

La loi du 30 juin 1884 a porté l'émission à 2,000,000 de $ en fonds publics, à 5 o/o d'intérêt et 1 o/o d'amortissement accumulatif, payables trimestriellement par voie de tirage au sort et au pair, dans le but de continuer le paiement de la dette civile et militaire contractée pendant les guerres de l'Indépendance et du Brésil.

La loi du 16 octobre 1891 autorise le Pouvoir exécutif à contracter un emprunt intérieur de 14,157,800 $, portant un intérêt de 6 o/o et 1 o/o d'amortissement pour la conversion des actions de la Banque nationale.

La loi du 23 juin 1891 autorise le Pouvoir exécutif à faire un emprunt au taux de 6 o/o d'intérêt et de 1 o/o d'amortissement. La souscription publique produisit 38,015,400 $.

Pour consolider la dette flottante, papier monnaie au cours légal, il a été émis, en vertu de la loi du 5 janvier 1895, pour 15,000,000 de $ de dette intérieure, au pair, avec 6 o/o d'intérêt et d'amortissement.

Dette en or.

En vue de rembourser à la Banque nationale la dette contractée par le gouvernement, la loi du 2 décembre 1886, ordonne l'émission de 10,241,000 $ or, en titres, de la dette intérieure, à intérêt de 5 o/o et 1 o/o d'amortissement accumulatif, au pair.

La loi du 15 août autorise le Pouvoir exécutif à remplacer le solde des fonds publics créés en vertu des lois du 25 septembre 1881, et des 27 septembre et 25 octobre 1883, par des fonds publics de dette intérieure (4 1/2 o/o d'intérêt et 1 o/o d'amortissement annuel et accumulatif, tirages au sort et au pair).

La loi prescrit que le service de ces fonds sera fait en or, par semestre, le gouvernement étant autorisé à augmenter les fonds d'amortissement. L'article 2 dispose que les fonds émis seront délivrés au 90 o/o de leur valeur.

Les fonds publics or (loi du 3 novembre 1887), ont été déposés par les banques privées dans les caisses du crédit public comme garantie de leurs billets. L'émission primitive s'élevait à 196,882,600 $ or.

Ces fonds publics se taxaient au 85 o/o de leur valeur, avec 4 1/2 o/o d'intérêt et 1 o/o d'amortissement annuel et accumulatif, par voie de tirage au sort et au pair.

En vertu d'une loi du 25 octobre 1891, la Banque hypothécaire nationale a été autorisée à contracter un emprunt de 1,674,500 $ or, garanti par le gouvernement.

B. — DETTE EXTÉRIEURE

La première dette extérieure fut contractée en 1824.

La province de Buenos Aires empruntait à Londres 1,000,000 de £ à 6 o/o d'intérêt et 1/2 o/o d'amortissement. L'émission se faisait au type de 85.

Les intérêts de cet emprunt ne furent payés que jusqu'à 1829. En 1857, les arrérages dus atteignaient 1.500,000 £.

En vertu d'un arrangement avec les créanciers, on convertit les intérêts en retard de cette dette en titres de rente qu'on devait servir au taux de 1 o/o jusqu'en 1865, de 2 o/o de 1865 à 1870, et de 1870 à l'extinction de la dette, au taux de 3 o/o. Ces titres disparurent de la circulation en 1890. A la fin de 1895, il ne restait de cet emprunt qu'un solde débiteur de 838,152 $ or.

En mai 1881, les Banques C. de Murietta et Cie de Londres et L. et R. Cahen, d'Anvers, organisèrent l'émission, au taux de

91, d'un emprunt (pour les chemins de fer) de 2,450,000 £ portant 6 o/o d'intérêt. Le produit en fut appliqué à la construction du prolongement de la ligne du « Central Norte » et à l'achèvement des lignes de San Juan et Santiago del Estero.

Une partie de cet emprunt fut convertie en 1889.

En 1882, un emprunt de £ 385,000 à 5 o/o fut contracté par l'intermédiaire de la « London and River Plate Bank ». Le produit en était destiné aux travaux du port.

Au mois de mars 1894, la maison Baring brothers et C°, de Londres, et la Banque de Paris émirent, à 84 1/2 o/o de leur valeur nominale, pour 1,714,200 £ de titres à 5 o/o d'intérêt et 1 o/o d'amortissement.

En 1886, un emprunt de 8,290,100 £, à 5 o/o gagé sur les revenus de la douane et destiné à la réalisation de grands travaux, fut négocié avec Baring brothers et J. S. Morgan, de Londres.

Sur cette somme totale, 4,000,000 de £ furent offerts au public en janvier 1886, au taux de 80 o/o, et le reste en janvier 1887, au taux de 85 1/2 o/o (amortissement 1 o/o).

Au cours de la même année, et afin d'activer les travaux de la ligne « Central Norte », on négocia avec la maison Baring brothers un emprunt de 3,968,200 £ à 5 o/o d'intérêt et 1 o/o d'amortissement. On livra au public par émissions partielles :

1,300,000 £ à 91 o/o en juin 1887 ;
1,500,000 £ à 94 o/o en avril 1888 ;
1,168,200 £ à 97 o/o en mai 1889.

En 1887, en vue de la conversion de 9 o/o des bons du Trésor, un emprunt de 624,000 £ à 5 o/o d'intérêt et 1 o/o d'amortissement fut contracté avec Baring brothers.

Pour mener à bien une opération semblable portant sur 6 o/o des bons de 1871 et 1882, et des bons de Buenos Aires de 1870 et 1873, le gouvernement s'entendit avec la Diskonto-gesellschaft, de Berlin. Les titres de l'emprunt fait à Baring brothers et C. de Murietta, de Londres (5,290,000 £ à 4 1/2 o/o d'intérêt et 1 o/o d'amortissement) furent émis à 90 o/o.

En août 1889, un emprunt à 5 o/o fut contracté à Londres avec la maison J. S. Morgan pour l'achèvement du « Central Norte ». Les titres n'ayant pas été souscrits, ils furent remis à L. et R. Cahen, d'Anvers, comme caution d'avances que cette maison avait faites au gouvernement argentin.

Quand survint la crise de 1890, le gouvernement se trouva dans l'impossibilité de faire face aux charges que lui créait sa dette extérieure. Il emprunta alors à la maison J. S. Morgan, de Londres, 14,800,000 £, à 6 o/o d'intérêt, (Funding Loan), fit durant trois années, à partir du 1er juillet 1891, le service de la garantie des chemins de fer en titres de cet emprunt, et en accepta les coupons pour leur valeur intégrale, en paiement des droits de douane.

L'emprunt pour les travaux d'assainissement fut contracté en 1890, à Londres, avec la maison Baring brothers 6,324.405 £ au taux de 6 o/o d'intérêt.

Dans les cinq années de 1891-1895, il a été émis :

En 1891 $ or	9.610.177.01
En 1892 —	15.349.681.63
En 1893 —	4.698.399.16
En 1894 —	546.462
En 1895 —	8.253.841.28
En circulation fin 1895	38.458.561.08 $ or.

Dans les deux dernières années ce chiffre s'est accru. Citons :

1º Le prêt à la province de Tucuman (loi nº 3.059).

2º L'avance de 2,200,000 $ faite selon les lois 3.471 et 3.479 aux agriculteurs de Santa Fé, Cordoba et Entre Rios (pour achat de semences, à la suite des fléaux dont il a été parlé ailleurs).

3º Les titres de rente émis pour payer les garanties de chemins de fer en souffrance, pour régulariser ce service et pour acheter diverses lignes ferrées (loi nº 3.350). En 1897, le gouvernement a mis en circulation, de ce chef, du papier pour $ or 16,619,441,23, pour achats de chemins de fer et rachats de garanties.

— — — (Loi du 30 juin 1864)	570.400 »	— .— —	2.480 »	» »
— — provinciaux (Loi du 8 juin 1861)	2.480 23	» »	2.480 »	» »
Emprunt (Loi du 16 octobre 1891)	13.642.100 »	31.400 »	261.000 »	13.412.500 »
— national intérieur.	27.042.600 »	» »	1.193.400 »	23.849.200 »
— (Loi du 5 janvier 1894)	5.154.700 »	1.190.500 »	379.600 »	5.965.400 »
B. — Dette en or.	**46.844.774 56**	**1.244.500 »**	**1.907.800 »**	**44.181.474 26**
Fonds publics nationaux (Loi du 2 décembre 1886) . . .	9.512.000 »	» »	» »	9.512.000 »
— — — (Loi du 15 août 1887)	18.517.500 »	» »	» »	18.517.500 »
— — — (Loi du 3 novembre 1887) . . .	159.604.500 »	» »	42.000 »	159.562.500 »
Emprunt (Loi du 29 octobre 1891)	1.654.500 »	» »	20.000 »	1.634.500 »
II. — DETTE EXTÉRIEURE	189.288.500 »	» »	62.000 »	189.226.500 »
Emprunt anglais 1824	858.152 »	» »	» »	858.152 »
— des chemins de fer	1.770.753 60	» »	» »	1.770.753 »
Fonds publics nationaux (Loi du 12 octobre 1882)	7.378.056 »	» »	» »	7.378.056 »
Emprunt des travaux publics (Loi du 21 octobre 1885). .	38.209.248 »	» »	» »	38.209.248 »
Bons du Trésor (Loi du 21 juin 1887)	2.928.492 »	» »	» »	2.928.492 »
Emprunt de conversion (Loi du 2 août 1888)	25.185.182 40	» »	» »	25.185.182 40
Conversion Hard Dollars	12.314.433 60	» »	» »	12.314.433 60
Emprunt des chemins de fer (Central Norte, 1re série) . .	18.992.736 »	» »	» »	18.992.736 »
— — — — 2e série) . .	14.432.947 20	» »	» »	14.432.947 20
— (Loi du 23 janvier 1891).	30.204.719 80	8.253.841 28	» »	38.458.561 08
— pour les travaux du port	6.860.952 »	» »	» »	6.860.952 »
— — d'assainissement	31.875.000 »	» »	» »	31.875.000 »
III. — DETTE TOTALE	190.950.672 60	8.253.841 28	» »	199.244.513 28
Dette en papier-monnaie	46.844.774 56	1.244.500 »	1.907.800 30	46.181.474 26
— en or	380.279.172 60	8.253.841 26	62.000 »	388.471.013 28

DETTE CONSOLIDEE	Solde au 31 décembre 1896.	Émission de 1897.	Amortissement de 1897.	Solde au 31 décembre 1897.
DETTE INTERNE — $ m/n				
Fonds publics nationaux (Loi du 2 septembre 1891) . .	339.967 36	» »	45.880 08	294.087 28
— — — (Loi du 30 juin 1884)	546.900 »	9.300 »	42.300 »	513.900 »
Emprunt (Loi du 16 octobre 1891). — Encaissement des actions de la Banque nationale	13.172.000 »	24.600 »	293.600 »	12.903.000 »
Emprunt national	24.569.200 »	» »	2.040.100 »	22.529.100 »
— (Loi du 5 janvier 1894)	7.210.000 »	3.972.800 »	664.800 »	10.518.000 »
	45.838.067 36	4.006.700 »	3.086.680 08	46.758.087 28
Emission ci-contre	4.006.700 »	amortissement ci-contre . .		3.786.680 08
	49.844.767 36	» »	» »	49.844.767 36
DETTE INTERNE — $ or				
Fonds publics nationaux (Loi du 2 décembre 1886) . .	9.512.000 »	» »	» »	9.512.000 »
— — — (Loi du 12 août 1887)	18.517.500 »	» »	» »	18.517.500 »
— — — (Loi du 3 novembre 1887) . .	159.518.500 »	» »	46.000 »	159.472.500 »
Emprunt (Loi du 29 octobre 1891)	1.614.500 »	» »	20.000 »	1.594.500 »
	189.162.500 »	» »	66.000 »	189.096.500 »
	» »	amortissement ci-contre . .		66.000 »
	189.162.500 »	» »	» »	189.162.500 »
Emprunt Anglais de 1824	838.152 »	» »	» »	838.152 »
— des chemins de fer	1.770.753 60	» »	» »	1.770.753 60
Fonds publics (Loi du 12 octobre 1882)	7.378.056 »	» »	» »	7.388.056 »
Emprunt des travaux publics (Loi du 21 octobre 1885).	38.209.248 »	» »	» »	38.209.248 »
Bons du Trésor (Loi du 21 juin 1887)	2.928.492 »	» »	» »	2.928.492 »
Emprunt de conversion (Loi du 12 août 1888)	25.185.182 40	» »	» »	25.185.182 40
— — — piastres fortes	12.314.433 60	» »	» »	12.314.433 60
— Chemin de "Central Norte" (prolong.) 1re sér.	18.992.736 »	» »	» »	18.992.736 »
— — — — — 2° sér.	14.432.947 20	» »	» »	14.432.947 20
— de 14,880,000 £ (Loi du 23 janvier 1891) . . .	38.458.561 08	» »	» »	38.458.561 08
— Port de la Capitale	6.860.952 »	» »	» »	6.860.952 »
— Travaux d'assainissement	31.875.000 »	» »	» »	31.875.000 »
— Chemins de fer garantie	17.512.929 43	16.619.441 23	88.440 29	34.043.930 37
	216.757.443 31	16.619.441 23	88.440 29	232.298.444 25
Emission ci-contre	16.619.441 23	amortissement ci-contre . .		88.440 29
	233.376.884 54	» »	» »	233.386.884 54
Total de la Dette externe	216.757.443 31	» »	» »	233.288.444 25
— interne	189.162.500 »	» »	» »	189.096.500 »
	405.919.943 31	» »	» »	422.384.944 25
Emission ci-contre	16.619.441 23	» »	» »	154.440 29
	422.539.384 54	» »	» »	422.539.384 54

II

CONVERSION

A la date du 8 août 1896, le Sénat et la Chambre des Députés votèrent une loi tendant à convertir à un taux uniforme de 4 o/o la dette extérieure de la nation.

Cette loi prévoit, sous certaines conditions, le rachat par le Gouvernement fédéral des dettes contractées à l'étranger par les provinces.

Ces dispositions qui comportent des arrangements particuliers entre le cabinet de Buenos Aires et les parlements provinciaux, n'ont pas encore été mises en vigueur.

Elles nécessitent, en effet, la ratification des Chambres argentines, et on ne saurait prévoir la mise en œuvre de cette opération dans son ensemble avant un délai de deux ou trois ans (1).

L'arrangement proposé aux porteurs de titres du 6 o/o de la province de Buenos Aires (2) a été accepté récemment par les Anglais et les Allemands. Par suite, les 34,000,000 $ dont il s'agit ont été attribués comme suit :

1° Emprunt 6 juin 1881 (Baring brothers).		$ 15.583.400
2° — 26 mai 1881 (Riachuelo, Stern).		841.850
3° — 7 août 1883 (Ensenada) . . .		8.791.650
— 23 avril 1885 5 o/o Berlin . . .		8.783.100
$ or		34.000.000

Les porteurs des valeurs indiquées ci-dessus sous les n°s 1 à 3, recevront environ 83 o/o ; ceux qui figurent sous le n° 4,74 o/o.

En dehors de l'emprunt de la ville de Buenos Aires dont l'arrangement est également définitif, MM. Otto S. Bemberg et Cie ont réglé, sauf approbation des porteurs de bons, les dettes des provinces de Corrientes et de San Luis (3).

---

(1) Annexe XXIV.
(2) Annexe XXV.
(3) Voir Annexe XXV.

DEUXIÈME PARTIE

NOTICES

<small>SUR LES</small>

UNITÉS ADMINISTRATIVES DE LA RÉPUBLIQUE ARGENTINE

BUENOS AIRES

CAPITALE FÉDÉRALE

SITUATION GÉOGRAPHIQUE. — CLIMAT. — SUPERFICIE. — POPULATION.
— TRAVAUX ET MOUVEMENT DU PORT. — VALEUR DES PROPRIÉTÉS.
— CONTRATS HYPOTHÉCAIRES. — COMMERCE. — INDUSTRIE. —
MOYENS DE TRANSPORT. — TÉLÉPHONES. — ÉCLAIRAGE. —
DÉMOGRAPHIE. — ALIMENTATION. — SERVICE DES EAUX. —
PROFESSIONS. — INSTRUCTION PUBLIQUE. — THÉATRES. —
ASSISTANCE. — CRIMINALITÉ. — FINANCES MUNICIPALES. —
AGRICULTURE. — TROUPEAU.

Buenos Aires fut fondé le 2 février 1535, par Pedro de Mendoza, arrivé d'Espagne avec 14 navires et 2,000 hommes.

Juan de Garay reconstruisit, en 1580, la ville qui, en 1560, avait été détruite par les Indiens.

En 1608, elle comptait 2,000 habitants; en 1800, 50,000; c'est aujourd'hui la deuxième cité latine du monde, et l'agglomération la plus importante de l'hémisphère Sud (1), avec plus de 753.000 habitants (2), sans comprendre la population du territoire municipal suburbain et des faubourgs de Belgrano et Flores, sur une étendue totale de 186 km. carrés.

---

(1) Les villes de Mélbourne, Rio de Janeiro, Sydney ne viennent qu'après Buenos Aires par le chiffre de leur population et le mouvement de leurs ports.
(2) Au recensement de 1895 :
    663.854 habitants : Argentins . . . 150.631 hommes; 167.730 femmes.
    — Etrangers . . 206 071 — 139.422 —

Buenos Aires s'élève, par 34°36' de latitude Sud, 60°42' de longitude O. de Paris, et 22 m. d'altitude (1), sur la rive droite du Rio de la Plata, dont la largeur à cet endroit est d'environ 50 km.

La température la plus élevée qu'on ait observée est + 39°5 (en 1877), et la plus basse + 2°.

Les pluies sont peu fréquentes; la ville n'étant pas abritée, les vents du Sud (*pamperos*) y soufflent souvent avec violence.

Les tempêtes, généralement de courte durée, éclatent surtout de septembre à janvier.

TRAVAUX ET MOUVEMENT DU PORT

PORT MADERO.

Les travaux de construction du port ont été terminés en 1897.

Les premiers projets, présentés à deux reprises, en 1865 et 1869, ne furent adoptés qu'en 1886, sous la présidence du général Roca.

M. Eduardo Madero, Argentin, a dirigé l'entreprise; l'ingénieur Hawkshaw a dressé les plans; la maison Walker a exécuté les travaux.

Le port possède deux entrées (l'une au Nord, et l'autre au Sud), deux darses et quatre bassins de 120 m. de largeur avec des longueurs variant de 690 à 1,570 m. (2).

Cinq écluses munies de ponts tournants font communiquer ces bassins. Sur les quais fonctionnent 77 grues hydrauliques.

---

(1) Déclinaison magnétique 10°35' E. Variation annuelle 3".

(2)	SITUATION	Longueur totale des quais	Longueur des quais disponibles
Darse du Sud	. . . .	1976 m.	600 m.
Dock n° 1	. . . .	1400	1060
— n° 2	. . . .	1420	1140
— n° 3	. . . .	1660	1380
— n° 4	. . . .	1530	1260
Darse Nord	. . . .	1400	—
Ecluses.	. . . .	1196	—
	Total	10.582 m.	5440 m.

Le magasin pour les marchandises, 8 hangars et 13 dépôts (constructions en briques), à 3 et 4 étages, élevés sur caves, peuvent théoriquement recevoir 517,000 tonnes; mais la contenance utile est inférieure de 33 o/o au dit chiffre.

Entre la ville et le port, on a gagné sur les terrains, jadis inondés, environ un million de mètres superficiels, traversés par de larges boulevards et desservis par des tramways et des voies ferrées (1).

La vente de cette partie, remblayée aujourd'hui, de l'ancien lit du Rio de la Plata, couvrira, dit-on, une grande partie des dépenses de construction et d'aménagement du port.

Jusqu'à ce jour, les capitaux investis dans ces travaux ont produit un revenu de 8 o/o l'an.

Avant la construction de Puerto-Madero, on embarquait les marchandises à San Fernando ou à Quilmes sur de petites chaloupes qui les portaient à bord des vapeurs mouillés au large; les nouvelles installations représentent pour le commerce une économie de 25 o/o environ sur le prix des frets.

MOUVEMENT DES ENTRÉES DU PORT DE BUENOS AIRES
DEPUIS 1825.

1825. . . .	50.000 tonnes.	1890.	3.753.000 tonnes.
1849. . . .	112.000 —	1891. . . .	3.273.000 —
1850. . . .	97.000 —	1892. . . .	3.524.000 —
1857. . . .	229.000 —	1893. . . .	4.155.000 —
1867. . . .	405.000 —	1894. . . .	4.852.000 —
1877. . . .	849.000 —	1895. . . .	6.883.500 [2] —
1887. . . .	2.863.000 —	1896. . . .	9.565.600 —

(1) 36 km. de chemins de fer font le service des quais; ils permettent le dégagement de 70,000 tonnes de marchandises par journée de dix heures.
(2) Dès 1895 le nombre des bâtiments entrés était de 10,969: en 1896, 11,640.
Le nombre moyen des navires dans le port dépasse 700

VALEUR DES PROPRIÉTÉS

En 1895, les 35 ou 36,000 maisons de Buenos Aires, couvraient une étendue de 24 millions de mètres carrés. Aujourd'hui on compte plus de 41,000 édifices. Leur loyer annuel représente environ 150 millions de francs. Ce revenu, capitalisé à 8 o/o (rendement normal en Argentine), donne pour la valeur de la propriété bâtie 1,875,000,000 de francs(2,325 francs par habitant).

La proportion entre la population et le nombre de propriétaires de maisons indique que 8 o/o des habitants possèdent un immeuble.

Pendant les quinze dernières années, on a dépensé, en constructions particulières, au moins 800 millions de francs.

En 1896, le mouvement des ventes et achats de propriétés urbaines a porté sur 9,956 maisons d'une valeur moyenne de 4,600 $ m/n, non compris le terrain dont le prix varie de $ 0,53 à $ 850,70 (emplacement vendu sur la rue Defensa, en 1896).

Dans ces opérations, 304 Français figurent comme vendeurs, et 488 comme acheteurs, pour un total de 9.503,669 $; la somme des achats dépasse celle des ventes de 2,600,000 $.

En 1889-1890, cette différence, en faveur des acquisitions faites par nos compatriotes, avait atteint 15,600,000 $ (1).

Enfin, le tableau suivant fait ressortir les sommes investies dans les transactions sur la propriété urbaine par chaque nationalité :

---

(1) Voici la part qui revient à nos compatriotes depuis 1889, dans ce genre d'affaires :

ANNÉES	o/o des ventes	o/o des achats		ANNÉES	o/o des ventes	o/o des achats
1889	4.14	2.96		1893	4.87	7.18
1890	4.52	5.97		1894	4.46	7.10
1891	6.21	7.62		1895	5.36	12.46
1892	4.15	7.27		1896	5.96	8.28

Nationalités	Nombre des vendeurs	Valeurs des propriétés vendues	Nombre des acheteurs	Valeurs des propriétés achetées
Italienne	2.735	$ 15.235.383 79	4.492	$ 20.351.175 40
Française.	314	3.443.542 74	488	6.060 126 55
Uruguayenne	31	479.830 18	28	763.777 97
Espagnole	491	4.365.780 28	684	4.589.408 01
Allemande	85	1.041.284 40	132	1.228.417 60
Argentine.	2.878	35.993.162 60	2.559	31.456.075 35
Anglaise	79	1.548.197 52	104	1 375.602 13
Diverses nationalités . .	289	4.363.360 17	230	3.157.387 13
Personnes juridiques . .	462	6.720.916 51	53	4.209.490 05
Totaux.	7.364	73.191.458 19	8.760	73.191.460 19

Les contrats de vente à réméré ont porté sur un capital de 2,620,319 $.

CONTRATS HYPOTHÉCAIRES

On a hypothéqué 2,489 propriétés pour une somme de $ 24,046,943,10.

Voici le détail de ces opérations :

Nationalités	Nombre des débiteurs	Sommes reçues	Nombre des créanciers	Sommes prêtées
Argentine.	949	$ 14.159.132 46	567	$ 7.234.432 25
Italienne	934	3.182.314 32	916	6.406.896 01
Espagnole	137	1.160.124 »	173	1.367.496 40
Française.	115	1.504.666 50	159	2.610.520 66
Anglaise	30	381.153 80	15	299.382 »
Allemande	36	474.750 »	40	745.910 72
Uruguayenne	10	376.915 20	21	336.875 20
Diverses nationalités. . .	92	691.236 82	93	985.308 17
Personnes juridiques . .	2	116.650 »	180	4.060.121 69
Totaux.	2.305	24.046.943 10	2.164	24.046.943 10

Durant la période comprise de 1889 à 1896 :

737 Français ont prêté. . . . . . . 13,749,171 $ 58.
et 604 ont emprunté. . . . . 7,966,259 $ 22.

En dehors de la propriété particulière, il existe de nombreux édifices publics, à citer le Palais du Gouvernement, ancien Palacio des vice-rois, appelé « *Casa Rosada* », construit en 1688, sur l'emplacement du premier fort de Buenos Aires et entièrement réédifié dans les dernières vingt années ; l'Université élevée par les Jésuites et devenue propriété nationale après l'expulsion de ces derniers ; le Musée, — la Bibliothèque, — la Monnaie, — la Bourse, — la Poste, une quinzaine d'églises catholiques, — des temples protestants anglais, américains, écossais, luthériens, etc., etc.

Parmi les monuments appartenant à des particuliers ou à des sociétés, on remarque ; les Banques de la province, de Londres et Rio de la Plata, nationale, anglaise, italienne, espagnole, française, allemande, l'énorme immeuble *Mercado de frutos del país*, dépôt et marché des laines et autres produits indigènes dont il est parlé ailleurs, en détail ; — des théâtres, au nombre de 26, — des clubs et, en particulier, le « Jockey Club », de construction récente ; — des hôpitaux et asiles, — des écoles publiques et privées, etc., etc.

COMMERCE ET INDUSTRIE

En 1887, Buenos Aires comptait 12,798 maisons de commerce ; en 1895, 30,355 (1).

Les diverses industries fonctionnant en 1895 étaient au nombre de 2,371.

---

(1) Epiceries en gros 80
Dépôts de faïences et cristaux 13
  »   de machines. 4
  »   d'articles maritimes. 7
  »   de matériaux de construction. 66
  »   de fers. 5
  »   de bois. 82
Maisons de consignation et commission 18
  »   »   de produits du pays 231
  »   »   de navires. 18
Exportateurs 62
Importateurs. 516
Maisons d'importation et d'exportation 34
Représentants de fabriques. 130
Sociétés anonymes 21

Parmi les plus importantes, il faut signaler :

    4 Fabriques de conserves.
    4   —   de bière.
    3 Cristalleries.
    3 Fabriques d'articles métallurgiques.
    6   —   d'allumettes.
    5   —   de parfumerie.
    20 —   de tissus.
    30 —   de chapeaux.
    28 Moulins, etc., etc.

Les 28 moulins représentent une valeur de 4,891,221 $, et sont tous à vapeur et à cylindre. Leur force motrice est de 1,130 chevaux.

En 1895, ils ont traité 103,091 tonnes de blé, et ont produit 67,845 tonnes de farine, soit un rendement de 658 o/oo.

MOYENS DE TRANSPORT

Buenos Aires est la tête de six lignes de chemins de fer, à savoir :

Désignation des chemins de fer	Entrevoie	Longueur totale	Longueur totale dans le municipe	Garanties par la nation	Garanties par la province	Sans garantie concédés par la nation	Sans garantie concédés par la province
Buenos Aires au Pacifique.	1,676	688 k 6	15 k 3	15 k 3	—	—	—
Ouest de Buenos Aires . .	—	705 4	23 5	—	—	—	23 5
Sud — — . .	—	2.257 2	2 8	—	—	—	2 8
Buenos Aires à Rosario. .	—	1.489 8	14 6	—	—	14 6	—
Central Argentino	—	1.272 »	13 3	—	—	13 3	—
Buenos Aires-la-Ensenada .	—	190 7	6 6	—	—	—	6 6
			76 k 1	15 k 3	—	27 k 9	32 k 9

Ces compagnies ont transporté, en 1896, dans les limites du territoire municipal, 9,486,117 voyageurs, et 2,640,000 tonnes de marchandises. Le service a été fait par trois cent cinquante-six machines.

En outre, Buenos Aires est desservi par un tramway rural et par neuf lignes de tramways couvrant un réseau de 378 km. 500. Le mouvement de chacune d'elles, en 1896, a été le suivant :

Noms des Compagnies	Longueur du réseau		Nombre de voitures en service par jour	Nombre de chevaux en service par jour	Nombre de personnes occupées par jour	Nombre de voyages effectués par an	Nombre de voyageurs transportés par an
Ville de Buenos Aires . .	61	»	147	2.735	1.338	717.206	30.412.456
Anglo-Argentin	105	»	205	2.893	1.309	846.873	27.775.416
Grand National	64	»	83	1.061	477	257.044	8.956.549
Buenos Aires à Belgrano.	21	»	55	832	319	216.642	5.802.510
Tramway de la Capitale .	19	»	27	438	179	120.141	4.293.045
La Nouvelle Cⁱᵉ	43	»	47	744	328	200.934	7.526.630
La Rurale	29	500	58	410	145	103.205	3.954.437
Le Métropolitain.	35	»	37	410	195	106.650	3.128.166
T. del F. C. (T. B.). . .	1	»	2	12	8	19.070	229.726
Totaux.	378 k 500		661	9.535	4.293	2.587.765	92.078.935

La progression du nombre de voyageurs transportés par tramways de 1880 à 1896, a été la suivante :

1890	56.141.464
1891	57.799.362
1892	67.160.960
1893	73.905.626
1894	70.994.213
1895	84.991.868
1896	92.079.934

Pendant le mois d'août 1898, le nombre des compagnies était de 10 : — réseau, 388 kilomètres ; voitures, 805 ; chevaux, 10,554 ; personnel, 4,793 ; voyages, 273,772 ; nombre de voyageurs, 8,091,787.

Plus de 5,000 voitures de place, attelées à deux chevaux, font le service de la ville.

Les chars et charrettes servant à divers usages, sont évalués à 15,000. Au total : 20,000 véhicules de toutes sortes.

TÉLÉPHONES

Deux compagnies téléphoniques comptent à Buenos Aires et dans les communes suburbaines, près de 10,000 abonnés ; elles occupent de 500 à 550 employés dont 361 femmes.

ÉCLAIRAGE

La ville est éclairée au gaz et à l'électricité.

Les compagnies d'éclairage par le gaz sont au nombre de quatre ; elles ont fourni à la consommation, en 1896, près de 20 millions de mètres cubes, représentant environ 6,500,000 $ m/n.

L'éclairage électrique des rues est fait par les soins de la municipalité (1), ou, comme à Port-Madero et Riachuelo, par les soins de diverses usines concessionnaires (2).

DÉMOGRAPHIE

En 1896, on a relevé sur les registres de l'état civil 235,257 naissances.

Les enfants nés de parents français (715) représentent 2,48 o/o de ce chiffre.

Pendant la même année, les juges de paix de la capitale ont célébré 5,797 mariages, parmi lesquels 34 ont été contractés par des Argentins avec des Françaises, et 53 par des Français avec des Argentines.

Le nombre de décès s'est élevé à 149,353, dont 576 de Français ; soit 4,22 o/o du total.

Des chiffres qui précèdent, il ressort que la population de Buenos Aires a augmenté, en 1896, de près de 20 o/o (sans tenir compte de l'immigration)..

La ville et le *municipe* sont partagés en 31 sections de police désignées par des numéros. Le numéro 30 correspond à la section fluviale, et le numéro 31 à l'île de Martin Garcia (3).

---

(1) Sur la place de Mayo, il y a 36 lampes de 1,000 bougies, sur l'avenue Mayo, 80 lampes de 2,000 bougies, etc.
(2) La ville donne des concessions de voirie sans privilège.
(3) Le lazaret argentin se trouve sur cette île.

ALIMENTATION

La viande constitue le principal aliment de la population de Buenos Aires (et de toute l'Argentine).

En 1890, il en a été consommé dans la capitale 72,000 tonnes (1) (360 kgr. par habitant), et 129,000 en 1896 (181 kgr. par habitant) (2).

La culture maraîchère et l'installation des fabriques de légumes conservés tendent à faire baisser constamment la consommation moyenne de la viande.

SERVICE DES EAUX

Le service des eaux courantes est assuré par une société particulière qui a distribué, en 1896, près de 35 millions de mètres cubes d'eau par jour, soit 132 litres par personne.

Au mois d'août 1898 (hiver de Buenos Aires), la distribution a atteint 2,435,319. — 40,610 maisons ont des concessions. — La ville a fait installer 3,774 bouches d'incendie.

PROFESSIONS

Le tableau suivant fait ressortir l'importance comparée des principales professions en 1887 et 1895 :

PROFESSIONS	1887	1895
Professions libérales	5.162	8.347
Personnel sanitaire (médecins, pharmaciens, etc.).	1.005	1.565
Militaires, clergé, employés.	11.949	27.389
Personnel du Commerce.	32.909	36.311
Personnel de travaux agricoles et d'élevage.	3.005	5.085
Ouvriers d'arts manuels.	72.622	100.057
Services personnels (domestiques)	73.598	71.440

(1) En 1822, la consommation par tête était de 484 kgr. Il est utile de rappeler qu'à cette époque, le peuple ne connaissait pas le pain dont l'usage ne s'est généralisé que vers 1851-1856. (2) L'apparente contradiction s'explique par l'accroissement de la population. — 45 kgr. à Paris en 1891, 40 kgr. à Rome en 1893.

INSTRUCTION PUBLIQUE

La population scolaire inscrite dans les établissements d'instruction publique en 1896 se décomposait comme suit :

Ecoles primaires.	45.571
» secondaires. . . .	1.687
» supérieures. . . .	1.070
» normales.	1.713
Total	50.041

Les bibliothèques publiques ont été fréquentées par 54,727 personnes.

THÉATRES

Les théâtres ou concerts sont au nombre de 26 ; ils ont donné en 1896, 3,500 représentations auxquelles ont assisté 1,792,305 personnes. Le produit brut des entrées avait atteint 2,023,686,30 $ m/n. Au mois d'août 1898, 14 de ces salles de spectacles étaient ouvertes au public. — On avait enregistré 112,991 entrées. Recette brute $ 245,351,90.

HOPITAUX ET ASSISTANCE PUBLIQUE

LOTERIES DE BIENFAISANCE.

Buenos Aires possède 15 hôpitaux (1) et 18 asiles. Les premiers ont reçu, en 1896, 22,011 (pendant le mois d'août 1898 : 9,703 malades) et les seconds ont donné abri à 46,392 indigents.

D'autre part, au cours du présent exercice, plus de 2,000 per-

---

(1) Sur ces 15 établissements, il y en a un français, un espagnol, un italien et un anglais.

sonnes ont été internées dans les deux établissements d'aliénés installés près de la capitale (1).

Les loteries nationales de bienfaisance absorbent tous les ans de 25 à 30 millions de $ et le pari mutuel environ 15 millions, 13 millions pour les courses et; 2 millions pour le jeu de paume *(pelota)*.

CRIMINALITÉ

Les délits de toutes catégories relevés, en 1894, dans Buenos Aires peuvent se classer en :

Délits contre les personnes		. . . . . .	2.254
» »	la propriété	. . . .	2.990
» »	les mœurs	. . . .	9
» »	les garanties personnelles et l'ordre public	. . . .	439
	Total	. . . . . .	5.692 (2)

Suivant les nationalités, la répartition des délinquants a été comme suit :

Argentins	35.31 o/o	Uruguayens	4.13 o/o
Italiens	32.06	Anglais	0.97
Espagnols	17.04	Allemands	0.95
Français	4.99	Diverses nations	4.55

On a relevé, en outre, 103 suicides et 126 tentatives de suicide.

FINANCES MUNICIPALES

En 1895, les recettes de la municipalité de Buenos Aires se sont élevées à $ 12,082,132,59 et les dépenses à $ 11,514,180.

---

(1) Le laboratoire bactériologique a procédé à 6,470 analyses.
Le laboratoire de vaccine antirabique a traité 2,193 personnes ; 326 cadavres ont été incinérés.
(2) La prison de Palerme a reçu 1,067 condamnés ou prévenus et la prison correctionnelle, 335.

En 1896, ces chiffres ont été dépassés et le budget s'est soldé par un déficit, ainsi qu'il ressort du tableau suivant :

RECETTES.

I. Recettes n'ayant pas le caractère d'impôts.	1.194.240.21
II. Revenus du domaine privé	4.072.689.50
III. Contributions directes	4.484.187.77
IV. » indirectes	1.514.403.21
V. Ressources casuelles	1.388.693.55

Total.	12.654.214.24
Dépenses	12.777.197.45
Déficit	122.983.21

De 1893 à 1896, les revenus de Buenos Aires ont été :

1893.	$ 19.890.351.34
1894.	11.666.540.05
1895.	12.082.132.59
1896.	12.654.214.24

Des chiffres afférents à 1896, il ressort : 1° que la municipalité a dépensé 2,962 francs par 100 habitants (1) ;

2° Que chaque habitant paie à la ville un impôt moyen annuel de 145 francs.

La dette municipale s'élève à la somme de 107,274,301 $ soit 745 francs par habitant. (2).

(1) Dans les principales villes d'Italie, cette proportion est de :
5.740 Frs 25 à Rome.
46.940 43 à Gênes.
4.365 38 à Florence.
3.586 25 à Milan.
3.312 46 à Naples.

(2) Voir annexes XXIV et XXV pour les arrangements des dettes provinciales et municipales.

CULTURES ET TROUPEAU

Le domaine ensemencé autour de la ville est très restreint et uniquement consacré à la culture maraîchère dont l'introduction est due à des Français.

Le troupeau qui vit dans les environs immédiats de Buenos Aires se décompose comme suit (1) :

Race bovine	Créole	6.112
	Croisée	2.646
	Pur sang	65
	Vaches laitières	4.844
	Bœufs de labour	2.732
	Total	16.399, soit 88,2 têtes par km².

Race ovine	Créole	2.827
	Croisée	4.135
	Pur sang	110
	Total	7.072, soit 38 têtes par km².

Race porcine	Créole	4.932
	Croisée	1.673
	Pur sang	265
	Total	6.870

Race chevaline	Créole	27.743
	Croisée	6.703
	Pur sang	744
	Total	35.190, soit 189 têtes par km².
Race asine		189
Race mulassière		836
Total		36.215

---

(1) Dernier recensement.

Race caprine	Créole	1,689
	Croisée.	167
	Pur sang	19
	Total.	1.875 (1).

(1) Le recensement de 1895 avait même porté sur les animaux tels que : autruches 302 ; poules 148,235 ; dindes 17,215 ; et les « insectes utiles ». En ce qui concerne ces derniers, on a enregistré : semence de vers à soie cultivée : 390 gr. — ruches d'abeilles 75.

PROVINCE DE BUENOS AIRES

I

PARTIE CONTINENTALE

POPULATION. — DIVISIONS TERRITORIALES. — NOTICE GÉOGRA-
PHIQUE. — CHEMINS DE FER. — PRINCIPALES VILLES. —
AGRICULTURE. — TROUPEAU. — CARRIÈRES. — COMMERCE ET
INDUSTRIE. — FINANCES.

La province de Buenos Aires compte 921,226 habitants (1) sur une étendue de 305,121 kilomètres carrés, soit 3,01 habitants par kilomètre carré.

Voici la division territoriale par départements :

A. — Région Nord.

	Km²		Km²
1. Arenales (general) .	1.710	Report	6.624
2. Arrecifes	1.701	6. Brown (Almirante).	121
3. Barradero.	2.011	7. Campana	1.125
4. Brandzen	1.090	8. Cañuelas	1.206
5. Barracas al Sud. .	112	9. Carmen de Areco .	1.069
A reporter. .	6.624	*A reporter.* . .	10.145

	Km²		Km₂
Report. .	10.145	Report. .	36.480
10. Colon	981	31. Paz (general, autrefois Ranchos) . .	1.187
11. Chacabuco	2.661	32. Pergamino	3.126
12. Chascomus (et Viedma)	4.189	33. Pilar	645
13. Chivilcoy	2.477	34. Plata (La), Capitale.	1.166
14. Exaltacion de la Cruz	677	35. Quilmes	313
15. Florencio Varela . .	172	36. Ramallo	2.276
16. Junin	2.238	37. Rodriguez (general).	382
17. Las Conchas . . .	1.208	38. Rojas	1.964
18. Las Heras	733	39. Salto !	1.634
19. Lobos	1.725	40. San Andres de Giles.	1.112
20. Lomas de Zamora .	226	41. San Antonio de Areco	1.078
21. Lujan	787	42. San Fernando . . .	51
22. Magdalena (et Rivadavia)	3.475	43. San Isidro	75
23. Marcos Paz	464	44. San Martin	96
24. Matanzas	342	45. San Nicolas	842
25. Merodes	1.090	46. San Pedro	2.154
26. Merlo	176	47. San Vicente	1.010
27. Monte	1.867	48. Sarmiento (general).	246
28. Moreno	182	49. Suipacha	934
29. Moron	133	50. Zarate	882
30. Navarro	1.621		
A reporter. .	36.480	Total.	56.753

B. — *Région Centrale.*

	Km²		Km²
51. Alvear (general) . .	4.016	Report. . .	50.432
52. Ayacucho	6.746	64. Maipu	2.536
53. Azul	6.541	65. Mar Chiquita . . .	3.058
54. Balcarce	3.654	66. Nueve de Julio . .	6.784
55. Belgrano (general) .	1.776	67. Pehuajo	6.373
56. Bolivar	5.206	68. Pila	3.445
57. Bragado	3.062	69. Pinto (general) . . .	4.293
58. Castelli	1.954	70. Rauch	4.269
59. Dolores	1.923	71. Saladillo	4.099
60. Guido (general) autrefois Vecino . .	2.341	72. Tapalqué	4.270
61. Las Flores	3.384	73. Tordillo	1.260
62. Lavalle (general), autrefois Ayo . .	2.949	74. Trenque Lauquen .	11.779
		75. Tuyu	3.208
63. Lincoln	8.880	76. Veinticinco de Mayo	5.186
		77. Villegas	8.223
A reporter	50.432	Total. . .	119.115

C. — *Région Sud.*

	Km²			Km²
78. Aldolfo Alsina. . .	5.843		Report	58.927
79. Alvarado (general).	1.221	88.	Olavarria	7.712
80. Bahia Blanca . . .	6.387	89.	Pringles (Coronel).	5.437
81. Dorrego (Coronel).	4.290	90.	Puàn	7.088
82. Guamini	11.272	91.	Pueyrredon (gene -	
83. Juarez.	8.802		ral	1.435
84. Lamadrid (general).	4.728	92.	Saavedra (general) .	3.651
85. Laprida.	3.375	93.	Suarez (coronel). .	6.061
86. Loberia	5.718	94.	Tandil	4.880
87. Necochea	7.291	95.	Tres Arroyos . . .	6.237
A reporter. . .	58.927		Total. . . .	101.428

D. — *Région de la Patagonie.*

96. Patagones	13.888 Km²
97. Villarino	9.822
Total. . . .	23.710 Km²

La province de Buenos Aires s'étend du 22° au 55° de latitude Sud et du 1°36' de longitude Est au 5° de longitude Ouest du méridien de la capitale fédérale, c'est-à-dire du 55°20' au 77°20' de longitude Ouest du méridien de Paris.

Elle représente près du dixième de la superficie totale de la République (1).

La frontière est formée, au Nord, par l'Arroyo del Medio qui la sépare de Santa Fé ; à l'Est, par le Parana (2), le Rio de la Plata et l'océan Atlantique ; au Sud, par l'Atlantique (3) et les territoires fédéraux ; à l'Ouest par le 62°42' de longitude O. de Paris.

C'est une grande plaine interrompue par deux chaînes de collines, dont l'une (Tandil) varie de 200 à 400 mètres ; l'autre (Ventana), de 300 à 1,000 mètres d'altitude.

---

(1) Les 2/5 de l'étendue de la France.
(2) 150 milles de développement côtier.
(3) Développement côtier de l'Atlantique et du Rio de la Plata 740 milles.

Le territoire est arrosé par 305 rios (1) et 615 lagunes d'un faible volume d'eau (2).

La température moyenne est de 15°5. L'isotherme 14° circonscrit la région centrale comprise entre les montagnes de Tandil et la sierra de la Ventana ; l'isotherme 15° passe au sud de la province à Bahia Blanca, pénétrant en forme de boucle dans le centre de la province; l'isotherme 17° passe au Nord vers l'embouchure du Rio Parana.

Le régime des pluies est irrégulier (3) : on a constaté 400 m/m à Bahia Blanca et 1,000 m/m dans une zone étroite longeant le Parana.

La zone centrale de la province (les deux tiers environ de sa superficie) est soumise à un régime variant de 600 à 900 m/m (4).

CHEMINS DE FER

Le territoire de la province est sillonné par 4,299 kilom. 200 de chemins de fer distribués comme suit :

Désignation des Compagnies	Entrevoie	Longueur totale		Longueur dans la province	
Buenos Aires au Pacifique. .	1 m. 676	688 km.	6	322 km.	3
Bahia Blanca et Nord-Ouest.	—	241	9	137	4
Ouest de Buenos Aires . . .	—	705	4	681	9
Sud — — . . .	—	2.257	2	2.254	4
Central argentin	—	1.272	»	472	6
Buenos Aires à Ensenada . .	—	190	7	184	1
Buenos Aires à Rosario. . .	—	1.489	8	246	5

Ces voies ferrées, dont la tête de ligne est Buenos Aires (capitale fédérale et port), relient les divers points du territoire à *La Plata*, Belgrano, Rivadavia, San Isidro, *San Fernando*,

---

(1) Les principaux cours d'eau sont : Rio Negro, 420 milles. Navigation pour petites embarcations. Colorado, Lujan et Salado.
(2) Les principaux lacs sont : Bragado, Junin, 25 de Mayo, Los Padres, Encadenadas et Mar Chiquita.
(3) En allant du Sud au Nord, les quantités d'eau augmentent progressivement.
(4) Cette quantité serait suffisante, si elle se répartissait plus régulièrement suivant les saisons.

Las Conchas, *El Tigré, Magdalena, Mar del Plata, Necochea, Bahia Blanca,* Azul, Chacabuco, Junin, Pergamino, Chascomus, Tandil, Olavarria, Alsina, Lujan, Mercedes, Dolores, *San Nicolas, San Pedro, Baradero, Zarate,* Pilar, *Campana* (1).

PRINCIPALES VILLES

LA PLATA.

La capitale de la province a été fondée en 1882 (19 novembre), par le gouverneur D^r don Dardo Rocha. Elle est située à 54 kilom. au sud-est de Buenos Aires et à 5 kilom. d'Ensenada, son port.

Sa population, qui comprend celle de tout le *municipe* (faubourgs de la Ensenada, Tolosa, Hornos, Melchor et Romero), est de près de 70,000 habitants.

Le budget de la municipalité, en 1895, montait à $ 514,300 de recettes et $ 753,720 de dépenses.

Le mouvement du port avec l'extérieur, depuis 1892, a été le suivant :

1° *Long cours*

1892.	306 navires	479.195 tonnes
1893.	383 —	616.943 —
1894.	552 —	820.640 —
1895.	628 —	1.041.382 —
1896.	710 —	1.174.873 —

2° *Cabotage*

1894.	2.939 navires	269.743 tonnes
1895.	2.268 —	194.815 —
1896.	1.899 —	153.193 —

Pendant les exercices 1895 et 1896, en ce qui concerne le

---

(1) Dans cette liste, les noms des ports sont écrits en italiques.

trafic au long cours, le nombre des voiliers a diminué pendant que les transports par vapeur ont augmenté.

Il faut attribuer ce fait aux mauvaises récoltes : d'une part, l'exportation des blés a été peu considérable et, de l'autre, on a dû expédier par steamers le maïs (de qualité inférieure) (1).

Quant au cabotage, il a diminué durant les années susdites, en raison des désastres agricoles de 1894-1895 et 1895-1896.

Voici les principaux articles exportés en 1896, par le port de La Plata : ·

Maïs.	350.168	tonnes
Blé	18.061	—
Lin	4.482	—
Son.	6.940	—
Farine.	1.967	—
Viande salée (tasajo)	5.323	tonnes
Laine	3.732	balles
Cuirs salés.	3.113	tonnes
Cuirs de bœuf.	26.454	—
Cuirs de chèvre	104	—
Suif.	3.116	fûts
Graisse	358	—
Boyaux salés.	281	—
Animaux sur pied. { Race bovine	45.880	têtes
{ Race ovine.	202.703	—
{ Race chevaline	1.750	—

L'Angleterre, à elle seule, sur une jauge totale de 1,165,888 T., est représentée par 865,620 T.

---

(1) On jetait le produit sur les marchés avant qu'il eût fermenté dans les cales.

(2) NATIONALITÉS (Long cours)	Navigation à vapeur		Navigation à voile	
	Nombre de navires	Tonnage	Nombre de navires	Tonnage
Angleterre	479	865.620	14	14.232
Italie.	53	122.860	11	9.934
Allemagne	39	65.682	1	1 308
France.	24	63.972	1	937
Norvège	16	19.584	17	16 232
Belgique	4	8.444	»	»
Autriche.	4	7.805	2	1.775
Danemark	2	4.528	»	»
Espagne	2	3.829	2	1.334
Portugal	2	2.411	»	»
Hollande.	1	1.153	»	»
Etats-Unis du Nord-Amérique	»	»	3	3.233
Navires de guerre	30	»	»	»
Totaux	656	1 165.888	51	48.985

Les droits de port et de môle à La Plata ont été fixés par deux lois des 31 décembre 1896 et 3 août 1897.

Elles établissent :

1° Un impôt d'entrée.

2° — de séjour.

3° — de manutention (chargement et déchargement).

4° Un droit de magasinage.

5° Un tarif pour le service des grues.

6° — — de dragage.

Depuis 1892, les recettes du port ont été les suivantes :

$$
\begin{array}{lll}
1892 & \ldots\ldots & \$\ 129.000 \\
1893 & \ldots\ldots & 170.050 \\
1894 & \ldots\ldots & 367.000 \\
1895 & \ldots\ldots & 721.000 \\
1896 & \ldots\ldots & 887.524
\end{array}
$$

BAHIA BLANCA.

La ville de Bahia Blanca (fondée en 1829, sur l'emplacement d'un ancien fortin destiné à maintenir en respect les Tehuel-ches) compte près de 10,000 habitants.

Située à 7 km. du port du même nom, 687 de La Plata, 709 de Buenos Aires (Chemin de fer du Sud) et 792 de Villa Mercedes, Bahia Blanca est le terminus des chemins de fer du Sud, du Sud-Ouest (Pampa central) et de l'Ouest (Neuquen).

L'estuaire de Bahia Blanca s'étend sous le 37ᵉ degré de latitude ; à 6 kilomètres au sud de la rade de Belgrano (1).

(1) Les heures et les hauteurs des marées sont les suivantes :

Points relevés	Au port	Hauteurs des marées Maxima	Hauteurs des marées Minima	Amplitude moyenne des marées	Niveau moyen
Port de Bahia Blanca	5ʰ18'	5ᵐ25	— 0.70	3.48	— 2.07
Rade de Belgrano	4.48	5ᵐ25	— 0.65	—	—
Ponton-phare de Bahia Blanca	4.18	—	—	—	—

Les vents de l'Ouest au Nord favorisent le jusant, ceux de l'Est au Sud-Ouest augmentent le flux.

Les plus grandes marées, en particulier dans la rade de Belgrano, ont lieu sous l'action des vents Sud et Sud-Ouest.

Les marées produisent des courants d'une vitesse moyenne de 4 milles à l'heure, qui maintiennent les profondeurs constantes dans la rade de Belgrano.

Les nombreux canaux qu'on rencontre entre Belgrano et Bahia Blanca sont moins profonds que les rades. Des alluvions y forment sans cesse de nouveaux bancs.

En vue d'éviter les inconvénients que présentent ces basfonds, par suite du resserrement des canaux et de l'accumulation des sables, une commission a été chargée de choisir un nouvel emplacement pour la construction d'un port commercial.

Elle s'est prononcée en faveur de la plage Nord de la rade de Belgrano(1), dont les conditions hydrographiques ont été jugées particulièrement satisfaisantes.

Le volume d'eau diminue à mesure que l'on avance de Port Belgrano vers Bahia Blanca. La marée ne se fait plus sentir à l'entrée de l'arroyo Sauce Chico.

L'estuaire de Bahia Blanca a la forme d'un entonnoir; mais la distribution des bancs est telle que l'eau ne peut y rester à un niveau constant.

Le mouvement du port en 1897 (entrée) a été de 89 vapeurs et 205 voiliers.

A la sortie, on a enregistré :

207.774 sacs de blé.	16.186.881 kgr.
10.721 hectolitres de sel..	
1.120 balles de viande salée.	103.000
3.002 colis de peaux de moutons.	117.771
1.772 balles — —	814.441

---

(1) A 50 km. de l'origine de la barre.

os (en vrac).	68.541
35.177 balles de laine	15.346 329
14.964 sacs —	1.369.254
6.200 cuirs de bœuf secs	66.902
997 — — salés.	31.775
500 — secs de jument.	3.106
8 balles de sabots.	3.182
546 fûts de suif.	112.909
20 colis de plumes.	1.442
10 paquets cuirs de chèvre	127
14 fûts d'huile animale.	32.000
99 fardeaux de tasajo.	5.700
10.093 cornes	3.520

Les droits de douane à l'importation et à l'exportation ont produit environ 180,000 $ or.

Si l'on ajoute les revenus de magasinage, de timbre, de phare, etc., etc., on arrive à la somme de 194,032 $ or, soit une augmentation de 28,000 $ or sur l'exercice 1896.

MAR DEL PLATA.

Mar del Plata (6,000 habitants), chef-lieu d'un district du département de Pueyrredon, station balnéaire, à dix heures (400 km.) de Buenos Aires, à 611 km. de Bahia Blanca, sur les bords de l'Atlantique (1), n'a pas d'importance commerciale (2). Une vingtaine de canots de 8 à 12 m, de longueur sur 2 à 3 m. de large viennent chaque soir y chercher un abri et débarquer, pour être expédié à Buenos Aires, le produit de leur pêche.

Les transatlantiques et les grands caboteurs ne pourraient pas approcher à plus de 1,500 mètres de la côte.

Les opérations de chargement et de déchargement coûte-

. (1) Terminus d'un embranchement du chemin de fer du Sud.
(2) Navigation intérieure : 22 navires, 1,631 tonnes (1896) ; môle construit en 1887 dans la rade centrale.

raient plus cher qu'à Montevideo, par exemple, où le transport d'une tonne de marchandises prise le long du bord, en
grande rade, jusqu'aux dépôts, revient à 2 $ 20 or (5 fr. 40 la $).

La baie est formée par les caps Corrientes et San Antonio.
Depuis quelques années, on projette de faire de ce point (bien
abrité contre les vents du Sud) une grande station navale pour
les bâtiments allant à Bahia Blanca.

Comme cette dernière ville reçoit les produits du sud de la
province, Mar del Plata servirait d'entrepôt à l'Occident argentin. On éviterait ainsi de payer les tarifs de chemin de fer du
Sud les plus élevés de la République (1).

NECOCHEA.

Necochea (3,500 habitants) est située au sud-ouest de la province de Buenos Aires, sur les bords de l'Atlantique et à l'embouchure du Rio Quequen Grande.

Un embranchement du chemin de fer du Sud relie cette ville
avec la capitale fédérale et Bahia Blanca (par Ayacucho).

Le port de Necochea (2) n'offre d'abri qu'aux bâtiments ne
calant pas plus de 2 m.; des embarcations de pêcheurs seulement peuvent y pénétrer. D'ailleurs, jusqu'à 70 milles au large,
on ne rencontre pas de profondeur dépassant 15 m.

Ce port était beaucoup plus fréquenté avant que le « ferrocarril del Sur » n'eût établi des moyens de communication rapides, réguliers et fréquents entre Bahia Blanca et Buenos Aires.

----

(1) Tandis que le « Buenos Aires y Rosario » perçoit $ or 23,96 la tonne de 1,000 kgr., pour
330 km., le F. C. del Sur » fait payer $ or 34,97.
    Ces différences s'expliquent par le nombre des ports sur le Rio de la Plata et le Parana et
leur absence sur la côte ouest de la province de Buenos Aires.
    (2) Navigation intérieure : 1 navire, 43 tonnes (1896).

TIGRÉ.

Le Tigré est un petit port de l'île du même nom, enserrée entre les rios Las Conchas, Lujan et Tigré.

Située à 3o km. de Buenos Aires, cette ville (5,ooo habitants) est le point terminus du Chemin de fer du Nord.

En 1896, 74 navires jaugeant 2,219 tonnes ont passé dans cette escale.

L'île du Tigré est l'une des stations estivales des « Porteños » (habitants de Buenos Aires).

SAN NICOLAS.

San Nicolas, chef-lieu de département est situé au nord-ouest de la province de Buenos Aires, sur les bords du Parana.

Cette ville, créée en 1749 par José de Aguilar, renferme aujourd'hui environ 19,ooo habitants.

Son port est visité par des caboteurs et des navires de haute mer.

En 1896, la capitainerie a enregistré : pour la navigation extérieure, 64 bâtiments (70,6o6 tonnes) ; pour la navigation intérieure, 534 bâtiments (280,496 tonnes).

Station des chemins de fer « Buenos Aires à Rosario y Tucuman » « del Oeste » et de la ligne allant sur Lujan et Pergamino, San Nicolas est à 65 km. de Rosario, à 73 de Pergamino et à 239 (cinq heures) de Buenos Aires.

Une importante fabrique de viandes congelées fonctionne depuis quatre ans sur les bords du Rio Parana.

Les autres industries sont des distilleries, des saladeros et des ateliers de réparation de tramways.

SAN PEDRO.

San Pedro, fondé en 1770, chef-lieu du département du même nom, compte 6,000 habitants.

Son port, de création récente, sur le Rio Parana, a présenté, en 1896, le mouvement suivant :

Navigation extérieure, 9 navires, 9,558 tonnes.

Navigation intérieure, 301 navires, 73,224 tonnes.

Il est desservi par le chemin de fer de « Buenos Aires à Rosario y Tucuman » ; 132 km. le séparent de Rosario, 172 (quatre heures) de Buenos Aires, et 984 de Tucuman.

BARADERO.

Baradero (4,000 habitants environ) qui date de 1584, est le chef-lieu d'un département peuplé presque dès la conquête.

Son port, sur l'un des bras du Parana, desservi par le chemin de fer « Buenos Aires Rosario y Tucuman », est à 149 km. (trois heures) de Buenos Aires, à 155 de Rosario et à 1,007 de Tucuman.

Le mouvement de la navigation a relevé : navigation intérieure, 419 navires, 49,252 tonnes ; navigation extérieure, 1 navire, 142 tonnes.

Le département de Baradero est des plus fertiles. Il est arrosé par les rios Arrecifes, Areco, Baradero, Sauce, La Belliaco, Los Toros et Ombu.

ZARATE.

La ville de Zarate (au nord-ouest de la capitale fédérale), fondée en 1801, sur l'un des bras du Rio Parana, compte aujourd'hui près de 4,000 habitants. C'est le chef-lieu du département mentionné plus haut.

Desservi par le chemin de fer de « Buenos Aires à Rosario y Tucuman » et par le « tramway rural », Zarate est à 94 km. (deux heures et demie) de Buenos Aires, à 210 km. de Rosario, à 1,062 km. de Tucuman.

Son port a enregistré, en 1896, le mouvement suivant : navigation extérieure, 49 navires, 47,343 tonnes ; navigation intérieure, 504 navires, 118,576 tonnes.

Les principaux établissements industriels sont : une fabrique de papier, une distillerie d'alcool de canne à sucre, des saladeros, une fabrique de viandes conservées (système frigorifique), des fabriques de dynamite, d'acide sulfurique, d'acide nitrique, etc.

SAN FERNANDO.

San Fernando (6,894 habitants), fondé en 1806 (chef-lieu du département de San Fernando), est au confluent des rios de Las Conchas et de Lujan ; à 2 km. du fleuve de La Plata.

En 1896, la navigation intérieure y a fait passer 970 navires jaugeant 17,449 tonnes.

Ce port est desservi par les chemins de fer « del Norte », « Central Argentino » et « Belgrano à Las Conchas ».

On se rend de Buenos Aires à San Fernando (27 km.), en une heure, et de San Fernando au Tigré (3 km.) par des tramways.

MAGDALENA.

Magedalna, dont la fondation remonte à 1730, au S.-E. de la capitale fédérale), à 5 km. du Rio de La Plata, compte aujourd'hui 4,000 habitants.

Son port, Atalaya, est visité par de petits caboteurs (1896 : 80 navires, 2,366 tonnes).

Un embranchement relie cette ville au chemin de fer de Buenos Aires à La Plata (1).

Le département, dont Magdalena est le chef-lieu, est arrosé par de nombreux cours d'eau.

La population s'occupe surtout de la pêche, du travail des saladeros et quelque peu d'agriculture.

CAMPANA.

Campana, fondé en 1875, au nord-ouest de Buenos Aires, a une population de plus de 5,000 âmes ; c'est le chef-lieu d'un département créé en 1885. Son port est desservi par le chemin de fer de « Buenos Aires à Rosario y Tucuman ». La navigation extérieure a été représentée en 1896 par 121 bâtiments (38,786 tonnes), et la navigation intérieure par 299 bâtiments (122,397 tonnes).

Campana est à 82 km. (deux heures) de la capitale fédérale, 222 de Rosario, et 1,074 de Tucuman.

BELGRANO.

Belgrano, fondé en 1854 (10,000 habitants), est relié à Buenos Aires par les lignes « del Norte », « Buenos Aires à Rosario », et plusieurs tramways.

On peut considérer cette pittoresque petite ville comme un faubourg de la capitale fédérale.

---

(1) On vient de prolonger cet embranchement de la station de Arditi jusqu'à Punta Piedras, port de pêche.

SAN ISIDRO.

Fondé en 1779, au nord-ouest de Buenos Aires, sur le Rio de La Plata, chef-lieu du département du même nom (4,000 habitants), San Isidro est l'une des stations estivales des habitants de Buenos Aires (21 km. de la capitale fédérale par le chemin de fer « del Norte »), et halte sur la ligne de Belgrano à Las Conchas).

LAS CONCHAS.

Principale ville du département du même nom, fondée en 1576 (plus de 4,000 habitants) située sur une île que forment les rios Conchas et Tigré ; embranchement du chemin de fer du Nord, partant de Belgrano (quarante minutes de Buenos Aires).

AZUL.

Assis en 1832 autour d'un fortin élevé sur les limites du domaine occupé alors par les tribus insoumises du Sud, Azul (avec 3,000 habitants dont 65 o/o Français), est le chef-lieu d'un riche département (1). Relié à Buenos Aires et Bahia Blanca par le chemin de fer du Sud.

CHACABUCO.

4,000 habitants, fondé en 1865, chef-lieu de département à 211 km. à l'ouest de Buenos Aires ; desservi par le chemin de fer du Pacifique.

---

(1) Arrosé par les rios Azul, Los Huesos, La Corina, Cordateras, Cerro de La Plata, Siempre Amigo, Potrero, Perdido, Pango, Tapalqué et Manantiales.

JUNIN.

Anciennement appelé « Federacion » ; — 1,500 habitants ; — établi en 1853, sur la rive gauche du Rio Salado. Station des chemins de fer du Pacifique et de l'Oeste Argentino (ligne de Pergamino à Junin).

PERGAMINO.

Construit en 1750, comme poste avancé, destiné à surveiller les Indiens du Chaco, sur la rive gauche du Rio Pergamino, au nord-est de Buenos Aires ; compte maintenant une population de 8,000 âmes. Station des chemins de fer de l'Ouest, de Lujan à Pergamino, de San Nicolas à Junin, et « Central Argentino » (embranchement de Cañada de Gomez à Pergamino).

TANDIL.

Fondé en 1822 ; plus de 6,000 habitants (1). Embranchement du chemin de fer du Sud, 309 km. de Buenos Aires, et 354 de Bahia Blanca. Carrières de marbre dans la Sierra de Tandil.

OLAVARRIA.

2,378 habitants. Station du chemin de fer du Sud, à 362 km. de Buenos Aires, chef-lieu d'un département créé en 1879.

---

(1) A 5 km. de la ville, se trouve un énorme bloc de granit mobile, de forme parabolique, de 4 m. de hauteur et 5 m. de diamètre à la base, qui oscille autour de son axe sous l'impulsion du vent.

CHASCOMUS.

Fondé en 1777, sur les bords de la grande lagune du même nom (5,000 habitants); depuis 1801, chef-lieu d'un département situé au sud sud-est de Buenos Aires. Station du chemin de fer du Sud, à 113 km. de la capitale fédérale et à 636 km. de Bahia Blanca. Agriculture et graisseries.

LUJAN.

4,000 habitants. Station du chemin de fer de l'Ouest et embranchement de la ligne de Pergamino, à 66 km. de Buenos Aires.

Le nom de Lujan fut donné à la ville et au département en souvenir d'un des lieutenants de Pedro de Mendoza. Cet officier tomba mortellement blessé en cette région, durant la campagne de 1535.

Une chapelle, érigée en 1760, sous le vocable de Notre-Dame de Lujan, attire à certaines époques de l'année de nombreux pèlerins.

Les habitants de la campagne s'adonnent à l'agriculture.

MERCEDES.

Un des centres les plus importants de la province, (12,000 habitants), relié à Buenos Aires par le chemin de fer de l'Ouest et du Pacifique, entretient avec la capitale d'actives relations commerciales.

Le département dont Mercedes, créé en 1779, est le chef-lieu, est l'un des plus riches de l'Ouest Argentin.

DOLORES.

Fondé en 1818, par Pueyrredon, (8,000 habitants), centre et chef-lieu d'un département très riche en bétail et en produits agricoles.

AGRICULTURE

Les principaux produits agricoles de la province sont : le blé, le maïs, le lin, la luzerne, l'orge, le colza et la pomme de terre.

Aux environs de Buenos Aires, on fait de la culture maraîchère.

En 1880, l'étendue ensemencée était de 270,508 hectares ; en 1888, de 925,244 et, en 1896, de 1,440,893.

Ce dernier chiffre représente une moyenne de 472 hectares 2 cultivés par myriamètre carré.

Voici, par hectare et par kilogramme de semence, les rendements moyens :

Espèces de culture	Rendement par hectare	Rendement par kgr. de semence
Blé.	17 hectolit.	13 kgr.
Maïs.	30	80
Lin	19	51
Orge.	28	17
Pomme de terre.	14 tonnes 6.	12
Luzerne	12	4	—

De 1890 à 1895, il a été exporté les quantités suivantes de blé, farine, son et maïs :

Années	Blé	Farine	Son	Maïs
	T	T	T	T
1890	327.894 251	12.017 875	2.833 704	707.282 »
1891	390.794 714	7.015 388	6.525 123	65.910 »
1892	470.110 »	18.849 »	22.059 »	445.935 »
1893	1.008.137 »	37.921 »	19.606 »	84.514 »
1894	1.608.279 »	40.758 »	20.975 »	54.876 »
1895	1.010.269 »	53.985 »	29.668 »	772.318 »

La récolte de 1896 a donné :

Blé	348.593 tonnes 361
Lin	93.427	626
Avoine	6.920	889
Orge	6.182	386
Alpiste	3.075	655
Seigle	383	767

La valeur de ces produits a été :

Blé	$ m/n	25.457.315
Lin	—	8.408.486
Avoine	—	346.044
Orge	—	247.295
Alpiste	—	199.917
Seigle	—	15.340
Total	$ m/n	34.674.397

Ces prix sont établis sur les bases suivantes :

7 $ 30	les 100 kgr.	de blé.
9 $	—	de lin.
5 $	—	d'avoine.
4 $	—	d'orge.
6 $ 50	—	d'alpiste.
4 $	—	de seigle.

Le lin ne se cultive dans la province de Buenos Aires, surtout en ce qui concerne le Nord, que pour sa graine.

En 1881,	l'étendue ensemencée était de	8.324 hectares.
1888,	—	—	—	44.975
1895,	—	—	—	69.046
1896,	—	—	—	98.440

(dont 96,000 hectares environ dans les départements septentrionaux de la province).

La récolte de 1895-1896 a été de 93,427 tonnes, soit une valeur de 8,408,000 $.

L'exportation des six premiers mois de 1896 a été de

112,950 tonnes par les ports de la province, c'est-à-dire par Buenos Aires, La Plata, San Nicolas, San Pedro et Zarate.

Ce chiffre est plus élevé que celui de la production provinciale, parce qu'on a embarqué à San Nicolas une partie de la récolte de Santa Fé, et qu'il était resté, au 1er janvier, un stock de la récolte de 1894-1895.

Le rendement par hectare est de 950 kilogr., dans la région nord, 740 dans la région centrale et 830 dans la région sud. (Ces chiffres représentent une moyenne de 19 hectolitres, pour toute la province.)

———

La culture de l'avoine est très réduite. On consomme peu cette céréale en Argentine; — on la sème en vue de l'exportation.

L'étendue ensemencée en 1895-1896 a été de 7,397 hectares (dont 3,000 environ dans les départements du Nord).

Le rendement par hectare est le suivant:

Nord de la Province. . . . .   930 kgr.
Centre 1.010
Sud.   830
                        Rendement moyen: 923 kgr.

———

On cultive l'orge principalement comme fourrage qu'on fait manger vert aux animaux.

La superficie ensemencée en 1895-1896 a été de 6,203 hectares (4,157 dans les départements du Nord).

Le rendement par hectare est le suivant:

Au nord de la Province. . . . .   990 kgr.
Au centre   —   . . . . . . de 850 à 1.410
Au sud   —   840
                (Moyenne: 976 kgr. ou 28 hectolitres),

A signaler dans le Nord quelques plantations de vigne.

Les arbres que l'on rencontre le plus souvent sont : l'acacia, l'eucalyptus, l'aloës, le saule et les arbres fruitiers d'Europe.

La floriculture est prospère.

Les machines agricoles employées pour la mise en valeur du sol sont (dernier recensement) :

Charrues.	66.829
Herses.	14.218
Batteuses à vapeur	726
Faucheuses et moissonneuses	14.220
Machines à vapeur	566
— hydrauliques	569
Moulins à vent	547

On estime que la propriété terrienne de la province vaut 1,705,000,000 de francs, soit 1,851 francs par habitant.

La province de Buenos Aires est la moins propice à la culture de la vigne, en raison de l'humidité de son sol. Le premier vignoble qu'on y créa remonte au xviiie siècle. Il fut détruit par ordre du roi d'Espagne.

On est revenu depuis à la viticulture. La superficie plantée en vignes est de 3,000 hectares divisés en deux zones : 1º les rives de La Plata (Barracas al Sur, Lomas, Quilmes, Merlo et Las Conchas), et 2º la région de Bahia Blanca.

La fabrication du vin est d'ailleurs très limitée, le raisin se vendant surtout frais.

Il y a quatre ou cinq ans, on a constaté des taches de phylloxéra dans les vignobles du Temperley et de Tristan Suarez.

Les propriétaires ont eu, en outre, à lutter contre certaines maladies cryptogamiques, qui se sont manifestées ici avec plus d'intensité que dans le reste de l'Argentine.

TROUPEAU

Le climat de la province est favorable à l'élevage. Aussi 8,546 propriétaires possédaient, après le dernier recensement 62,322,680 animaux (7,292, 59 têtes par éleveur).

Le troupeau se décomposait ainsi :

Race bovine	Créole	3.544.575
	Croisée	3.592.323
	Race pure.	47.516
	Vaches laitières . . .	374.277
	Bœufs de labour. . .	217.205
	Total. . . .	7.745.896, soit 25,5 têtes par km²

Race ovine	Créole	8.683.656
	Croisée.	43.694.282
	Pur sang	252.513
	Total. . . .	52.635.451(1), soit 173,4 têtes par km²

Race porcine	Créole	134.946
	Croisée.	105.545
	Pur sang	8.229
	Total. . . .	248.720

Race chevaline	Créole	1.350.717
	Croisée.	313.272
	Pur sang	11.396
	Total. . . .	1.675.385 (5,5 têtes par km²)

Race asine	3.781
Race mulassière	6.492
Total. . . .	1.685.658

---

(1) De 1881 à 1895, le nombre de ces animaux, dans la province, a présenté les fluctuations suivantes :

1881.	57.838.073
1888.	51.538.784
1890.	40.060.933
1895.	52.635.451

Race caprine	Créole.	8.908
	Croisée	2.665
	Pur sang	382
	Total. . . .	11.955

Oiseaux et insectes utiles.	Autruches . . . . :	59.476
	Poules . . . . :	3.315.094
	Dindes . . . . ·	585.541

Semences de vers à soie. 32 k. 750 (1) | Ruches d'abeilles 6.191

La valeur de ce troupeau est estimée à 700,000,000 de piastres or.

COMMERCE ET INDUSTRIE

On compte dans la province environ 8,600 établissements industriels et 13,700 établissements commerciaux.

Les premiers représentent un capital de 148,678,000 $, et les seconds 171,227,000 $.

Signalons en particulier, en ce qui concerne les usines :

1° Les distilleries qui ont fourni, en 1896, près de 17 millions d'hectolitres d'alcool ;

2° Les brasseries (4 millions et demi de $), avec une production, en 1896, de 9 millions de litres ;

3° Les « saladeros », au nombre de 21 valant plus de 12 millions de $. 5 de ces établissements fonctionnent avec un capital supérieur à un million de $;

4° Les fabriques de viandes congelées (4 établissements évalués à 6 millions de piastres), dont la production annuelle est évaluée à près de 11 millions de francs (1) ;

5° Les abattoirs municipaux qui ont débité, en 1895, pour la consommation locale :

---

(1) Annexe XXVII.
(2) Voir en outre le passage concernant l'industrie laitière et fromagère.

| 312.347 bœufs | 558.471 moutons |
| 14.748 veaux | 14.431 porcs |

6° Les moulins, au nombre de 97, parmi lesquels :

| 46 moulins à vapeur | et 19 hydrauliques |
| 13 mixtes | |

d'une force totale de 2.884 chevaux vapeur.

On en a relevé 17 à meules et 68 à cylindres. Les renseignements manquent pour les autres.

En 1896, ils ont traité 200,243 T. et produit 128,114 T. de farine, soit un rendement de 639 o/oo.

La valeur de ces 97 moulins est de 11,974,300 $ m/n et la moyenne des ouvriers employés de 1,200.

Les 13,647 établissements commerciaux emploient plus de 52,000 individus.

Dans le capital de 171,227,892 $, mis en œuvre, les immeubles figurent pour 72,631,473 $ et les marchandises pour 98,596,419 $.

Voici d'ailleurs, par régions, la répartition des divers genres de commerce, avec des indications relatives au personnel et aux capitaux :

RELEVÉ DES ÉTABLISSEMENTS COMMERCIAUX DE LA PROVINCE DE BUENOS AIRES

D'APRÈS LES ZONES OU ILS FONCTIONNENT, LES SPÉCIALITÉS DONT ILS S'OCCUPENT ET LES CAPITAUX QU'ILS EMPLOIENT.

Nombre des Établissements

CATÉGORIES	Région Nord	Région Centre	Région Sud	Région patago-nienne	Total	Per-sonnel	a Capital immeubles $ m/m	b Capital marchandises	Capital total a + b $ m/n
Alimentation	3.829	1.296	814	52	5.991	21.254	19.036.217	30.772.523	49.808.740
Hôtels	976	486	459	13	1.934	7.632	5.545.345	3.094 171	8.639.516
Meubles et articles de ménage	96	37	22	—	155	509	414.192	829.632	1.243.824
Fournitures pour agriculteurs et éleveurs	1.507	406	261	11	2.185	11.324	31.785.489	30.932.344	62.717.833
Banques et agences	116	49	41	1	207	330	277.725	110.835	388.560
Entreprises de transport	252	95	77	1	426	2.265	4.381.150	7.045.249	11.426.399
Matériaux de construction	93	48	39	2	182	857	1.764.757	4.858.341	6.618.098
Imprimeries, librairies, etc.	59	11	13	—	83	155	142.803	346.738	489.541
Hygiène (Pharmacies, etc.)	137	54	66	1	258	765	787.300	1.359.600	2.146.900
Vêtements et confections	541	257	164	8	970	3.999	3.607.054	13.347.553	16.954.607
Divers	713	299	234	11	1.257	3.038	4.889.441	5.904.433	10.793.874
Totaux	8.319	3.038	2.190	100	13.648	52.128	72.631.473	98.601.419	171.227.892

CARRIÈRES

L'exploitation des carrières est presque entièrement localisée dans la région montagneuse qui avoisine Tandil. Douze gisements sont exploités aux environs de la ville même et dans le district d'Olavarria.

Les renseignements concernant cette industrie, pour 1895, sont réunis dans le tableau ci-dessous :

NOMBRE DE CARRIÈRES : 20

Capital : 1º Immeubles.	97.180 $
2º Outillage.	58.650 $

NOMBRE D'OUVRIERS : 850.

Produits employés : Dynamite.	556 kgr.
Poudre.	13.920
Charbon.	264.000

Dépenses totales en 1895.	131.900 $
Valeur des produits extraits en 1895. . .	904.600 $

II

ARCHIPEL DU PARANA

CLIMAT. — NATURE DU SOL. — MISE EN VALEUR. — PRODUITS
NATURELS. — ARBORICULTURE. — AGRICULTURE. — APICULTURE.
— SÉRICICULTURE. — DIVERSES INDUSTRIES. — VOIES DE COM-
MUNICATIONS.

Les îles du Parana (1) sont comprises entre le Rio Lujan
d'une part et les quatre principaux bras par lesquels le Rio Parana se déverse dans son estuaire, savoir : Parana Guazu,
Parana de Las Palmas, Parana Miri et Caravelas.

Cet archipel dépend administrativement de la province de
Buenos Aires.

Son climat est plus égal que celui de la région continentale
avoisinante ; la moyenne hygrométrique y est plus élevée (2).

---

(1) « Estudios agricolas sobre las islas del Parana », por Antonio Gil, ingeniero agronomo.
La Plata, 1895.

(2) *Températures d'après les observations de 1894.*

Mois	Température maxima	Température minima	Température moyenne mensuelle
Octobre	18°5	9°1	13°8
Novembre	23.8	14 2	18.9
Décembre	26.4	14.8	20.6
Janvier	27.3	16 7	22.
Février	29.1	18.1	23.5
Mars	26.3	15.2	20 6
Avril	21.4	11.5	15.0
Mai	19.9	10.	14.8

Observations pluviométriques.

Mois	Nombre de jours de pluie	Pluie tombée (en millimètres)
Octobre (2e quinzaine)	5	50
Novembre	8	92
Décembre	7	70
Janvier	6	47
Février	4	24
Mars	7	82
Avril	4	42
Mai	6	38

NATURE DU SOL

Le delta du Parana est formé par des alluvions. Les régions riveraines sont très fertiles ; les zones centrales ont donné de bons résultats, surtout aux arboriculteurs.

Le régime du fleuve subit des oscillations variant de quelques centimètres à 2 mètres.

Les fortes crues, inondant parfois les îles, se produisent quand les grandes marées du mois coïncident avec les vents du Sud et du Sud-Est qui refoulent à l'intérieur les eaux de l'estuaire. Mais ces eaux se retirent rapidement et sans corroder le sol, car il ne se forme pas de courants violents (1).

Voici, à titre d'exemple, l'analyse d'un échantillon de terre, pris dans l'une des îles que longe le Parana de Las Palmas :

Sable	82.70
Argile	10.50
Humus	0.90
Calcaire	0.41
Eau	2.70
Substances non dosées	2.79
Total	100. »

En général, la proportion de sable varie de 70 à 90 o/o, celle d'argile de 5 à 18 o/o ; celle d'humus de 0,73 à 3,20 o/o et celle de calcaire de 0,20 à 0,67 o/o.

MISE EN VALEUR DES ILES DU PARANA

Les marais de ces îles semblent se prêter plus particulièrement à la culture du riz.

---

(1) En prévision de ces fortes marées, les habitations des insulaires sont généralement construites sur pilotis, toutes les fois qu'elles ne peuvent être édifiées sur un point assez élevé.

L'exploitation des forêts primitives a donné aux habitants des ressources assez notables.

On a reboisé ces terrains avec des arbres fruitiers ou des essences propres à la construction et au chauffage.

Les Peupliers du Canada, d'Italie, de Caroline (*populus angulata*), de Virginie (*populus monolifera*), fournissent déjà les éléments d'un commerce rémunérateur.

Différentes espèces de Saules, entre autres le *Salix Humboldiana* et le Saule pleureur (*Salix Babylonica*), produisent en abondance des bois qu'on utilise à Buenos Aires pour le chauffage et des travaux spéciaux de menuiserie, tonnellerie, etc.

Les essais d'acclimatement du Cyprès chauve (*Taxodium distichum*), du Frêne et de certaines variétés d'Eucalyptus ont donné des résultats satisfaisants.

De vastes plantations d'Osiers ont permis à la vannerie de se développer en Argentine. Aujourd'hui, ses produits s'exportent.

Les diverses espèces de Salix sont : le *Salix purpurea* et le *Salix vitellina* (osier rouge et osier jaune), les *Salix helix, viminalis, acutifolia, virescens*, pour la vannerie fine ; — les *Salix nudulata, caprea, fragilis, petandra, smithiana* et *anerea*, pour la grosse vannerie, les cercles de barriques, etc.

Les tentatives de préparer les marais profonds pour recevoir les arbres en y plantant des roseaux (*arundo phragmites*) semblent réussir.

ARBRES FRUITIERS

L'arboriculture a atteint dans cette zone fluviale un notable développement.

On y cultive la plupart de nos arbres fruitiers, et plus spécialement :

1° le Pêcher (*amydalus persica Lin, ou persica vulgaris*) et une foule de ses variétés.

Les fruits en sont recherchés pour la consommation de Buenos Aires et pour la préparation de conserves.

2° le Pommier (*malus communis*) et ses variétés ; les pommes se vendent pour la table et pour préparer le cidre ;

3° le Poirier (*pyrus communis*) et ses variétés ;

4° les Orangers et Citronniers. Les oranges mûrissent, mais leur qualité comme fruits de table est inférieure à celle des produits du Nord (Corrientes, Entre Rios, Misiones). On les transforme en conserves. — Elles s'utilisent encore pour la distillation d'essences diverses.

Les Citronniers donnent des produits nombreux et de bonne qualité ;

5° le Cognassier (*pyrus cydonia*).

La culture en est très répandue. Les coings servent à la confection de pâtes ou gelées ;

6° les Cerisiers et leurs variétés (confitures et fruits de table);

7° les Néfliers (*mespyllus germanica*) ;

8° les Pruniers (*prunus domestica*).

Ces derniers sont encore assez rares dans les îles ;

9° la Vigne.

Quoique le climat humide et le sol de cette région ne soient guere favorables à la viniculture, M. Muller a réussi à faire prospérer un important vignoble, et à établir un chai.

L'espèce choisie est une variété américaine (*vitis labrusca*), dont les grappes abondantes fournissent un vin d'un goût légèrement framboisé ; les résultats financiers sont satisfaisants, au dire de M. Muller. Cependant les viticulteurs des îles du Parana produisent surtout des raisins de table.

PRODUITS NATURELS ET DIVERSES INDUSTRIES

Fabriques de confitures. — Le rendement des arbres fruitiers que nous venons d'énumérer alimente trois importantes fabriques de confitures et de conserves.

Alcool de fruits. — La distillation des fruits pour la fabrication de l'alcool ne s'est guère développée, quoiqu'un certain nombre de cultivateurs soient pourvus d'alambics.

Café de chicorée. — Une exploitation de chicorée a fait cultiver cette racine pendant quelque temps. La baisse des cafés a enrayé la vente de ce produit.

Sériciculture. — Le climat et le sol des îles conviennent à la culture du mûrier. L'élevage des vers à soie pourrait donc y prospérer.

Apiculture. — Grâce à l'abondante végétation de l'archipel, les hyménoptères y trouvent une nourriture des plus favorables à la production du miel. Un préjugé répandu chez les arboriculteurs de cette région, attribue aux abeilles une action qui serait nuisible aux fruits ; — il a empêché jusqu'à ce jour le développement de l'apiculture.

Agriculture en général. — Dans les terrains élevés, les cultures potagère et horticole sont pratiquées avec succès.

L'agriculture proprement dite, bien que possible en quelques points de l'archipel, ne semble pas avantageuse.

Les cultures du Tabac, de la Ramie, des plantes oléagineuses seraient plutôt appropriées à ce milieu. Jusqu'ici elles n'existent qu'à l'état rudimentaire.

Sparte. — Les îles produisent spontanément et en abondance la Sparte ou jonc d'Espagne (*Spartino stricta*), dans les régions où le sol est stérilisé par certains sels, notamment le sulfate de soude.

La Sparte est utilisable comme textile, pour la fabrication de cordes, de sacs, objets de vannerie, pâtes à papiers, etc. La manufacture argentine de papiers, sise à Zarate, commence à employer ce végétal avec un avantage appréciable.

Céramique. — Une fabrique de briques et de carreaux comprimés est installée sur les bords du Rio Caravelas. Elle a été fondée par M. Léopold Pruedes. Les îles, et notamment le sous-sol de Caravelas depuis le Parana Guazu jusqu'au Parana de las Palmas, renferment une couche d'argile plastique d'excellente qualité. Plusieurs autres établissements de même genre ont été créés récemment dans cette région.

VOIES DE COMMUNICATION

Les innombrables canaux qui serpentent entre les îles, sont en grande partie navigables pour des embarcations de faible tonnage.

On a créé des communications suivies entre les îles et les ports de San Fernando, de San Isidro, du Tigré, de Buenos Aires, et de La Plata.

Un service régulier de vapeurs, partant à jour fixe de Tigré et San Isidro, dessert les points les plus importants.

PROVINCE D'ENTRE RIOS

POPULATION. — SUPERFICIE. — DIVISIONS TERRITORIALES. — DÉMO-
GRAPHIE. — CHEMINS DE FER. — PORTS. — NAVIGATION. —
NOTICES SUR LES PRINCIPALES VILLES. — AGRICULTURE. —
MOUVEMENT DE LA PROPRIÉTÉ. — TROUPEAU. — COMMERCE ET
INDUSTRIE. — INSTRUCTION PUBLIQUE. — BIBLIOTHÈQUES. —
JUSTICE. — POSTES ET TÉLÉGRAPHES. — FINANCES. — DETTE.

La province d'Entre Rios comptait, en 1895, 291,900 habitants (1) sur une superficie de 74,571 kilomètres carrés. Au
31 décembre 1896, cette population avait atteint le chiffre de
306,597.

La densité est donc de 4,11 habitants par kilomètre carré.
Voici la division territoriale par départements :

1	Colon	3.186	kilomètres carrés.
2	Concordia	6.829	—
3	Diamante	2.553	—
4	Federacion	3.590	—
5	Gualeguay	5.288	—
6	Gualeguaychu	11.122	—
7	Nogoya	3.944	—
8	Parana (capitale)	4.698	—
9	Paz (La)	7.667	—
10	Rosario Tala	3.551	—
11	San José de San Feliciano .	2.962	—
12	Uruguay (Concepcion del) .	5.849	—
13	Victoria	6.379	—
14	Villaguay	7.153	—
	Total	74.771	kilomètres carrés

(1) Argentins, 111,747 hommes. — 115,673 femmes.
Étrangers, 40,647 hommes. — 24,433 femmes.

DÉMOGRAPHIE

Il a été enregistré en 1896, 5,575 naissances de garçons et 5,251 naissances de filles.

(100 filles pour 106,17 garçons).

La natalité pour 1,000 habitants serait donc de 35,31. On prétend qu'il serait juste de la porter à 41 ou 42 (pour corriger la tenue insuffisante des registres de l'état civil) (1).

Les 10,826 naissances se répartissent en :

Légitimes. 6.539
Illégitimes. 4.287

L'élément français intervient pour les quantités suivantes :

Nés de père et mère français. 126
Nés de père français et mère argentine   103
                                        ─────
                                         229

soit 2,16 o/o du total des naissances.

MARIAGES

Le nombre des mariages s'est élevé à 1,311, soit 4,28 pour 1,000 habitants.

Pour 100 unions on compte :

Entre Français. 29
Entre Français et Argentines. 21

---

(1) La tenue de ces registres offre des difficultés très grandes non seulement à Entre Rios, mais dans la majeure partie de la République Argentine. La population disséminée dans des régions agricoles ou sylvestres est toujours malaisée à recenser, d'autant plus qu'elle augmente par l'immigration, diminue par l'exode de ceux qui se déplaisent dans les endroits qui leur sont assignés, et subit des variations incessantes par les allées et venues des ouvriers des champs ou de chemin de fer, en quête de travail.

MORTALITÉ

On a enregistré 4,997 décès, soit 16,29 pour 1,000 habitants.
Nos compatriotes figurent dans ce nombre pour 58, soit 0,116
pour 1,000.

Les maladies ayant causé le plus grand nombre de morts
sont celles de l'appareil digestif (215,33 o/oo décès), et celles de
l'appareil respiratoire (209,73 o/oo décès). Les maladies de caractère épidémique figurent pour 107,3 o/oo.

CHEMINS DE FER

La province d'Entre Rios est sillonnée par 717,3 km. de
chemins de fer distribués comme suit :

	Entrevoie	Longueur totale	Longueur dans la province
Primer Entreriano . .	1^m.435	9.8 klm.	9.8 klm.
Argentino del Este. .	» »	160.9	95.5
F. C. de Entre Rios .	» »	612	612

Ces voies ferrées aboutissent aux ports de Concordia, Concepcion del Uruguay, Parana et Federacion.

Les autres ports non desservis sont : Colon, Gualeguaychu,
Gualeguay et Puerto Ruiz.

Enfin, parmi les ports « *no habilitados* », il faut citer Puerto
Victoria et Mocoreto.

PRINCIPALES VILLES

PARANA.

La ville de Parana (22,000 habitants) capitale de la province
d'Entre Rios depuis 1819, a été fondée en 1730 sur la rive
gauche du Rio Parana par des colons envoyés de Santa Fé.

Elle est située par 31°40' de latitude sud et 62°55' de longitude ouest de Paris.

De 1853 à 1862, elle a été capitale fédérale.

Un service quotidien de petits vapeurs fonctionne entre Parana et Santa Fé(1). Les communications avec l'intérieur de la province se trouvent assurées au moyen du chemin de fer « Central Entreriano » qui va à Nogoya, Puerto Victoria, Concepcion del Uruguay, Villagay et Gualeguaychu.

Les établissements financiers de la ville sont : la Banque provinciale et la succursale de la Banque nationale.

Parmi les édifices publics, il faut citer la cathédrale, un séminaire, le palais du Gouverneur, la municipalité, le musée d'histoire naturelle, des hôpitaux, une école normale de professeurs et un théâtre.

BUDGET DE LA MUNICIPALITÉ.

1° Recettes . . . . $ 329.000
2° Dépenses. 245.000 (2)

CONCORDIA.

La ville de Concordia est située sur la rive droite du Rio Uruguay, en face du Salto Oriental, par 31° 23 de latitude sud, 60° 24'15" de longitude ouest de Paris et 61 mètres d'altitude.

Les environs sont vallonnés et arrosés pas de nombreux ruisseaux.

La température maximum a atteint en janvier dernier 30° 2 et la température minimum, en août, est descendue à 9°27.

Il pleut environ quatre-vingts jours par an.

La ville est bien abritée par le vent.

---

(1) De Santa Fé, on aperçoit Parana situé sur un talus assez élevé.
(2) Quoique ces chiffres soient relevés sur des documents officiels, il paraît difficile de ne pas douter de leur exactitude.

Voici le tableau de l'importation et de l'exportation depuis 1864(1) par ce port :

	Importation	Exportation		Différence
	$ m/n			
1864 - 1869. . . .	5.245.000	4.322.000	—	923.000
1870 - 1874. . . .	3.965.000	3.404.000	—	561.000
1875 - 1879. . . .	2.304.000	4.806.000	+	2.502.000
1880 - 1884. . . .	3.314.000	9.562.000	+	6.248.000
1885 - 1889. . . .	4.493.000	14.049.000	+	9.556.000
Totaux. .	19.321.000	36.143.000	+	19.810.000

Du 1er janvier au 30 septembre 1896, la douane a produit les droits suivants :

Importation	$ or 14.332 08	101.589 20 $ m/n
Exportation	12.610 77	152.991 03
Divers	2.124 28	55.163 19
Totaux. .	$ or 29.067 13	309.743 42 $ m/n

D'autre part, la valeur des produits importés et exportés pendant la même période se répartit ainsi :

Importation, provenance et classification	Valeur $ m/n
Produits de l'étranger (exempts).	29.161 59
Produits de l'étranger (sujets à taxation)	152.160 02
Produits nationaux (Argentine).	423.571 67
Produits nationalisés.	1.556.550 07
Total	2.161.443 35

Exportation, destination et classification	Valeur $ m/n
Produits nationalisés	39.879 71
Exportation à l'étranger sujette aux droits	1.683.041 57
Exportation aux ports argentins (produits exempts) .	1.973.589 40
Exportation à l'étranger de produits nationaux . . .	519.453 85
Exportation aux ports argentins de produits nationaux	381.777 26
Total.	4.597.741 79

---

(1) Concordia est le troisième port de la République.

Importation . . . , ...	2.161.443 35
Exportation	4.597.741 79
Mouvement total (importation et exportation).	6.759.185 14 $ m/n

COLON.

Colon (3,000 habitants) sur le Rio Uruguay possède un port sûr et profond (1).

La station du chemin de fer « Central Entreriano » la plus rapprochée est à 7 lieues (35 kilomètres) de la ville.

La région, l'une des plus riches et des plus prospères d'Entre Rios (2), est arrosée par les *arroyos* (3) Pedernal, Palmar, Pospos, Perucho, Verna et Urquisa, affluents de l'Uruguay et par le Rio Gualeguaychu et ses tributaires, San Miguel et Santa Rosa.

CONCEPTION DEL URUGUAY.

Cette ville a été fondée le 25 juin 1783 par Don Tomas de Rocamora sous le vocable de « Nuestra Señora de la Concepcion del Uruguay ». Elle compte aujourd'hui plus de 10,000 habitants. C'est la station terminus du chemin de fer Entreriano et la tête de l'embranchement sur Concordia.

VICTORIA.

Victoria (6,000 habitants) a été fondée en 1810 au confluent des *arroyos* Victoria et Ceibo (en souvenir d'une victoire rem-

---

(1) Il manque à Colon un môle pour passagers, et une voie ferrée mettant la ville en communication avec l'intérieur de la province.
(2) Comme il sera exposé plus loin, sous le chapitre consacré à l'agriculture.
(3) On désigne sous le nom d'« arroyo » un ruisseau dont le lit pierreux est souvent à sec en hiver.

portée par les Espagnols sur les Indiens Minuanes et Charruas).

La chaux est l'objet de transactions importantes entre cette ville et les provinces voisines.

Un embranchement de l'Entreriano met Victoria en rapport avec le centre de la province.

GUALEGUAY.

Cette ville, fondée le 18 février 1783 par Don Tomas de Rocamora, sur la rive droite du Rio Gualeguay, est le chef-lieu (12,000 habitants) du département.

Une voie ferrée la met en communication avec Rosario Tala, station du « Central Entreriano » au Nord, et avec Puerto Ruiz à 10 kilomètres au Sud.

A citer dans la ville une succursale de la Banque nationale, des hôtels, des clubs, un théâtre, une bibliothèque, etc..., etc.

GUALEGUAYCHU.

Après avoir fondé Gualeguay, Don Tomas de Rocamora, jetait les premières assises (20 octobre 1783) de Gualeguaychu (14,000 habitants).

Cette ville, chef-lieu de département, est située sur la rive droite du rio de ce nom, à 18 kilomètres de son confluent avec l'Uruguay.

C'est la station terminus de l'embranchement de l' « Entreriano » partant de Basavilbaso (1).

---

(1) Dans les environs de la ville, les armées fédérées sous le commandement de D. Luis Maria Campos, défirent les troupes de Lopez Jordan.

REVENUS MUNICIPAUX

Les revenus dont les principales municipalités ont disposé en 1896 sont réunis dans le tableau suivant :

Municipalité de Colon	$	17.362 25
— Concordia		161.663 61
— Diamante		23.999 02
— Federacion		8.232 53
— Feliciano		9.106 73
— Gualeguay		60.421 30
— Gualeguaychu		66.476 11
— La Paz		47.598 10
— Nogoya		32.759 18
— Rosario de Tala		31.628 90
— Uruguay		60.571 76
— Victoria		52.173 12
— Villaguay		32.085 31
— Villa Federal		4.217 05
— Villa Libertad		10.072 67
Total	$	618.367 64

AGRICULTURE.

On compte dans la province : 11,196 domaines agricoles ou d'élevage.

7,807 sont exploités par les propriétaires, 2,281 par des fermiers et 1,108 par des métayers :

Ces propriétés se classent d'après leur superficie comme suit :

De	1 à	25 hectares	1.611
	26 à	50 —	2.087
	51 à	100 —	1.824
	101 à	500 —	2.473
	501 à	1.000 —	768
	1.001 à	2.500 —	661
	2,501 à	5.000 —	232
Plus de 5.000			197
Sans spécification			1.343
			11.196

En tenant compte de la nationalité des propriétaires, les *estancias* se répartissent ainsi :

5.204 à des Argentins.	47 à des Brésiliens.
1.638 — Italiens.	29 — Belges.
682 — Russes.	17 — Luxembourgeois.
539 — Espagnols.	14 — Suédois.
492 — Français.	14 — Paraguayens.
317 — Suisses.	7 — Chiliens.
298 — Uruguayens.	5 — Hollandais.
206 — Allemands.	5 — Nord-Américains.
228 — Autrichiens.	2 — Portugais.
154 — Anglais.	59 à divers non spécifiés.

soit un total de 9,957.

Le nombre d'ouvriers employés dans ces exploitations en 1896, était de 43,500.

Pendant la dernière récolte, il est monté à 66,700.

La superficie ensemencée pendant la campagne de 1896-1897 a été de 323,896 hectares, en diminution de 66,256 hectares sur celle de 1895-1896 (1).

Au premier rang figure :

Le blé. . . . . avec 218.006 hectares
puis viennent :

Le maïs	41.771	—
Le lin	36.527	—
Les arachides	5.918	—
La vigne.	2.842	—
L'orge	1.349	—
Le ricin	1.102	—
Le tabac	92	—
La luzerne	100.203	—
Les farineux	1.192	—
Les plantes potagères	2.248	—
Divers	2.488	—

Le tableau suivant donne la production des cinq dernières

---

(1) Cette diminution provient des mauvaises récoltes de 1895-1896 dont 85 o/o ont été anéantis par la sauterelle et les gelées tardives.

années pour les quatre principales cultures : blé, maïs, lin, arachides.

Années	Blé Tonnes	Maïs Tonnes	Lin Tonnes	Arachides Tonnes
1892-93	237.600	30.000	1.500	4.300
1893-94	331.500	23.500	5.500	3.400
1894-95	173.200	31.000	16.900	3.679
1895-96	96.546	34.874	11.669	4.373
1896-97	34.592	25.898	9.488	5.291

Les pertes éprouvées par les agriculteurs sur le blé et le maïs pendant la campagne 1895-1896 et 1896-1897 sont évaluées à $ 81,174,900, dont 62,708,280 pour le blé seulement.

Rapportées au chiffre de la population agricole (70,000 cultivateurs) ces pertes représentent 920,83 $ par individu ou 3,531 $ 02 pour chacune des 18,000 familles dont se compose ladite population.

Le chiffre de la récolte de 1896-97 donne 158 kilogrammes en moyenne par hectare pour le blé, et 259 kilogrammes pour le lin.

Le poids de l'hectolitre de blé varie entre 54 k. 92 et 76 k. 24 (poids moyen 68 k. 04).

La densité de cette céréale est comprise entre 1,285 et 1,291.

158 kilogrammes par hectare sont un rendement si minime qu'un comité a dû se former à Buenos Aires, parmi les commerçants afin de procurer aux cultivateurs les semences pour 1897-1898. L'Etat contribue dans une proportion notable à ces secours.

On assure que la moisson qui vient de se terminer est très abondante. Mais les colons ont manqué d'argent. Pour subvenir aux frais de la récolte, ils ont été obligés d'accepter les conditions onéreuses que leur imposent les acheteurs et les prêteurs.

La presse d'Entre Rios, comme celle de Santa Fé, fait ressortir l'intérêt qu'il y aurait à ce que ces prêts fussent effectués par des banques agricoles.

La qualité des terres, les conditions climatériques et le voisinage des grandes voies de communication ont facilité la création dans cette région d'un vignoble assez important (2,842 hectares plantés).

Les 18 chais où s'élaborent les vins représentent un capital de 1,600,000 $ (production de la dernière récolte : 2 millions de litres).

Les départements de Concordia, Colon, Federacion et Uruguay, possèdent 85 o/o des vignes de la province (quelques taches de phylloxéra).

Les variétés de cépages français et italiens s'y rencontrent côte à côte avec une espèce locale très estimée qu'on appelle « Lorda » (importée de l'Uruguay ; provenance probable : les Basses-Pyrénées).

MOUVEMENT DE LA PROPRIÉTÉ

Il a été enregistré en 1896, 2,683 transferts de propriétés ; les renseignements officiels ne portent que sur 2,443 domaines d'une superficie de 367,878 hectares, vendus pour 9,931,556 $, soit $ 26,99 l'hectare.

En éliminant de ce total la valeur des propriétés urbaines, on a évalué comme suit la propriété rurale :

Dans le département de Colon	prix moyen $ 34 17 l'hectare.
— — Concordia	— 13 17 —
— — Diamante	— 37 35 —
— — Federacion	— 28 17 —
— — Feliciano	— 15 51 —
— — Gualeguay	— 14 45 —
— — Gualeguaychu	— 19 21 —
— — La Paz	— 14 36 —
— — Nogoya	— 21 83 —
— — Parana	— 23 02 —
— — Tala	— 15 12 —
— — Uruguay	— 38 89 —
— — Victoria	— 14 54 —
— — Villaguay	— 12 65 —

Les ventes à réméré *(pacto de retro venta)* ont porté (en 1896)

23

sur 534 domaines d'une étendue de 82,618 hectares valant $ m/n 1,555,334,17.

Le prix moyen de l'hectare serait donc de $ 18,82.

ELEVAGE

Le nombre des éleveurs est de 23,496 pour 9,602,244 animaux, soit 408,67 têtes par éleveur.

Ce troupeau se décompose ainsi :

Race bovine	créole	2.090.023
	croisée.	421.072
	pure	1.721
Vaches laitières		150.147
Bœufs de labour		115.247

Total. . . . . 2.784.810 soit 37,6 têtes par kil. carré.

Race ovine	créole	1.851.812
	croisée.	4.336.422
	pur sang	21.951

Total. . . . . 6.210.185 soit 83,8 têtes par kil. carré.

Race porcine	créole	40.608
	croisée.	12.405 } 53.810
	pur sang . . . . , . .	797

Race chevaline	créole	481.482
	croisée.	32.711
	pur sang	404

Total. . . . 514.597 soit 69 têtes par kil. carré.

Race asine 2.241
Race mulassière 7.479

524.317

Race caprine	créole	22.169
	croisée.	6.834 } 29.122
	pur sang	119

OISEAUX ET INSECTES UTILES

```
Oiseaux : Autruches . . . . . . . . . . . . .      9 112
          Poules. . . . . . . . . . . . . . .     720.365
          Dindes. . . . . . . . . . . . . . .     113.973
Insectes utiles : Semence de vers à soie. . . . .  7 k. 590
                  Ruches d'abeilles . . . . . .    2   558
```

Pour 1,000 hectares, on compte 234 animaux d'espèce bovine, 49 animaux d'espèce chevaline, 689 animaux de race ovine.

L'agriculture et l'élevage donnent lieu à un commerce considérable d'exportation, principalement sur les laines, les cuirs, les graisses et produits de « saladeros », les bois, le charbon, le blé, le maïs, les vin, arachides, tabac, etc., et les animaux de races chevaline et bovine sur pied.

En 1896, ces transactions se sont élevées à près de 6 millions de piastres or, savoir :

```
Par la Douane de Colon. . . . . . . . .      545.453 $ or.
Par celle de Concepcion del Uruguay. . .     150.867
    —       Concordia. . . . . . . . . .   2.595.186
    —       Diamante . . . . . . . . . .      67.863
    —       Gualeguay. . . . . . . . . .     218.665
    —       Gualeguaychu . . . . . . . .   1.204.509
    —       La Paz . . . . . . . . . . .     594.004
    —       Parana . . . . . . . . . . .     160.608
    —       Victoria . . . . . . . . . .     447.372
                          Total. . . . . . 5.984.527 $ or.
```

COMMERCE ET INDUSTRIE

Les établissements industriels ou commerciaux patentés sont au nombre de 10.000, parmi lesquels :

```
1.306 " almacenes " de détail.
   54     —        de gros.
   36 agences fluviales et maritimes.
   11 scieries à vapeur.
   40 scieries à bras.
```

     9 maisons d'importation.
    17 maisons d'exportation.
     5 brasseries.
   126 dépôts de bois et de fer.
    27 dépôts de machines.
     2 fabriques d'huile.
     3 fabriques de viandes conservées.
    19 fabriques de savon.
    69 briqueteries.
    25 fours à chaux.
     5 fonderies, etc., etc.

Suivant la déclaration des propriétaires, les capitaux investis dans ces entreprises seraient de $ 73,379,683 dont 41,835,218 pour les maisons de commerce (1), et 36,544,465 pour les fabriques (2).

Il faut ajouter à l'énumération qui précède 70 moulins, dont 56 à vapeur et 2 hydrauliques, représentant ensemble une force de 880 chevaux-vapeur.

Le système à meules est employé dans 22 établissements et le système à cylindres dans 42.

Ces 70 moulins sont estimés à 3,840,894 $ m/n. Ils ont traité en 1896 : 56,360 tonnes de blé et ont produit 36,660 tonnes de farine ; soit un rendement de 655 o/oo.

Le département de Colon possède à lui seul 74 fabriques représentant un capital de 5,770,798 $.

Parmi celles-ci figure notamment une grande fabrique de viandes conservées, « la Société argentine », installée sur les bords du Rio Uruguay ; on y prépare la viande, les langues (bœuf et mouton) et les sous-produits tels que la graisse, les cendres d'os, l'huile de pied de bœuf.

Le frigorifique occupe une superficie de 2,500 mètres carrés. Il peut recevoir par jour 150 bœufs, 1,000 moutons et 1,000 tonnes de viandes congelées. Ses machines sont mues par un moteur de 150 chevaux (3).

---

(1) Nombre d'employés, 11,297.
(2) Nombre d'employés et d'ouvriers, 10,609.
(3) Les deux autres moteurs de l'usine sont respectivement de 25 et 12 chevaux.

Tous les transports d'animaux, de viandes, etc., s'effectuent au moyen de petits chemins de fer d'une longueur totale de 1,5oo mètres. Les ouvriers sont au nombre de 35o, logés dans une cité ouvrière (1).

INSTRUCTION PUBLIQUE

La comparaison entre la situation des écoles en 1887 et en 1896 fait ressortir les progrès de l'enseignement dans cette province :

En 1887, le budget était de $ 112,419,77 pour 186 écoles et 12,057 élèves ; en 1896, les dépenses s'élèvent à $ 495,236,56 pour 339 écoles et 24,117 élèves (2).

Sur ces 339 écoles, 2 sont subventionnées par la nation, 205 par la province, 17 par les municipalités, 8 par la charité publique, 5 par des corporations religieuses et 104 par des particuliers.

309 de ces établissements sont laïques, 30 sont administrés par des ordres religieux catholiques. — 61 dans le district de Villaguay sont israélites ; ces derniers sont soutenus par la «Jewish colonisation association».

Quant au sexe des élèves, les écoles se divisent en : 61 écoles de garçons, 22 écoles de filles, 256 écoles mixtes.

Le personnel enseignant se compose de :

Maîtres	256
Maîtresses.	341
Adjoints.	18
Adjointes	67
Total.	682

Sur ce total de 682 professeurs, 5o2 sont de nationalité argen-

---

(1) Construite sur le terrain de l'usine et ayant une école.
(2) 13,120 garçons et 10,997 filles.

tine et 180 de nationalité étrangère, 624 sont laïques, 58 appartiennent au clergé.

La moyenne des élèves par maître serait donc de 35.

L'assistance moyenne des élèves a été de 18,733, soit 77,6 o/o.

BIBLIOTHÈQUES

A l'exception de Federacion et de Feliciano, tous les départements ont une ou plusieurs bibliothèques publiques.

Il en existe actuellement 21 possédant 46,580 volumes. En 1896, elles ont été fréquentées par 26,131 lecteurs.

JUSTICE

En 1896, les tribunaux civils, correctionnels et consulaires ont prononcé 1,107 jugements.

Les juges de paix ont entendu 6,876 causes et arrangé à l'amiable 3,978 litiges.

POSTES ET TÉLÉGRAPHES

Le total des pièces expédiées ou reçues en 1896 est supérieur à celui de 1895.

Voici les chiffres comparés :

1895 : Pièces reçues.	3,065,811
— Pièces expédiées	1,934,369
	5,000,180

1896 : Pièces reçues.	3,584,191
— Pièces expédiées.	2,255,297
	5,839,488

Augmentation en 1896 : 16 o/o (1).

Le mouvement télégraphique en 1896, peut se résumer ainsi :

Dépêches expédiées :

Officielles . . . 23,218
Privées 52,895

Nombre total. 76,113

La valeur des taxes perçues pour les dépêches privées a été de $ 36,438,80.

FINANCES

En 1896, le budget de la province s'est trouvé en déficit ainsi que le font ressortir les états suivants :

1° BUDGET DES RECETTES

Nature des impôts et revenus	Sommes recouvrées
Contribution directe. . . . . $ m/n	999.620 91
Patentes	436.225 75
Abattoirs	400.025 48
Timbre	111.956 11
Papier timbré.	97.130 92
Contribution territoriale.	73.519 22
A reporter . . .	2.118.478.39

---

(1) 19 plis par habitant. Le même calcul donne :

A Buenos Aires	109
Province de Santa Fé	47
— de Buenos Aires	29
— d'Entre Rios	19
— de Tucuman	17
Cordoba et Mendoza.	16
San Luis	12
San Juan, Santiago, Corrientes .	9
Jujuy, Salta, Catamarca	6
La Rioja et «territorios» nationaux.	7

Entre Rios occupe donc le quatrième rang, — entre les provinces de Buenos Aires et de Tucuman.

	Report	2,118.478	39
Banque provinciale		284.295	76
Impôts arriérés		79.630	54
Laboratoire de chimie.		66.369	33
Télégraphes.		30.400	38
Marques du bétail.		31.580	»
Enveloppes et cartes timbrées.		5.789	85
Amendes		73.491	78
Loterie		20.000	»
Subside national pour l'éducation		117.548	56
Successions ab intestat		42.613	14
Patente des batteuses		140.200	»
Timbre de l'immatriculation scolaire.		8.149	»
Ventes de terres.		47.162	74
Charbon et bois.		24.200	»
Casuel		10.749	77
	Total.	3.200.659	24

2° BUDGET DES DÉPENSES

NATURE DES CRÉDITS	Dépenses effectuées $ m/n	
Sénat	63.976	»
Chambre des députés	99.240	»
Gouvernement.	24.736	16
Ministère du Gouvernement	18.165	»
Contrôle général.	6.990	»
Département des travaux publics.	20.732	70
Conseil d'hygiène	12.546	50
Laboratoire de chimie.	40.082	50
Archives.	2.460	»
Musée.	1.980	»
Préfecture de police	561.236	14
Télégraphes.	77.051	»
Uniformes	42.616	06
Manutention	161.767	86
Ponts et chaussées.	135.464	71
Impressions et publications officielles.	18.478	»
Lois spéciales.	70.433	83
Casuel	50.000	»
Ministère des Finances.	16.125	05
A reporter. .	1.424.081	51

Report.	1.424.081 51
Comptabilité générale	38.367 92
Trésorerie générale	7.950 »
Bureau du crédit public	5.760 »
Banque provinciale d'Entre Rios.	122.506 76
Bureau de statistique.	19.871 26
Fondé de pouvoirs à Buenos Aires.	3.420 »
Bureau de recettes des impôts	55.640 56
Surveillance des abattoirs	17.205 »
Service de la dette.	134.656 88
Impressions et publications	2.511 70
Lois spéciales.	13.484 50
Casuel	30.000 »
Tribunal supérieur.	73.290 »
Juges de 1re instance.	168.357 34
Juges de paix	57.049 »
Juges et procureurs	7.920 »
Secours, subventions	17.026 »
Bibliothèques publiques.	2.950 »
Pensions et retraites.	73.535 60
Enseignement.	508.353 68
Bourses.	23.857 70
Subventions aux écoles privées.	23.250 »
Total. . . . . $ m/n.	2.831.012 41

DÉPENSES AUTORISÉES EN COURS D'EXERCICE :

Loi du 27 août 1896 :	
Inspection générale des milices	2.435 35
Versements du Trésor.	15.548 75
Budgets arriérés.	7.246 23
Budget de 1895	258.845 51
Décision du 11 octobre 1895 :	
Quartier de police.	12.830 53
Décision du 23 juin 1894 :	
Procureurs fiscaux	11.320 37
Décision du 30 décembre 1896 :	
Crédit supplémentaire. Gouvernement. . . .	71.874 16
Décision du 30 décembre 1896 :	
Crédit supplémentaire. Ministère des Finances.	6.272 53
Municipalités, loi du 29 octobre 1891.	27.399 60
Total.	3.244.785 44
Dépenses non effectuées.	244.787 11
Total des crédits approuvés. . .	3.489.572 55

DETTE

1° DETTE EXTÉRIEURE.

La dette extérieure se décompose comme suit :

Emprunt de 1896. . . . . £	731.883
— 1888.	1.131.380
Transfert du chemin de fer.	344.621
Emprunt Morton Rose y Cᵒ	391.747
Emprunt de consolidation.	419.880
	3.019.511
Emprunt de la municipalité de Parana. . . .	197.400
Emprunt Eaux courantes	208.800
— consolidation	61.632
Total. . . . . £	3.487.343

Ces divers emprunts, tant pour le service des intérêts que pour celui des amortissements, exigent annuellement 240,498 £ (208,894 pour les intérêts et 31,604 pour les amortissements). Si le service des dits intérêts et amortissements était fait intégralement, il absorberait à lui seul les revenus de la province.

2° DETTE INTÉRIEURE.

La dette intérieure comprend :

Dette envers la Banque provinciale d'Entre Rios $	5,272,505,32
Fonds publics, cinquième émission	786,132,65
Fonds publics, sixième émission	1,636,450
Total. $	7,695,087,97

IMMIGRATION

Ont débarqué dans les divers ports de la province 44,014 personnes ; 39,231 se sont embarquées. Immigration approximative 4,700.

Le bureau national du travail a envoyé, à Entre Rios, 814 émigrants, chiffre notablement inférieur à celui des années précédentes.

Le nombre de nos compatriotes établis dans la province peut être évalué à 15,000.

PROVINCE DE CORRIENTES

La province de Corrientes a une population de 239,613 habitants (1), sur une superficie de 84,402 km² (soit 2,83 habitants par km. ²).

Elle est divisée en 25 départements, savoir :

1. Bella-Vista	1.516 km².
2. Caa-Caté	2.729
3. Concepcion.	5.215
4. Corrientes (Capitale).	20
5. Cruz (La).	9.386
6. Curuzu-Cuatia . . . . . . , . . .	8.812
7. Empedrado	2.015
8. Esquina.	3.328
9. Goya	4.337
10. Itati	786
11. Ituzaingo.	8.678

---

(1) Argentins : 102,044 hommes. — 115,630 femmes.
Etrangers : 13,465 hommes. — 8,474 femmes.

12. Lavalle.	1.411
13. Lomas	392
14. Mburucuya	999
15. Mercedes	9.535
16. Monte-Caseros	2.721
17. Paso de los Libres.	4.092
18. San Cosme	571
19. San Luis del Palmar	2.396
20. San Miguel.	2.980
21. Sauce.	2.457
22. Saladas	2.082
23. San Antonio de Itati	660
24. San Roque.	239
25. Santo Tomé.	7.045

Le climat est sensiblement celui de la Sicile et du sud de l'Espagne. Les froids sont rares, les pluies régulières. Nulle sécheresse à redouter, les nombreux affluents des Rios Parana et Uruguay irriguant la région.

Ce territoire est sillonné par 397 km², de chemins de fer, à savoir :

L' « Argentino del Este, » entrevoie, 1 m. 435, longueur totale, 160 km. 9; longueur dans la province avec garantie nationale, 65 km. 4; — et le « Noreste Argentino », entrevoie, 1 m. 435, longueur totale 331 km. 8 ; longueur dans la province, avec garantie nationale: 331 km. 8 (1).

Ces voies ferrées desservent les ports de Corrientes, Florencia, Santo Tomé, Posadas, Alvear, Paso de los Libres, Monte Caseros. Dans quelques mois, elles relieront Bella Vista et Goya (2) au réseau de cette province.

Les autres centres importants de population sont : Curuzu Cuatia, Mercedes et Empedrado.

---

(1) Plusieurs tramways à vapeur d'intérêt local, notamment le «Decauville» à 0 m. 60 d'entrevoie de Corrientes à l'usine de Santa Ana.
(2) Les propriétés urbaines bâties dans Corrientes représentent une valeur de $ 14,264,156,17.
Terrains urbains $ 2,078,562,37.
Maisons de campagne et terrains qui en dépendent : $ 2,260,014,11.

PRINCIPALES VILLES

CORRIENTES.

(Latitude, S. 27° 27'. Longitude, O. de Paris 61° 9'15". Altitude, 77 ᵐ.)

Cette capitale de la province (comptant aujourd'hui 25,000 habitants), fut fondée en 1588, sur la rive gauche du Rio Parana, à une quarantaine de kilomètres de l'embouchure du Rio Paraguay.

Les dépenses de la municipalité s'élèvent à 99,900 $, les recettes à 93,800 $ (1896).

Corrientes est le point terminus de la ligne du chemin de fer partant de Concepcion del Uruguay et passant par Concordia, Monte Caseros, Curuzu Cuatia, Mercedes et Empedrado.

Sur la rive opposée du Parana, se trouve Resistencia, qui bientôt sera desservi par le chemin de fer de Santa Fé s'arrêtant aujourd'hui à Reconquista, en face de Goya.

SANTO TOMÉ.

Cette ville (2,500 habitants), chef-lieu du département a été fondée en 1638, par les Jésuites, sur le Rio Uruguay, presque en face de San Borja (en territoire brésilien).

A 286 kil. de Monte Caseros, Santo Tomé est mis en communication avec cette ville par un service fluvial hebdomadaire. Il sera relié avec Monte Caseros et Posadas par un chemin de fer (actuellement en construction).

Le département de Santo Tomé, exploite, prépare et exporte la yerba maté.

EMPEDRADO.

La ville d'Empedrado (1,500 habitants), se trouve sur la ligne de Monte Caseros à Corrientes (à 57 km. de cette dernière).

Elle est assise sur le Rio Parana entre les *arroyos* Empedrado au Sud, Gonzalez au Nord.

Ce chef-lieu fait un trafic considérable de bois.

———

MERCEDES.

Mercedes (3,000 habitants), siège des autorités départementales, est sise au sud de la lagune de Ybera, sur la ligne du chemin de fer « Noreste Argentino » (141 km. de Monte Caseros, et 233 de Corrientes).

———

BELLA VISTA.

Ce principal port du département sur la rive gauche du Parana, à 200 km. au sud de Corrientes ; créé en 1825, renferme aujourd'hui 3,500 habitants ; c'est un point de relâche pour les vapeurs allant au Paraguay. Commerce assez notable de bois, de sucre et de tabac.

———

GOYA.

La ville de Goya, à 1,070 km. au nord de Buenos Aires (4,500 habitants), a été fondée, en 1807, sur la rive gauche du Rio

Parana, à 990 km. au sud du confluent de ce fleuve avec le Santa Lucia (1).

Le département de Goya, le plus riche de la province, compte 15,000 habitants.

Son industrie laitière est florissante : exportation de fromages et de beurre.

Les rios Santa Lucia, Corrientes, Mini, Batel, Batelito et les *arroyos* Tala, Colorado, Carrizal, Sauce, etc., baignent les pâturages de cette région.

AGRICULTURE

Corrientes est une région agricole, d'élevage et de forêts.

D'après le dernier recensement, on évalue comme suit la propriété :

Propriétés rurales bâties . . . . $ 53,817,195.14
— — non bâties . . $ 1,727,925,64

Les principales colonies sont situées dans le Sud. On y cultive surtout les céréales qui, dans les années moyennes, produisent environ 500.000 $ or ; le tabac, 300,000 ; le sucre, 100,000 ; le coton, le riz, le maté, 200,000 ; au total, plus d'un million de piastres or.

Les bois de construction que l'on rencontre dans les forêts du Nord, sont : le Laurier, le Lapacho, l'Algarrobo (caroubier), l'Urunday, le Cèdre, le Quebracho, le Tatané, le Ñandubay, le Timbo, etc. Certaines essences produisent des fruits très appréciés dans le pays, à citer : le Palmier, le Pindo, le Yatay, avec lequel on fabrique des eaux-de-vie ; le Bocoya, etc. (2).

La lagune de Ibera est un marais de 500 km. carrés, qui couvre la plus grande partie du département d'Ituzaingo et s'étend même à Santo Tomé, La Cruz et Mercedes.

---

(1) Les vapeurs du Paraguay touchent trois fois par semaine à Goya.
(2) Voir note sur les bois argentins.

Les eaux du Parana submergent les terres pendant une partie de l'année (à l'époque de la conquête, cette région, aujourd'hui inculte, était peuplée par les Indiens Caracaras, de la race des Guarani).

TROUPEAU

Le troupeau, qui appartient à 22,070 propriétaires (recensement de 1895), compte 4,780,115 têtes représentant une valeur approximative de 35 millions de $ or (216 têtes par éleveur).

Il se subdivise de la façon suivante :

Race bovine	Créole	2.539.905
	Croisée.	60.300
	Pur sang.	3.344
	Vaches laitières. . .	196.311
	Bœufs de labour . .	93.396
	Total. . .	2.893.256 soit 34 têtes par km².

Race ovine	Créole	435.084
	Croisée.	962.646
	Pur sang	7.371
	Total . . .	1.405.101 soit 16,6 têtes par km².

Race porcine	Créole	21.387
	Croisée.	3.154
	Pur sang	135
	Total. . .	24.676

Race chevaline	Créole	399.047
	Croisée.	9.837
	Pur sang.	207
	Total. . . .	409.091, soit 4,8 têtes par km².
	Race asine	5.138
	Race mulassière . .	10.254
	Total. . .	424.483

Race caprine	Créole	27.904
	Croisée.	4.406
	Pur sang.	289
	Total . . .	32.599

Oiseaux utiles	Autruches	2.523
	Poules.	397.579
	Dindes.	71.481
Insectes utiles	Semence de vers à soie	14 k. 400 (1)
	Ruches d'abeilles . .	136

COMMERCE ET INDUSTRIE

La province s'approvisionne surtout à Rosario. Elle n'importe presque rien directement de l'étranger. Par contre, son commerce d'exportation est considérable.

255.610 Cuirs de bœuf.
19.957 Cuirs de cheval.
1.777.875 Kilogrammes de laines.
242.782 Kilogrammes de crins.
722.875 Billes de bois.

Les principaux établissements industriels sont : deux distilleries, une brasserie, quatre chais, un moulin à vapeur d'une force de 6 chevaux.

INSTRUCTION PUBLIQUE

La statistique scolaire en 1896 donne les chiffres suivants :

	ÉLÈVES		
	Inscrits	Assistants	Maîtres
Ecoles publiques.	11.780	10.850	291
» annexes et privées .	1.254	1.174	40
133 écoles . .	13.034	12.024	331

(1) Annexe XXVII.

Le tableau ci-dessous permet d'apprécier les progrès qu'a faits l'instruction publique dans cette province depuis 1893 :

	Elèves assistants	Maîtres	Nombre d'écoles
1893.	4.400	170	64
1894.	5.816	211	87
1895.	8.047	251	110
1896.	12.024	331	133

Le nombre moyen d'élèves par professeur a progressé également dans les trois dernières années :

1894.	27
1895.	32
1896.	36

Néanmoins, les illettrés sont encore dans la proportion de 587 pour 1,000 habitants.

La dépense mensuelle par maître, qui était de 66 $ 81 en 1895, atteint 68 $ 12 en 1896.

Corrientes possède aussi une école industrielle. Population scolaire des deux sexes : 50.

On vend les travaux des élèves et on couvre ainsi une partie des frais de l'établissement.

Le musée provincial de Corrientes s'enrichit tous les ans de 2 à 3,000 pièces environ.

Les objets actuellement exposés sont au nombre de 17,000.

FINANCES DE LA PROVINCE

Le budget des dépenses de la province était en 1896 de 1,284,010 $ m/n.

Les grands services figuraient dans la loi des finances pour les sommes suivantes :

Parlement . . . . 136.500 $
Police 465.500
Justice 81.200
Instruction 298.100
Et sous divers chapitres 302.010

Durant les cinq dernières années, les revenus provinciaux ont été :

1892 . . . . 1.012.131 $ 34
1893 . . . . 953.825 80
1894 . . . . 1.228.581 90
1895 . . . . 1.587.921 71
1896 . . . . 1.364.010 »

La moins-value, en 1896, doit être attribuée à la diminution du produit de la taxe sur le bétail. Elle s'est accentuée en 1897, pendant la guerre civile en Uruguay et le chômage des *saladeros* qui s'en suivit. La crise prit fin en 1898, aussitôt après le rétablissement de l'ordre dans la République voisine.

Les principales ressources du budget ont été en 1896 :

Papier timbré et timbre . . . . $ 90.445 88
Marques du bétail 2.516 70
Impôt sur les produits du pays 136.865 55
Contrôle des poids et mesures 1.937 62
Patentes 253.841 30
Contribution directe 334.239 90
Vente de terres fiscales 69.210 72
Impôts arriérés 20.469 09
Ventes de bétail 370.259 98
Recettes casuelles 23.998 38
Impôt sur les prêts 456 84
Loi du 13 décembre 1896 . . . . 2.263 25
Produits divers . . . . 58.505 »

Total . . . . $ 1.365.010 21

Les évaluations budgétaires avaient prévu une recette moindre : 1,263,000 de $.

Les taxes sur les produits du pays ont donné 136,865 $ 88.

Les 19 municipalités de la province, celles de la capitale et de Goya exceptées, ont recouvré en 1896 (message du gouverneur de la province, mai 1897) : 169,168 $ 36.

Leurs dépenses se sont élevées à 170,578 $ 81.

TRAVAUX PUBLICS

En 1896, on a dépensé en travaux publics 60,220 $ 27, dont :

Pour le palais du gouvernement. . . . . $	7.658 11
Pour le canal du Riachuelo	8.834 18
Pour divers travaux dans la capitale et dans les départements	5.228 65
Pour l'hôpital d'Esquina	1.000 »
Pour le tramway de la capitale	26.500 »
Pour le monument San Martin	5.000 »

FRANÇAIS ÉTABLIS EN CORRIENTES

Nos nationaux sont établis au nombre de 1.000 à 1.500 dans l'extrême Sud de Corrientes, sur les bords de l'Uruguay et du Parana.

Une centaine à peine s'est fixée dans la zone septentrionale et dans la capitale.

PROVINCE DE SANTA FÉ

La province de Santa Fé comprend 397,112 habitants (1)
répartis sur 131,906 km.².

La densité est donc de 3,009 habitants par kilomètre carré.

Voici la division territoriale par départements :

1.	Belgrano	2.734 km²
2.	Caseros	3.322
3.	Castellanos	7.117
4.	Las Colonias	6.717
5.	Constitucion	3.192
6.	Garay	3.883
7.	Iriondo	2.711
8.	Lopez (general)	11.479
9.	Reconquista	14.294
10.	Rosario	1.725
11.	San Cristobal	17.049
12.	San Geronimo	4.448
13.	San Javier	7.388
14.	San Justo	5.668

---

(1) Argentins . . . . . . 118 884 hommes. 111 624 femmes.
Étrangers . . . . 104.806 — 61.798 —

15. San Lorenzo 1.807
16. San Martin 4.364
17. Santa Fé 2.951
18. Vera 31.057

Le climat de la province est très sain. Il rappelle celui du sud de l'Espagne, de la Grèce, de la Sicile, etc.

La température moyenne, d'après les observations les plus récentes, peut être calculée au Sud, à 17°; au Centre, à 19° et au Nord à 22°.

Ce territoire est situé entre les parallèles 28° et 30°15' de latitude sud et, par 60°40'15" et 64°50'15" de longitude O. de Paris.

Il est limité au Nord par le Chaco, à l'Est par le Rio Parana et les provinces de Corrientes et d'Entre Rios, au Sud par celle de Buenos Aires et à l'Ouest par celles de Cordoba et de Santiago del Estero.

Son réseau de chemin de fer mesure 3,299 km., se décomposant ainsi :

Lignes	Entrevoie	Longueur totale	Longueur dans la province	Lignes appartenant à la province	Garanties par la nation	Garanties par la province	Sans garantie concédée par la nation	Sans garantie concédée par la province
Buenos Aires au Pacifique. . .	1 676	668 6	84 1	» »	84 1	» »	» »	» »
Villa Maria à Rufino.	» »	226 8	2 3	» »	2 3	» »	» »	» »
San Cristobal à Tucuman . . .	1 000	622 6	157 5	» »	157 5	» »	» »	» »
Buenos Aires à Rosario	1 676	1.489 8	629 6	» »	» »	» »	629 6	» »
Central Argentino.	» »	1.273 »	418 2	» »	» »	» »	418 2	» »
G. Sud de Santé Fé et Cordoba.	» »	301 »	205 6	» »	» »	» »	205 6	» »
Oeste Santafecino	» »	207 8	205 8	» »	» »	205 8	» »	» »
Provincia de Santa Fé.	1 000	1.308 4	1.308 4	1.308 4	» »	» »	» »	» »
Cordoba et Rosario	» »	287 8	287 8	» »	» »	» »	» »	287 8
		3.299 3	1.308 4	243 9	205 8	1 253 4	287 8	

Ces voies ferrées aboutissent à sept ports :
Rosario, Villa Constitucion, Borghi, Gaboto, Puerto Aragon, Santa Fé, Colastiné, Reconquista (1).

---

(1) Cette donnée, exacte aujourd'hui, deviendra incomplète d'ici peu de mois, car si ces ports sont tous « habilitados », c'est-à-dire classés comme tels et pourvus d'un personnel, d'une capitainerie, etc., il est facile de prévoir le moment où les chemins de fer eux-mêmes auront intérêt à augmenter les points d'atterrissement des paquebots fluviaux et les points d'embarquement de leurs marchandises. Il faudra donc vraisemblablement ajouter : Sorrento, Alberti, Puerto Araya, Puerto Monje, Puerto Piedra, Puerto Gordo, Puerto San Vicente, Puerto Parana et d'autres encore.

PRINCIPALES VILLES

ROSARIO.

La ville de Rosario, située par 32°56′ de latitude sud, — 62°58′15″ de longitude O. de Paris et 39 mètres d'altitude, est la seconde ville de la République Argentine.

On évalue sa population à 110,000 habitants.

Fondée sur la rive droite du Rio Parana, en 1725, par Don Francisco Godoy, son développement date de 1859, époque à laquelle le général Urquiza la « déclara port des onze provinces de l'intérieur » et institua des droits différentiels qui grevaient de 18 o/o toutes les marchandises non importées directement par ce point.

Ce décret fit grand tort au commerce de Buenos Aires.

Le tableau suivant montre d'ailleurs les progrès réalisés depuis cette époque par le port de Rosario :

1854 (approximativement) .	400 navires	20.000 tonnes	
1867 (chiffres officiels) . . .	880 —	43.000 —	
1877 — — . . .	2.033 —	215.991 —	
1887 — — . . .	2.975 —	1.048.515 —	
1890 — — . . .	2.685 —	1.356.010 —	
1891 — — . . .	2.387 —	828.752 —	
1892 — — . . .	2.597 —	924.917 —	
1893 — — . . .	2.792 —	1.291.805 —	
1894 — — . . .	2.890 —	1.611.975 —	
1896 — — . . .	1.757 —	1.560.753 —	(1)

Rosario est l'une des principales escales des lignes régulières desservant le Rio Parana.

Parmi les nombreux vapeurs venant directement d'Europe, on ne trouve plus guère, sous pavillon français, que les navires de Cyprien Fabre de Marseille.

---

(1) Voir Annexe XXXI.

Cette station des chemins de fer « Central Argentino »,
« Buenos Aires à Rosario y Tucuman », « Rosario à San Francisco », « Rosario à Santa Fé » et « Oeste Santafécino », se
trouve à 304 km. de Buenos Aires, 395 de Cordoba, 852 de
Tucuman, 166 de Santa Fé et 221 de San Francisco.

Elle possède un outillage de quais des plus perfectionnés, des
élévateurs de grains (1), des distilleries, une raffinerie de sucre (2),
une fabrique d'allumettes, des hôpitaux, des asiles, des théâtres,
des tramways et des téléphones. Elle est éclairée au gaz et à
l'électricité. Son service d'eau est suffisant.

———

En 1891, le « Centro Comercial » de cette ville demanda au
Gouvernement national la canalisation des passes de Martin
Garcia.

On accéda à la requête et, en 1893, l'ingénieur Georges
Duclos mena les travaux à bien.

Mais il reste encore à effectuer la canalisation de certains
points dangereux du Rio Parana, et à améliorer les ports de
Rosario et de Santa Fé (3).

———

Le budget de la municipalité, en 1896, s'est élevé à :

1° Recettes : 1,162,250 $.
2° Dépenses : 917,700 $.

———

(1) Voir Annexe VII.
(2) Voir Annexe IX.
(3) Pour que l'accès du port de Rosario puisse se faire sans difficulté, il suffirait : 1° en face
de l'île de la Paloma, à 30 km. de l'embouchure du Guazu, de canaliser un bas-fond sur une
étendue d'environ 50 mètres ; 2° de creuser sur une étendue d'environ 60 mètres, les passes
connues sous le nom de Camino de Los Paraguayos (entre San Nicolas et Villa Constitucion) ;
3° de draguer, sur une étendue d'une soixantaine de mètres des bas-fonds qui se trouvent en
face d'Alvear, à 15 km. de Rosario.

SANTA FÉ

La capitale de la province (25 à 30,000 habitants) fut fondée par Juan de Garay, en 1573, sur les bords du Rio Cayastà, au milieu des tribus Calchines, Mocoretaes et Colastiné.

En 1653, la population se transporta au confluent des rios Parana et Salado, emplacement actuel de la cité (1).

Santa Fé (2) est tête de ligne des chemins de fer allant à Colastiné, Reconquista, Soledad, San Cristobal, San Francisco, Galvez, Irigoyen et Rosario.

La moitié des produits de l'intérieur sont amenés à Santa Fé pour être embarqués; mais, à cause de l'impossibilité où sont les navires d'entrer dans le port par eaux basses, une grande partie des marchandises prend la voie ferrée.

On avait cru qu'un chemin de fer de Santa Fé au port de Colastiné (3) remédierait à cet état de choses.

Cette ligne mentionnée plus haut est parfois, pendant plusieurs mois, couverte par les eaux. Il faudrait donc élever le niveau de la voie (de 3 mètres environ) et, en outre, construire des quais, le talus où s'amarrent actuellement les navires se corrodant avec rapidité. Par suite, on peut douter que le problème se trouve pratiquement résolu de la sorte.

Avant la crise de 1890, MM. John G. Meiggs Son et C° et Waldorp avaient présenté des projets de port, entraînant des dépenses de 12 ou de 14 millions de $ or. Après la crise, ces projets ne furent pas repris.

D'après des études postérieures, on pourrait, moyennant des travaux de 1,779,316 $ or, construire un port à Santa Fé en trois années (1).

Ces sacrifices paraîtraient justifiés, attendu qu'à Santa Fé convergent 4,000 km. de chemins de fer apportant les produits

---

(1) Le seul édifice historique est le « Cabildo » datant de l'époque coloniale. Il servit, en 1852, de lieu de réunion à l'Assemblée constituante et, en 1860, à la Convention.
(2) Le service urbain est assuré par des tramways.
(3) Ce port est situé à 11 km. de la ville, à 177 km. de Rosario et à 481 km. de Buenos-Aires.

du nord et de l'ouest de la province, d'une partie de Cordoba, de Santiago, Tucuman, Salta et Jujuy et d'une partie du Chaco austral. Sur les chemins de fer dont il est parlé ci-dessus, il se fait actuellement un trafic annuel de céréales et de produits de toutes sortes qu'on peut évaluer à 2 millions de tonnes.

En 1895, le budget de la municipalité comportait :

    335.995 $ de recettes.
    332.357 $ de dépenses.

RECONQUISTA.

Reconquista, fondée en 1872 (1,800 habitants), se trouve à 318 kil. au nord de Santa Fé. Cette ville, desservie par le chemin de fer français, est le chef-lieu du district du même nom.

Les colonies agricoles des environs, telles que Iriondo, Piazza y Brunetti, Mal Abrigo, etc., sont très prospères.

SAN CRISTOBAL.

2,000 habitants, chef-lieu de département, à 200 kil. de Santa Fé, sur la ligne de Santa Fé à San Cristobal et Tucuman.

A citer les colonies de Maña, Virginia, Raquel, Frias et Campos de Christiani.

AGRICULTURE

Santa Fé est une zone agricole et d'élevage. La colonisation agricole y date de 1856. On fonda successivement les colonies de Esperanza (1856), San Geronimo (1858), etc.

---

(1) Ce projet est dû à MM. Schoor et Erhart, ingénieurs résidant à Santa Fé, lesquels ont dirigé la construction de la ligne de 1.200 km. de Santa Fé à Cordoba.

En 1882, on comptait 95 centres; en 1895, le nombre en était
de 365 (1).

A cette dernière date, les colonies couvraient 3,731,214 hectares, ou 37,312 kil. 2, soit 28 o/o de l'étendue de la province.
Sur ces 3,731,214 hectares, 1,593,402, étaient cultivés, à
savoir :

```
Arboriculture . . . . . . . . .        5.063 hectares
Blé . . . . . . . . . . . . .        947.208      —
Lin . . . . . . . . . . . . .        224.542      —
Maïs . . . . . . . . . . . . .       240.207      —
Orge, pommes de terres, four-
   rages, vignes (49 hect.), Sucre
   (604 hect.), coton  (4 hect.),
   Tabac (9 hect.) etc. . . . . .     176 382      —
                      Total . . . . 1.593.402 hectares (2)
```

La production normale par hectare est évaluée, en blé et en
lin à 6 ou 8 quintaux, en maïs, à 10 ou 12 quintaux, et en
mani, à 10 quintaux.

Avant 1860, le pain était considéré comme un article de luxe
dans cette zone. On se nourrissait uniquement de la dépouille
des animaux.

Le tableau suivant indique l'accroissement progressif de la
production des principales cultures depuis 1862 :

	Blé	Lin	Maïs
1862-1863	1.550 t	—	—
1880-1881	58.041	—	—
1887-1888	477.826	56.887 t	84.290 t
1892-1893	587.340	48.364	59.713
1893-1894	1.200.000	200.000	2.000
1894-1895	1.100.000	320.000	60.000

(1) Voir annexe XI.
(2) Jusqu'à ce jour la vigne n'a été cultivée, dans la province de Santa Fé, que pour la vente
du raisin frais.
On commence pourtant à y faire des plantations importantes.
Les terres sont fertiles Ce sont des alluvions humifères, analogues aux terres noires de la
Russie méridionale.
Les cépages français ne peuvent manquer d'y donner d'abondants produits.
Le climat est assez humide ; il y pleut souvent, de sorte que l'on peut redouter les maladies
cryptogamiques.

En 1894-1895, on estimait comme suit la valeur de la récolte :

Blé.	1.100.000 t	61.050.000 $
Lin.	320.000	35.200.000
Maïs.	60.000	4.500.000
Mani.	11.000	1.495.000
Luzerne.	190.000	6.111.782
Autres céréales . .	8.860	12.460.000
Total.		120.816.782 $

Il existe aujourd'hui, dans le département de Reconquista, une exploitation de cannes à sucre d'une superficie de 1672 hectares.

Les essais de culture de tabac qu'on fait à Ocampo semblent devoir donner de bons résultats. Il est probable que le coton aussi est appelé à réussir sur ce territoire.

L'outillage agricole comprend : 50,066 charrues ; 25,200 herses ; 12,500 moissonneuses ; soit au total : 87,766 machines agricoles diverses.

Le nombre de propriétaires par kil. carré est de 2, 5 et de 8,3 par 1,000 habitants. Il ne se fait encore que de la culture extensive.

Une propriété destinée à nourrir une famille de colons doit être au moins de 4 concessions (chaque concession mesure 25 hectares) (1).

Le personnel nécessaire à l'exploitation est de :

```
 3 personnes pour  4 concessions
 5      »       »   6     »
 7      »       »   9     »
 9      »       »  12     »
13      »       »  20     »
```

Mais, ce personnel n'est indispensable que pendant quatre mois (labourage, semailles, récolte).

---

(1) L'étendue moyenne des propriétés de colons ne dépasse guère 150 hectares.

Pendant la moisson et le battage, (un mois ou six semaines), la moyenne du salaire journalier est d'environ 3 $ 50 papier.

On calcule qu'une famille de quatre personnes (colons) peut se nourrir moyennant 50 $ par mois.

Animaux nécessaires pour cultiver :

3 concessions,		6 paires de bœufs,			6	chevaux.
6	»	12	»	»	8	»
9	»	18	»	»	10	»
12	»	24	»	»	12	»
20	»	40	»	»	15	»

On évalue les débours nécessaires pendant la première année pour l'installation et l'exploitation d'une propriété de 4 concessions (soit 100 hectares) à environ 1.800 $, non compris le prix de la location (1).

TROUPEAU

Le nombre des éleveurs est de 30,638 pour un troupeau de 4,825,517 têtes (157,50 animaux par propriétaire) :

Race bovine	Créole	1.638.538 têtes.
	Croisée.	259.866
	Pur sang	11.675
	Vaches laitières.	167.033
	Bœufs de labour	237.895
		2.315.007 têtes.

Soit 17,55 têtes par kilomètre carré.

Race ovine.	Créole	842.333 têtes.
	Croisée.	1.126.664
	Pur sang	16.780
		1.985.777 têtes

Soit 15 têtes par kilomètre carré.

(1 Voir annexe n° XI. Les réponses de M. Barrère sur la situation du colon agricole.

Race porcine . . . .
- Créole . . . . 72.132 têtes.
- Croisée. 9.038
- Pur sang. 1 196

82.366 têtes.

Race chevaline . . . . .
- Créole . . . . 377 357 têtes.
- Croisée. 26.667
- Pur sang. 1.332

405.356 têtes.

Soit par 3 têtes par kilomètre carré.

Race asine . . . . 1.861 têtes.
Race mulassière. 15 884

17.745 têtes.

Race caprine . . . . . .
- Créole . . . . 15.891 têtes.
- Croisée. 1.341
- Pur sang. 34

17 266 têtes.

Oiseaux et insectes utiles.
- Autruches 3.412
- Poules 1.081.152
- Dindes. 102.964
- Semence de vers à soie . . . 72.690
- Ruches d'abeilles 2.241

COMMERCE ET INDUSTRIE

On compte 8,500 maisons de commerce et 1,650 établissements industriels payant patente.

Une des industries les plus importantes de la région est celle de la meunerie.

Le nombre des moulins est de 74.

1° 72 à vapeur avec . . . . 1,809 chevaux

2 hydrauliques . . . . 435 »

au total . . . . 2,244 chevaux vapeur

Ou, 2°, 2 à meules, 69 à cylindres, 3 sur lesquels aucun ren-
eignement n'a été donné.

La valeur de ces établissements représente 8,665,813 $.

En 1896, il a été traité 155,400 tonnes de blé qui ont produit
98,137 tonnes de farine, soit un rendement de 630 o/oo.

Signalons également :

A *Santa Fé*, des fabriques de glace, de liqueurs, de bière,
une fabrique de tuiles de Marseille, appartenant à la « Société
Céramique », une briqueterie, une fabrique de vermicelle et de
pâtes alimentaires.

A *Santo Tomé*, une fabrique d'huiles de graines de M. Bou-
chard (français). Production annuelle (92,000 kilg.)

A *Rincon*, une usine semblable fondée par M. Laberne (français). Production annuelle (689,000 kilg.)

A *Esperanza*, plusieurs fabriques de bière et de liqueurs,
de pâtes alimentaires et de briques.

COMMERCE

La situation commerciale, dans cette zone agricole, dépend
principalement du résultat des récoltes. Or, pendant deux
années de la dernière période quinquennale, les récoltes ont
été médiocres et, depuis lors, trois fois de suite, elles ont été
mauvaises.

Aussi, le petit commerçant des « colonies », obligé de vendre
à terme, en attendant que le colon ait pu réaliser les produits
de ses champs pour s'acquitter envers lui, a-t-il vu son découvert
augmenter d'année en année ; il n'osait pas couper les crédits par
crainte de voir émigrer ses débiteurs, alors que, en continuant
ses fournitures, on pouvait espérer qu'une bonne récolte permettrait à ces derniers de régler tout ou partie de leur compte.

Les commerçants des grands centres, fournisseurs des négociants établis dans les « colonies », et les importateurs de Buenos
Aires comme de Rosario ont subi le contre-coup de cette si-

25

tuation. Ainsi s'expliquent les nombreux « moratoria », faillites ou concordats qu'on a constatés depuis trois ans.

Si l'on tient compte de tous ces éléments d'appréciation, on est obligé de reconnaître que la tenue du commerce local a été assez bonne ; les négociants se sont en majeure partie efforcés de faire honneur à leur signature. Et les récoltes de 1897 et de 1898 ayant été satisfaisantes, la situation s'est rapidement améliorée.

FINANCES DE LA PROVINCE

I. — BUDGET

Depuis 1871, les recettes et les dépenses de la province ont présenté les variations suivantes :

	Recettes $ m/n	Dépenses $ m/n
1871	291.000	302.000
1881	729.000	686.000
1891	2.424.000	1.121.000
1892	3.385.758	2.668.000
1893	2.941.792	2.908.000
1894 . . . . . . :	4.474.406	3.603.161
1895	4.978.268	4.358.268
1896 (Evaluation budgétaire) . .	4.880.000	5.835.056

1° DÉTAIL DU BUDGET DES DÉPENSES (1896).

Ch. I. — *Pouvoir législatif.*

1° Chambre des sénateurs . . . . 117.960 $
2° Chambre des députés 179.560

Total . . . . . . 297.520 $

Ch. II. — *Pouvoir exécutif.*

Gouverneur, ministères, instruction, travaux, diverses directions, dette, pensions et retraites. . . . . 3.882.156 $

2° DÉTAIL DU BUDGET DES RECETTES (1896 PRÉVISION) .

Contributions directes	1.400 000 $
Papier timbré et impôt sur les céréales.	2.100.000
Marques du bétail.	50.000
Patentes.	1.400.000
Contributions directes en retard	50.000
Total.	5.000.000 $

De ce chiffre, il faut déduire :

1° Le 10 o/o pour édifices scolaires sur 900.000 $,
évaluation du produit de l'impôt sur les céréales,
soit. . . . .   90.000 $
2° Le 10 o/o pour les routes et chemins sur le pro-
duit de l'impôt sur les batteuses (300.000 $). . .   30.000 $ 120.000

Total des recettes. . . . . 4.880.000 $

L'impôt par habitant représente donc 6 $ 50.

II. — DETTE.

1° *Dette intérieure.*

La dette intérieure a été consolidée en vertu d'une loi du 5 juin 1893.

Au 31 décembre de l'année précédente, son montant était de:

	$ m/n.	$ or.
1) A divers débiteurs du Trésor pour certificats délivrés sur le budget de 1892 et des années précédentes (l'état des recettes ne permettait ni d'amortir cette dette, ni de lui servir des intérêts). . .	1.362.681,06	»
2) A la banque provinciale (qui avait avancé de l'argent au gouvernement).	4.357.391,30	730.756,40
A reporter	5.720.072,36	730.756,40

Report.	5.720.072,36	730.756,40
3) A la banque de crédit territorial et agricole de Santa Fé (solde au 31 mars 1893). Cette dette provenait d'achats faits en Autriche, sur la demande du gouvernement, de blés destinés à améliorer les semences.	120.611,35	8.099.77
4) Aux détenteurs de bons du Trésor (généralement employés du gouvernement provincial). . . .	477.023 »	»
5) Aux détenteurs de lettres de crédit échues le 31 décembre 1892 .	1.213.607,66	»
Totaux. . . .	$ m/n 7.531.314.37	$ or 738.856.17

En réduisant les $ or en $ m/n, au change de 300 o/o, le montant de la dette était de $ m/n 98,747,882,88.

En 1893, les résultats du rendement des impôts, pendant le premier trimestre et les premiers mois du second, faisant prévoir un excédent de recettes d'environ 800,000 $, les Chambres autorisèrent l'émission de 10,000,000 $ m/n de titres destinés à être distribués entre les divers créanciers (1).

2° *Dette extérieure*

En exécution de la loi fédérale, relative à l'unification des dettes provinciales on discute en ce moment les bases de l'arrangement à intervenir en ce qui concerne les créanciers de Santa Fé.

HYPOTHÈQUES

Dans une province agricole, les banques hypothécaires semblaient appelées à jouer un grand rôle. Il n'en a pas été ainsi. D'aucuns prétendent que leur action a été plutôt nuisible :

---

(1) Valeur prise au pair.

Les fortunes, à Santa Fé, ont un caractère surtout territorial; les capitalistes, dans le sens européen du mot, sont rares, et il est difficile d'obtenir d'eux des avances en numéraire. Les prêts qu'ils consentent, à titre exceptionnel, sont ruineux par le taux exorbitant qu'on exige. La formule de ces contrats contient généralement la clause de vente à réméré.

Les banques hypothécaires seules pouvaient porter remède à cet état de choses. Or, il n'existait pas, jusqu'en juin 1896, d'établissement de cette nature.

On ne comptait que :

1° La succursale de la Banque hypothécaire nationale, fondée par le Gouvernement fédéral ;

Elle n'a pu — pour des raisons expliquées ailleurs — prêter, pendant la crise agricole des trois dernières années, aucun concours aux colons.

Autorisé, en 1897, à émettre 10,000,000 $ en cédules spécialement destinées aux petits colons propriétaires, cet établissement a — dit-on — entravé les opérations par des formalités compliquées et la réduction au quart de la plupart des demandes de crédit.

D'ailleurs, il remettait le montant du prêt en cédules au pair. L'emprunteur devait les réaliser en passant par divers intermédiaires. Le produit des titres se trouvait donc diminué de la perte sur ce papier (vendu au-dessous de sa valeur nominale) et des commissions — soit environ 20 o/o (1).

L'institution dont il s'agit a le droit de vendre le gage aux enchères publiques, sans intervention de justice, dès que l'emprunteur ne paie pas l'annuité à son échéance.

---

(1) Les cédules étaient cotées, durant le dernier exercice, à la Bourse de Buenos Aires, à environ 85 o/o et leur marché était assez limité.

2° La Banque de crédit foncier et agricole de Santa Fé, fondée avec des capitaux européens — en majeure partie français (1).

Le Crédit foncier de Santa Fé jouit du même privilège coactif dans la province (art. 31 à 38 de sa charte) que l'établissement mentionné plus haut.

Après avoir acquis l'actif et le passif de la Banque de crédit foncier et agricole, cette société a suivi les errements de la Banque hypothécaire nationale, et a dû réduire d'abord et cesser ensuite la distribution des dividendes. Aujourd'hui, propriétaire d'une grande partie des terrains hypothéqués, elle manque de ressources pour les exploiter.

Afin d'éviter les inconvénients d'une liquidation judiciaire, un groupe important d'obligataires résolut : de relever le gouvernement provincial de sa garantie contre cession à la banque de 170 lieues sises dans le nord de la province au parallèle 28; et d'échanger les obligations contre les actions d'une nouvelle société (Crédit Foncier de Santa Fé), qui prendrait en charge l'actif et le passif de l'ancienne banque.

Les actionnaires du groupe européen se sont réservé le droit d'élire quatre administrateurs sur les sept qui composent le Conseil, et de choisir le directeur parmi les quatre administrateurs.

Depuis le 1er juin 1896, cette compagnie a pu payer la presque totalité du passif immédiatement exigible (environ 200,000 fr.), consentir aux colons des prêts, dont la moyenne ne dépasse pas 7,000 $ papier, pour une somme de 465,000 $ en effectif, et constituer une encaisse de 100,000 $ m/n.

INSTRUCTION PUBLIQUE ET ASSISTANCE

La province compte 318 écoles donnant l'instruction à 26,800 enfants et 13 hôpitaux ou asiles. La ville de Rosario possède quatre établissements hospitaliers dont un italien et un français.

---

(1) Administrée par un conseil argentin, avec l'ingérence d'un représentant du gouvernement provincial. La garantie des intérêts consentie par le dit gouvernement, est restée platonique, même lorsque la banque dut suspendre le paiement de ses coupons.

« COLONIE FRANÇAISE »

D'après les données de notre Vice-Consul à Rosario, il y aurait, dans cette seule ville, 22,000 Français (1).

Le nombre de nos nationaux inscrits au Consulat est de 4,174. La classe 1896 a donné 72 conscrits.

Si l'on tient compte que la plupart des Français établis dans la circonscription sont mariés et pères de plusieurs enfants, il est rationnel de multiplier par 4 les chiffres ci-dessus. On obtient ainsi un total de 16,696 ressortissants. Comme, d'autre part, il est certain que les immatriculés représentent plutôt l'exception, l'évaluation dont il s'agit ne semble pas exagérée.

La Chambre de Commerce française de Rosario a été fondée en 1885. Elle reçoit du Gouvernement français une subvention de 2,000 fr.

Conformément à une décision prise par le Conseil, le 3 février 1886, un musée commercial a été annexé à la Chambre, sous la surveillance du Vice-Consul de France, président.

Ce musée consiste en une exposition permanente d'échantillons de produits ouvrés français.

Il a pour but :

1° De faciliter les rapports d'affaires entre les maisons de la métropole et celles de Rosario ;

2° de certifier la provenance des échantillons français ;

3° de faire connaître sur ce marché les produits de ceux de nos industriels qui en expriment le désir.

Les frais d'expédition, d'emballage et de douane des échantillons sont à la charge des exposants qui paient l'emplacement occupé par eux, suivant un tarif déterminé.

---

(1) 40,000 Italiens, 3,000 Anglais, 25,000 Espagnols, 60 Brésiliens. Dans toute la province, on compte 200,000 Italiens et 80.000 Espagnols.

PROVINCE DE CORDOBA

POPULATION. — DÉPARTEMENTS. — DÉMOGRAPHIE. — CHEMINS DE FER.
— PRINCIPAUX CENTRES. — AGRICULTURE. — OUTILLAGE AGRICOLE.
— COLONS. — VALEUR DES TERRAINS. — ÉLEVAGE. — TRAVAUX
PUBLICS. — BARRAGE DE SAN ROQUE. — COMMERCE ET INDUSTRIE.
MINES. — INSTRUCTION PUBLIQUE. — BUDGET. — DETTE.

La province de Cordoba compte, sur une étendue de 161,036
kilomètres carrés, 351,223 habitants (1).

Elle est divisée en 25 départements, à savoir :

1 Calamuchita	4.412	kilomètres carrés.
2 Colon (autrefois Anejos Norte) . .	3.254	—
3 Cordoba	4.219	—
4 Cruz del Eje	5.263	—
5 Ischilin.	5.409	—
6 Juarez Celman	13.505	—
7 Marcos Juarez	10.582	—
8 Minas	4 269	—
9 Pocho	1.764	—
10 Pumilla	4 284	—
11 Rio Primero	7.075	—
12 Rio Segundo	7 470	—
13 Rio Cuarto.	16.296	—
14 Rio Seco.	6.715	—
A reporter.	94 517	kilomètres carrés

		Report.	94.517	kilomètres carrés.
15	Roca (general)	12.684	—
16	San Alberto	3.381	—
17	San Javier	1.093	—
18	San Justo.	13.509	—
19	Santa Maria (autrefois Anejos sud).	2.805	—
20	Sobremonte	4.972	—
21	Tercero Abajo	6.566	—
22	Tercero Arriba.	3.895	—
23	Totoral	3.093	—
24	Tulumba.	9.239	—
25	Union	12.694	—
		Total.	161.036	kilomètres carrés.

DÉMOGRAPHIE

Les naissances mentionnées par l'Etat civil en 1896, se sont élevées à 10,048, dont :

5,148 garçons et 4,900 filles.

3,076 garçons et 3,034 filles sont nés de père et mère argentins.

972 garçons et 869 filles sont nés de père et mère étrangers.

21 garçons et 19 filles sont nés de père argentin et de mère étrangère.

206 garçons et 165 filles sont nés de père étranger et de mère argentine.

305 garçons et 244 filles sont nés de père ou mère inconnu.

1,177 garçons ou filles sont nés de parents dont la nationalité n'a pas été mentionnée.

Par suite :

73,06 o/o sont nés de parents argentins.

22,02 o/o sont nés de parents étrangers.

4,92 o/o sont nés de mariages mixtes.

Pendant la même période, on a enregistré :

2,454 mariages dont :

2,008 entre Argentins.

273 entre étrangers.

149 entre étrangers et Argentines.

24 entre étrangères et Argentins.

81,83 o/o des mariages ont donc été conclus entre Argentins.

11,12 o/o　　»　　　　»　　　　»　　　　étrangers.

6,07 o/o　　»　　　　»　　　　»　　　　étrangers
et Argentines.

0,98 o/o　　»　　　　»　　　　»　　　　étrangères
et Argentins.

Le nombre des décès en 1894, a été de :

3.955 hommes.

3.998 femmes

7.953 (1)

_____

Argentins :	hommes	3.727
—	femmes	3.869
Etrangers :	hommes	229
—	femmes	126
Inconnus :	hommes	8
—	femmes	3

CHEMINS DE FER

La province est sillonnée par 1.748 kilomètres de chemins de fer à savoir :

DÉSIGNATION des Compagnies de Chemins de Fer	Entre-voie	Longueur totale	Apparte-nant à la nation	Garantie de la nation	Garantie de la province	Sans ga-rantie de la nation	Concédés par la province	Longueur dans la province
Andino.	1ᵐ676	254ᵏ3	228ᵏ4	»	»	»	»	228ᵏ4
Dean Funes à Chilecito.	1 000	298 5	145 5	»	»	»	»	145 5
Buenos Aires au Pacifique	1 676	688 6	»	225 6	»	»	»	225 6
Villa Maria à Rufino	1 676	226 8	»	224 5	»	»	»	224 5
Central Cordoba (Section N)	1 000	884 6	»	221 5	»	»	»	221 5
Buenos Aires et Rosario	1 676	1.489 8	»	»	»	83 8	»	83 8
Central Argentino.	»	1.272 0	»	»	»	367 9	»	367 9
G. Sud de Santa Fé et Cordoba. . .	1 676	301 7	»	»	»	96 1	»	96 1
Oeste Santafecino.	1 676	207 8	»	»	»	»	8 9	3 9
							»	132 2

PRINCIPALES VILLES

CORDOBA.

La ville de Córdoba est assise, par 34°12" de latitude sud, 33°40' de longitude O. de Paris et 437 mètres d'altitude à l'extrémité occidentale de la grande plaine argentine (1).

Elle a été fondée en 1573, par Jeronimo L. de Cabrera. Sa population actuelle atteint 65,000 habitants. L'importance de son université, les études constantes de son observatoire astronomique et son bureau central de météorologie, ont fait appeler Cordoba la « Ciudad docta » de l'Amérique du Sud. — De son Université, fondée en 1613 par l'évêque de Tucuman, sont sortis plusieurs hommes d'Etat de la République.

Au Nord, passe le Rio Primero qui, au printemps, roule des eaux torrentielles et dont le lit est à sec en hiver.

Les terrains des environs de la ville sont argileux, fortement imprégnés de sulfates alcalins.

La plus haute température observée au bureau météorologique central a été de 44°. Au mois de juillet, on a vu le thermomètre descendre à + 6°8.

La saison des pluies persistantes dure de novembre à janvier. Au printemps, il tombe des averses fréquentes. L'hiver est sec.

En 1895, les recettes de la municipalité se sont élevées à $ 499,500 et les dépenses à $ 495,500.

Cordoba communique avec Rosario par le Central argentin ; avec Santiago, Catamarca, Tucuman, Salta et Jujuy par le Central Norte ; avec Santa Fé par le Central de Cordoba ; avec Cruz del Eje et avec Malagueño par un chemin de fer local.

---

(1) A 20 km. à l'est des premières collines de la Sierra de Cordoba.

RIO CUARTO.

Rio Cuarto (chef-lieu de département) compte plus de 14,000 habitants.

Cette station de jonction du Central argentin et du chemin de fer du Pacifique (1) est à 690 kilomètres de Buenos Aires, à 768 de Bahia Blanca, à 132 de Villa Maria et à 388 de Toay (Pampa central).

VILLA MARIA.

Villa Maria (2,814 habitants) chef-lieu de département, est situé sur le Rio Tercero, en face de Villa Nueva, à 141 kilomètres de Cordoba, 224 de Rufino, 254 de Rosario et de Villa Mercedes, à 360 de Buenos Aires. (Embranchements du chemin de fer Central pour Rio Cuarto, Villa Mercedes et Rufino).

AGRICULTURE

Cordoba est une région d'agriculture et d'élevage. Les étendues occupées par les principales cultures sont actuellement :

Pour le blé	286.666 hectares.
maïs	103.911
orge	84
lin	35.353
luzerne	200.414
haricots.	3.250
arachides	250
tabac	1.373
vignes.	678
	631.979 hectares.

(1) A 12 km. au sud-est de cette ville, sur les bords de l'arroyo Santa Catalina, se trouve la fabrique nationale de poudres et de salpêtres.

Sur ce total 5o3,o68 hectares appartiennent aux diverses colonies dont il est parlé plus loin.

Le tableau suivant donne la répartition des cultures par départements.

DÉPARTEMENTS	Blé hectares	Maïs hectares	Orge hectares	Lin hectares	Luzerne hectares	Haricots hectares	Arachides hectares	Tabac hectares	Vignobles Nombre d'hectares	Vignobles Evalués à $ m/n
Colon	333	2.019	»	»	866	»	»	»	204	200.150
Calamuchita. . .	10	5.764	»	»	1.742	85	»	138	»	»
Cruz del Eje . .	935	5.483	»	»	2.248	»	»	»	71	98.200
General Roca . .	»	1.790	»	»	5.068	»	»	»	»	»
Ischilin.	325	3.634	»	»	1.699	359	»	·594	20 1/2	44.500
Juarez Celman. .	4.766	4.160	»	»	25.047	»	»	»	»	»
Marcos Juarez. .	145.820	5.580	»	1.652	11.869	»	»	»	»	»
Minas.	853	2.298	»	»	329	8	»	24	17 1/2	14.800
Pocho.	1.477	2.472	»	»	541	64	»	»	11	»
Pumilla	115	2.959	»	»	780	141	»	243	40	62.000
Rio primero. . .	339	4.803	»	»	275	284	»	»	»	»
Rio segundo . . .	1.585	4.032	»	»	6.213	»	»	»	20	16.000
Rio cuarto. . . .	690	13.537	»	»	55.763	»	»	»	»	»
Rio seco.	146	1.906	»	»	85	»	»	»	»	»
Santa Maria . . .	84	6.193	»	»	1.228	70	250	»	»	»
San Justo. . . .	79.989	1.438	»	32.172	2.486	»	»	»	»	»
San Javier. . . .	1.331	2.168	»	»	3.835	442	»	215	188 1/4	248.420
San Alberto . . .	764	3.322	»	»	1.560	208	»	15	33	47.100
Sobremonte . . .	»	1.372	»	»	574	»	»	»	»	»
Tercero Abajo. .	4.596	3.566	»	»	5.220	»	»	»	»	»
Tercero Arriba .	6.182	6.531	84	252	7.515	»	»	»	»	»
Totoral	1.117	5.438	»	»	6.288	1.589	»	144	73	148.000
Tulumba	439	4.459	»	»	623	»	»	»	»	»
Union.	34.860	11.197	»	1.277	57.960	»	»	»	»	»
	286.666	103.911	84	35.353	200.414	3.250	250	1.373	678 1/4	879.170

L'outillage agricole se compose de :

```
Batteuses. . . . . . . . . . .      320
Faucheuses. . . . . . . . . .    3 043
Charrues. . . . . . . . . . .   38 774
Herses. . . . . . . . . . . .    5 398
Moteurs à vapeur. . . . . . .      188
```

47.723 machines
dont 33.540 appartiennent aux colonies (1).

Voici le tableau relatif à la distribution de cet outillage par départements :

Départements	Batteuses	Faucheuses	Charrues	Herses	Machines à vapeur
Colon	»	|»	1.795	273	»
Calamuchita . .	»	3	1.659	7	»
Cruz del Eje . .	»	1	2.167	16	»
General Roca. .	»	30	370	43	»
Ischilin	»	1	1.167	7	»
Juarez Celman .	8	135	680	166	5
Marcos Juarez .	142	976	3.221	1.749	105
Minas	»	»	931	9 ?	»
Pocho.	»	»	883	»	»
Pumilla	»	»	1.094	»	»
Rio primero . .	»	»	2.738	18	»
Rio segundo . .	1	35	1.520	162	1
Rio cuarto . . .	9	269	1.888	191	24
Rio Seco. . . .	»	»	855	»	»
Santa Maria . .	»	»	2.172	36	»
San Justo . . .	96	758	4.261	1.858	43
Report . .	256	2.208	26.401	4.535	178

---

(1)
```
Charrues . . . . . . . . . . . . . . . . . .   15.465
Faucheuses lieuses . . . . . . . . . . . . .    3.918
Semeuses. . . . . . . . . . . . . . . . . .     2 428
Batteuses. . . . . . . . . . . . . . . . . .      292
Egreneuses (maïs) . . . . . . . . . . . . .       172
Charrettes . . . . . . . . . . . . . . . . .    9.928
Voitures, etc . . . . . . . . . . . . . . . .    1.307
```
33 540

26

A reporter .	256	2.208	26.401	4 535	178
San Javier . . .	»	2	1.290	65	»
San Alberto . .	»	»	1.509	»	»
Sobremonte . .	»	»	717	49	»
3º Arriba. . . .	5	77	1.186	60	5
3º Abajo	5	146	825	140	4
Totoral	1	32	2.148	47	1
Tulumba. . . .	»	»	1.742	56	»
Union.	53	578	1.956	446	»
	320	3.043	38.774	5.398	188

Les « colonies » de Cordoba (1), au nombre de 146, sont composées de 9,984 familles, pour la plupart étrangères.

Marcos Juarez.	57 colonies.
San Justo.	37
Juarez Celman.	12
Tercero Arriba	7
Tercero Abajo.	10
Union.	21
Colon	1
Rio Cuarto	1
Total	146 colonies.

La colonisation a rapidement progressé de 1887 à 1895. Voici à ce point de vue quelques renseignements :

	1887	1895
Nombre de colonies	31	146
Superficie colonisée, hectares	443.251	1.415.435
Superficie cultivée, hectares	22.163	503.068
Nombre de colons.	5.560	35.771
Nombre d'édifices	902	8.507
Nombre d'instruments de culture. . .	2.868	49.967
Nombre de têtes de bétail	43.887	262.769
Valeur totale de la production	824.052 \$ m/n	20.551.634 \$ m/n

(1) Voir annexe XXVIII, sur les avantages accordés aux fondateurs de colonies agricoles dans la province de Cordoba.

Ces colonies ont produit, en 1894-1895 :

```
Blé . . . . . . . . . . . . .   3.246.025 quintaux.
Lin . . . . . . . . . . . . .     236.200
Orge . . . . . . . . . . . .      28.074
Maïs . . . . . . . . . . . .     182.800
Luzerne (en tonnes) . . . .       78.090
    représentant une valeur de 20.551.634 $ m/n.
```

Le groupe colonial du département de Marcos Juarez a produit, à lui seul, une valeur de 11,067,250 $.

600 hectares ont été plantés de ceps français et italiens. Ils ne sont pas tous en plein rapport (1).

En outre, quelques anciennes vignes créoles couvrent une superficie de 2,000 hectares environ, mais leur production est très limitée.

Les terrains de Cordoba sont propices à cette culture : les vallées sont constituées par des alluvions d'excellente qualité. L'eau y est abondante.

Le barrage de San Roque, destiné à assurer l'irrigation de cette zone, ne pourra manquer de développer l'étendue cultivée.

Le tableau ci-après résume l'état des colonies (en 1897) dans le département de Marcos Juarez, le plus riche de la région (2).

```
Nombre de colonies . . . . . . . . . . .        68
Superficie totale des colonies, hectares . .   595,284
    —      cultivée, hectares . . . . . . .   345,129
Population : Nombre de familles . . . . . .     3,091
    —        Nombre d'habitants . . . . .     14,315
```

---

(1) La colonie Caraya possède les plantations de vignes les plus importantes : la dernière vendange aurait donné $ 112,965.
(2) D'après M. Ortis Herrera, inspecteur de colonies du gouvernement provincial.

Nombre d'habitations et de constructions.	3,844
Nombre de véhicules.	7,369
Nombre total du bétail.	159,426
Récolte en quintaux : Blé.	710,703
— Lin.	52,408
— Maïs	20 535
Luzerne, tonnes	1,500
Valeur de la récolte	5.738,357 $.

Le nombre des colonies de ce département a augmenté de 6 dans le cours d'une seule année. Les nouveaux centres agricoles ont été fondés par des émigrants de Santa Fé qui ont quitté pour diverses raisons leurs premières concessions.

Toutefois, la sécheresse et les sauterelles ont causé de grands dommages, et la récolte de 1897 a été inférieure de 1,356,220 quintaux à celle de 1896.

VALEUR DES TERRAINS

Le prix moyen de l'hectare est de 27 $ m/n. Il atteint 39 $ dans le département de Tercero Abajo et descend à 6,80 $ dans celui de Rio Cuarto.

A Marcos Juarez, l'hectare se paie couramment 35 $.

D'après le registre cadastral, il a été vendu en 1896 : 1,925 propriétés d'une superficie de 708,722 hectares pour 8,829,003 $ (1).

ELEVAGE

Le troupeau de la province se répartit de la façon suivante :

Race bovine : 1,961,599 têtes soit 5,57 têtes par habitant.]
Race ovine : 2,594,646 têtes soit 7,37 têtes par habitant.
Race chevaline : 582,814 têtes soit 1,65 têtes par habitant.

---

(1) Il faudrait encore tenir compte des propriétés liquidées par les banques, environ 2 millions.

Race asine : 16,883 têtes.
Race mulassière : 53,381 têtes.
Race porcine : 43,833 têtes.
Race caprine : 774,213 têtes.

Les tableaux ci-contre donnent la distribution du bétail de Cordoba par départements :

DÉPARTEMENTS	RACE BOVINE					RACE CHEVALINE				ANES	MULE
	créole	race croisée	race pure	vaches laitières de toutes races	bœufs de travail	créole	race croisée	race pure	Chevaux créoles exclusivem᪵ employés à la selle et au trait		
Colon	28.309	3.030	35	8.147	3.515	8.178	97	5	4.484	112	1.434
Calamuchita	75.283	649	13	12.028	3.365	22.373	57	2	9.094	818	2.719
Cruz del Eje	39.848	760	12	9.581	3.040	15.570	83	15	6.600	2.614	4.273
General Roca. . . .	55.126	26.057	71	2.407	1.362	24.077	472	16	9.133	229	1.420
Ischilin.	46.995	1.183	18	12.198	2.093	11.296	47	»	5.631	987	3.025
Juarez Celman . . .	95.430	46.265	592	3.468	4.134	20.076	2.220	46	6.147	249	1.423
Marcoz Juarez . . .	88.893	10.241	225	8.050	25.829	26.305	950	62	18.982	220	2.270
Minas.	21.738	137	»	6.957	989	6.329	30	»	2.746	1.552	2.267
Pocho	15.090	198	1	5.256	806	6.948	8	»	1.885	1.092	1.896
Pumilla.	34.654	1.901	6	7.512	1.637	11.889	49	5	3.406	763	3.214
Rio primero	79.392	238	»	25.816	11.437	19.692	66	»	8.419	211	1.496
Rio segundo	63.735	2.529	18	12 227	6.603	16.683	113	4	6.942	89	890
Rio cuarto	159.415	45.984	1.577	10.303	6.193	40.096	3.669	178	18.248	824	5.383
Rio seco	26.483	54	»	7.979	1.090	6.644	16	»	3.603	347	1.189
Santa Maria . . .	45.705	2.002	88	10.359	5.208	14.310	154	7	7.082	472	1.929
San Justo.	101.236	3.211	49	19.469	23.828	31.195	71	1	13.834	99	2.060
San Javier	19.659	497	13	5.518	1.547	8.351	65	7	3.608	1.005	2.245
San Alberto . . .	45.937	986	»	12.905	2.042	14.551	22	»	4.489	2.931	3.830
Lobremonte	28.081	1.347	17	7 647	920	8.537	45	»	1.923	660	2.457
Tercero Arriba . . .	29.285	1.445	2	6.955	8.295	13.887	107	3	2.545	85	717
Tercero Abajo . . .	40.231	1.536	46	6.478	4.248	13.206	203	7	5.082	143	1.122
Totoral.	51.696	3.908	775	14.128	3.389	10.223	383	66	4.397	437	1.953
Tulumba.	66.892	1.198	22	15.753	3.247	14.283	20	»	5.535	944	2.373
Union	117.296	52.472	1 076	11.949	13.227	40.260	2.769	213	11.887	»	1.787
Totaux.	1.376.409	207.828	4.656	243.062	132.644	404.759	11.716	637	165.702	16.883	53.381

DÉPARTEMENTS	RACE OVINE			RACE PORCINE			RACE CAPRINE		
	créole	croisée	pure	créole	croisée	pure	créole	croisée	pure
Colon	9.812	55	»	1.873	521	18	29.916	645	»
Calamuchita	80.825	540	»	692	82	»	53.513	678	90
Cruz del Eje	54.998	53	77	3.652	315	7	84.488	1.388	31
General Roca	130.338	412.842	365	294	124	»	5.685	506	»
Ischilin	16.561	146	»	1.394	241	»	47.557	4.151	»
Juarez Celman	109.155	173.771	1.513	499	1.206	68	307	223	»
Marcos Juarez	33.914	47.805	6	2.973	688	2	992	127	»
Minas	11.821	76	»	950	18	»	38.254	407	»
Pocho	46.074	273	»	842	52	»	30.865	1.054	»
Pumilla	40.144	1.580	»	1.322	»	»	37.194	250	»
Rio primero	77.216	»	»	3.692	203	»	69.631	»	»
Rio segundo	117.110	216	17	660	171	46	28.777	856	»
Rio cuarto	239.263	30.040	624	1.569	2.323	147	22.275	2.744	3
Rio seco	12.611	»	»	578	23	»	21.750	94	5
Santa Maria	27.229	119	»	1.509	124	4	34.843	187	»
San Justo	140.150	772	»	4.821	148	7	29.270	478	»
San Javier	9.407	458	»	2.121	34	»	24.160	200	»
San Alberto	79.814	227	»	2.003	467	»	50.843	7.159	»
Sobremonte	9.637	20	»	401	9	»	25.160	558	»
Tercero Arriba	68.308	902	423	336	99	»	8.057	»	»
Tercero Abajo	104.492	2.089	10	1.080	418	4	6.159	140	»
Totoral	15.351	306	5	1.561	745	23	34.695	979	12
Tulumba	29.183	»	»	1.650	73	»	65.064	429	»
Union	253.721	168.816	3.227	3.151	»	»	6.724	»	»
Totaux	1.747.343	841.106	6.197	39.423	8.084	326	751.119	22.953	141

TRAVAUX PUBLICS

La province de Cordoba est peu favorisée au point de vue de l'irrigation naturelle de son territoire.

Les rivières San Roque et Cosquin, puissants torrents pendant quelques semaines, sont à peu près à sec pendant la majeure partie de l'année.

A quelques kilomètres au-dessous de leur confluent, dans une gorge étroite et profonde, à San Roque, le gouvernement a fait construire une digue (1) de 3o mètres de hauteur sur 110 mètres de largeur. Cet ouvrage ferme la seule issue de l'ancienne vallée de San Roque et transforme cette dépression de terrain en une gigantesque citerne qui, avec une moyenne profondeur de 39 mètres, contient aux hautes eaux 240 millions de tonnes; c'est le dépôt artificiel le plus grand du monde. Des vannes alimentent deux grands canaux, qui, actuellement, irriguent 40,000 hectares.

D'autre part, au moyen d'un tunnel de 900 mètres percé dans un contrefort (*Casabamba*) autour duquel serpente le torrent sur un parcours de 16 kilomètres, les eaux se déversent en actionnant des turbines, dont l'une donne 1,700 chevaux de force, et dont le jeu complet sera de 16,000.

On vient d'installer en ce point une usine de « *luz y fuerza* ». Le tarif de l'eau a été fixé à 5 $ par an pour un hectare (2). La location de la force hydraulique dans les canaux de dérivation peut être une autre source de revenus.

Esquissés ainsi dans leurs grandes lignes, les travaux dont il s'agit permettent d'entrevoir le développement de l'agriculture et de l'industrie dans cette région, autrefois inculte et inactive.

Cordoba pourrait bien avoir résolu le problème qui préoccupe la République entière : le système des citernes et des canaux rendra plus de services que le forage de puits.

_____

(1) Le projet de ce dépôt est dû à un de nos compatriotes, M. Dumesnil. Des ingénieurs français ont participé aux travaux. Parmi eux, il faut citer MM. Decker et Langlet.
(2) En Espagne, pour le même service, on paie 6 $ 82 or, en Catalogne ; 17,90 à Henares ; 11.45 à Urgel, etc...

INDUSTRIE

L'industrie est représentée par :

8 distilleries de grains.
72 fabriques de vins.
6 brasseries.
3 fonderies et forges, et
47 moulins qui se décomposent en :

 1º 17 à vapeur . . { avec 582 chevaux } · Au total :
  2 mixtes . . . {   } 817 chevaux vapeur.
  25 hydrauliques, avec 235 —
  3 sur lesquels les renseignements font défaut.

Ou en :
 2º 24 à meules.
  20 à cylindres.
  3 sur lesquels il n'existe pas de renseignements.

Leur valeur représente 2,632,189 $ m/n.
Ils ont traité en 1896 : 34,474 tonnes de blé et ont produit :
21,211 tonnes de farine, soit un rendement de 615 o/oo.

COMMERCE

Le nombre des maisons de commerce est de 2,750. On évalue le stock de marchandises qu'elles renferment et la valeur de leur installation à environ 30,000,000 de francs.

Les régions les plus commerçantes sont : Rio Cuarto, Villa Maria, San Justo, Marco Juarez, Tercero Abajo et Union.

INSTRUCTION PUBLIQUE

Le tableau suivant résume, pour l'exercice 1895 l'état financier de l'instruction publique dans cette province :

Recettes ordinaires	$ 374.940 »
Recettes extraordinaires	1.304,41
	$ 376.244,41

Dépenses couvertes par les recettes ordinaires . . $ 326.713,01
Dépenses couvertes par les recettes extraordinaires. 1.304,41

$ 328.017,42

Soit un excédent de. . . . . $ 48.226,99

On compte 312 écoles de quatre catégories :

Écoles provinciales 202
 — municipales 32
 — nationales 5
 — privées. 73

312

L'enseignement s'y donne à trois degrés :

Supérieur (40 écoles).
Elémentaire urbain (92 écoles).
Elémentaire rural (180 écoles).

Ces établissements sont fréquentés par 23,630 élèves, dont 22,132 de nationalité argentine : garçons 11,550; filles 10,582; et 1,498 de nationalité étrangère : garçons 851 ; filles 647.

BUDGET

De 1887 à 1896, le budget provincial a présenté les variations suivantes :

1887 . . . . $ 965.794, »
1888 . . . .   1.002.462, »
1889 . . . .   1.480.380,06
1890 . . . .   1.466.386,36
1891 . . . .   1.371.986,93
1892 . . . .   1.527.778,59
1893 . . . .   1.791.424,27
1894 . . . .   1.648.162,34
1895 . . . .   1.786.771,51
1896 . . . .   2.416.481,39

Voici les principaux chapitres du budget de 1896 :

I. — RECETTES

	1895	1896
Contributions directes . . . . $	663.557,27	785.405,83
Patentes. . . . . , ...	407.888,67	646.348,16
Papier timbré	127.266,85	217.985,42
Marques du bétail	18.070,05	54.166,30
Livrets de domestiques.	4.613,19	2.689, »
Impôts sur les produits du pays (laines, cuirs, etc...)	204.380, »	222.680, »
Impôt sur le bétail.	78.577,02	158.031,69
Impôt de serenos (police urbaine). . . .	11.000, »	12.261, »
Impôt sur les successions.	4.681,02	467,30
Impôt sur l'irrigation. . . , ...	17.605,13	21.797,90
Impôt sur le sel	5.444, »	5.849,90
Animaux sans marques.	»	961,39
Amendes judiciaires . . . . -	560, »	255, »
Exercices écoulés (arriérés à recouvrer).	217.649,10	212.324,09
Recettes casuelles	3.665.11	1.476,50
Subvention nationale aux écoles	19.591,10	70.184,41
Impôt sur les études de notaire	3.310, »	3.597,50
Papier timbré de police.	3.913, »	»
Total. . . . . $	1.791.771,51	2.416.481,39

Plus-value de recettes sur 1895 : 629,709,88.

II. — DÉPENSES

Tableau A.

	1896 $ m/n
1 Gouvernement . . . . $	26.428,28
2 Ministère de Gouvernement.	26.857,92
3 Législature.	163.591,94
4 Administration de la justice	123.784,70
5 Justice de paix	87.939, »
6 Archives	8.456,66
7 Prisons	37.997,94
8 Police	378.005,09
A reporter.	853.061,53

	Report.	853.061,53
9	Inspection des milices.	4.000, »
10	Conseil d'hygiène publique	8,160, »
11	Registre civil.	64.452, »
12	Préfecture de police	309.342,80
13	Instruction publique	334.043,61
14	Bureau météorologique	1.800, »
15	Impressions, publications.	21.605, »
16	Divers	83.628, »

TABLEAU B

1	Finances (ministère des).	16.937,80
2	Dette publique.	57.210, »
3	Comptabilité des Finances	37.700, »
4	Département topographique	35.310,89
5	Statistique (département de).	11.717,15
6	Bureau de l'irrigation.	38.164,30
7	Secours	52.260, »
8	Frais de recouvrement	110.420,83
9	Chemins et édifices publics (entretien).	25.109,66
10	Lettres de Trésorerie.	
11	Travaux publics.	15.851,76

$ 2.081.376,95

Il restait donc un solde de 335,104 $ 44 à reporter à l'exercice 1897.

DETTE

1° *Dette extérieure.*

Cette dette provient des emprunts suivants :

Loi du 29 septembre 1883 et 10 juin 1884, emprunt de. . . . .   3.000.000 $ or.

Loi du 11 juin 1887, emprunt de. . . .   6.000.000

Loi du 3 août 1888, emprunt de 10.080.000

Total : $ or . .   19.080.000

L'emprunt de 3,000,000 $ or a été réduit, par voie d'amortissement de 100,762 $; reste en circulation : 2,899,238 $ or.

L'emprunt de 6,000,000 $ or a été réduit par voie d'amortissement de 201,524 $ or; reste en circulation. . . . 5.798.476

L'emprunt de 10,080,000 $ or a été réduit par voie d'amortissement de 335,882 $ or; reste en circulation 9.744.118

Total actuel des capitaux empruntés $ or. 18.441.832

Mais les intérêts arriérés au 31 décembre 1895 portent ce chiffre de la dette à 24,574,769,40 $ or.

Les deux premiers emprunts ont été négociés par MM. Samuel, Hale et Cⁱᵉ et le troisième par MM. O. Bemberg et Cⁱᵉ.

L'emprunt de 3,000,000 $ a été émis à 82 1/2 o/o ; celui de 6,000,000 $ à 84 1/2 o/o. Le dernier, de 10,080,000, à 86 o/o.

EMPLOI DES FONDS

Travaux d'irrigation de los Altos . . . . $	2.527.503,14
Paiement à la Banque nationale (compte d'emprunt). . .	862.582,50
Part du Gouvernement à la Banque nationale.	6.000.000
Usine à gaz et eaux courantes	43.440,49
Service d'intérêt et frais des emprunts.	77.839,90
Construction de télégraphes provinciaux (loi du 20 septembre 1883)	256.303,40
Travaux d'irrigation en los Altos (loi du 10 juillet 1883) .	556.257,16
Dépenses pour cet emprunt	22.335,65
Banque hypothécaire provinciale (capital) (loi du 31 août 1888).	1.000.000
Actions de la Banque provinciale (loi du 31 août 1888) .	5.000.000
Construction de télégraphes (loi du 20 septembre 1883) .	5.215,75
Expropriation de terrains pour la formation de Nuevo Cordoba (loi du 28 octobre 1886)	1.988.498,53

Le service de ces trois emprunts devait être fait au moyen des ressources suivantes :

Service de l'emprunt de 3,000,000 $.

1º Produit net des canaux d'irrigation et des télégraphes de la province ;

2° Impôt sur les produits du pays et le papier timbré;

3° Dividende des 5,000 actions de la Banque provinciale de Cordoba revenant au Gouvernement;

4° Produit de la vente des terrains provinciaux.

Service de l'emprunt de 6,000,000 $.

1° Dividende des 45,000 actions de la Banque provinciale prises par le Gouvernement avec le produit de cet emprunt;

2° Subsidiairement les revenus généraux.

Service de l'emprunt de 10,080,000 $.

1° Dividende de 15,000 actions anciennes de la Banque provinciale;

2° Dividende de 85,000 actions nouvelles que le Gouvernement devait souscrire;

3° Bénéfices de la Banque hypothécaire;

4° Contribution directe, les patentes et subsidiairement les revenus généraux.

En outre, le Gouvernement engageait tous ses biens et revenus en général et les travaux exécutés ou à exécuter, tels que canaux d'irrigation, télégraphes, etc.

Les dividendes des actions de la banque acquises ou à acquérir demeuraient spécialement affectés au paiement des intérêts.

En l'état actuel des ressources de la province, le Ministre des finances dans son rapport pour 1896, conclut à l'impossibilité de faire face à ces engagements. Non seulement on ne saurait songer à amortir le capital, mais encore on est obligé de cesser le service des intérêts.

La seule solution pratique, ajoute ce fonctionnaire, pour remédier dans une certaine limite à cet état de choses, est l'approbation par le Congrès du projet de loi par lequel la nation prend à sa charge la dette de la province, moyennant les garanties que celle-ci peut lui donner en compensation.

2° *Dette interne.*

Elle est constituée par :

1° Un emprunt de 4,000,000 $ or autorisé pour solder certaines dépenses et le compte de la Banque provinciale (solde de cet emprunt au 1er juillet 1890) . . . . . . $ or 3.865.651

2° Un emprunt à la banque nationale (loi du 21 décembre 1890) $ m/n 16.085.710

3° Emprunts à la Banque nationale (solde au 30 décembre 1890) 200.000

$ m/n 16.285.710 $ or 3.865.651

Enfin, il faut ajouter aux sommes ci-dessus 357,555 cédules hypothécaires provenant de la rescision du contrat Funes y Alfonso, et les intérêts arriérés.

3° *Dette consolidée.*

La dette flottante de la province a été consolidée par la loi du 18 octobre 1892. Elle s'élevait alors à la somme de 1,201,225 $ m/n.

Par suite de certaines réductions et d'amortissements successifs, elle était ramenée au 31 janvier 1896 à 927,215 $ m/n.

4° *Bons du Trésor.*

Il existe en circulation des bons du Trésor pour une somme de $ m/n 106,651,74.

PROVINCE DE SANTIAGO DEL ESTERO

HABITANTS. — DIVISIONS TERRITORIALES. — CLIMAT. — CHEMINS DE
FER. — PRINCIPALES VILLES. — AGRICULTURE. — ÉLEVAGE. —
COMMERCE. — INDUSTRIE. — BUDGET.

La province de Santiago del Estero compte 161,502 habitants (1).

Ses 103,016 kilomètres superficiels (densité moyenne 1,55 habitants par kil.) sont divisés en 20 départements à savoir :

1. Atamisqui.	2.976	kilomètres carrés.
2. Banda (La)	3.158	—
3. Capo Primero	9.497	—
4. Capo Segundo	2.166	—
5. Choya	7.188	—
6. Figueroa	11.210	—
7. Guasayan	2 422	—
8. Jimenez Primero	6.273	—
9. Jimenez Segundo	1.534	—
10. Loreto.	4.876	—
11. Matara	6.928	—
12. Ojo de Agua.	7.279	—
13. Quebrachos	4.604	—
14. Rio Hondo	1.513	—
15. Robles	964	—
16. Salavina.	5.845	—
17. Santiago (capitale). . . .	825	—
18. Silipica Primero.	519	—
19. Silipica Segundo	698	—
20. Veintiocho de Marzo. . . .	22.541	—
Total.	103.016	kilomètres carrés.

(1) Argentins . . . . 74.608 hommes, 84.587 femmes.
     Etrangers. . . . . . . 1 652 — 655 —

Le climat de la province de Santiago est chaud. La température moyenne, en été, est de 36° centigrades ; en hiver, le thermomètre descend parfois au-dessous de zéro.

Les rios Salado et Dulce traversent cette région du Sud-Est au Nord-Ouest. Leur lit est souvent à sec. La première de ces rivières se perd dans les plaines du Sud-Est.

Trois réseaux de chemins de fer sillonnent le territoire sur une longueur de 1,066 kil., ce sont :

1° Le « San Cristobal y Tucuman ».

Entrevoie 1 m. — Longueur totale 622 kil. 6.

Le parcours dans la province (376 kil.) jouissait d'une garantie nationale. Il appartient aujourd'hui à l'Etat.

2° Le « Central Cordoba ».

Entrevoie 1 m. — Longueur totale 884 kil. 6. — Parcours dans la province : 267 kil., 9. — Ancienne garantie nationale, rachetée comme il a été exposé ailleurs).

3° Le « Buenos-Aires y Rosario ».

Entrevoie 1 m. 676. — Longueur totale 1,489 kil., 8.

Longueur dans la province, 422 kil., 1.

Les villes desservies sont : Santiago del Estero, Matara, Selva, Pinto, Fernandez, La Barida, Loreto.

PRINCIPALES VILLES

SANTIAGO DEL ESTERO.

La capitale de la province a été fondée en 1553 par Don Francisco de Aguirre, sur la rive droite du Rio Dulce.

Elle est située par 66° 42'15" de longitude O. Paris, et 27°46 de latitude S. Sa population est d'environ 14,000 habitants.

Les maisons n'ont généralement qu'un rez-de-chaussée ; la crainte des tremblements de terre a empêché les habitants d'élever des constructions à plusieurs étages.

Les rues sont bien pavées et éclairées à la lumière [électrique.

Parmi les établissements publics, on peut citer : la cathédrale, l'école normale, la prison attenant à la préfecture de police, le collège national et quatre écoles primaires.

Le budget de la municipalité, en 1895, comportait 36.000 $ de dépenses et 65.000 $ de recettes.

MATARA.

Matara est situé sur les bords du Rio Salado, à la limite de Gran Chaco (800 habitants).

Le département dont ce bourg est le chef-lieu se divise en 3 sections et 23 districts. Les habitants s'occupent surtout d'agriculture et d'élevage.

SELVA.

Principale cité du sud de la province, (1,100 habitants); — station du chemin de fer de Rosario à Tucuman, chef-lieu d'un département agricole.

PINTO.

Centre d'une colonie prospère. Station de chemin de fer. 900 habitants.

LORETO.

Loreto s'élève à 9 kil. de la rive gauche du Rio Dulce et à 60 kil. de la capitale provinciale. Station de chemin de fer « Central Norte » (embranchement de Frias à Santiago).

FERNANDEZ.

Colonie établie sur le chemin de fer « Central Norte », à 55 kil. de Santiago, non loin de l'usine sucrière « Ingenio Pinto » (700 habitants).

LA BANDA.

Commune suburbaine de Santiago, située à 7 kil. au nord de la capitale (1,500 habitants). Point de départ de l'embranchement du chemin de fer « Central Norte » sur Santiago.

Centre agricole prospère.

AGRICULTURE

Les principales ressources de cette région proviennent des plantations de canne à sucre.

Les fourrages des savanes sont en partie expédiés sur Tucuman

La région emblavée, peu étendue du reste, se trouve dans le Sud-Est sur les frontières de Santa Fé. La culture des tabacs, riz et cotons donne des résultats rémunérateurs. Le vignoble ne s'est pas développé dans les proportions qu'on avait cru pouvoir escompter : le climat est trop chaud pour permettre une vinification normale.

En outre, comme les vendanges coïncident avec l'époque des pluies torrentielles, les viticulteurs se voient obligés, la plupart du temps, de récolter le raisin un mois environ avant sa maturité. Dans cette situation, beaucoup de vignerons préfèrent débiter leur raisin frais à Tucuman et à Cordoba.

Dans le but d'encourager l'agriculture, le gouvernement provincial s'est mis à vendre, par petites parcelles et à des condi-

tions avantageuses, son domaine fiscal (loi du 1er février 1896).
A la fin de 1896, on avait cédé de la sorte, à des émigrants
européens, près de 2 millions d'hectares.

Le trésor a trouvé ainsi une source importante de revenus.

Dans le Nord, on exploite les bois (quebracho) pour traverses.

ÉLEVAGE

Les régions du Centre et du Sud sont particulièrement favorables à l'élevage du bétail.

Le troupeau, en 1895, comprenait à 1,538,682 têtes pour
14,301 propriétaires, soit 107,59 têtes par éleveur, à savoir :

Race bovine. .	Créole	428.681	
	Croisée	2.995	
	Pure	401	
	Vaches laitières . . .	138.020	
	Bœufs de labour. . .	21.205	
	Total.	591.302	Soit 6,3 têtes par km.².

Race ovine . .	Créole.	421.334	
	Croisée	1.882	
	Pur sang	13	
	Total.	423.229	Soit 4,5 têtes par km.².

Race porcine .	Créole.	36.960
	Croisée	1.316
	Pur sang	225
	Total.	38.501

Race chevaline.	Créole	110.845	
	Croisée	1.094	
	Pur sang	8	
	Total.	111.947	Soit 1,2 tête par km.².

Race asine 19.519
Race mulassière. 20.314

                                     151.780

	Créole.	330.562
Race caprine. .	Croisée	2.850
	Pur sang	458
	Total.	333.870

Autruches.	685
Poules	210.599
Dindes	21.199
Semence de vers à soie.	1k080
Ruches d'abeilles.	508

On exporte beaucoup de bétail pour les provinces voisines, en particulier à destination de Tucuman.

COMMERCE ET INDUSTRIE

Le mouvement d'affaires est concentré dans la capitale. En dehors des transactions auxquelles donnent lieu les approvisionnements de détail, le principal commerce consiste dans la vente du bétail, des fourrages, du vin et des raisins frais.

L'industrie est représentée par cinq distilleries, deux chais, trente-neuf moulins et plusieurs installations sucrières.

Les établissements de cette dernière catégorie n'ont pas prospéré comme leurs similaires de Tucuman. Aujourd'hui, deux seulement, ceux de MM. G. Pinto et M. Gallo, sont mis en activité à l'époque des récoltes.

Les moulins ont une valeur de 147,750 $.

Quatre sont mus par la vapeur; leur force motrice représente 48 chevaux.

On manque de renseignements complets sur les systèmes employés dans les autres moulins ; on sait seulement que deux sont à cylindres et deux à meules.

Ils ont traité, en 1896, 594 tonnes de blé et produit 124 tonnes de farines, soit un rendement moyen de 208 o/oo.

BUDGET

Le budget de 1895 s'est élevé, en dépenses :

A. . . . .   573.750 $

        A savoir :

Police	155.400	$
Justice	66.500	»
Instruction.	142.700	»
Divers	209.150	»

Les recettes ont atteint . . . .   649.000 $

         Excédent . . . .   72.250 $

PROVINCE DE TUCUMAN

SUPERFICIE. — POPULATION. — DÉPARTEMENTS. — DÉMOGRAPHIE.
CHEMINS DE FER. — PRINCIPALES VILLES. — BUDGET DE LA VILLE
DE TUCUMAN. — AGRICULTURE. — SÉRICICULTURE. — ÉLEVAGE.
— MOUVEMENT DE LA PROPRIÉTÉ. — PRÊTS HYPOTHÉCAIRES. —
VALEUR DES IMMEUBLES BATIS. — INDUSTRIE. — COMMERCE. —
ÉTABLISSEMENTS FINANCIERS. — TRAVAUX PUBLICS. — MOUVEMENT
POSTAL ET TÉLÉGRAPHIQUE. — POLICE ET PRISONS. — TRIBUNAUX.
— INSTRUCTION PUBLIQUE. — BUDGET PROVINCIAL. — DETTE. —
IMMIGRATION. — COLONIE FRANÇAISE.

La province de Tucuman, d'une superficie de 23,124 kilomètres carrés, a une population de 215,742 habitants (1) (densité :
9,33 habitants par kilomètre carré).

Voici la division territoriale par départements :

1.	Burruyaco (I et II)	3.908 km.²
2.	Cruz Alta »	975
3.	Chicligasta »	1.896
4.	Famailla »	1.229
5.	Graneros »	2 003
6.	Leales »	1.647
7.	Monteros »	1.344
8.	Rio Chico »	1.962
9.	Tafi (I).	1.000
10.	Tafi Encalilla et Colalao (I et II) . .	3.409
11.	Trancas.	3.479
12.	Tucuman (capitale)	272
	Total	23.124 km.²

(1)   Argentins . . . . . .   105.464 hommes.   99 671 femmes.
        Etrangers . . . . . .   7.458   —   3.149   —

La province a un climat chaud et humide ; sa végétation est tropicale. La température varie de 1°5 en hiver à 40° en été (1).

La moyenne des journées de pluies est de 14 par mois. Les averses de printemps sont généralement accompagnées de décharges électriques.

DÉMOGRAPHIE

Les naissances pendant le deuxième semestre de 1896 (juillet à décembre) ont atteint le chiffre de 4,274, dont :

Mort-nés, 27 ; légitimes, 2,733 ; illégitimes, 1,514.

Sur ce total, il y a eu : 9 enfants nés de père et mère français et 14 de père français et de mère argentine, soit 23 fils de Français.

Il a été célébré, en 1896, 1,549 mariages dont 1,395 entre Argentins. Des 154 restants, on a enregistré 19 unions entre Français et Argentines, 4 unions entre Français et Françaises, 1 entre Français et Espagnole, 1 entre Français et Anglaise.

Pendant le deuxième semestre de 1896 (juillet-décembre), on a enregistré 3,366 décès, dont :

Argentins, 3,320 ; Espagnols, 16 ; Italiens, 11 ; Allemand, 1 ; Français, 4 ; divers, 6.

CHEMINS DE FER

La province est sillonnée par 523 kilomètres 7 de chemins de fer, à savoir :

	Entrevoie	Longueur totale	Longeur dans la province
	m.	km.	km.
Central Norte	1	398.6	90.6
San Cristobal à Tucuman	»	622.6	89.1
Central Cordoba (Sect. N.). . . .	»	884.6	98.8
Buenos Aires y Rosario	1.676	1.489.8	93.2
Noroeste Argentino	1	152	152
		Total	523.7

---

(1) La température de 40° a été atteinte en 1862. Les gelées les plus fortes se font sentir dès que les premières neiges sont tombées dans la montagne.

Voici quelques données sur le mouvement de ces compagnies pendant l'avant-dernier exercice :

	Nombre de trains	Marchandises transportées Tonnes	Mouvement des voyageurs
Noroeste Argentino.	7.836	619.253	288.787
Buenos Aires y Rosario. . . .	1.460	280.052	28.400
Central Norte.	»	105.703	»
Central Cordoba	»	77.442	»
S. Cristobal à Tucuman . . .	»	122.570	»

PRINCIPALES VILLES

Tucuman, San Pablo, Lules, La Reduccion, Manantial, Monte Grande, Famailla, Monteros, Santa Rosa, Villa Quinteros, Concepcion, Rio Chico, Graneros, Lamadrid.

TUCUMAN

Fondé en 1565 par Don Diego de Villaroel sur la rive droite du Rio Sali par 26° 50' de latitude, 67° 32' de longitude O. de Paris et 464^m d'altitude, Tucuman compte 25,000 habitants.

La mortalité (surtout infantile) y est assez élevée. On attribue certaines épidémies qui éclatent pendant la saison des pluies au mauvais pavage des rues (1).

La municipalité vient de proposer, pour mener à bien la réfection des chaussées, l'émission d'un million de $ en bons, comportant un amortissement de 10 o/o et un intérêt de 4 o/o.

Le produit d'un des impôts locaux serait affecté au service de cet emprunt.

La ville est desservie par 10 kilomètres de tramways.
Moyenne annuelle des voyages, 75,000. Moyenne des passagers : 950,000.

---

(1) Les entrées, en 1896, à l'hôpital de Tucuman, ont été de 4,400 individus des deux sexes.

BUDGET DE LA MUNICIPALITÉ DE TUCUMAN

1° *Budget des Recettes*

Droits d'abattoir, impôt général, poids et mesures, patentes, revenus des propriétés municipales, recettes éventuelles et diverses, inspection médicale, subvention de la province, tramways, lumière électrique. Total : 530,260 $.

2° *Budget des Dépenses*

Conseil municipal, département de l'Exécutif, registre civil et statistique, comptabilité et trésorerie, bureau des recouvrements, assesseurs, police, conseil médical, ingénieurs, abattoirs, marchés, cimetières, irrigation, jardins publics, éclairage, balayage, instruction publique, inspection des machines à vapeur, entretien des propriétés de la ville, fête patronale, hôpital, pensions, retraites, secours, inspection des tramways, fondé de pouvoirs à Buenos Aires, service des intérêts de la dette municipale. Total : 525,082.

Les autres villes citées plus haut sont surtout des agglomérations ouvrières autour des usines échelonnées le long du Rio Sali et de ses affluents.

AGRICULTURE

Il y a vingt ans les poètes indigènes faisaient rimer Tucuman « le jardin de l'Argentine » avec toutes sortes de noms de fleurs et de fruits. On est devenu plus pratique depuis.

Notre compatriote, M. Hileret, dont il a été parlé à plusieurs reprises dans ce mémoire, a compris quel pouvait être le développement sucrier de la région et a coopéré plus que personne à l'assurer.

C'est encore lui qui a inspiré les mesures au moyen desquelles on a pu conjurer le cataclysme menaçant cette industrie à la suite de la surproduction, et qui, dans son jardin d'essai de Lules (1), aide à préparer l'amélioration de l'avenir économique argentin.

Les indications relatives à la canne à sucre (55,000 hectares) font l'objet d'une étude spéciale.(2).

Les autres cultures : le maïs, le tabac, le blé, le riz, etc., couvrent 106,444 hectares.

MAIS

On cultive le maïs dans toute la province. Il donne souvent deux récoltes par an.

Une diminution des tarifs de transport permettrait d'exporter l'excédent de la production.

Le rendement moyen est de 1,500 à 2,000 kilogrammes par hectare.

Le prix de culture d'un hectare varie entre 25 et 35 $.

En 1896, 36,512 hectares ont été ensemencés (36,467 en 1895) et ont produit 54,769,725 kilogrammes.

BLE

La production du blé a diminué depuis quelques années.

Les farines de Santa Fé sont venues concurrencer celles de la province.

---

(1) Plantation de café de 7 hectares. Les essais se poursuivent sur divers points de la province : malgré les bons résultats obtenus, les capitalistes hésitent à prêter leur argent pour cette culture.
L'acclimatation du cacaoyer a donné jusqu'ici des résultats satisfaisants.
(2) Voir page 79 et suivantes.

Bien que le rendement du riz, de la canne et de la luzerne soit supérieur à celui du blé, on cultivait encore, en 1895, 1,372 hectares de cette céréale et la récolte s'est élevée à 3,058,000 kilogrammes (rendement moyen : 1,500 kgr. à l'hectare).

Les frais de culture par hectare peuvent être évalués de 40 à 5o piastres et le rendement à 1,5oo kgr.

ORGE

La culture de cette céréale est très restreinte, bien que son rendement soit plus rémunérateur que celui du blé.

La superficie cultivée atteint à peine 1.000 hectares et la production 1,600,000 kgr.

RIZ

La culture du riz semble appelée à se développer rapidement. Les eaux fluviales suffisent pour donner d'assez abondantes récoltes ; on peut au besoin faire l'économie de coûteuses irrigations.

Le revenu est rémunérateur : il atteint 5o $ par hectare. La production est de 2,5oo kgr. à l'hectare pour un terrain bien irrigué, et de 1,000 à 1,5oo en terrain sec.

L'extension des cultures en 1895 était de 70 hectares environ.

VIGNES

La culture de la vigne a été introduite par les Jésuites à la fin du xviiᵉ siècle.

Les vallées Calchaquies, notamment, paraissent favorables au développement du vignoble.

Les départements de Trancas, Burruyacu et Tafi possèdent aussi de bons terrains.

L'étendue cultivée aujourd'hui ne dépasse pourtant pas 9o hectares 25.

TABAC

La culture du tabac serait une abondante source de revenus pour Tucuman si la main d'œuvre ne faisait pas défaut.

Certains départements produisent un tabac de qualité supérieure; mais les travaux de séchage s'effectuent dans de mauvaises conditions.

En 1895, il a été planté 2,989 hectares qui ont produit 3,886,025 kilogrammes (soit 1,300 kgr. par hectare).

COTONNIERS

Le sol de la province et son climat sont propres à la culture du cotonnier.

Le jour où le pays possèdera des filatures on peut prévoir que Tucuman sera le principal fournisseur de ce textile.

Les plantations couvrent actuellement 24 hectares.

LUZERNE

La culture de la luzerne s'est rapidement développée et donne de beaux bénéfices. On fait jusqu'à six coupes par an dans les régions irriguées.

L'étendue cultivée en 1895 était de 5,295 hectares.

La production a atteint 160,850 tonnes.

On cultive la pomme de terre sur 30 hectares.

1616 hectares sont plantés en arbres fruitiers, principalement en orangers.

Enfin, les statistiques de la province font figurer 1,140 hectares, sous la rubrique « cultures diverses ».

SÉRICICULTURE

La sériciculture, qui dès 1840 semblait devoir réussir, a été abandonnée à la suite de l'épidémie de 1850.

Cependant les conditions d'élevage du ver à soie sont des plus favorables : absence d'orages violents, abondance du mûrier et de la ramie sylvestre. (La feuille de cette dernière plante semble préférable à celle du mûrier ; la soie du ver qui s'en nourrit est des plus résistantes.)

En 1895, on a fait éclore 64 onces de graine de vers à soie.

ÉLEVAGE

D'après le recensement de 1895, on compte 15,867 éleveurs pour 743,822 animaux (soit 46 têtes par propriétaire).

Ce troupeau se décomposait comme suit :

Race bovine . .	Créole	300.524	Soit 19,5 têtes par km.², et 204,9 têtes par 100 habitants.
	Croisée	1.236	
	Pur sang.	149	
	Vaches laitières . . .	79.766	
	Bœufs de travail. . .	45.194	
	Total	426.869	

Race ovine . .	Créole	98.520	Soit 4,5 têtes par km.² et 48,2 têtes par 100 habitants.
	Croisée	525	
	Pur sang	69	
	Total	99.114	

Race porcine .	Créole	30.757	Soit 17 têtes par 100 habitants.
	Croisée	354	
	Pur sang	161	
	Total. . . .	31.272	

Race chevaline. { Créole. . . . . 68.557 } Soit 3,1 têtes par km.[2]
{ Croisée. . . . . . . 333 } et 32 têtes par 100
{ Pur sang . . . . . 54 } habitants.

$$\overline{68.944}$$

Race asine. . . . . , . 9.231 } Soit 4,3 têtes par 100 habitants.

Race mulassière. . . . . 35.750 } Soit 16 3 têtes par 100 habitants.

Total 113.925

Race caprine. { Créole. . . . . . . 72.587 } Soit 35,6 têtes par
{ Croisée . . . . . . 46 } 100 habitants.
{ Pur sang . . . . . . 9 }

Total 72.642

OISEAUX ET INSECTES UTILES.

Autruches. . . . . . 706 } Soit 123,8 têtes par
Poules . . . . . . 249.448 } 100 habitants.
Dindes . . . . . . 41.205 }
Semence de vers à soie. . . . 2k040
Ruches d'abeilles. 2.038

MOUVEMENT DE LA PROPRIÉTÉ

Le mouvement général des ventes et des achats de propriétés, en 1895, est indiqué dans le tableau suivant :

NATIONALITÉ OU TITRE	Nombre de vendeurs	Valeur des propriétés vendues	Nombre d'acheteurs	Valeur des propriétés achetées	Différence en plus — Capital immeuble	Différence en moins—Capital immeuble
Argentins.	1.086	2.380.981 73	775	1.308.844 46	» »	1.072.137 90
Allemands	2	2.760 »	6	38.260 »	35.500 »	» »
Espagnols	20	66.455 »	51	301.672 »	235.217 »	» »
Français	17	41.272 75	39	119.125 69	77.852 94	» »
Italiens.	34	210.022 46	66	177.029 14	» »	32.993 32
Anglais.	1	15.000 »	2	4.325 »	» »	10.675 »
Turcs	2	110 »	2	110 »	» »	» »
Nationalités diverses	7	21.700 »	13	20.965 87	» »	733 50
Municipalités.	1.	250 »	1	250 »	» »	» »
Sociétés, banques	14	8.783.007 50	31	9.550.977 28	767.969 78	» »
Totaux.	1.184	11.521.559 44	986	11.521.559 44	1.116.539 72	1.116.539 72

Voici en outre l'état des prêts hypothécaires pendant la même période :

NATIONALITÉ OU TITRE	Nombre de débiteurs hypothécaires	Valeur reçue par les débiteurs	Nombre de débiteurs	Valeur remise par les créanciers	Différence débiteur	Différence créancier
Argentins	257	1.257.752 58	184	548.769 84	1.708.982 74	» »
Allemands.	2	5.700 »	4	11.300 »	» »	5.600 »
Espagnols.	20	177.795 96	32	134.805 51	42.990 45	» »
Français.	7	19.567 27	24	125.758 »	» »	106.190 73
Italiens.	16	105.480 »	23	134.125 54	» »	28.645 54
Anglais	»	» »	1	4.000 »	» »	4.000 »
Uruguayens	»	» »	1	20.000 »	» »	20.000 »
Divers.	»	» »	1	6.000 »	» »	6.000 »
Sociétés anonymes.	11	3.153.006 23	63	4.710.060 82	» »	1.537.054 59
Banques.	»	» »	3	29.283 33	» »	29.283 33
Totaux.	313	5.719.302 04	336	5.724.103 04	1.751.973 19	1.736.774 19

Enfin, le tableau ci-après fait ressortir les transferts de propriétés à la suite de ventes à réméré :

Nationalités	Nombre de vendeurs	Valeur des propriétés	Nombre des acheteurs	Valeur des propriétés
Argentins.	10	$ 23.891.90	8	$ 37.367. »
Espagnols	1	1.000. »	2	1.490. »
Italiens.	3	4.500. »	3	5.000. »
Anglais.	1	2.500. »	2	10.534.90
Totaux. . .	15	$ 31.391.90	15	$ 54.391.90

Les Français interviennent pour les opérations d'immeubles dans les proportions suivantes : acheteurs, 3,95 o/o ; vendeurs, 1,43 o/o ; créanciers hypothécaires, 7,18 o/o ; débiteurs hypothécaires, 2,33 o/o.

La valeur et le nombre des propriétés achetées par trente-neuf Français se répartissent ainsi :

Nombre de Français acheteurs	Nombre de propriétés achetées	Valeur des propriétés		
15	15	0	à	500 $
5	5	501	à	1.000
5	5	1.001	à	2.000
7	10	2.001	à	5.000
5	5	5.001	à	10.000
2	2	10.001	à	20.000
39	42	0	à	20.000 $

VALEUR DES IMMEUBLES BATIS

Les édifices recensés dans la province, en 1895, sont au nombre de 28,527.

Ils représentent une valeur de $ 54,891,015.

La capitale Tucuman possède, à elle seule, 5,915 édifices évalués à $ 39,202,773.

INDUSTRIE

La principale industrie est celle du sucre (1).

La meunerie dispose dans cette province de 17 établissements (valeur : 324,974 $).

> 1° 5 Moulins à vapeur avec 95 chevaux.
> 12 Moulins hydrauliques avec 102 chevaux.

Au total : 197 chevaux-vapeur, ou :

> 2° 15 Moulins à meules.
> 2 Moulins à cylindres.

Ils ont traité, en 1896, 2,068 tonnes de blé, et ont produit 678 tonnes de farine, soit un rendement moyen de 328 pour 1,000.

Autres ateliers ou usines :

Scieries	15	Fabrique de tissus	1
Tanneries	26	Fabriques de bougies	2
Distilleries	24	Fabrique de savon	1
Briqueteries	52	Fromageries	6

SALAIRES

Voici le tableau des salaires pour les principales professions en 1896 :

Professions	Par mois et avec nourriture		Professions	Par mois et avec nourriture	
Mécaniciens	150 à	400 $	Tourneurs	80 à	120 $
Maîtres bouilleurs	80	150	Maçons	40	80
Distillateurs	50	100	Chefs ouvriers	40	60
Chaudronniers	100	200	Ouvriers	15	30
Ouvriers en cuivre (cobreros)	150	300	Charretiers	25	30
Charpentiers	60	100	Servantes	8	15
Forgerons	60	100	Cuisinières	10	25

---

(1) Voir industrie sucrière.

COMMERCE

Le commerce d'exportation de Tucuman porte sur le sucre, les alcools, le tabac, les cuirs bruts et tannés, les bois, fromages, liqueurs, oranges et objets de sellerie.

Les marchés de consommation sont: Buenos Aires, Rosario, les principales villes argentines et boliviennes.

Tucuman reçoit de Buenos Aires et de Rosario les objets fabriqués de provenance nationale et étrangère.

Le nombre des maisons de commerce dans la province est de 1,571.

Elles mettent en mouvement un capital de 18,042,858 $, représenté par des immeubles (8,481,115 $ m/n), et des marchandises (9,561,743 $ m/n).

BANQUES

Les établissements de crédit sont :

La « Banque de la Nation Argentine », avec succursale à Monteros,

la « Banque nationale », en liquidation,

la « Banque hypothécaire nationale »,

et la « Banque provinciale ».

Il convient d'indiquer, d'après l'économiste argentin, M. Rodriguez Marquina (Sinopsis de Tucuman), le rôle que les établissements en question ont joué dans cette zone :

La « Banque de la Nation Argentine », qui a ouvert ses guichets il y a environ cinq ans et devait aider au développement de l'industrie et de l'agriculture, a fait d'importantes transactions. Mais les pertes qu'elle a subies dans les dernières années ont modifié la base et le système de ses opérations. Tandis qu'autrefois les crédits s'accordaient sur l'avis du conseil d'administration, on exige aujourd'hui du propriétaire d'une usine, des garanties matérielles et morales telles qu'on les rencontre rarement réunies.

Aussi, dans les conditions où elles se font actuellement, les avances ne sont guère profitables. Le cultivateur devient fatalement la proie des usuriers auxquels il paie des intérêts de 2 à 5 o/o par mois.

Il n'existe pas de banques particulières. Elles seraient cependant nécessaires dans une province où les emprunts sont plutôt nombreux qu'importants.

La Banque de la province a été créée au moyen d'un prêt fait par la Banque nationale en liquidation. On doit encore à cette dernière 1,470,946,20 $.

Les dépôts de l'établissement provincial s'élèvent à 661,107,67 $.

Les opérations d'escompte sont normales; en prêts amortissables, il a été consenti 1,919,103 $.

Les négociations de change portaient sur :

> Achats : $ m/n.   840,185,88.
> Ventes : $ m/n.   123,164,08.

Le fonds de réserve, qui était de 97,098,47 $ en 1891, s'élevait à 316,459,91 en 1895.

Le fonds de prévision passait de 176,709,54 (1891), à 2,224,967,83 (1895).

Le solde du compte de profits et pertes se balançait en faveur de la banque par 418,429,27 $ m/n, et 55,714,50 $ or.

La différence entre le dividende distribué (12 %) et les bénéfices de la banque (soit: 2,643,397,10 $ m/n., et 55,714,50 $ or) a été portée au fonds de prévision.

TRAVAUX PUBLICS

Les travaux d'adduction d'eau potable seront terminés dans quelques mois.

En outre, le Gouvernement a mis à l'étude la création d'un réseau *d'aceguias* (canaux d'irrigation).

On a entrepris le creusement d'un canal de dérivation du Rio San José, et mené à bien la construction des ponts sur les rios Medinas, Tacanas et Tejar.

Le pouvoir exécutif se propose, dès que la situation de la province le permettra, de créer un impôt spécial de voirie.

MOUVEMENT POSTAL ET TÉLÉGRAPHIQUE

La province forme le 16e district postal de la République. Voici le mouvement de la correspondance :

Nature du service.	Correspondance reçue.	Correspondance expédiée.	Valeurs déclarées reçues ou expédiées.
Service intérieur. .	748.821	750.849	167.983 $,48
Service extérieur. .	77.866	75.420	8.010 Frs.
Totaux . . .	826.687	826.269	» »

Le mouvement télégraphique en 1895, par le bureau central, est figuré par les chiffres suivants :

Télégrammes privés expédiés.	41,938
— — reçus . .	40,910
	82,848

Le produit des taxes correspondantes a atteint : $ m/n 44,289,44.

POLICE ET PRISONS

Pendant l'année 1896, il a été appliqué, pour contraventions et délits de simple police, 2,331 amendes montant à la somme de 25,369 $.

	Nombre des délits.	Valeurs des amendes infligées.
Blessures légères. . .	187	2,888 $
Ivresse.	605	4,698
Désordre. . . : . . .	689	7,220
Insultes à l'autorité. .	90	1,205
Autres motifs.	760	9,358

En outre, il est entré dans les prisons 968 individus pendant que 901 condamnés ont été libérés.

TRIBUNAUX

Les jugements définitifs rendus par les divers tribunaux de la province (1896) se répartissent de la manière suivante :

Au correctionnel :
Jugements interlocutoires.	92
Jugements définitifs.	112

Au criminel :
Jugements interlocutoires.	80
Jugements définitifs.	79

Justice de paix :
Jugements définitifs	1,164
Transactions	999

Tribunal supérieur (provincial) :
Jugements définitifs	88
Jugements interlocutoires	150

Tribunal fédéral :
Jugements définitifs	42
Jugements interlocutoires	60
Total.	2,866

INSTRUCTION PUBLIQUE

L'enseignement porte les qualifications de supérieur, gradué, primaire et élémentaire.

En 1896, le nombre des élèves inscrits a été de 17,273 (1) dont : 15,103 dans les écoles publiques.

---

(1) 9.278 garçons et 7.095 filles.

1,412 dans les écoles particulières.
758 — annexes.

L'assistance moyenne a été de 10,800 élèves.

Ce chiffre s'explique :

a) par les grandes distances entre le domicile de l'enfant et l'école qu'il doit fréquenter ;

b) les mauvais chemins que la pluie rend impraticables ;

c) le faible concours apporté par les autorités rurales à l'œuvre d'instruction et d'éducation ;

d) enfin, la tendance de la classe ouvrière à faire travailler les enfants pour augmenter les ressources de la famille.

Les écoles publiques sont au nombre de . 161
— particulières — . 17
— annexes — . 2
Total. 180

Le personnel enseignant se répartit de la façon suivante :

Ecoles publiques. . . . . 274 maîtres dont 79 diplômés.
— particulières. . . . 71 — 25 —
— annexes. . . . . . 21 — 21 —
Au total . . . . 366 — 125 —

(138 hommes et 228 femmes).

Les traitements mensuels sont les suivants :

	Directeurs.	Professeurs.
Ecoles supérieures	$135	100
— graduées.	110	60
— élémentaires. . . .	80	60
— annexes.	100	70

Ils figurent au budget pour une somme de 226,381 $ par an. Les 180 écoles occupent 174 édifices dont 157 loués en majeure partie pour le compte du Gouvernement (51,125 $ or). Tucuman a donc dépensé pour l'instruction publique en 1896 $ 299,039,85.

En faisant entrer en ligne diverses dépenses telles que achats de livres et de mobilier, réparations aux immeubles appartenant à la province (ce dernier chapitre figurant pour 31.533.54) chaque école publique coûte annuellement au trésor 1.867 $ 95, chaque école annexe ou normale 826,50 ; chaque élève inscrit 19, 77 $ et chaque élève assistant $ 31,65 (1).

FINANCES

I. — BUDGET.

1° *Recettes.*

Le parlement provincial a voté le budget de 1897 en adoptant pour les recettes les évaluations suivantes :

Contributions directes.	$ m/n 550.000
Patentes.	850 000
Papier timbré.	100.000
Impôt de caractère municipal . . .	110.000
Impôt de la sûreté (police).	7.000
Arbitrage de l'eau	12.000
Immatriculation des journaliers . .	20.000
Certificats de marque	2.000
Permis de « guia » pour le bétail. .	5.000
Certificats de transfert.	7.000
Certificat d'origine des cuirs. . . .	8.000
Reconnaissance de marques	15.000
Analyses chimiques	17.000
Recettes éventuelles de police . . .	2.000
Enregistrement des domaines . . .	5.500
Actes notariés.	300
Jardin agronomique (fermage) . . .	500
Subvention nationale aux écoles . .	130.000
A reporter . .	1.841.300

(1) Les bibliothèques sont au nombre de deux : celle de la Société Sarmiento, qui possède 2,830 volumes, et celle de l'école normale de garçons avec 1,217 ouvrages.
Le personnel du culte catholique, pour toute la province, comprend 43 ecclésiastiques : 21 appartiennent aux couvents de Saint-Dominique et de Saint-François, et 22 au clergé séculier. On compte 9 paroisses et 5 vicariats.

Report	1.841.300
Subvention municipale aux écoles .	25.000
Créances à recouvrer	100.000
Impôts arriérés	450.000
Amendes diverses	20.000
Total.	\$ m/n 2.436.300

Les recouvrements n'ont atteint que 2.259.339.33 \$.

2° *Dépenses.*

D'autre part, les dépenses autorisées ont été :

TABLEAU A

Gouvernement.	\$ m/n 30.840
Ministère.	55.920
Chambres législatives	21.880
Administration de la justice	191.760
Justice de paix.	69.760
Département général de police. . .	677.796
Inspection générale des milices. . .	8.700
Juges des eaux d'irrigation.	22.200
Bureau de statistique.	16.140
Registre civil	14.200
Archives.	7.260
Département des ingénieurs	37.720
Registre de la propriété	11.160
Conseil d'hygiène	19.770
Laboratoire de chimie.	18.600
Assistance publique	67.280
Travaux publics.	180.000
	\$ m/n 1.450.986

TABLEAU B

Ministère.	\$ m/n 27.620
Comptabilité générale. . . .	22.620
Trésorerie générale.	7.740
Direction des finances . . .	61.400
Conseil général d'éducation.	38.760
Écoles publiques.	326.160
Subventions	22.560
Pensions et retraites	35.880
Total	\$ m/n 542.740

II. — DETTE.

1° La dette intérieure, au 31 décembre 1896, montait à 1.729.860,80 $ m/n.

2° La dette extérieure à la même date se soldait par $ m/n 1.919.172,06.

Le service de ces redevances se fait avec régularité (1).

IMMIGRATION

Le nombre et la nationalité des émigrants envoyés à Tucuman en 1895 par les soins du département général de l'immigration ont donné les chiffres suivants :

Italiens	220
Espagnols.	141
Français.	11
Autrichiens	9
Allemands.	5
Danois	1
Total	387

Pour 1896, le bureau national du travail donne les chiffres ci-dessous :

Adultes hommes.	551
— femmes	155
Enfants garçons	114
— filles , ...	78
Au total	898

Sur ce nombre, on compte : 526 célibataires, 326 mariés, 16 veufs.

---

(1) Le trésor a versé entre les mains de la maison Otto Bemberg et Cⁱᵉ la somme de 179,841,10 $ or.

Suivant leur nationalité, ces émigrants se divisent en :

Italiens	631
Espagnols.	189
Allemands.	32
Français	19
Autrichiens	5
Russes	3
Suisses	3
Divers.	16

Voici le mouvement d'immigration de 1885 à 1896.

En 1885, on a compté 1.147 immigrants.

1886	—	657	—
1887	—	173	—
1888	—	662	—
1889	—	2.018	—
1890	—	1.107	—
1891	—	2.715	—
1892	—	261	—
1893	—	511	—
1894	—	802	—
1895	—	387	—
1896	—	898	—

COLONIE FRANÇAISE

La colonie française comprend quelques grands industriels : M. Hileret (propriétaire de Santa Ana, la plus importante sucrerie et distillerie du Tucumanais et de Lules, dirigée par M. Emile Rodrigue); MM. Georges Vergne (usine Santa Barbara); Claude et Simon Chavanne (usine Lastenia); MM. Charles et Rougès (usine Santa Rosa) ; M. Sauveur Larransendy (propriétaire de deux tanneries, 15,000 cuirs par an). On peut citer en outre des commerçants tels que M. Nathan représentant de MM. Calvet et Cie, (vins et liqueurs); M. Daffis, drapier, etc.

Notre colonie a fondé une Société de Secours Mutuels (1) qui comptait au 31 décembre 1896, 174 sociétaires. Son capital, à la même date, s'élevait à $ 20.683.68

Ce groupe de Français possède une maison commune, siège de l'association charitable et lieu de réunions amicales. Dans le même immeuble se trouve même un théâtre fort bien aménagé.

---

(1) Il fonctionne, en outre, à Tucuman, des sociétés dénommées : Helvetica, Española Italiana et Extrangera.
Citons encore cinq sociétés de bienfaisance :
1° Société de bienfaisance de la capitale ;
2° Société de bienfaisance de Monteros ;
3° Société protectrice de l'hôpital mixte de N. S. de Las Mercedes ;
4° Conférence des Dames de Saint-Vincent-de-Paul ;
5° Centre catholique.

PROVINCE DE JUJUY

POPULATION. — DIVISIONS TERRITORIALES. — VOIES FERRÉES. — NOTICES SUR LES PRINCIPALES VILLES. — AGRICULTURE. — ÉLEVAGE. — MINES. — COMMERCE ET INDUSTRIE. — INSTRUCTION PUBLIQUE. — FINANCES.

La province de Jujuy comptait, en 1895, 49,543 habitants sur une superficie de 49,162 kilomètres carrés, soit 1 habitant par kilomètre carré.

Elle est divisée en 13 départements, à savoir :

1	Cochinoca	7.523	kilomètres carrés.
2	Humahuaca	4.447	—
3	Jujuy (capitale)	1.294	—
4	Ledesma	3.760	—
5	Perico del Carmen. . . .	1.324	—
6	Perico de San Antonio. .	783	—
7	Rinconada.	7.794	—
8	Santa Catalina	8.459	—
9	San Pedro.	4.415	—
10	Tilcara	894	—
11	Tumbaya	1.243	—
12	Valle Grande	4.387	—
13	Yavi	2.839	—
	Total.	49.162	kilomètres carrés.

Le climat tropical de la région est sain; les vents qui soufflent de la Cordillère en viennent souvent tempérer la chaleur.

29

Néanmoins l'Européen ne peut pas y travailler aussi aisément que l'autochtone.

La main d'œuvre indigène, laborieuse, active et endurante, descend des Indiens Quichuas (Humahuacas, Purmamarcas et Tumbuyas).

VOIES FERRÉES

Cette région est desservie par 5o km. 5 du chemin de fer « Central Norte » (propriété nationale) (1).

Principales stations : Jujuy, Perico et General Guemes (dans le Sud).

Les centres de population dans la zone septentrionale sont très clairsemés.

PRINCIPALES VILLES

JUJUY.

La capitale de la province fut fondée en 1593 (19 avril) sur le Rio Grande par le capitaine Don Fr. de Arganaras y Murguia (envoyé du gouverneur de Tucuman).

Elle renferme aujourd'hui environ 12,000 habitants.

C'est la station terminus du chemin de fer « Central Norte » à 35o km. de Tucuman, à 897 de Cordoba et à 1,598 de Buenos Aires.

Les édifices publics les plus remarquables sont : le Collège national, l'École normale, la Douane, une succursale de la Banque de la Nation, etc.

Le budget municipal est l'un des plus faibles de la République. En 1895, il s'est soldé par 22,600 $ de dépenses et 23,000 $ de recettes. Actuellement, il n'atteint pas 30,000 $.

---

(1) Entrevoie 1 mètre, longueur totale de la ligne 393 km. 6.

PERICO DEL CARMEN.

Perico del Carmen est un village de 700 habitants, chef-lieu d'un département de 3,000 kilomètres carrés, sur la ligne du « Central Norte », à 29 kilomètres au sud de Jujuy.

Les eaux du Rio Perico, très abondantes en toute saison, ont été canalisées pour l'irrigation des champs où l'on cultive la canne à sucre.

Il faut citer aussi dans la même province, Perico de San Antonio, 500 habitants, chef-lieu d'un département situé à l'ouest du précédent.

AGRICULTURE

L'agriculture et l'élevage sont les principales sources de richesse de la province.

La première fait de rapides progrès (surtout dans les départements de San Pedro et de Ledesma, où l'on cultive la canne à sucre), grâce à la protection du Gouvernement provincial.

Des cultures de café s'étendent dans l'Est (en particulier dans le département de Ledesma), et, un peu partout se rencontrent les champs de blé, de maïs, de tabac, de mani.

On a commencé, il y a quelques années, la plantation de vignobles; mais l'entrain de la première heure s'est ralenti.

Le rendement du cotonnier semble devoir être rémunérateur.

Le manque de moyens de transport retarde le développement de ce fertile domaine.

Pourtant les revenus de l'agriculture atteignent en moyenne 2 millions de piastres or :

$$
\begin{aligned}
&500.000\ \$ \text{ pour les céréales.}\\
&700.000\ \text{—}\quad \text{le sucre.}\\
\text{et }&800.000\ \text{—}\quad \text{divers.}
\end{aligned}
$$

La valeur de la propriété foncière se répartit comme suit :

Terres cultivées	1.500.000 $ or.
Prairies.	2.500.000 —
Terrains montagneux	300.000 —
Total	4.300.000 $ or.

ÉLEVAGE

Le nombre des propriétaires est de 5,634 pour un troupeau de 980,727 têtes, soit 173,89 animaux par éleveur.

Race bovine. .	Créole	97.277
	Croisée	464
	Pur sang.	52
	Vaches laitières . . .	24.499
	Bœufs de labour. . .	7.063
	Total	129.355, soit 2,5 têtes par km².

Race ovine . .	Créole.	664.531
	Croisée	239
	Pur sang	27
	Total	664.797, soit 13 têtes par km².

Race porcine. .	Créole.	10.873
	Croisée	61
	Pur sang	37
	Total	10.971, soit 0,8 têtes par km².

Race chevaline.	Créole.	22.549
	Croisée	34
	Pur sang	4
	Total	22.587, soit 0,4 tête par km².

Race asine	49.593
Race mulassière.	5.360
Total	77.540

Race caprine. . {
Créole. . . ., ... 97.957
Croisée 67
Pur sang 40

Total . . . . 98.064, soit 2 têtes par km².

OISEAUX ET INSECTES UTILES,

Autruches 53
Poules. 44.256
Dindes. 6.201
Semence de vers à soie. 3ᵏ720
Ruches d'abeilles. 2

On estime que la vente d'animaux aux provinces voisines draine annuellement environ 800,000 $ or en faveur de Jujuy.

MINES

Les dépôts inorganiques paraissent devoir constituer un jour une source importante de revenus (1).

L'or, l'argent, le cuivre, le fer, l'antimoine, le marbre, le jaspe, le cristal de roche, des borates se trouveraient sur plusieurs points.

Il y a des lavages de sables aurifères à Puna, Rinconada et Cochinoca. Cette dernière localité exporte annuellement environ 3,300 onces de poudre d'or.

On a découvert récemment neuf veines aurifères à Santa Catalina et à Rinconada, centres autrefois exploités par les Espagnols; à Tilcara, des veines puissantes d'argent, de cuivre et de plomb.

En 1891, le Gouvernement envoya dans ces parages des ingénieurs pour en étudier les ressources. Dans leur rapport, les commissaires appelèrent l'attention sur la région de Puna, qui, d'après eux, serait aussi riche que la Californie.

---

(1) Voir pages 132, 140 et 146.

En 1892, une société d'exploitation fut créée (The Jujuy Mining Cᵒ). Elle acheta 670 concessions.

Aujourd'hui la « Adda » est la seule compagnie qui travaille encore (1).

Le minerai exploité produit environ 3 onces d'or par tonne.

On dit aussi avoir trouvé des sources de pétrole près du Rio Negro et au pied de la Sierra Santa Barbara.

COMMERCE ET INDUSTRIE

La province de Jujuy s'approvisionne dans les grands centres de la République : Rosario, Buenos Aires, où elle envoie une partie de la production sucrière de ses trois usines situées dans les départements de San Pedro et Ledesma (rendement annuel moyen : 6 millions de kgr.).

Les villes du Pacifique se trouvent beaucoup plus rapprochées de Jujuy que celles de l'Atlantique (2).

Cependant les premières ne peuvent attirer cette province dans leur orbite commerciale.

Les frets à travers les Cordillères et le désert d'Atacama sont plus élevés et les transports plus lents et plus difficiles que les communications entre les ports argentins et le nord-ouest de la République.

Le principal commerce se fait avec la Bolivie où l'on expédie toutes sortes de marchandises, voire des articles importés par Buenos Aires.

La minoterie est assez prospère.

On a recensé en 1895, 34 moulins dont 1 à vapeur d'une force de 6 chevaux ; 33 hydrauliques avec 201 chevaux ; au total 207 chevaux vapeur ; 26 de ces moulins sont à meules et 8 à cylindres.

---

(1) Sous la direction de M. Nelson, ingénieur.
(2) Jujuy est la province la plus éloignée de l'Atlantique.

Leur valeur représente 230,739 $.

En 1895, ils ont traité 4,115 tonnes de blé et ont produit : 1,650 tonnes de farine, soit un rendement de 401 pour 1,000.

INSTRUCTION PUBLIQUE

La population scolaire est d'environ 3,000 élèves fréquentant 65 écoles.

FINANCES

Les dépenses budgétaires ont atteint 290,222 $.

Police.	67.850 $
Justice	38.889
Instruction	62.400
Divers services	121.083

Les recettes se sont élevées à 277,496 $ (déficit : 12,726 $ environ).

PROVINCE DE SALTA

SUPERFICIE ET POPULATION. — CLIMAT. — CHEMINS DE. FER. —
PRINCIPAUX CENTRES. — TROUPEAU. — COMMERCE. — INDUS-
TRIE. — BUDGET.

La province de Salta s'étend sur 151,679 kilomètres carrés ;
elle compte 118,015 habitants (1).

Elle est divisée en 21 départements à savoir :

1	Anta	1.081	kilomètres carrés.
2	Cachi	17.917	—
3	Cafayate	2.698	—
4	Caldera	1.201	—
5	Campo Santo	2.455	—
6	Candelaria	6.320	—
7	Cerillos	492	—
8	Chicoana	1.057	—
9	Guachipas	2 615	—
10	Imuya	4.110	—
11	Médan	2.612	—
12	Molinos	4.974	—
13	Oran	24.062	—
14	Poma (La)	26.405	—
15	Rivadavia	34.137	—
16	Rosario de la Frontera	500	—
17	Rosario de Lerma	5.633	—
18	Salta (capitale)	1.320	—
19	San Carlos	4.070	—
20	Santa Victoria	7.114	—
21	La Viña	906	—

Total . . . . 151.679 kilomètres carrés

(1)   Argentins . . . . . .   55 813 hommes.   57 664 femmes.
         Étrangers . . . . . .   2.986   —   1.152   —

Le climat de la province est salubre (chaud et sec). En hiver, le thermomètre varie de 5 à 25° centigrades ; il monte jusqu'à 56° en été.

Les pluies sont abondantes en décembre et janvier (1) ; elles se font rares en juillet.

Par sa configuration, on peut classer ce domaine en trois zones :

La région montagneuse, avec les départements de Santa Victoria et Iruya, au Nord et Nord-Ouest ;

Les plaines arides et désertes aux environs de la frontière sud de Jujuy ;

Enfin de fertiles plateaux, couverts de riches pâturages, arrosés par des rivières d'un débit régulier, au Centre et à l'Est.

CHEMINS DE FER

Le chemin de fer « Central Norte » (longueur totale 398 kilomètres 6), parcourt sur le territoire de la province de Salta 257 kilomètres, 5 hect. (entrevoie : 1 m).

Les villes qu'il dessert, sont : Salta, Viña, Lerma, Cerrillos, Metan et Rosario de la Frontera.

PRINCIPALES VILLES

SALTA.

La ville de Salta (latitude 24° 46', longitude ouest de Paris 67° 44' ; altitude 1,200 mètres) a été fondée en 1582 dans la vallée de Lerma, non loin des sources de l'*arroyo* Arias, affluent du Rio Silleta (2).

---

(1) Le pluviomètre marque de 14 à 15 m/m.
(2) Le fleuve Juramento, appelé Salado dans la province de Santiago, reçoit les eaux de ces deux rivières réunies, et va grossir le Rio Parana entre Santa Fé et Rosario.

Elle compte 22,000 habitants.

Les principaux édifices publics sont : la Cathédrale, la Banque de la province, les hôpitaux de la Charité et du « Señor del Milagro », la Gare, un établissement thermal, le Palais du congrès etc., etc.

Le budget de la municipalité s'est soldé en 1896 par :

103.360 $ de recettes,

et 103.420 $ de dépenses.

ROSARIO DE LA FRONTERA.

Cette ville, station thermale en renom, possède quatorze sources d'eaux sulfureuses et alcalines (1).

L'établissement balnéaire a coûté 200.000 $. Il a été construit par une société qui doit en faire cession à la Banque provinciale au bout de quinze ans.

AGRICULTURE

Les régions du Centre et de l'Est, dont la fertilité a été mentionnée plus haut, offrent les mêmes conditions agricoles que la province limitrophe de Tucuman ; le département d'Oran (N. E.) en particulier est des plus riches.

Le jour où un service de navigation serait installé sur le Rio Bermejo, les produits de ce pays seraient facilement envoyés sur les marchés consommateurs de la République. Si les provinces de Jujuy et de Tucuman bénéficiaient d'entreprises de transport, le Sud-Ouest bolivien entrerait par cette voie dans l'orbite argentine et exporterait dans les ports de l'Atlantique quelques-uns de ses produits.

---

(1) Voir la note sur les eaux thermales et minérales. (Page 154 et suivantes.)

Les vignes dans la province de Salta, concentrées dans les vallées de Calchaquis, et de Lerma (départements (1) de Cafayate la Viña, et San Carlos), occupent une étendue de 705 hectares.

Les premières plantations remontent à l'époque de l'occupation espagnole.

Suivant l'exemple des viticulteurs de Mendoza, les propriétaires de Salta ont recours depuis quelques années aux ceps français. Si leurs essais n'ont pas été heureux, c'est qu'ils ne se sont pas préoccupés de rechercher les espèces s'accommodant le mieux des qualités de leur sol.

Les vignobles qui donnent de bons résultats sont en majeure partie plantés avec l'espèce dite « criolla » dont on ne saurait déterminer l'origine, à cause des modifications qu'elle a subies depuis son introduction.

Autrefois, on préférait les terrains bas ; (on voulait donner aux racines de l'humidité) ; depuis peu, on a remarqué que les plants sur les collines, à mi-coteau, produisaient un vin plus alcoolique, un raisin plus doux, mûrissant plus vite et souffrant moins de la gelée.

Les soins de la culture se réduisent au nettoyage, à l'arrosage et à la taille.

Les propriétaires ne se soucient pas assez des époques de l'année pendant lesquelles il serait préférable de se livrer à cette dernière opération.

On laisse de préférence le sarment long, car il a été reconnu que le pied, dans ces conditions, produisait davantage.

En général les vignobles sont propres, et les travaux d'irrigation soigneusement entretenus. L'eau d'ailleurs ne fait pas défaut.

Les vignobles de Salta présentent un aspect différent de ceux qu'on est accoutumé de voir. Ils sont plantés en treilles ou espaliers étayés sur des pieux espacés de 2 m. en 2 m. et sur le sommet desquels on tend des fils de fer.

---

(1) Le département de San Carlos est le plus riche.

Quand le pied de la vigne a atteint le sommet du piquet (généralement 2 m. au-dessus du sol), il allonge ses branches sur les fils.

Le coût moyen de ce mode de plantation est d'environ 1.305 $ m/n par hectare.

Les vendanges ont lieu au mois d'avril. Elles coïncident avec la saison des pluies.

Les procédés de vinification sont encore rudimentaires : on se sert, en guise de cuve, de peaux de bœufs ou de peaux de boucs (1).

On fabrique trois sortes de vins qu'on désigne suivant leur couleur sous le nom de « morado » « topacio » et « blanco ».

Le vin dit « morado » est un vin rouge peu chargé en couleur (2). Le second est jaune rouge. Le dernier n'est généralement pas de couleur franche. En outre le liquide est trouble. Il manque de bouquet ; ces défauts proviennent de la maturité incomplète du raisin et de l'absence de cépages choisis et fins.

Voici quelques analyses de vins faites au laboratoire de Tucuman :

Couleur du vin	Densité	Alcool	Extrait sec	Glucose	Pola-risation	Cendres	Aci-dité
Morado	0,967	11°	30,45	traces	0,20	4,30	4,20
Morado	0,997	13°,20	27,05	» »	0,12	4,75	4,10
Blanco.	0,993.	13°	22,90	0,48	0,18	3,50	3,10
Morado	1,0	11°	27,30	1,40	0,19	4,20	6,06
Morado	0,996	12°,50	27,15	0,38	0,15	4.30	3,92

On ne compte guère qu'une dizaine de chais et point de caves.

---

(1) Un Italien nommé Brachieri, qui vint s'établir dans le département de Cafayate, il y a une vingtaine d'années, réforma les méthodes qu'on appliquait à Salta depuis tantôt deux siècles.
Il reste cependant de grands progrès à réaliser.
(2) Les établissements de Lorda et San Miguel produisent seuls le vin rouge ordinaire.

Comme les propriétaires de Mendoza, les *Salteños* cherchent à se débarrasser de leur récolte dès que le vin est fait.

Les barriques sont de 200 litres ; on les désigne sous le nom de « bordelaises ».

M. Carlos R. Gallardo, envoyé par le Gouvernement fédéral pour étudier la question relative à la vigne dans la province de Salta, fonde sur cette branche de l'agriculture nationale les plus grandes espérances.

Il demande l'envoi d'un professeur de viticulture à Salta (1), l'utilisation des eaux des montagnes, la création de routes et de chemins de fer, etc.

Voici d'ailleurs les renseignements qu'il fournit sur la province :

Le climat est caractérisé par des froids assez vifs en hiver et de fortes chaleurs en été.

Les pluies sont abondantes en février et mars, et très rares en hiver. Les vents sont violents. Les gelées tardives d'octobre causent parfois de grosses pertes.

Nature du sol. — Le sable et le caillou prédominent dans certains terrains des trois départements de la province.

Quelques analyses des terres dans les départements de Cafayate et de la Viña ont donné des résultats caractéristiques :

Echantillon n° 1

1° Analyse physique.

Eau.	0,94"/₀	Calcaire.	0,97"/₀
Sable	95,17	Matières organiques. . .	1,82
Argile.	1.10		

2° Analyse chimique.

Acide phosphorique . . .	0,118"/₀	Magnésie	0,200"/₀
Potasse.	0,191	Sesquioxyde de fer et	
Oxyde de chaux	0,540	d'alumine	8,180

---

(1) Le rôle du professeur consisterait à faire des conférences aux viticulteurs, à leur enseigner les procédés propres à développer le rendement de leurs vignes et à perfectionner leur fabrication.

Echantillon n° 2 (La Viña)

1° Analyse physique.

Eau	.0,98%	Calcaire	11,57
Sable (Mica)	83,40	Matières organiques . .	2,78
Argile	1,27		

2° Analyse chimique.

Acide phosphorique . . .	0,411%	Magnésie	0,900
Potasse	0,289	Oxyde de fer et d'alu-	
Chaux	6,470	mine	4,180

Dans les départements de la Viña, l'acide phosphorique et la potasse, principes fertilisants, se rencontrent en de fortes proportions.

La quantité d'acide phosphorique dans les terres du département de Cafayate (0,117 à 0,119) est à peu près la même que dans les vignobles de Château Margaux (0,115) et Château Laffitte (0,116).

La potasse y constitue au contraire un dosage plus élevé. A Cafayate elle varie de 0,19 à 0,289, tandis qu'elle n'est que de 0,064 à Château Laffitte et de 0,095 à Château Margaux.

Bois pour la tonnellerie. — Les arbres n'atteignent pas de grandes proportions. Ils sont en général tortueux. Le caroubier seul peut à la rigueur servir à la fabrication des barriques; il est inférieur pour cet usage au rouvre dont on commence à faire des plantations.

Moyens de communication. — Les moyens de communication font absolument défaut dans la province.

Dans le département de la Viña seulement il y a une route charretière jusqu'à Salta. De Cafayate à Tucuman, il n'y a qu'un sentier de mules.

ÉLEVAGE

Le troupeau comprend 1,444,907 têtes pour 10,813 propriétaires, soit 133,59 têtes par éleveur.

Il se décompose comme suit :

Race bovine. .
{
Race créole 436.180
» croisée. 2.146
» pure 118
Vaches laitières . . . 94.034
Bœufs de labour. . . 18.121
}

　　　　　　　　　Total. . . . 550.599 Soit 3,3 têtes par km.²

Race ovine. . .
{
Créole. 269.379
Croisée. 3.447
Pur sang 130
}

　　　　　　　　　Total. . . . 272.956 Soit 1,7 tête par km.²

Race porcine .
{
Créole. 21.668
Croisée. 1.277
Pur sang 64
}

　　　　　　　　　Total. . . . 23.009

Race chevaline.
{
Créole. 70.903
Croisée 1.003
Pure 94
}

　　　　　　　　　Total. . . . 72.000 Soit 0,4 tête par km.²

Race asine 25.594
Race mulassière. 13.441

　　　　　　　　　Total. . . . 111.035

Race caprine .
{
Du pays 186.915
Croisée 282
Pur sang 111
}

　　　　　　　　　Total. . . . 187.308

OISEAUX ET INSECTES UTILES.

Autruches. 152
Poules 142.415
Dindes. 17.329
Semence de vers à soie . . . 9k720
Ruches d'abeilles. 757

COMMERCE ET INDUSTRIE

Le commerce souffre de l'insuffisance et de la cherté des moyens de transport.

On se plaint, notamment en ce qui concerne le chemin de fer qui met Salta en communication avec Buenos Aires, Rosario et Santa Fé, des tarifs excessifs, ainsi que de la lenteur et de l'irrégularité du service des marchandises.

Le recensement de 1895, a relevé sur ce territoire : 65 moulins, — 9 fabriques d'alcool, — 2 brasseries, — 9 fabriques de tabacs et de cigarettes.

Les 65 moulins valent environ 180.000 $ m/n. Ils sont pour la plupart à meule. La force hydraulique dont disposent 50 de ces moulins atteint 385 chevaux.

On a traité en 1896, 5,093 tonnes de blé et produit 2,884 tonnes de farine, soit un rendement moyen de 566 o/oo.

BUDGET

Le budget des dépenses s'est chiffré par 449.300 $.

Instruction.	73.400 $
Justice	64.500
Police	192.800
Divers	118.500

PROVINCE DE CATAMARCA

POPULATION. — DIVISIONS TERRITORIALES. — CHEMINS DE FER. —
VILLES PRINCIPALES. — AGRICULTURE. — ÉLEVAGE. — MINES. —
COMMERCE. — INDUSTRIE. — BUDGET.

La province de Catamarca, avec une superficie de 123,138
kilomètres carrés, renferme 90,161 habitants (1) (densité de la
population : 0,732 par kilomètre carré).
Voici la division territoriale par départements :

1	El Alto.	2.456	kilomètres carrés.
2	Ambato.	1.544	—
3	Ancasti	2.292	—
4	Andalgala	4.374	—
5	Belen	44.171	—
6	Capayan	6.031	—.
7	Catamarca (capitale). . .	1.017	—
8	Paclin	1.077	—
9	Paz (La).	5.773	—
10	Piedra Blanca.	257	—
11	Ponian	5.408	—
12	Santa Maria.	5.965	—
13	Santa Rosa	1.685	—
14	Tinogasta.	40.600	—
15	Valle Viejo	488	—

Le climat de Catamarca est sain ; — des courants atmosphériques de la Cordillère connus sous le nom de « virazones »

(1)

Argentins	41.272 hommes.	47.824 femmes.
Étrangers	747 —	318 —

viennent tempérer les fortes chaleurs qui, en été, règnent dans les vallées.

Cette province est desservie par 326 km. de chemin de fer, à savoir :

Chumbicha à Catamarca (entrevoie 1 m.; longueur totale 65 km. 7; longueur dans la province 65 km. 7).

Central Cordoba, section Norte (entrevoie 1 m.; longueur totale 884 km. 6; longueur dans la province 296 km. 4).

On vient de commencer la construction d'une ligne reliant Chumbicha, d'une part à Andalgala, et de l'autre à Tinogasta (embranchement de Mazan, province de la Rioja).

VILLES PRINCIPALES

CATAMARCA.

La capitale, San Fernando de Catamarca, a été fondée (1) sur le versant des collines d'Ambato, le 5 juillet 1680, par Don Fernando Mendoza de Luna, gouverneur de la province de Tucuman.

Sa population d'environ 10,000 habitants, occupe 2,000 maisons, couvrant, avec leurs cours et jardins, 76,500 mètres carrés.

Depuis l'année dernière, la ville est éclairée à la lumière électrique (2).

Parmi les monuments publics, il faut citer : le Palais du gouverneur, la Cathédrale, le Collège national, le Palais du Congrès, etc..

Les recettes de la municipalité ont monté à 21,900 $, et le budget s'est équilibré à ce chiffre.

---

(1) Par 68°14' de longitude ouest de Paris et 28°28' de latitude sud.
(2) Les frais de cette installation sont couverts tous les ans au moyen d'un impôt créé *ad hoc.*

TINOGASTA.

Tinogasta, chef-lieu de 3,500 habitants d'un département qui confine au Chili, commerce activement avec la République transandine.

Ce trafic prendrait un grand développement si la ligne de Chumbicha, par Catamarca, traversant la Cordillère, atteignait le port de Copiapo sur le Pacifique, comme station terminus.

ANDALGALA.

Andalgala a été fondée en 1657, sur la rive droite du rio du même nom.

Sa population actuelle dépasse 4,000 habitants.

Cette ville sera reliée au chemin de fer de Chumbicha au Chili par la ligne qui s'embranchera à Mazan (frontière de la Rioja).

Frias et Recreo sont des centres coloniaux établis au sud de la province et desservis par le chemin de fer de Cordoba à Tucuman.

AGRICULTURE

La région orientale de Catamarca se prête à l'agriculture et à l'élevage.

On y produit en abondance le blé, le maïs, l'orge.

Dans plusieurs départements, on a installé des laiteries et fromageries dont les produits sont surtout exportés au Chili et dans les provinces septentrionales de l'Argentine.

La viticulture, introduite depuis quelques années seulement, semble devoir prospérer.

La superficie du vignoble est de 1,635 hectares en pleine production.

Les principaux départements vinicoles sont : Andalgala, Belen, et Tinogasta.

Les anciens systèmes de travail prédominent encore ; les façons de la vigne sont négligées.

Le manque de moyens de communication constitue ici, comme dans les régions voisines, un obstacle au développement de cette culture.

Le vin « Catamarqueño » suffisamment alcoolisé, ayant assez de couleur, ne s'exporte qu'en petites quantités : on en envoie au Tucumanais à dos d'âne. (Chaque animal porte un hectolitre).

Les barriques en bois de caroubier sont, pour la plupart, fabriquées dans le pays.

ÉLEVAGE

Le nombre des éleveurs est de 6,055 pour un troupeau de 711,829 têtes, soit 117,56 têtes par propriétaire (recensement de 1895).

	Créole.	201.770
	Croisée	2.144
Race bovine . .	Pur sang	310
	Vaches laitières . . .	62.512
	Bœufs de travail. . .	8.779
	Total	275.515 Soit 3,3 têtes par km².

	Créole.	119.863
Race ovine . .	Croisée	5.284
	Pur sang	283
	Total	125.430 Soit 1,5 tête par km².

	Créole.	9.776
Race porcine. .	Croisée	859
	Pur sang	88
	Total	10.723

Race chevaline.
{
Créole 37.463
Croisée 671
Pur sang 107
}

Total . . . . . . 38.241 Soit 0,5 tête par km².

Race asine 21.607
Race mulassière 17.208

Total 77.056

Race caprine. .
{
Créole 220.148
Croisée 2.784
Pur sang 273
}

Total 223.205

OISEAUX ET INSECTES UTILES.

Autruches 209
Poules 117.904
Dindes 6.782
Semence de vers à soie 0k750
Ruches d'abeilles 28

MINES

Les principales richesses minières de la région ouest sont l'or et le cuivre (1).

L'industrie des mines ne se développe pas actuellement faute de voies de communication et à cause des prix trop élevés de transport.

COMMERCE

Le principal commerce de la province se fait par la Cordillère avec le Chili, qui achète beaucoup de bétail. (Expéditions mentionnées ailleurs de fromages et de beurres.)

---

(1) Voir pages 131, 144 et suivantes.

Tucuman se fournit également à Catamarca des divers produits de l'élevage.

INDUSTRIE

Les principales industries sont: les distilleries (on tire l'alcool des cannes à sucre achetées à Tucuman) et la meunerie.

On compte 46 moulins d'une valeur de 77,096$.

Ils se décomposent en: 40 hydrauliques avec 160 chevaux vapeur; 6 mixtes.

37 sont à meules et 5 à cylindres, il en existe 4 sur lesquels on ne possède aucun renseignement.

En 1896, ils ont traité 2,340 tonnes de blé et produit 1,821 tonnes de farine, soit un rendement moyen de 719 pour 1,000.

Dans le département d'Andalgala, les indigènes confectionnent (à la main) sur des métiers primitifs, des tissus en laine de vigogne très appréciés comme « ponchos » au Chili et à Buenos Aires.

BUDGET

Les dépenses s'élèvent à 336,444 $.

Le chapitre de la police figure pour	83.900 $
— de la justice	—	59.800
de l'instruction	—	32.000
Dépenses diverses		160.744

Il y a eu, en 1897, un excédent d'environ 9,000 $.

PROVINCE DE LA RIOJA

POPULATION. — DÉPARTEMENTS. — CHEMINS DE FER. — PRINCIPALES
VILLES. — AGRICULTURE. — ÉLEVAGE. — EXPLOITATION SYLVESTRE.
— MINES. — COMMERCE. — INDUSTRIE. — INSTRUCTION PUBLIQUE.
BANQUES. — BUDGET.

La province de la Rioja compte 62.228 habitants sur
89.498 kilomètres carrés (densité : 0,69 habitant par kilomètre
carré).

Voici la division territoriale par départements :

1	Arauco.	2.840	kilomètres carrés.
2	Belgrano (general) . . .	3.700	—
3	Castro Barros	1.415	—
4	Chamical.	6.374	—
5	Chilecito.	9.019	—
6	Famatima	4.584	—
7	Independencia	4.381	—
8	Lamadrid (general) . . .	4.121	—
9	Lavalle (general)	5.202	—
10	Ocampo (general). . . .	4.930	—
11	Rioja (capitale).	8.076	—
12	Rivadavia	3.944	—
13	Roca (general)	4.647	—
14	Sanagasta	1.574	—
15	San Blas de los Sauces.	1.671	—
16	San Martin (general) . .	7.582	—
17	Sarmiento (general). . .	11.742	—
18	Velez Sarsfield.	3.696	—

La province se divise en deux zones : l'ouest montagneux et la plaine orientale.

Elle est desservie par 153 kilomètres de chemin de fer (F. C. Dean Funes à Chilecito — 1 mètre d'entrevoie) ; propriété de la nation.

PRINCIPALES VILLES

La Rioja, Chañar, Chamical, Punta de los Llanos, Padquia, Chilecito, Chumbicha et Mazan.

LA RIOJA.

La capitale, autrefois « Ciudad de Rioja la nueva de todos los Santos », fut fondée, suivant les uns, en 1591 par des Espagnols venus de la côte du Pacifique, et, suivant d'autres, en 1801, par Don Juan Ramirez de Velasco.

Elle se dresse par 29° 19' de latitude sud, 69° 30' de longitude ouest de Paris et 540 mètres d'altitude, aux pieds de la sierra Velasco, sur les bords d'un petit ruisseau qui se perd dans les sables, au sud de la ville. (Chiffre approximatif de la population 14,000 habitants.)

Les saisons ne sont pas nettement tranchées : sur certains points, pendant toute l'année, les nuits sont froides.

Température maxima + 44° centigrades à l'ombre. Quarante journées de pluie en moyenne par an.

Les maisons, en prévision des tremblements de terre, sont toutes basses (1).

Principaux monuments publics : le Palais du gouverneur, la Cathédrale, un théâtre et diverses écoles.

En 1896, le budget municipal s'est équilibré à 57,600 $.

---

(1) Depuis 1875, on a éprouvé 32 secousses de tremblement de terre.

CHILECITO.

Chilecito est la station terminus du chemin de fer de Dean Funes.

Elle est située à 415 kilomètres de cette dernière ville, à 1,157 de San Juan, à 1,172 de Salta et à 1,237 de Buenos Aires.

C'est également la tête de ligne d'un chemin de fer minier à voie étroite (propriété de la compagnie « La Mejicana ») (1).

AGRICULTURE

Les principales richesses agricoles de cette région sont la vigne et les arbres fruitiers.

On cultive également le blé, le maïs, l'orge, la luzerne, le tabac et l'olivier. (Superficie utilisée : environ 20,000 hectares.)

Le vignoble mesure 1,573 hectares ; la production atteint 25,000 tonnes de raisins et 50,000 à 60,000 hectolitres de vin.

La plupart des plants sont indigènes.

Jusqu'à ces dernières années, le vin s'est principalement vendu sur place, à cause des difficultés de transport.

Cette situation changera certainement dans un avenir prochain : le chemin de fer de Cordoba à la ville de La Rioja vient d'être ouvert au trafic ; on améliore les routes ; l'irrigation est facile ; les terres sont fertiles.

Certaines vallées ont acquis la réputation de produire des vins généreux, genre Xérès et Porto. .

Le verger produit l'amande, la pêche, la grenade, la figue (commerce assez important de figues sèches très bien préparées), la pomme, le coing, les noix, l'olive, la poire et l'orange.

---

(1) Le département de Chilecito a une population de 12,000 habitants. Il est divisé en sept districts. Son chef-lieu est Villa Argentina.

ÉLEVAGE

Le troupeau se compose de : 612,012 têtes pour 6,894 propriétaires, soit 88,77 têtes par éleveur.

	Créole	178.150
	Croisée	2.175
Race bovine (1)	Pur sang	52
	Vaches laitières . . .	58.476
	Bœufs de labour. . .	7.897
	Total.	246.750 Soit 3 têtes par km²

	Créole.	72.323
Race ovine . .	Croisée	412
	Pur sang	77
	Total.	72.812 Soit 0,9 tête par km²

	Créole.	8.044
Race porcine .	Croisée	779
	Pur sang	64
	Total.	8.887

	Créole.	38.534
Race chevaline.	Croisée	238
	Pur sang	31
	Total.	38.803 Soit 0,3 tête par km²

Race asine	20.893
Race mulassière.	22.732
Total	82.428

	Créole	192.576
Race caprine .	Croisée	7.856
	Pur sang	703
	Total.	201.135

(1) L'élevage du gros bétail se fait presque uniquement dans la région de « Los Llanos ».

INSECTES ET OISEAUX UTILES.

Autruches.	272
Poules	101.235
Dindes	9.134
Semence de vers à soie	ok 300
Ruches d'Abeilles.	2

EXPLOITATION SYLVESTRE

A citer le caroubier (1) (*prosobis algarrobo*), le *lapacho*, la *jume*, qui ne se trouve que dans certains parages salins de la province (les cendres en sont employées dans les fabriques de savon), le *chañar*, qui produit un fruit sucré d'un goût agréable, (bois dur et très estimé, malgré son poids et sa forme tortueuse); le *brea*, arbuste qui se développe particulièrement aux pieds de la Cordillère où il atteint la taille d'un arbre; enfin, la *jarilla*, le Peuplier et le Genêt (2).

MINES

Les mines sont nombreuses et importantes. On connaît de très riches gisements d'or, d'argent, de cuivre et d'autres métaux.

Dans cette province se trouve le célèbre district de Famatima (3).

COMMERCE

Les transactions ont surtout lieu avec le Chili et Mendoza. Elles consistent en expéditions de gros bétail sur pieds, de peaux de moutons, de plumes d'autruche et de tissus de vigogne.

Les vins sont l'objet de quelques transactions avec Buenos Aires et les régions voisines.

---

(1) Les paysans obtiennent par la macération de ses fruits dans l'eau une boisson alcoolique mousseuse, qu'ils appelent *aloja*.
(2) Voir pages 109 et suivantes.
(3) Voir pages 131, 138, 143, 147 et annexe XIII (Mémoire de M. Prudhomme).

INDUSTRIE

La principale industrie consiste dans la fabrication du vin (1) et des alcools.

On compte en outre, 27 moulins à eau (force 116 chevaux vapeur), dont 18 à meules et 9 à cylindres.

Leur valeur représente 47,903 $ m/n. Ils ont traité, en 1896, 1,497 tonnes de blé et produit 757 tonnes de farines, soit un rendement de 506 pour 1,000.

INSTRUCTION PUBLIQUE

La Rioja possède un collège national, une école normale de garçons et une de filles (2).

En outre, le budget provincial entretient 44 écoles qui donnent l'instruction à 3,000 élèves des deux sexes (3).

BANQUES

Les établissements financiers sont représentés, dans la capitale provinciale, par une succursale de la Banque de la Nation, une banque provinciale et une banque hypothécaire.

A Chilecito, seconde ville de la province, fonctionne une deuxième succursale de la Banque de la Nation.

BUDGET

Le budget des dépenses s'est élevé à la somme de 243,284 $, présentant un déficit de 162, 283 $ sur les recettes.

On prévoit que le chemin de fer récemment terminé (dont il est parlé plus haut) permettra la mise en valeur de ce domaine et par suite l'amélioration des finances provinciales.

---

(1) Voir la note sur le vignoble argentin.
(2) Ces trois établissements dépendent du gouvernement de Buenos Aires.
(3) L'instruction primaire, l'instruction secondaire et normale sont gratuites.

PROVINCE DE SAN JUAN

La province de San Juan, sur 87,345 kilomètres superficiels,
comptait, en 1864, 48,000 habitants, et 60,000 en 1870 ; sa population monte aujourd'hui à 84,250 âmes (1). La densité est donc
de 0,964 par kilomètre carré.

Voici la division territoriale par départements :

1. Albardon	420	kilomètres carrés.
2. Angaco Norte	2.620	—
3. Angaco Sud	823	—
4. Calingasta	15.299	—
5. Caucete	3.780	—
6. Cochagual	3.134	—
7. Concepcion	178	—
8. Desamparados	66	—
9. Cualilan	4.838	—
10. Guanacache	1.949	—
11. Huerta	6.506	—
12. Iglesia	20.519	—
13. Iachal	8.669	—
14. Marquestado	3.206	—
15. Pocito	1.020	—
16. San Juan (capitale)	7	—
17. Santa Lucia	62	—
18. Trinidad	21	—
19. Valle Fertil	14.268	—

---

(1) Argentins . . . . . . 36.881 hommes.   42.048 femmes.
     Etrangers . . . . . . 3.305   —   2.017   —

La température est chaude, le climat sain. Les pluies sont rares. Le sol est suffisamment arrosé par les eaux de la Cordillère et en particulier par les rios Blanco, Vermejo, San Juan et leurs tributaires.

La province est desservie par le « Gran Oeste Argentino » (entrevoie, 1,676; longueur totale : 513 km. 1 ; longueur dans la province : 83 km. 6).

VILLES PRINCIPALES

SAN JUAN.

La capitale (70°20' de longitude ouest de Paris, 31° de latitude sud et 730 d'altitude) a été fondée en 1561 par Don Juan Jofré, sur les bords du rio de ce nom (1).

Sa population est évaluée à 12,000 habitants.

Les principaux édifices sont le Palais du Gouvernement et la Cathédrale.

Les recettes de la municipalité ont atteint, en 1896, 70,000 $; les dépenses, 77,200 $.

JACHAL.

Cette ville située sur la rive droite de l'*arroyo* Jachal (2) compte 1,600 habitants.

Elle entretient un actif commerce de bétail avec le Chili.

AGRICULTURE

La province de San Juan, en partie montagneuse, est l'une des plus fertiles de la République.

---

(1) La moyenne annuelle de la température de la ville est de 3° supérieure à celle de Buenos Aires.
(2) Ce sera l'une des stations de la ligne projetée de San Juan à Salta.

On a évalué comme suit le domaine agricole : terres labourables ensemencées de blé, maïs, orge, tabac, lin, coton, pommes de terre, arachides, etc., et vergers avec nombre d'arbres fruitiers. . . . . $ m/n.   3.000.000
Prairies naturelles et artificielles.   —   14.000.000
Vignobles . . . .   —   8.000.000

La valeur des produits de l'agriculture proprement dite est évaluée à environ 3 millions de piastres or, dont la majeure partie se trouve représentée par le rendement de la vigne (1).

Il y a 334 chais, dont 32 seulement ont une certaine importance. Les départements de Desamparado, Concepcion, Trinidad et Ablasdon contiennent les vignobles les plus étendus.

« A San Juan, dit M. Kien, on trouve plusieurs sortes de vignes : d'abord la « viña criolla » (d'ancienne origine espagnole) moins dégénérée qu'à Mendoza ; et plusieurs variétés dénommées « uvas de San Juan » (« la mollal », « la cereza ») très recherchées pour la table et fournissant un vin apprécié.

» Les cépages français ont été aussi introduits dans cette province et ils ont donné d'excellents résultats, surtout le « malbec » et le « cabernet ».

» Les vignes créoles sont cultivées en « gobelets » élevés, les vignes françaises sur fil de fer, d'après les mêmes méthodes que dans la province de Mendoza..

» La moyenne des récoltes est d'environ 18,000 kgr. de raisin par hectare. On estime que la vigne créole donne 60 litres de vin par 100 kgr. et la vigne française 65.

» Les terres de San Juan sont fertiles, de nature silico-argileuse ; les vignes y sont soumises à l'irrigation.

» D'aucuns pensent que l'avenir viticole de San Juan ne sera pas aussi brillant que celui de Mendoza, parce que les eaux y sont moins abondantes, inconvénient d'autant plus grave que la température y est élevée et le climat très sec.

---

(1) Voir pages 67 et suivantes.

» La vigne créole produit à San Juan un vin plus alcoolique, plus généreux qu'à Mendoza, d'une couleur plus vive et d'un bouquet plus agréable.

» Les vins de plants français y sont de bonne qualité. Le muscat est estimé comme vin de dessert.

La production monte à 200,000 bordelaises.

» San Juan fait un grand commerce de « passas » (raisins secs); les variétés employées à cet usage sont à gros grains, connues comme il est dit plus haut sous le nom de « mollal » et « cereza ». Le « moscatel » blanc sert aussi pour la préparation de la « passa. »

On vend environ 5 millions de kil. de « passas ».

ELEVAGE

Le troupeau se compose de 262,232 têtes d'animaux divers pour 7,905 éleveurs, soit 33,17 têtes par propriétaire.

Race bovine.	Créole	47.562
	Croisée.	6.409
	Pur sang	411
	Vaches laitières	10.627
	Bœufs de travail.	4.279

69.288 Soit 0,7 tête par km².

Race ovine	Créole	50.695
	Croisée.	7.575
	Pur sang	1.313

59.583 Soit 0,6 par km².

Race porcine	Créole	10.060
	Croisée.	1.019
	Pur sang	132

11.211

Race chevaline.	Créole	. . . .	36.831
	Croisée	. . . .	1.252
	Pur sang	. . . .	78

38.161 Soit 0,4 par kilm.²

Race asine. 9.425
Race mulassière 20.372

67.958

Race caprine .	Créole	. . . .	50.874
	Croisée	. . . .	2.916
	Pur sang	. . . . . .	402

54.192

OISEAUX ET INSECTES UTILES.

Autruches   384
Poules 145.142
Dindes 22.276
Semence de vers à soie 3k090
Ruches d'abeilles 1.215

On évalue à 1,000,000 de piastres or le produit annuel de l'élevage.

MINES

L'industrie minière commence à se développer dans la région andine (1).

On exploite plus spécialement les minerais d'or, de cuivre et de fer.

Des gisements de charbon ont été signalés à Marayes, de soufre à la Honda (2). Les carrières de marbre ne sont pas encore exploitées.

---

(1) On cite les centres miniers de : Tontal (à environ 200 km. au sud-est de San Juan), Jachal, Potrerillo, Salado, Cerro de la Cruz, Guaco, Bolsa, Agua Negra, Aguadita, Tolas, Chilca, Las Vacas, Pescado, San Pedro, Guyagas, Iglesia, Morado, Guachi et Guahlan. Voir pages 125, 141 et 148.
(2) Voir page 149.

La production annuelle de ces dépôts inorganiques est d'environ 20,000 $ or.

COMMERCE

L'exportation du bétail au Chili (jusqu'à 5o,000 têtes), de San Juan et la vente des vins (jusqu'à 10,000 bordelaises) constituent le principal commerce de la province.

Les affaires se traitent à San Juan, d'où les troupeaux s'acheminent vers Mendoza. Quant aux produits agricoles, ils sont chargés sur chemin de fer à destination de Buenos Aires.

La plus grande partie de la récolte de blé est consommée sur place. Le maïs donne lieu à des transactions actives.

INDUSTRIE

La principale industrie est celle du vin. En dehors des chais, on doit citer 9o distilleries d'alcool, 3 brasseries, 4 fabriques de tabacs et 45 moulins dont :

3 à vapeur de 38 chevaux de force.

42 hydrauliques de 5o6 chevaux de force ; au total 544 chevaux vapeur.

38 de ces moulins sont à meules.

7 sont à cylindres.

Leur valeur représente 1,620,119 $.

Ils ont traité en 1896, 15,884 tonnes de blé, et ont produit 9,393 tonnes de farine (rendement de 59o pour 1,000).

INSTRUCTION PUBLIQUE

Au 31 mai 1895, 9o écoles publiques recevaient plus de 10,000 élèves. Le nombre des écoles est aujourd'hui de 1o3, et la population scolaire dépasse 13,000 élèves des deux sexes.

Une école normale forme les professeurs et les directeurs des écoles publiques (1).

Le budget de l'instruction publique s'élève à 200,600 $ or.

BUDGET

Le budget des dépenses a été de 863,944 $.
Les recettes ont produit 1,111,500 $.
Excédent : 247,556 $ or.

Police	210.600 $
Prisons	69.200
Instruction	200.600
Divers.	383.544

---

(1) Un conseil d'éducation assiste le gouverneur et s'occupe de toutes les questions ayant trait à l'enseignement.

PROVINCE DE MENDOZA

POPULATION. — DÉPARTEMENTS. — CHEMINS DE FER. — PRINCIPAUX CENTRES. — AGRICULTURE. — ÉLEVAGE. — HARAS. — FORÊTS. — MINES. — COMMERCE. — INDUSTRIE. — POIDS ET MESURES. — INSTRUCTION PUBLIQUE. — POSTES ET TÉLÉGRAPHES. — BUDGET. — DETTE. — COLONIE FRANÇAISE ET COLONIES ÉTRANGÈRES.

La province de Mendoza compte 116,136 habitants (1) sur une superficie de 146,378 kilomètres carrés.

La densité est donc de 0,79 habitants par kilomètre carré.

Administrativement, Mendoza est partagé en 16 départements, à savoir :

1 Belgrano	.458	kilomètres carrés.
2 Guaymallen	480	—
3 Las Heras	9.738	—
4 Junin	247	—
5 Lavalle	13.455	—
6 Lujan	2.243	—
7 Maipu	463	—
8 Mendoza (capitale)	.36	—
9 Paz (La)	9.833	—
10 Rivadavia	1.412	—
11 San Carlos (ou Nueve de Julio)	7.679	—
12 San Martin	754	—
13 San Rafael (ou 25 de Mayo) (2)	88.036	—
14 Santa Rosa (ou Chacabuco)	5.286	—
15 Tunuyan	1.296	—
16 Tupungato	4.962	—
Total	146.378	kilomètres carrés.

(1) Argentins : 48,745 hommes, — 51,495 femmes.
Étrangers : 10,192 hommes, — 5,704 femmes.
(2) Le département actuel de San Rafael comprend l'ancien département Malargue ou Coronel Beltran qui lui a été annexé.

Le climat est tempéré dans la plaine et froid dans la région andine. Le thermomètre donne, en été, 20°.56 en moyenne; pendant l'hiver, 8° 2.

Ce territoire est sillonné sur 372 km. 700 par deux chemins de fer :

1° Le « Trasandino », qui doit mettre Mendoza en communication avec Santiago du Chili et Valparaiso, au moyen d'un tunnel, entre Punta de las Vacas (versant argentin) et Salto del Soldado (versant chilien).

Cette ligne, d'une entrevoie de 1 mètre, va actuellement jusqu'à Punta de las Vacas, à 121 km. 3 de Mendoza.

2° Le « Gran Oeste Argentino », de 1 m. 676 d'entrevoie, prolongement du chemin de fer du Pacifique, relie la capitale de la province avec Buenos Aires et San Juan (1).

Le Gouvernement fédéral vient, en outre, de concéder une troisième ligne qui, de Mendoza par San Rafael, rejoindra le chemin de fer du Neuquen. Les travaux doivent commencer en 1899.

PRINCIPAUX CENTRES

Les trois quarts de la population sont agglomérés autour de Mendoza, et dans les départements Rivadia, Maipu, San Martin, Guaymallen et San Rafael.

MENDOZA.

Mendoza (70° 65' 15" longitude ouest de Paris, 32° 53' de latitude sud) a été fondée en 1561, par Pedro del Castillo, dans une plaine où les Indiens avaient établi un village et se livraient aux travaux agricoles.

Le 20 mars 1861, trois siècles après sa fondation, un mercredi des Cendres, à sept heures du matin, la cité fut détruite par un

---

(1) 251 kilomètres 4 dans la province, 1,051 kilomètres de Buenos Aires à Mendoza.

tremblement de terre où plus de dix mille personnes trouvèrent la mort.

La capitale actuelle de la province (28,803 habitants) s'élève à 1 kilomètre à l'est de l'ancienne ville.

Elle possède un collège national, une école agronomique, une école normale, une succursale de la Banque nationale, une banque provinciale.

Le budget de la municipalité a été en 1895 de :

> Recettes.. 312,600 $.
> Dépenses. 319,860 $.

SAN RAFAEL.

Cette ville est le chef-lieu d'un département occupé par des colonies très prospères, parmi lesquelles il faut signaler spécialement la colonie française.

On se rend actuellement de Mendoza à San Rafael, par diligence, en trois jours (222 kilomètres).

MAIPU.

Maipu est un village de 1,500 habitants, chef-lieu du département de même nom, à 12 kilomètres de Mendoza. Il est desservi par le chemin de fer « Gran Oeste Argentino »; 1,035 kilomètres de Buenos Aires.

BAÑOS DEL INCA.

Baños del Inca n'a d'importance que par ses sources sulfureuses. De rares baigneurs s'y rendent en été (décembre, janvier et février). On n'a d'ailleurs pas encore capté les sources (1).

AGRICULTURE

Les vignobles et les pâturages sont les principales ressources de la province.

La superficie occupée par les cultures est d'environ 160,000 hectares. Le prix de ces terrains varie de 20 à 60 $ l'hectare. Les terres incultes, suivant leur situation, valent de 1 à 3 $ l'hectare.

Le climat de Mendoza, chaud et sec, a été transformé par l'irrigation et des plantations de peupliers.

Le contingent d'eau des canaux dont il s'agit augmente en effet en raison directe de la chaleur : il provient de la fonte des neiges qui grossissent les torrents de la Cordillère.

On attribue au cacique Guaymallen, avant l'arrivée des Espagnols, le creusement de la première *acequia*, et à M. Cobas (Castillan) l'introduction des peupliers.

Les cépages plantés tout d'abord dans la zone ainsi amendée sont originaires d'Espagne (2).

Il en subsiste encore des vestiges superbes dans certaines vignes centenaires.

Vers 1860, M. Raymond, agent consulaire de France, importa pour la ferme du Trapiche propriété de M. Tiburcio Benegas, des cépages français tirés du vignoble chilien.

Mais ce n'est que vers 1883 que la culture de la vigne à Mendoza prit un rapide essor, à la suite de l'ouverture au trafic du chemin de fer Gran Oeste Argentino, qui mit la province en

---

(1) Voir page 153,
(2) On les connaît aujourd'hui sous le nom de « criollas ».

communication directe avec Buenos Aires et les autres ports de la Plata.

Aujourd'hui, la province de Mendoza est la plus riche région viticole de la République.

Un hectare planté de cépages français en bon état et bien irrigué vaut actuellement en plein rapport de 3 à 5,000 $ m/n, suivant le nombre de pieds et le développement des fils de fer.

D'après les chiffres publiés par la direction du chemin de fer, mentionnés plus haut, la province de Mendoza a exporté, du 1er juillet 1893 au 30 juin 1894 (1), 111,825 bordelaises ; du 1er juillet 1894 au 30 juin 1895, 187,230 bordelaises ; et du 1er juillet 1895 au 30 juin 1896, 265,967.

Pour avoir le chiffre total de la production, il faudrait ajouter aux hectolitres exportés, ceux qui sont consommés sur place, toute la population buvant aujourd'hui du vin (2).

Le prix de la main d'œuvre est élevé eu égard à sa qualité. Le *péon* indigène est en effet inconstant, et fournit peu de travail (3). Aussi faut-il s'adresser à des Européens pour soigner la vigne.

Le travail des chais est généralement confié à des Italiens et à des Espagnols.

La plus grande cave élabore 50,000 hectolitres de vin.

Dans la zone qui nous occupe, on compte environ 200 caves (4).

Presque toute la récolte se vend dans l'année même de son élaboration, parfois dans le premier trimestre, voire à l'état de moût (5).

---

(1) L'année vinicole commence le 1er juillet pour finir le 30 juin.
(2) Il paraît que dans les pays vinicoles français la consommation de chaque habitant est d'environ 129 litres de vin par an, chiffre qu'on pourrait adopter pour cette province.
(3) Les charrois sont hors de prix.
(4) Il semble vieillir à Mendoza une fois plus vite que dans le Bordelais ; de sorte qu'un vin de Mendoza âgé d'un an aurait les caractères d'un vin de Bordeaux âgé de deux ans, en supposant le vin de Mendoza vieillissant sur les lieux mêmes, et le vin de Bordeaux également.
(5) Voir annexe VIII.

Le plus souvent le manque de capital, de locaux, et de vaisseaux vinaires font au propriétaire une obligation de traiter sans délai.

Les marques de Mendoza sont en petit nombre, les vins ne se débitant que rarement en bouteilles.

Pour les méthodes de vinification on tâtonne encore ; les procédés bordelais semblent avoir échoué ; ceux de l'Algérie ont été, depuis peu, appliqués avec un certain succès dans la zone qui nous occupe.

San Rafael, à citer à cause de son vignoble, fondé en 1881 par un Havrais, M. Rodolphe Iselin, s'étend aujourd'hui sur 500 à 600 hectares.

Cette colonie dépasse en importance le chef-lieu du département dont elle est distante de 60 kilomètres (1).

(L'administration argentine y a installé un bureau qui timbre les plis de « Colonia Francesa ».)

Le maximum du rendement obtenu en 1896 a été de 64 hectolitres par hectare. Il est difficile d'ailleurs d'établir avec quelque certitude une moyenne ; celle-ci peut être inférieure à 20 hectolitres par hectare, des fléaux ayant à diverses reprises éprouvé la vigne (grêle, sauterelles et gelées tardives).

Actuellement, la production du vignoble de San Rafael est inférieure à la consommation locale. Il s'est fait quelques tentatives d'exportation sur une faible échelle, (1.000 hectolitres). Les envois ont été moindres que les quantités importées.

Les procédés de fabrication sont les mêmes que ceux qu'on emploie à Mendoza.

Les dépenses par hectare ne dépassent généralement pas 1,000 $ m/n.

----

(1) Il existait à San Rafael avant 1881, quelques vignes de plants américains ; depuis on a introduit du « semillon » « cabernet » « malbec » et « gamais ». La proximité du Chili a assuré à ces produits des débouchés faciles. — Note de M. Gaston de Thuisy.

On peut constater que les prix de l'hectolitre oscillent entre
15 et 50 $ m/n.

Les viticulteurs sont rares et d'habitude bien rétribués. Le
salaire journalier est de 2 à 2,50 $ m/n, sans parler du travail à
la tâche, toujours plus rémunérateur.

La production moyenne en blé à Mendoza est de 200,000 hectolitres par an.

L'orge, qui donnerait plus de bénéfices, est cependant moins
cultivée. On ensemence annuellement un millier d'hectares et
la récolte atteint 50,000 hectolitres.

La production de maïs varie de 70 à 100,000 hectolitres pour
3,000 hectares de culture.

ÉLEVAGE

Les terrains mendoziens, qui ne se prêtent à aucune culture,
sont en grande partie favorables à l'élevage. Les prairies y sont
moins riches en principes nutritifs que celles de la Pampa, mais
d'un prix plus bas.

La race bovine prospère mieux dans cette zone que la race
ovine. L'exportation du gros bétail pour le Chili a provoqué
et récompensé les efforts des éleveurs.

D'après le recensement de 1895, 8,628 propriétaires possédaient un troupeau de 661,877 têtes, soit 76,71 animaux par propriétaire.

Race bovine.	Créole	226.476
	Croisée	14.318
	Pur sang	642
	Vaches laitières	18.007
	Bœufs de labour	9.303
	Total	268.746, soit 1,8 tête par km.².

Race ovine	Créole	160.620
	Croisée	8.699
	Pur sang	618
	Total	169.937, soit 1,1 tête par km.².

Race porcine.
{
Créole 18.268
Croisée . . . . · 3.717
Pur sang 84
}

Total 22.069

Race chevaline.
{
Créole . . . . . . : . . 78.847
Croisée 1.555
Pur sang 188
}

Total . . . . 80.590, soit 0,5 par km.^{2} (1).

Race asine 2.150
Race mulassière 16.688

Total 99.428

Race caprine. .
{
Créole . . . . . . · 99.372
Croisée 2.188
Pur sang 137
}

Total 101.697

OISEAUX ET INSECTES UTILES.

Autruches 1.011
Poules 177.869
Dindes 31.657
Semence de vers à soie 0ᵏ720
Ruches d'abeilles 15.772

La province possède un haras dans sa « quinta » agronomique.

Les nécessités du trafic par les sentiers montagneux de la Cordillère et les besoins des exploitations nitratières du Chili, ont contribué au développement de la race mulassière.

Le porc se multiplierait très rapidement si les éleveurs lui donnaient plus de soins.

Le croisement de la race du pays avec les Berkshire, Suffolk et Yorkshire donne d'excellents produits.

---

(1) En 1889, on comptait 52,838 chevaux.

Le beurre ne se fabrique pas encore en quantité suffisante pour les besoins de la consommation.

On commence à exporter les fromages du sud de la province.

Le climat conviendrait à l'élevage du ver à soie.

La faune est très réduite.

FORÊTS

Parmi les principales essences d'arbres citons le *retamo* (bulnesia retana), très bon bois de chauffage. On se sert des fortes branches comme tuteurs pour la vigne (1).

Une loi du 25 janvier 1897 règle la coupe dans les forêts et fixe des primes pour le reboisement :

Les arbres ne peuvent être abattus que du 15 mai au 15 août, à moins qu'il ne s'agisse de défrichement pour l'agriculture ; on doit couper les troncs à fleur de terre en terrains secs, et à 0^{m}20 au-dessus du sol dans les terrains humides.

Ces dispositions s'étendent aux plantations existant sur des terrains cultivés.

L'abattage « par le feu » est prohibé.

Toute infraction est punie d'une amende de 100 à 1,000 \$m/n; de 200 à 2,000 en cas de récidive.

Sur les terrains municipaux, la coupe est réglée dans ses dispositions spéciales par les contrats de louage et sans préjudice des prescriptions légales qui précèdent.

Le Pouvoir exécutif distribue chaque année des primes variant de 0 \$ 50 à 5 \$ (suivant les essences) par quinconces de cent arbres plantés.

Afin d'encourager les agriculteurs dans cette voie, et leur faciliter les moyens de reboisement, la loi du 25 janvier 1897 prévoit l'installation de pépinières provinciales, pour lesquelles le gouvernement de la province est autorisé à dépenser 10.000 \$.

---

(1) Le *jume* (spirotachus vajinalis), arbuste riche en sels alcalins et dont on peut utiliser la cendre ; le *molle* (litrea mollis) bois de chuffage ; une de ces variétés, le *clareta*, contient dans ses racines un parfum que les habitants de la campagne extraient, mais dont le commerce est encore très limité.

Toute concession pour l'ouverture d'un canal entraîne, pour le bénéficiaire, l'obligation de garnir d'arbres les deux bords. Ces plantations ne pourront être mises en coupe tant que le canal subsistera (1).

MINES

Le territoire de Mendoza, dont un tiers est montagneux, possède un grand nombre de filons métallifères (2).

Cependant les tentatives des mineurs ont, jusqu'à ce jour, été à peu près infructueuses. On attribue leur insuccès :

1° Aux procédés rudimentaires mis en œuvre pour l'exploitation;

2° Au prix de transport très élevé par voie ferrée;

3° A l'absence d'un combustible bon marché;

4° Au manque d'une direction expérimentée.

COMMERCE ET INDUSTRIE

Mendoza commerce :

1° avec le Chili, acheteur (annuellement), comme il a été dit plus haut, de 100 à 110,000 têtes de bétail (3).

2° avec les provinces limitrophes et Buenos Aires, marchés de ses vins.

Les transactions avec le Chili se font par le Paramillo de Uspallata, situé au nord-est de Mendoza, à 3,845 mètres d'altitude. La neige qui tombe dans ces parages, en août et septembre, arrête les transactions pendant quatre ou cinq mois de l'année.

---

(1) Toute infraction est punie d'une amende de 10 $ m/n par chaque 100 mètres de bord dégarnie.
(2) Voir pages 132, 139, 147, 150 et suivantes.
(3) Le droit de douane de 50 centesimos par tête (0 fr. 95) pourrait bien être prochainement porté à 10 $.

Parmi les principaux établissements industriels de la province, il faut citer :

42 moulins à farine, 434 chais, 8 fabriques d'alcool, 2 brasseries.

L'une des fabriques de liqueurs alimente en grande partie la province. « Les liqueurs étrangères sont confectionnées; on les « répand dans le pays comme si elles venaient d'Europe. » (Extrait d'une étude sur Mendoza, par Abraham Lemos, page 134.)

Les moulins (712 chevaux vapeur) ont une valeur de 1,589,780 $ m/n; 36 sont mus par l'eau et représentent 686 chevaux de force; 24 sont à meules; — les autres sont à cylindres.

Ils ont traité, en 1895, 18,637 tonnes de blé; — production : 13,707 tonnes de farine; — rendement moyen : 703 pour 1,000.

POIDS ET MESURES

Le système métrique est adopté dans la province. Cependant on admet encore, dans les documents authentiques, et même dans les actes officiels, l'emploi des anciennes mesures (1).

L'unité monétaire s'applique, sans dérogation, dans toute la République.

---

(1) *(A) pour les longueurs et les surfaces* ·

Le pouce (pulgada) = 0 m. 05.
Le vare (vara) = 0 m. 7.50.
La manzana = 10,000 mètres carrés.
La cuadra = 15,687 mètres carrés.
La lieue (legua) = 1,600 cuadras ou 2,699,842 mètres carrés.

(B) pour les grains :

La cuartilla = 34 l. 299
La fanega = 138, l. 198.
L'almud = 11, l. 433.
L'hectolitre est égal à neuf dixièmes 729 millièmes de fanega.

(C) pour les liquides :

L'arroba = 33 litres.
La cuartilla = 8 litres.
La pipa = 12 arrobas = 396 litres.
Le frasco = 2 litres 37.
On emploie également le quintal espagnol qui vaut 46 kilogrammes et l'arroba 11 kilogrammes

INSTRUCTION PUBLIQUE

L'instruction est à trois degrés : primaire, secondaire et spéciale. Elle se donne à près de 10,000 élèves, par 200 professeurs, dans 77 établissements.

POSTES ET TÉLÉGRAPHES

La poste de Mendoza a manipulé 530,000 plis : au départ 240,000, et à l'arrivée 290,000.

BUDGET

Budget des recettes de 1898 : 427,125 $ 44.
(Augmentation sur le budget précédent = 122,772 $.)
Le budget des dépenses atteignait 465,570 $.
Contractée avant la constitution de la province ; la dette interne dépassait tout d'abord la somme de 400,000 $. Elle est aujourd'hui réduite à 68,740 $ 40.
La dette externe provient d'emprunts faits pour les travaux publics et la Banque de la province. 2,500,000 $ de titres avaient été émis à 81 o/o et une somme identique à 86 o/o.

COLONIE FRANÇAISE

Les notables Français résidant à Mendoza font remarquer combien peu de nos basques, émigrés pour le *far west* argentin, ont conservé le souvenir de la mère-patrie. Les vignerons, gascons et provençaux restent plus fidèlement attachés au « pays ».
Les descendants de ces colons sont tous argentins ; la plupart ne parlent pas même le français (1).

---

(1) Une école particulière tenue par l'un de nos compatriotes et une école, créée en 1897 par des Dominicains français, suivent les programmes du pays ; notre langue y est enseignée au même titre que l'italien.
Les Allemands et les Autrichiens, dont la colonie est beaucoup plus réduite que la nôtre, viennent de fonder une école primaire. La langue allemande y constitue la base de l'instruction.

PROVINCE DE SAN LUIS

HABITANTS. — DIVISIONS TERRITORIALES. — RÉSEAU FERRÉ. —
VILLES PRINCIPALES. — AGRICULTURE. — ÉLEVAGE. — COMMERCE
ET INDUSTRIE. — MINES. — INSTRUCTION PUBLIQUE. — BUDGET.

La province de San Luis compte 81,450 habitants (1) sur une
superficie de 73,973 kilomètres carrés (1,09 habitants par kilomètre carré).

Voici la division territoriale par départements :

1 Ayacucho	7.665	kilomètres carrés.
2 Belgrano	7.193	—
3 Chabuco	2.676	—
4 Junin	2.602	—
5 Pedernera (general)	25.846	—
6 Pringles (coronel)	4.048	—
7 San Luis (capitale).	20.477	—
8 San Martin	3.466	—

Le climat de la province est agréable et sain. Les chaleurs
sont tempérées.

Les Indiens Comechingones et Michilengues de la grande famille des Quichuas ont occupé cette région jusqu'en 1819.

---

(1) Argentins, 37,557 hommes, — 41,770 femmes.
Étrangers, 1,480 hommes, — 643 femmes.

La province de San Luis est sillonnée par 327 km. 1 de chemins de fer, répartis entre quatre compagnies, à savoir :

Noms des Compagnies	Entrevoie	Longueur totale	Longueur dans la province
Andino.	1 m. 676	354 km. 2	25 km. 8
Buenos Aires au Pacifique . . .	—	688 km. 6	41 km. 3
Gran Oeste Argentino.	—	513 km. 1	178 km. 1
Noroeste Argentino.	—	81 km. 7	81 km. 9

PRINCIPALES VILLES

En dehors de San Luis et Villa Mercedes, on doit citer : Latoma, Massa, Fernandez, Gallico et Nogoli, de création récente, sur les lignes des Grand Ouest, Pacifique et Nord-Ouest.

SAN LUIS.

San Luis, capitale de la province (fondée en 1587, par Martin de Loyola (1), gouverneur et capitaine général du Chili), se trouve par 68° 35' de longitude ouest de Paris et 33° 25' de latitude sud.

Sa population qui était de 10,000 habitants en 1880, s'élève aujourd'hui à 20,500.

On estime à 4 millions de $ or la valeur des propriétés bâties.

Le budget de la municipalité est de 65,500 $ en recettes et en dépenses.

------

(1) Neveu du fondateur de l'ordre des Jésuites.

VILLA MERCEDES.

Cette ville, chef-lieu du département de Pedernera (7,000 habitants), a été fondée en 1856, sur le Rio Quinto. Elle a acquis
une grande importance depuis la construction des chemins de
fer du Pacifique et du Grand Ouest argentin qui (grâce à l'embranchement sur Villa Maria et Cordoba) la relient à tous les
centres commerciaux de la République.

Par Villa Mercedes passera également la voie (actuellement
livrée au trafic) de Bahia Blanca à Toay qui doit traverser en
diagonale la République jusqu'à La Rioja et Chilecito.

AGRICULTURE

Le sol, naturellement fertile, nécessiterait de grands travaux
d'irrigation.

On a essayé avec peu de succès le forage de puits artésiens.

Aujourd'hui, la culture la plus développée est celle de l'alfalfa.

Les luzernières dont les produits s'exportent en été, servent
en hiver à engraisser-le bétail destiné au versant du Pacifique.

En outre, le blé, l'orge, le maïs et le tabac se cultivent avec
profit.

Depuis plusieurs années, on a planté dans les départements
de Junin, Ayacucho, San Luis, Mercedes, Chacabuco, environ
1,000 hectares de vignes qui donnent des produits légers et
agréables. A noter spécialement des blancs secs. Le « Moscatel »
de San Luis jouit d'une juste renommée.

Les voies de communication facilitent la vente de la production vinicole de cette province dans les villes du littoral et du
centre, à des prix modérés.

On estime que les terrains servant à l'agriculture ont une valeur d'environ 2 millions de piastres or. Les revenus annuels

de l'agriculture, dans les huit départements, seraient de
1,500,000 $.

ÉLEVAGE

Le nombre des propriétaires de bétail est de 8,511 pour
1,624,757 têtes d'animaux, soit 191 têtes par éleveur :

Race bovine . .
  - Créole. 371.195
  - Croisée 18.985
  - Pur sang . . . : . . 986
  - Vaches laitières . . . 77.343
  - Bœufs de labour. . . 11.455

    Total. . . . . . 479.964 Soit 6,5 têtes par km².

Race ovine . .
  - Créole. 540.773
  - Croisée 11.419
  - Pur sang 785

    Total. . . . . 552.977 Soit 7,5 têtes par km².

Race porcine. .
  - Créole. 5.357
  - Croisée 851
  - Pur sang. 326

    Total. 6.534

Race chevaline.
  - Créole. 141.665
  - Croisée 1.125
  - Pur sang 19

    Total. . . . . . 142.809 Soit 1,9 têtes par km².

Race asine 8.165
Race mulassière 24.948

    Total. 175.922

Race caprine. .
  - Créole. 398.325
  - Croisée 9.803
  - Pur sang 1.232

    Total. 409.360

OISEAUX ET INSECTES UTILES.

Autruches.	489
Poules.	148.059
Dindes	42.308
Semence de vers à soie	1k980
Ruches d'abeilles	643

Les pâturages sont évalués à 10 millions de piastres or ; les ventes de bétail atteignent en moyenne 2,000,000 de $ or.

COMMERCE ET INDUSTRIE

La ville de San Luis est le centre d'approvisionnement de la province.

Avant l'ouverture du chemin de fer du Pacifique, le manque de moyens de communication enrayait le développement industriel de cette zone. Actuellement, un certain nombre d'usines prospèrent, parmi lesquelles les moulins au nombre de 7, d'une valeur de 101,554 $ m/n.

Ils se décomposent en :

1° 5 hydrauliques (avec 15 chevaux vapeur).

2 à vapeur et à eau (avec 38 chevaux vapeur).

2° 5 à meules.

2 à cylindres.

Ils ont traité, en 1896, 451 tonnes de blé et ont produit 328 tonnes de farine, soit un rendement moyen de 728 pour 1,000.

MINES

L'exploitation minière est assez restreinte. On connaît pourtant la richesse de certains gisements, aujourd'hui abandonnés faute de capitaux.

On a découvert récemment, dans plusieurs districts, des filons d'or, d'argent, de cuivre, de fer et des dépôts houillers. Le rendement annuel n'en dépasse pas 200,000 $ (1).

INSTRUCTION PUBLIQUE

La province possède 76 écoles fréquentées par 6,5oo élèves.

Le budget provincial de l'instruction publique monte à près de 140,000 piastres.

Il existe, en outre, plusieurs écoles privées.

Dans les établissements scolaires, sur 120 professeurs (30 hommes et 90 femmes), 47 sont diplômés.

Dans les écoles privées, 18 maîtres sur 25 ont des grades universitaires.

BUDGET

En 1896, les dépenses se sont élevées à 620,369 $.

Police	178.500 $
Justice	45.300
Instruction	139.000
Divers	257.569

Ce budget s'est soldé par un déficit de 1,152 $.

---

(1) Voir la note sur les mines.

TERRITOIRES NATIONAUX

HABITANTS. — DIVISIONS RÉGIONALES. — SUPERFICIE. — GÉOLOGIE. — HYDROGRAPHIE. — CENTRES HABITÉS. — DOMAINE FORESTIER. — AGRICULTURE. — ÉLEVAGE. — MINES. — CARRIÈRES. — COMMERCE ET INDUSTRIE. — BUDGET. — ADMINISTRATION. — OUTILLAGE DE LOCOMOTION.

Outre ses quatorze provinces, l'Argentine comprend neuf territoires dépendant du cabinet de Buenos Aires. C'est le pouvoir fédéral qui en nomme les gouverneurs et équilibre les budgets à l'aide des deniers de la nation.

Ces territoires couvrent 1,271,715 kilomètres carrés (près de la moitié de la République), pour 136,369 habitants (1).

On peut les diviser en trois catégories :

1º Région du Nord : Formosa, Chaco et Misiones.
2º Région du Centre et de l'Ouest : Pampa central et Neuquen.
3º Région du Sud : Rio Negro, Chubut, Santa Cruz et Terre de Feu.

---

(1) 103,369 colons, 3,000 Indiens « manzos », c'est-à-dire mi-civilisés et 30,000 Indiens sauvages environ.
Les 103,369 colons se répartissent comme suit :

Argentins	35,325	hommes	28,478 femmes
Etrangers	24,774	—	14,792 —

I. — RÉGION DU NORD

CHACO, FORMOSA ET MISIONES

Dans la région septentrionale, les territoires du Chaco et de Formosa constituent ce qu'on appelle couramment le Gran Chaco. C'est la région forestière avoisinant le Paraguay. Elle est arrosée par le Rio Bermejo, le Rio Teuco, le Pilcomayo et leurs affluents.

TERRITOIRE DU CHACO

Le territoire du Chaco est divisé en sept départements, à savoir :

1. Caaguazu	4.129 kilomètres carrés.
2. Florencia al Norte. . .	2.993 —
3. Guaycuru	4.905 —
4. Resistencia (capitale). .	2.803 —
5. San.BernardoyCaaguazu	118.618 —
6. Salalindo	3.187 —

soit une superficie totale de 136,635 km² pour une population de 10,282 habitants (0,075 habitant par kilomètre carré), en dehors des indigènes, évalués à 20,000 âmes.

Une seule voie ferrée, le chemin de fer français de Santa Fé, pénètre dans ce territoire jusqu'à Reconquista, et doit se prolonger jusqu'à Formosa.

La principale ville, Resistencia, que nous avons mentionnée en parlant de Corrientes, située, sous la même latitude, sur la rive opposée du Parana, a une population de 3,000 habitants.

NATURE DU SOL

Les terrains appartiennent à l'époque tertiaire. Ils contiennent du salpêtre en proportions diverses, suivant les régions.

A une profondeur moyenne de 7 m. 50, on trouve généralement une eau claire, abondante et potable; à 20 mètres, on rencontre des bois carbonisés. Cela permet de supposer que le sous-sol — entre 80 et 120 mètres — doit contenir, sinon du charbon, au moins du lignite.

Les régions forestières sont recouvertes d'une couche d'humus dont l'épaisseur varie de 1 à 2 mètres.

Ce détritus végétal est noir et mélangé à un sable fin. Il repose sur des terrains sédimentaires argileux, diversement colorés, contenant des pépites d'oxyde de fer et des *nodulos* de sulfate de chaux.

FORÊTS

Quand le Chaco sera peuplé et pourvu de moyens de transport, l'exploitation des bois de cette région constituera l'une des plus grandes richesses de la République (1).

L'abattage des arbres dans les forêts du domaine national n'est autorisé librement que pour l'usage domestique des habitants.

Les forêts avoisinant les côtes ont été mises en coupes sombres depuis longtemps. L'intérieur seul reste boisé (2).

Les principales plantes médicinales sont: l'*araçapony*, contre les rhumatismes; l'*apio sylvestre*, pour désinfecter les blessures; le *culantrillo*, pectoral; le *curatin*, pour calmer les maux de tête; l'*espina de corona*, astringent; le *lapacho,* contre les altérations

---

(1) Voir la note sur « les forêts de l'Argentine » (emplois possibles de chaque essence).
(2) Là on trouve une variété infinie d'essences telles que le *ñandubay*, le *lapacho*, le *quebracho*, l'*espinillo*, le *palo blanco*, le *tatané*, le *timbo colorado* et *blanco*, l'*espina de corona*, etc., dont il est parlé ailleurs.

des poumons, du foie, de la vessie, des intestins, etc.. ; le *vira-vira*, sudorifique, fébrifuge, pectoral, spécifique employé contre l'asthme, etc. ; et tant d'autres.

AGRICULTURE ET ÉLEVAGE

L'agriculture existe à peine au Chaco. On cultive le maïs nécessaire aux besoins locaux; il donne deux récoltes par an. C'est un des bons produits de l'agriculture dans ce territoire ; il existe aussi quelques champs de canne à sucre plantés autour d'une usine (1) ; les bouilleurs distillent pour leur consommation.

Les conditions de culture sont plus avantageuses que dans la province de Tucuman: la terre, en effet, est meilleur marché, les salaires sont moins élevés, les transports, les combustibles moins coûteux, parce que les bois abondent et le charbon peut arriver près de destination, par eau.

Citons encore une fabrique dans laquelle on traite deux plantes oléagineuses, le *mani* et le *tartago*, dont on a ensemencé en 1896 environ 1,500 hectares.

L'orge vient très belle et en abondance partout où sa culture a été tentée.

On a découvert récemment, dans l'île de la Trinité, un textile appelé *makoltina* (abutilon periplocipolium). Quelques tentatives d'acclimatation de ce végétal au Chaco ont réussi.

Des échantillons, envoyés à Londres, ont été évalués de 20 à 22 £ la tonne par des industriels.

Le safran (2) est encore un produit dont on pourrait tirer d'importants bénéfices.

La culture du tabac, du bambou des Indes et du coton se ferait certainement au Chaco dans des conditions favorables.

On acclimaterait, avec la même facilité, le manioc, les piments, le laurier camphrier, l'*adormidera* (pour l'extraction de

---

(1) Dans la distillerie Benitez, on travaille la canne à sucre de cette colonie et celle de Las Palmas.
(2) Essais faits à Formosa.

l'opium), le bois de campêche, la canelle, l'arbre à thé, etc. etc. Les bananiers atteignent ici une hauteur de 4 à 6 mètres, en quelques mois.

On préconise encore l'introduction de la yerba maté dans les colonies du Chaco et du nord de Santa Fé : Ocampo, Las Palmas, Las Toscas, Florencia, San Antonio de Obligado, Las Garzas, etc.

Les indigènes qui vivent sur ce territoire se soumettent facilement. Ils deviennent d'excellents ouvriers. Le Gouvernement aurait intérêt à les prendre sous sa protection.

Le colon semble ne pas comprendre, dans la majeure partie des cas, l'avenir agricole de ce domaine. Il se plaint d'ailleurs du manque de voies de communication et de la lenteur apportée à l'exécution des travaux en cours ou en projet.

Les habitants du Chaco s'adonnent avec succès à l'élevage.

Le relevé qui suit comporte des chiffres plutôt inférieurs à la réalité. Dans les opérations du recensement, en effet, beaucoup de propriétaires, dans la crainte d'être grevés de nouveaux impôts, n'ont pas déclaré le nombre exact de leurs animaux.

Bœufs et vaches	78.858	têtes.
Moutons et brebis	7.544	
Chèvres	7.851	
Chevaux et juments	4.042	
Porcs	4.797	

BUDGET

Le budget des dépenses du territoire s'est élevé, en 1896, à 124,716,96 $ m/n.

TERRITOIRE DE FORMOSA

D'après le recensement de 1895, 4,829 colons, disposant comme main d'œuvre d'environ 3,000 Indiens, habitent les 107,258 kilomètres carrés de ce territoire.

On évalue à 9,000 les indigènes vivant à l'état sauvage (1).

Formosa est divisé en cinq départements, à savoir :

1. Formosa (capitale). .	14.344 kilomètres carrés.
2.	—	10.028	—
3.	—	18.893	—
4.	—	8.074	—
5.	—	53.919	—

Total . . . 105.258 kilomètres carrés.

Les températures moyennes sont, en été, 26°; au printemps, 21°49'; en hiver, 19°5'; en automne, 20°52'.

Les pluies sont surtout fréquentes en hiver.

Les vents soufflent généralement chauds et sans force.

Aucune voie ferrée ne dessert encore ce territoire.

Les communications se font par eau, sur les rios Bermejo, Pilcomayo et Paraguay.

Villa Formosa, siège du Gouvernement, est située sur la rive droite de ce dernier fleuve par 26°12' de latitude sud, 60° 36' de longitude ouest de Paris et 82 mètres d'altitude.

Les terrains qui l'entourent (couverts de forêts) présentent une première couche d'humus dont la hauteur varie de 0m50 à 2 mètres. C'est une terre noire mélangée à un sable très fin facilement arable. Elle repose sur de l'argile de diverses couleurs, de formation sédimentaire, où l'on trouve des pépites d'oxyde de fer.

Le Rio Paraguay, en face de Formosa, mesure 350 à 450 mètres de largeur. Sa profondeur, selon l'état des crues, varie de 4 à 28 mètres.

----

(1) Le gouverneur du territoire estime qu'on arriverait à soumettre ces Indiens en envoyant chez eux des missionnaires; l'ecclésiastique jouit, en effet, auprès de ces tribus d'une sorte de vénération superstitieuse.

FORÊTS

Le domaine sylvestre est plus considérable que dans le Chaco (37,000 kilomètres 2); on y rencontre d'ailleurs les mêmes essences : Quebracho rouge et blanc, Quayaibi, Mora, Tatané, Timbo, etc.

On peut rappeler ici que le Timbo rouge, le Laurier noir, le Guayacan, le Quebracho sont imputrescibles dans l'eau et propres à être employés dans les constructions navales et dans diverses industries.

Dans le second département de Formosa, on a établi, pour débiter les bois, 3 scieries à vapeur, au capital d'environ 110,000 $.

AGRICULTURE

Les principales cultures sont :

Le maïs	202 hectares.
La canne à sucre . .	1.077
Le tabac	114

Il est difficile de conserver le maïs d'une récolte à l'autre sans qu'il se pique.

Les colons évitent d'emblaver leurs terres parce que le froment, sous ces latitudes, est sujet à de nombreuses maladies. Les insectes attaquent les épis avant qu'ils arrivent à maturité.

La culture du safran, tentée en 1896, a donné un rendement de 80 kilogrammes par hectare.

Si l'on doit regretter le manque de connaissances techniques chez la plupart des colons, on doit signaler, au contraire, les belles exploitations de MM. Hardy et Burier et leurs efforts pour répandre les méthodes nouvelles et pratiques de culture.

ÉLEVAGE

Le troupeau compte 34,180 animaux divers à savoir :

Bêtes à cornes . . . . . 30.900 têtes.
Chevaux et juments . .   1.750
Moutons.   630
Porcs et chèvres   900

Le cheval sur ce territoire est sujet au mal de *cadera*, qui semble une variété de beri-beri. Comme cette paralysie progressive tue presque infailliblement l'animal en peu de semaines, on a pris l'habitude d'abattre les bêtes atteintes et d'en incinérer les restes, d'autant plus que la *cadera* est de nature épizootique et que la contagion gagne même d'autres espèces que les équidés.

La mule, toutefois, résiste souvent aux attaques de cette maladie ; mais sa guérison n'est jamais complète.

Le gros bétail (très vigoureux grâce à l'excellence des pâturages) est plus rarement contaminé. Le mouton dont la reproduction numériquement est insuffisante, a été indemne jusqu'à ce jour.

COMMERCE ET INDUSTRIE

D'après le dernier recensement, les capitaux employés dans l'industrie (3 scieries à vapeur, exploitation forestière, distilleries, boulangeries, cordonneries, ateliers de charpentiers, de tailleurs, etc...) ressortent au chiffre de 530,000 $.

Les capitaux investis dans des affaires commerciales s'élèveraient à 220,000 $ environ.

Voici le tableau du mouvement de l'importation et de l'exportation de 1892 à 1895 :

Années.	Importation.	Exportation.	Total.
1892 .	374.968,39	247.851,57	622.819,96
1893 .	446.238,60	334.981,83	781.220,43
1894 .	222.349,55	175.705,50	398.055,05
1895 .	700.957,82	254.755,10	955.512,92

BUDGET

En 1895, le budget des dépenses s'éleva à $ 107,373,96.

TERRITOIRE DE MISIONES

Enserrée entre le Paraguay, la province de Corrientes et le Brésil, cette zone, sillonnée dans sa partie septentrionale par le Rio Grande de Curytiba, est divisée en quatorze départements à savoir :

1. Apostoles	690	kilomètres carrés.	
2. Campo Grande.	3.605	—	
3. Candelaria	153	—	
4. Cerro Cora	671	—	
5. Concepcion.	749	—	
6. La Frontera	11.609	—	
7. Monteagudo	3.815	—	
8. Posadas (capitale). . . .	496	—	
9. Santa Ana.	687	—	
10. San Carlos.	176	—	
11. San Ignacio y Corpus. . .	1.658	—	
12. San Javier	2.282	—	
13. San José.	670	—	
14. San Pedro	1.888	—	

soit une superficie de 29,149 kilomètres carrés pour une population de 33,005 âmes.

La région nord limitrophe du Brésil, longtemps contestée entre les deux grands pays sud-américains, aujourd'hui théoriquement partagée entre les ayants droit, n'est pas encore délimitée.

33

Aussi, pour établir l'organisation autonome provinciale, devra-t-on attendre le moment où des recensements supplémentaires auront constaté, sur la partie de Misiones restée argentine, une population de plus de 30,000 habitants.

Alors on installera, aux termes de la Constitution, un parlement composé de délégués des districts municipaux, à raison de 1 pour 2,000 habitants ou fraction supérieure à 1,500.

La capitale, Posadas, (5,000 habitants) est reliée avec l'intérieur de la République par le chemin de fer « Noreste Argentino », ligne de Monte Caseros.

L'origine de cette ville remonte à 1865. Les Paraguayens la nommaient alors (au début de la guerre contre l'Argentine et le Brésil) Itapua (1).

AGRICULTURE

Les principaux produits du territoire de Misiones sont (2) la yerba maté, les bois (fournis par les riches forêts qui couvrent une grande partie du territoire), la canne à sucre, cultivée et travaillée à Santa Ana, et le tabac. On exporte environ 700,000 kgr. de tabac noir (c'est-à-dire élaboré en corde, boudin ou carotte suivant les procédés brésiliens) et 300,000 kgr. de tabac en feuilles.

Les autres produits agricoles tels que les haricots, riz, maïs, manioc, etc., servent à la consommation locale.

La valeur du tabac, du sucre, de la yerba maté et des bois est évaluée approximativement à 3,750,000 $.

FORÊTS

Les bois sont exploités dans les forêts qui avoisinent le Parana ou ses affluents et dans un rayon dont l'étendue dépend des facilités de communication avec les ports fluviaux.

Il faut citer en première ligne le Cèdre (cedrela fissilis). Les Pe-

---

(1) De *ita*, qui signifie pierre, et *pua*, pointe.
(2) Il a été parlé ailleurs des essais de culture du cotonnier.

tereby, Iviraro et Palo rosa sont l'objet d'une exploitation plus restreinte.

On exporte également plusieurs espèces de Bambous, la Ta-cuasa et la Picanilla.

CARRIÈRES

Les carrières de San Ignacio et de San Loreto fournissent des dalles pour pavage de rues et de trottoirs; prix du mètre carré : 2 $ au port d'embarquement. Elles sont expédiées sur le littoral du Parana, jusqu'à Rosario.

BUDGET

Le budget des dépenses s'est élevé, en 1895, à $ m/n 142,314.

II. — RÉGION DU CENTRE ET DE L'OUEST

Pampa central et Neuquen.

PAMPA CENTRAL

Ce territoire est divisé en quatorze départements à savoir :

1.	9.870	kilomètres carrés.
2.	10.000	—
3.	10.000	—
4.	10.000	—
5.	5.133	—
6.	5.639	—
7. Victorica.	9.454	—
8. General Acha (capitale) .	10.000	—
9.	10.000	—
10.	3.938	—
11.	12.462	—
12.	13.432	—
13.	12.696	—
14 et 15.	23.283	—

soit, au total, une superficie de 145,907 kilomètres carrés pour une population de 25,965 habitants (moins de 1/5 d'habitant par kilomètre carré).

ASPECT GÉNÉRAL

Les savanes, vastes et plates, de la Pampa centrale alternent avec des terrains ondulés et quelques régions montagneuses. Dans ces dernières, la végétation ligneuse prend l'allure forestière, la futaie n'est pas touffue, mais elle ressemble à de grands vergers ou à des quinconces.

Le boisement des terrains couverts de pâturages naturels serait facile. Les essais de plantation d'essences diverses, depuis le Pêcher jusqu'au Peuplier, depuis la Vigne jusqu'au Caroubier, ont pleinement réussi. Or, les rideaux de peupliers atténueraient singulièrement les effets du « *pampero* »; les arbres à basse couronne transformeraient la nature des graminées, et, en faisant disparaître le *pasto amargo* qui ne croît pas à l'ombre, favoriseraient l'élève de la race ovine.

Les voies de communication sont à peine tracées. Les routes ne sont guère que des sentes ou des pistes.

Le chemin de fer de Bahia Blanca et Noreste (1), construit d'abord jusqu'à Epu-Pel, prolongé ensuite à General Acha (45 kilomètres plus loin), atteint déjà Toay, qui, relié d'une part à Trenque Lauquen, met la Pampa en communication directe avec Buenos Aires, et, se prolongeant d'autre part viâ Victorica jusqu'à Villa Mercedes, établira des rapports rapides entre le nord, l'est et le sud de la République.

Il traverse la Pampa sur une longueur d'environ 204 kilomètres.

Les principaux centres de population sont : General Acha, Toay et Victorica.

---

1) Entrevoie 1 m. 676.

CENTRES URBAINS

La capitale, General Acha, compte 1,500 habitants. Elle est situé à 277 kilomètres de Bahia Blanca et 986 de Buenos Aires.

La ville de Toay est à 380 kilomètres de Bahia Blanca, 388 de Rio Cuarto, 412 de Villa Mercedes et 1,089 de Buenos Aires.

Victorica n'est encore qu'un médiocre village au nord-est du territoire de la Pampa.

ÉLEVAGE

La population de la Pampa centrale s'adonne avec succès à l'élevage. On compte déjà :

Moutons . . . . 5.273.585 têtes.
Bœufs et vaches. 519.464
Chevaux et juments 220.294

COMMERCE ET INDUSTRIE

Le recensement de 1895 a relevé 188 maisons de commerce et 42 établissements industriels.

La valeur des produits exportés, en 1895, a atteint 8,375,916,50 $ m/n.

La plus grande partie de cette somme correspond à la vente de la laine. On a, en effet, expédié au dehors, cette même année, 11,026,792 kilogrammes qui, au prix moyen de 6 $,50 les 10 kgr., représentent une valeur de $ m/n : 7,167,414.

L'importation d'animaux sur pied, pour la reproduction et l'amélioration de la race, a atteint le chiffre de 767,105 $ m/n.

BUDGET

En 1896, le budget des recettes s'est élevé à 505,996 $,50 à savoir :

Produit des patentes et des timbres. . . . . $ 42.105,55
Contribution directe. 131.867,99
4 o/o pour droits d'exportation sur les laines,
   cuirs, etc. (calculé sur une valeur de 8,300,596,50)   332.023,85
         Total des recettes. 505.997,39
Le budget des dépenses a atteint. 165.936
         Soit un excédent de. . . . $ 340.061,39

TERRITOIRE DU NEUQUEN

Le territoire de Neuquen a une superficie de 109,703 kilomètres carrés et une population de 14,517 habitants.

Il est divisé en cinq départements dont l'un, Chos Malál, porte le numéro d'ordre II, les autres sont désignés administrativement par les chiffres I, III, IV et V.

I. . . . . 18.528 kilomètres carrés
II. Chos Malal (capitale) . . . . 10.926   —
III. . . . . 19.793   —
IV. . . . . 23.480   —
V . . . . 36.976   —

Chos Malal, siège des autorités, compte 495 habitants. Situé au confluent des rios Curru-Leubu et Neuquen, ce centre est à 648 kilomètres de Mendoza et à 423 de San Rafael.

ÉLEVAGE

La partie orientale de ce territoire et les vallons des premières ondulations de la Cordillère sont très favorables à l'élevage. Les prairies qu'arrosent les torrents des Andes nourrissent 655,596 animaux divers, à savoir :

Race bovine. . . . . 163.701 têtes.
Race chevaline. . . . 60.456
Race mulassière . . . 4.884
Race ovine 351.537
Race caprine. 73.611
Race porcine. 1.407

AGRICULTURE

L'agriculture est encore peu développée. On sème le blé et le maïs; mais les farines du Chili portent tort à la culture du blé au Neuquen. En 1895, il a été introduit environ 10,000 quintaux de *harina chilena*.

MINES

Le pays paraît être riche en mines d'or, de cuivre, et de charbon.

Deux sociétés anglaises se sont déjà fondées pour en entreprendre l'exploitation, une troisième compagnie (chilienne) est en voie de formation.

La construction par la « compañia del F. C. Sur » de la ligne de Neuquen est de nature à favoriser ces initiatives.

FORÊTS

Le manque de surveillance, dans les zones sylvestres voisines de la Cordillère, a été cause du déboisement partiel de la région.

Dans le but de cueillir commodément le fruit du Pin, les Indiens ont eu l'habitude de mettre le feu aux troncs des arbres qui, en s'abattant, incendiaient souvent des forêts entières.

BUDGET

Le budget du Neuquen s'est élevé, en 1896, à $ m/n : 130,977,96.

III. — RÉGION DU SUD

Les territoires de la région sud (Rio Negro, Chubut, Santa Cruz et Tierra del Fuego), sont échelonnés sur l'Atlantique depuis Bahia Blanca jusqu'au cap Horn.

Géologiquement, la région côtière de la province de Buenos Aires, jusqu'au Rio Colorado, appartient presque entière aux formations quaternaires; la zone australe, en général, à l'époque tertiaire.

HYDROGRAPHIE

(faune marine)

Au point de vue hydrographique, on doit noter qu'avec ses trois golfes, la côte présente au navigateur peu d'abris naturels.

Des courants rapides (5 à 6 milles à l'heure) rendent l'accès des ports difficile et périlleux pour les petites embarcations.

Au dernier siècle, les Anglais envoyaient des baleiniers dans la mer de la Patagonie. L'Espagne, en 1790, interdit cette industrie pour s'en réserver le monopole; mais les compagnies auxquelles elle en fit concession ne réussirent pas.

On n'a pas d'ailleurs rencontré la baleine dans les eaux antarctiques; on ne peut pourtant pas affirmer qu'elle n'y existe pas. Par contre, les baleinoptères s'y trouvent en quantité. Ils sont beaucoup moins grands et moins appréciés que les baleines. Au prix de 700 à 800 francs la tonne, ces cétacés donnent un bénéfice de 3 à 6,000 francs par individu. Les profits que réalisent les sociétés norvégiennes, qui chassent les baleinoptères dans les mers du Nord et d'Islande, atteignent parfois 50 o/o.

La graisse du baleinoptère donne une bonne huile; les os et la viande ont une valeur marchande peu considérable; les résidus de la distillation constituent un excellent engrais (1).

Toutefois au Tuyu, un établissement de pêcheries vécut très peu (2) et une fabrique française d'huile de poisson, au

---

(1) La chasse aux loutres devrait être prohibée du 1ᵉʳ octobre au 1ᵉʳ avril.
(2) A Mar Chiquita, on rencontre les ruines d'un grand « saladero », fondé par une Société portugaise.

nord du golfe Saint-Georges, dans l'île Tova, a dû arrêter sa production, etc., etc.

Ces insuccès sont dus, paraît-il, à l'insuffisance technique des colons et à l'isolement des centres, trop éloignés les uns des autres.

Plus au Nord, sur les côtes de la province de Buenos Aires, on rappelle l'échec de plusieurs industriels qui, disposant au début de capitaux considérables, voulurent travailler avant d'avoir pu étudier les conditions locales de la fabrication et les besoins du marché.

Citons ici, par parenthèse, l'avis d'hommes techniques sur l'utilisation de la faune marine du domaine austral argentin :

La population de ce littoral n'est pas assez nombreuse pour justifier l'installation, sur une grande échelle, des pêcheries ayant pour but de pourvoir de poisson frais la consommation locale; aussi ne doit-on utiliser les produits de la pêche que pour en faire des conserves par le procédé économique de la salaison ou de la vapeur. Les conserves fines n'auraient guère de débit à cause du bas prix de la viande fraîche.

Quand les côtes du Tuyu seront reliées au chemin de fer du Sud, la pêche se développera rapidement aux environs du cap San Antonio, où le poisson est très abondant.

Les explorations organisées par le musée de La Plata ont permis de constater dans les parages de Mar Chiquita, Miramar, Puerto Belgrano, Monte Hermoso, Mar del Plata et San Antonio, dans le golfe San Mathias, l'existence de nombreux bancs d'huîtres. L'installation de parcs pourrait donner des rendements rémunérateurs.

HYDROLOGIE. — IRRIGATION

Au point de vue hydrologique, citons les fleuves Colorado, Negro et Chubut; plus au Sud, les rios Deseado, Santa Cruz et Gallegos avec un débit peu considérable.

L'eau douce est assez rare par rapport à l'extension du pays ; on la trouve d'ailleurs un peu partout, à quelques mètres de profondeur.

Les puits tubulaires (1) (*tubular wells*) pourraient rendre ici de grands services. On a aussi songé à créer un système de citernes où serait recueillie l'eau des pluies.

La canalisation des rios est en effet assez malaisée à cause de la rapidité des courants.

Les habitants, aujourd'hui clairsemés, de ces régions ont pu établir leurs champs de culture à proximité des fleuves. Mais la colonisation sur une grande échelle ne sera possible que lorsque le problème de l'irrigation sera résolu (2).

Alors seulement on pourra boiser le pays (3).

PROJETS D'UTILISATION DES TERRES ARIDES DU LITTORAL

On ne rencontre dans cette zone qu'une végétation très pauvre ; le sol est nitreux ou sablonneux. Aux environs de Bahia Blanca, des centaines d'hectares de terres incultes sont couverts d'une espèce de bruyère rabougrie.

Les projets relatifs à l'exploitation de la côte, actuellement dépeuplée, peuvent se résumer ainsi :

On pourrait faire des plantations de *tamarix articulata*, ainsi que cela a été pratiqué sur certains rivages de France et d'Algérie. Le tronc donne un charbon d'excellente qualité, son bois résiste à l'humidité et aux insectes. Il durcit en vieillissant et trouverait facilement à être utilisé dans la carrosserie. En outre, les cendres du Tamarix peuvent servir d'engrais.

Il serait aussi avantageux d'essayer l'acclimatation du *limo-*

---

(1) Les Anglais en ont fait grand usage dans leur campagne en Abyssinie.
(2) Avec leur apparence de stérilité, ces terres sont très fertiles lorsqu'elles sont arrosées. Aussi au Chubut, on trouve une grande variété de céréales et de fruits. A Ushuaia, sur le détroit, on mange toutes sortes de légumes.
Quand les terres cultivables ont une certaine étendue, on peut y faire venir de l'orge et du blé de Suisse ou blé de Mars.
(3) Aujourd'hui, on importe les matériaux de construction et le combustible des régions andéennes.

niastrum guzonianum qui vit dans les mêmes conditions que le Tamarix. La feuille de cet arbuste sert de fourrage pour les chevaux et autres herbivores.

La culture du *pois bécu*, improprement appelé pois chiche du Japon, semble non moins indiquée.

Aux environs de Rawson et de Trelew, la culture du blé ne peut réussir en raison des prix peu rémunérateurs.

La plantation du Peuplier a donné de bons résultats et serait à développer.

L'HINTERLAND DU LITTORAL JUSQU'AUX ANDES

L'hinterland dont il s'agit change d'aspect à mesure qu'on avance vers l'Ouest et qu'on approche du massif de la Cordillère.

On rencontre une série de gradins ou plateaux généralement pierreux et arides qui viennent former, au pied de la grande chaîne, un système de plaines et de vallées parsemées de lacs.

Aux environs de ces « lagunas », le sol est fertile, le climat assez régulier.

Des pluies suffisamment abondantes compensent l'active évaporation, due aux vents de l'Ouest qui soufflent avec une constance remarquable. Cette région comprend, au Nord, les vallées et les vastes plaines du Neuquen et du Limay, avec de bons pâturages (qui se prêtent surtout à l'élevage du mouton) et des terres généralement susceptibles d'être cultivées. Plus au Sud, s'ouvrent les hautes vallées du Chubut et du Singer, avec des lacs qui se suivent du Nahuel-Huapi, jusqu'au lac Buenos Aires. Au sud de ce dernier, les plateaux de Santa Cruz, entourés de collines sont fertilisés par les lacs Argentino et Viedma (1).

Ce domaine, encore désert et peu exploré, attend son avenir du développement des voies de communication.

---

(1) On trouve là des richesses minières et forestières.

Les lignes de chemins de fer qui rendraient les services les plus immédiats à cette zone sont, d'après M. Francisco Moreno, qui a visité ces pays, d'abord comme explorateur et depuis comme président de la Commission de délimitation des frontières chileno-argentines :

1º De Viedma à l'embouchure du Rio Negro, jusqu'à San Antonio, sur le golfe de ce nom ;

2º De Puerto San Antonio à Choel-Choel, en suivant la rive sud du Rio Negro ;

3º De Puerto San Antonio au lac Nahuel-Huapi ;

4º De Cumallo, sur la ligne précédente, à la frontière chilienne en croisant le Rio Limay. Cette ligne serait destinée à se prolonger jusqu'au port chilien de Valdivia, sur le Pacifique.

Enfin, au sud du 45º, une ligne pourrait se détacher de Tilly Road, port du golfe San Jorge, et, de là, se diriger vers la région andine, en suivant les vallées du Rio Chico et du Rio Singer. Cette voie remonterait ensuite vers le Nord, en suivant la région des lacs, puis les hautes vallées du Chubut et de ses affluents, et se relierait à la ligne de Nahuel Huapi.

Des embranchements desserviraient les points les plus importants de la Cordillère, où l'exploitation forestière et la richesse des gisements houillers ou métallifères motiveraient la création de centres peuplés.

TERRITOIRE DU RIO NEGRO

Ce territoire est divisé en sept départements, à savoir :

1. Avellaneda	5.023	kilomètres carrés.
2. Nahuel Huapi.	33.220	—
3. Nueve de Julio (Balcheta).	52.120	—
4. Pringles (Coronel). . . .	22.674	—
5. Roca (General).	15.499	—
6. Veinte y cinco de Mayo .	52.147	—
7. Viedma (capitale).	16.012	—

Soit au total 196,695 kilomètres carrés pour une population de 9,300 habitants.

En dehors de la capitale Viedma, on peut mentionner trois centres de population : General Conesa, Coronel Pringles et General Roca (909 habitants), autour desquels se sont groupées les « colonies » de ce territoire.

La ville de Viedma (1,260 habitants) est située sur la rive droite du Rio Negro, en face de Carmen de Patagones et à une trentaine de kilomètres de l'embouchure de cette rivière.

Les droits d'entrée de cette municipalité se sont élevés, en 1895, à $ 16,245,15, somme employée à la construction de ponts, de chemins, etc...

A Conesa, on cultive le blé, l'orge et le maïs.

Les crues du Rio Negro fécondent heureusement la vallée où est situé le village.

Le département de Coronel Pringles est le plus riche en bétail. A noter un premier vignoble et des luzernières.

Le village de General Roca, chef-lieu du département de même nom, est construit sur la rive nord du Rio Negro, dans une vallée de 1,000 kilomètres carrés environ. C'est le centre de la région la plus agricole. La superficie cultivée dépasse 2,000 hectares, en majeure partie semés d'alfalfa.

Le commerce d'exportation avec le Chili augmente d'année en année. On estime qu'en 1895, les habitants de la région cisandine ont introduit, dans la République voisine, 120,000 moutons, 2,000 bœufs, 400,000 kilogrammes de laine.

La population, en majorité indienne, qui vit sur la frontière, facilite la contrebande.

L'importation d'articles nationaux ou nationalisés est montée, en 1895, à $ m/n 1,957,989 et l'exportation de produits indigènes à $ m/n 587,372.

Sur toute l'étendue du territoire, il existe 1,707 édifices, 94 maisons de commerce, 15 établissements industriels, etc., etc.

ÉLEVAGE

Le troupeau, de plus de 1,300,000 têtes, se répartit ainsi :

Race bovine.	101.615 têtes.
Race ovine	1.184.942
Race chevaline	59.478
Race caprine	5.688
Race porcine	604

BUDGET

Le budget des dépenses, en 1896, s'est élevé à $ m/n 144,069. Les recettes ont donné 19,337 $:

Papier timbré.	$ 9.634
Contribution territoriale.	3.243
Patentes industrielles	6.460

TERRITOIRE DU CHUBUT

Le territoire du Chubut est divisé en trois départements : Diez y seis de Octubre, Gaiman et Rawson (capitale).

Sa superficie est de 242,039 kilomètres carrés et sa population de 3,748 habitants.

Le climat est salubre; froid en hiver. On n'a jamais observé d'épidémies.

Température maximum (janvier) : $+ 21°26$.

Température minimum (juin) : $- 5°32$.

Les pluies sont assez régulières, plutôt rares.

Les premiers colons vinrent au Chubut du pays de Galles vers 1865. D'autres suivirent jusqu'en 1886, époque à laquelle on cessa de concéder des terrains.

Les Gallois forment aujourd'hui un cercle fermé, au milieu d'émigrants de diverses nationalités. Ils ont conservé leurs coutumes et leur langue.

A rappeler, comme acte d'énergique initiative de leur part, la construction, dans l'espace de cinq mois, d'un canal d'irrigation de 80 kilomètres et d'un mètre de profondeur, sur la rive droite du Rio Chubut. En 1893, ils en ont creusé deux autres sur la rive gauche du même rio, respectivement de 35 et 40 kilomètres.

La capitale Rawson (500 habitants) est le chef-lieu du département de ce nom (1,413 habitants, dont 657 étrangers, en majeure partie Italiens et Anglais). Presque tous les établissements industriels appartiennent à des Italiens.

En dehors de Rawson ville, il faut signaler Trelew (132 habitants), centre administratif du département « Diez y seis de Octubre » et Gaiman (118 habitants), chef-lieu de département, puis les hameaux de Bryn, Gryn et Glyndu.

L'ensemble de ces agglomérations est désigné sous le nom de « Colonie Chubut ».

AGRICULTURE ET ÉLEVAGE

Les terres cultivables (1) s'étendent sur une superficie de plus de 20,000 hectares. En 1895, 5,502 hectares ont été ensemencés.

Le blé est d'un bon rendement. On l'expédie de Rawson à l'embouchure du Rio Chubut, sur des navires qui le portent à Buenos Aires. La navigabilité du bas Chubut facilite ce commerce : des caboteurs peuvent remonter la rivière à 2 milles; des embarcations arrivent sans encombre à 10 kilomètres.

On estime que l'élevage de la race ovine donne un rendement de 40 o/o et celui de la race bovine 30 o/o.

---

(1) La couche végétale a une épaisseur variant de 0,20 à 2 m.

MINES

En dehors des gisements métallifères, qui ont été l'objet d'une étude spéciale (1), on doit signaler, comme l'une des richesses inorganiques de la région, un important dépôt de sel gemme (chlorure de sodium), dans la péninsule de Valdez. Une compagnie exploite le dit dépôt.

COMMERCE

En 1895, le commerce d'importation a été de 205,809 $ or, et celui de l'exportation de 228,350 $ or.

Les produits exportés ont été :

Blé. 4.678.257 kilogrammes.
Laine. . . . .   28.047   —
Plumes d'autruches . . . .   12.942   —
Peaux de moutons. . . . .   3.882   —
Cuirs secs de bœufs ou de vaches . . .   711 unités.
« Quillangos » . . . .   1.872   —
Laine de huanaco . . . .   66 kilogrammes.
Orge. . . . .   169.618   —
Semence d'alfalfa. . . . .   17.068   —
Cuirs divers. . . . .   910 unités.

A part les blés, presque tous ces articles ont été introduits au Chili.

Une société formée avec des capitaux allemands (300,000 marks), cherche l'or dans le Rio Corrintos. Ses machines peuvent laver 2,000 mètres cubes de terre aurifère en vingt-quatre heures.

Un autre groupe, en formation, au capital de 35,000 $, se propose d'exploiter le Rio Corçobado, à 80 kilomètres au sud de Trelew, sur le domaine de la Nation.

La pierre à chaux et l'argile abondent en maints endroits.

----

(1) Voir pages 123, 124, 125.

VOIE FERRÉE — POSTES — BUDGET

Le chemin de fer « Central del Chubut », construit avec des capitaux anglais, parcourt une étendue de 70 kilomètres, de Trelew à Puerto Madryn. Il est à voie étroite. Son établissement a coûté un million de $ or qui, en 1895 ne rapportaient pas 1 o/o.

Le gouverneur du territoire attribuait ce faible rendement au tracé défectueux de la ligne.

Mouvement en 1896 : 152 trains, 502 voyageurs, 6,515 tonnes de marchandises.

La poste reçut pendant cette même période 13,054 plis, contre expédition de 3,407.

Le budget des dépenses s'est élevé à $ m/n 94,663.

TERRITOIRE DE SANTA CRUZ

Ce territoire est divisé en quatre départements, savoir :

1. Gallegos (capitale) . 31.070 kilomètres carrés.
2. Puerto Deseado. . . 95.624 —
3. Santa Cruz. . . . . 78.279 —
4. San Julian . . . . . 77.777 —

Soit au total : 282.750 kilomètres carrés de superficie pour une population de 1,058 habitants auxquels il convient d'ajouter quelques centaines d'Indiens non recensés.

C'est le territoire où la population est le moins dense.

La capitale, Gallegos, avec 150 habitants, est constituée par une vingtaine de maisons.

MINES

Trois compagnies exploitent les régions aurifères de Zanja, Pique et Cabo de las Virgenes. Elles travaillent encore d'une façon très irrégulière.

34

AGRICULTURE ET ÉLEVAGE

La région se prête peu à l'agriculture. La terre végétale paraît plutôt faire défaut. D'autre part, les grands vents et le manque d'eau empêchent dans bien des cas toute plantation.

Les deux colonies qui s'étaient installées à Santa Cruz et à Deseado ont dû se dissoudre. Elles n'ont produit aucun bénéfice.

L'élevage donne de bons résultats, à la condition de ne pas mettre par lieue carrée de pâturage plus de 2,000 à 2,500 moutons.

Le territoire nourrit aussi fort bien le gros bétail :
D'après le dernier recensement, on y compte :

Race bovine. . . . .　12.913 têtes.

Race ovine . . . .　360.000

Race chevaline. . . . .　7.955

On admet que l'augmentation du croît du mouton est d'environ 70 o/o annuellement.

Certains propriétaires auraient même obtenu jusqu'à 130 o/o.

COMMERCE ET RESSOURCES BUDGETAIRES

En 1894, l'exportation des laines s'est élevée à 6,130 balles (1,226,000 kilogrammes) et celle des peaux de moutons à 1,100 balles (de 110 cuirs chacune).

Étant donnée la faible population de ce territoire, l'importation est insignifiante. Deux voiliers de Liverpool font le voyage de six en six mois, et apportent les approvisionnements de toute l'année.

Le budget de 1895 s'est soldé comme suit :

RECETTES

Patentes . . . . . . \$ m/n 1.209
Loyers de terres. . . 5.007,18
Amendes 606

Total. . . . \$ m/n 6.822,18

DÉPENSES. — 111.519,96 \$ m,'n.

Le gouvernement fédéral comble le déficit.

TERRITOIRE DE TIERRA DEL FUEGO

La partie argentine de la Terre de Feu est divisée en quatre départements :

1. Bahia Thetis . . . . 5.867 kilomètres carrés.
2. Isla de los Estados . 556 —
3. San Sebastian . . . 5.658 —
4. Ushuaia (capitale). . 9.418 —

soit une superficie de 21,499 kilomètres carrés pour moins de 500 habitants.

La population européenne est fixée sur le littoral. L'intérieur, presque entièrement inhabité, est parcouru par quelques tribus d'Indiens que l'alcoolisme et les maladies, notamment la phtisie, déciment rapidement.

Les autochtones, assez nombreux, occupent des régions encore inexplorées.

Une mission anglicane, créée dans la presqu'île limitant la baie d'Ushuaia au Sud-Ouest, a pour objet de recueillir les indigènes Yaghanes, Onas et Alakaloofs afin de les catéchiser.

La capitale de ce territoire, Ushuaia(1), a été fondée par ces missionnaires, (notamment par le révérend Thomas Bridges), dans une péninsule argileuse, sur la côte nord du canal Beagle.

La ville, composée de quelques maisons en bois et fer(2), est située au pied d'un contrefort de la Cordillère qui forme une succession de plateaux sur lesquels restent stagnantes les eaux provenant de la fonte des neiges.

Les vents y sont fréquents, les pluies abondantes. La température maximum en janvier est de 11°38 et la température minimum en juillet de 0°90 (moyenne 6°).

Les quantités de pluie moyennes tombées à Ushuaia sont les suivantes :

En une année	670^{mm}
Au printemps	189,4
En été.	181,5
En automne	155,5
En hiver.	143,6

Le nombre de jours de pluie est en moyenne de 170 et l'état hygrométrique annuel 73°,8 avec des variations mensuelles allant de 64°,5 à 79,°83.

Les habitants exploitent les forêts de hêtres qui s'étendent sur une grande partie des montagnes.

Ces bois alimentent deux scieries : celle d'Ushuaia, appartenant au Gouvernement, et celle de Lapotaia, de la société Zavalia et Cie.

La végétation s'atrophie et s'arrête même au delà de 5 à 700 mètres d'altitude.

Les parties non boisées de la Terre de Feu sont couvertes de riches pâturages, surtout la région centrale et le littoral de l'Atlantique, où l'élevage des moutons serait des plus rémunérateurs.

Le climat fuégien s'oppose à certaines cultures.

---

(1) Latitude 54° 53' ; longitude 71°04' 15" ; altitude 30 m.
(2) A citer une fabrique de conserves de poissons et de coquillages.

Le commerce des peaux de loutres (nutria magellanica) semble devoir prendre de l'importance. Ces produits de la chasse des Indiens s'obtiennent par voie d'échange.

A mentionner en dernier lieu quelques dépôts de sables aurifères exploités d'une façon rudimentaire.

———

On a fait aux territoires austraux (conquis sur les indigènes par le général Roca) une réputation imméritée de rudesse. Leur climat est au contraire plus clément que celui des pays septentrionaux de l'Europe.

Lorsqu'un boisement rationnel aura régularisé le régime des eaux, lorsque d'épais rideaux d'arbres empêcheront le souffle antarctique de balayer et de dessécher la pampa, lorsque le troupeau aura fumé ce sol qui, aujourd'hui, paraît stérile, personne ne s'étant préoccupé d'en éveiller la fertilité, la zone patagonienne agrandira d'un tiers le domaine productif de l'Argentine et consolidera l'autonomie économique de ce pays d'avenir.

ANNEXES

ANNEXE I

(Voir page 12).

MOUVEMENT D'IMMIGRATION ET D'ÉMIGRATION
DE 1857 A 1897

Années	Immigration			Emigration totale	Excédent de l'immigration
	d'Europe et de l'Amérique du Nord	Par Montevideo	Total		
1857	4.951	» »	4.951	» »	4.951
1858	4.658	» »	4.658	» »	4.658
1859	4.735	» »	4.735	» »	4.735
1860	5.656	» »	5.656	» »	5.656
1861	6.301	» »	6.301	» »	6.301
1862	6.716	» »	6.716	» »	6.716
1863	10.408	» »	10.408	» »	10.408
1864	11.682	» »	11.682	» »	11.682
1865	11.767	» »	11.767	» »	11.767
1866	13.696	» »	13.696	» »	13.696
1867	13.225	3.821	17.046	» »	17.046
1868	25.919	3.315	29.234	» »	29.234
1869	28.958	8.976	37.934	» »	37.934
1870	30.898	9.069	39.967	» »	39.967
1871	14.626	6.307	20.933	10.686	10.247
1872	26.208	10.829	37.037	9.153	27.884
1873	48.382	27.950	76.332	18.236	58.096
1874	40.674	27.603	68.277	21.340	46.937
1875	18.532	23.534	42.066	25.578	16.488
1876	14.532	16.433	30.965	13.487	17.478
1877	14.675	21.650	36.325	18.350	17.975
1878	23.624	19.334	42.958	14.860	28.098
1879	32.717	22.438	55.155	23.696	31.459
1880	26.643	15.008	41.651	20.377	21.274
1881	31.431	16.053	47.484	22.374	25.110
1882	41.041	10.462	51.503	8.720	42.783
1883	52.472	10.771	63.243	9.510	53.733
1884	49.623	28.182	77.805	14.444	63.361
1885	80.618	28.104	108.722	14.585	94.137
1886	65.655	27.461	93.116	13.907	79.209
1887	98.898	21.944	120.842	13.630	107.212
1888	130.271	25.361	155.632	16.842	138.790
1889	218.744	42.165	260.909	40.649	220.260
1890	77.815	32.779	110.594	80.219	30.375
1891	28.266	23.831	52.097	81.932	» »
1892	39.973	33.321	73.294	43.853	29.441
1893	52.067	32.353	84.420	48.794	35.626
1894	54.720	25.951	80.671	41.399	39.272
1895	61.226	19.762	80.988	36.820	44.168
1896	102.673	33.532	135.205	45.921	89.284
1897	72.978	32.165	105.143	57.457	47.686
Total	1.698.654	659.464	2.358.118	766.819	1.358.118

ANNEXE II

(Voir page 12)

MOUVEMENT DE L'IMMIGRATION PAR NATIONALITÉS DE 1857 A 1897

Années	Italiens	Espagnols	Français	Anglais	Autrichiens	Suisses	Allemands	Belges	Russes	Hollandais	Portugais	Danois	Nord-Américains	Suédois	Divers	Total
1857	3.021	854	276	98	82	68	74	»	»	»	»	»	»	»	461	4.951
1858	2.976	784	193	112	75	74	61	12	»	»	»	»	»	»	362	4.658
1859	3.009	802	251	149	69	77	43	21	»	»	»	»	»	»	305	4.735
1860	3.349	930	385	159	71	67	62	30	»	»	»	»	»	»	606	5.656
1861	4.807	786	148	127	54	85	57	27	»	»	»	»	»	»	193	6.301
1862	4.902	934	203	141	76	92	72	44	»	»	»	»	»	»	260	6.716
1863	7.836	1.092	397	164	87	109	83	39	»	»	»	»	»	»	589	10.408
1864	8.432	1.608	426	219	67	124	97	51	»	»	»	»	»	»	658	11.682
1865	7.697	1.981	513	213	89	138	117	61	»	»	»	»	»	»	963	11.767
1866	9.212	2.074	609	418	94	164	122	56	»	»	»	»	»	»	935	13.696
1867	7.221	3.186	991	526	71	187	185	68	»	»	»	»	»	»	814	13.225
1868	18.937	3.834	1.223	744	92	210	215	44	»	»	»	»	»	»	578	25.919
1869	21.419	3.744	1.465	893	121	386	202	86	»	»	»	»	»	»	686	28.958
1870	23.101	3.388	2.306	453	67	490	148	43	»	»	»	»	»	»	819	30.898
1871	8.170	2.554	1.988	694	50	435	155	27	»	»	»	»	»	»	558	14.626
1872	14.769	4.411	4.602	968	63	623	269	44	»	»	»	»	»	»	466	26.208
1873	26.878	9.185	7.431	1.612	187	1.628	793	39	»	»	»	»	»	»	523	48.382
1874	23.904	8.272	5.054	1.036	156	679	392	145	»	»	»	»	»	»	533	40.074
1875	9.130	4.036	2.633	1.288	93	376	354	48	»	»	»	»	»	»	584	18.532
1876	6.950	3.463	2.064	834	136	373	231	38	»	»	»	»	»	»	407	14.532
1877	7.556	2.700	1.996	808	37	340	303	74	»	»	»	»	»	»	832	14.675
1878	13.514	3.371	2.025	789	901	533	387	83	»	»	»	»	»	»	1.029	23.724
1879	22.774	3.422	2.149	783	1.760	717	490	78	»	»	»	»	»	»	544	32.717
1880	18.516	3.112	2.175	588	879	581	445	57	»	»	»	»	»	»	290	26.643
1881	20.506	3.444	3.612	1.149	400	635	591	140	»	»	»	»	»	»	584	31.431
1882	29.587	3.520	3.382	826	672	943	1.128	183	22	25	98	31	81	23	408	41.041
1883	37.043	5.023	4.286	891	1.056	1.293	1.388	385	26	5	108	11	226	16	755	52.472
1884	31.983	6.832	4.731	1.021	1.329	1.359	1.261	173	28	9	136	37	103	41	253	49.623
1885	63.501	4.314	4.752	1.104	1.982	1.094	1.546	973	13	40	182	45	75	24	740	80.618
1886	43.328	9.805	4.662	1.683	1.015	1.284	1.131	479	31	34	374	36	104	32	684	65.665
1887	67.139	15.618	7.036	1.038	2.498	1.420	1.333	839	918	48	153	152	171	53	267	98.898
1888	75.029	25.485	17.105	1.426	2.333	1.479	1.536	3.301	955	67	331	165	98	94	1.483	130.271
1889	88.647	72.151	27.173	5.967	4.225	1.571	2.599	1.666	512	68	209	226	119	60	2.400	218.744
1890	39.122	13.560	17.104	1.109	1.916	959	1.571	762	1.538	4.887	160	394	117	209	572	77.815
1891	13.314	4.396	2.015	272	263	352	812	141	318	395	119	375	106	126	406	28.266
1892	27.850	5.050	2.115	224	552	364	785	146	2.953	4	44	101	51	31	416	39.973
1893	37.977	7.100	2.612	273	685	546	748	233	1.623	26	93	61	60	8	499	52.067
1894	37.699	8.122	2.107	385	440	516	971	148	966	27	192	99	72	38	662	54.720
1895	41.203	11.288	2.448	329	549	465	1.067	211	3.132	18	200	99	79	42	893	61.226
1896	75.204	18.051	3.486	429	963	679	1.013	318	2.336	36	178	115	46	62	1.399	102.673
1897	41.678	18.316	2.835	562	1.768	390	987	207	617	31	195	111	94	42	2.145	72.978
	1.051.087	302.182	154.554	32.501	28.131	23.914	25.563	18.677	16.357	4.901	2.991	2.184	1.681	1.014	30.027	1.698.654

ANNEXE III

(*Voir page 12*)

COLONIES JUIVES

Les Colonies juives en Argentine sont principalement composées d'émigrés russes. Elles ont été fondées et sont soutenues par la *Jewish Colonisation Association*.

Le 1ᵉʳ janvier 1897, on en comptait quatorze, distribuées comme suit :

Province d'Entre Rios

Atchiras	220 habitants.
Barreros	195 —
Basavilbaso	445 —
Clara.	1.326 —
Espindola (Feinberg).	413 —
Las Moscas	140 —
Perlisa.	244 —
Primero de Mayo.	423 —
San Antonio	228 —
San Gregorio viejo (Sonnenfeld).	389 —
San Jorge o San Vicente (B. Gunzburg) . .	865 —
Spangenberg (Bélez)	407 —

Province de Buenos Aires

Mauricio.	950 —

Province de Santa Fé

Moïsesville.	821 —

Soit un total de **7.097 habitants,**

inférieur de 472 à celui du recensement du 1ᵉʳ janvier 1896, qui donnait 7,569 habitants.

Ces colonies possèdent 126,862 hectares attribués à ses agriculteurs, et 70,050 hectares disponibles.

1896-1897.

	Superficie	Récolte
Blé . . .	25.253 hectares	32.576 ᵀ
Maïs . .	9.822 —	•
Lin . . .	8.829 —	12.510

Il s'agit ici de la récolte détruite par la sauterelle. (Voir annexe V).

La dernière année a produit le quintuple en blé et en lin ; — le maïs a donné jusqu'à 2,000 kilos par hectare (1).

TROUPEAU

Bovidés	12.282	Juments	189
Moutons	2.270	Mules	1.468
Chevaux	2.403		

Ces immigrants ont construit 2,354 édifices particuliers, 12 écoles et 2 hôpitaux.

---

(1) Une plus-value de cette nature a été constatée pour la récolte des blés, du lin et du maïs, dans toute la République Argentine pour l'année 1898.
Voici en effets, les calculs approximatifs des rendements de la future récolte :

	Hectares semés.	Rendement par hectare.	Total en tonnes de 1,000 kil.
Blés	2.100.000	1.000	2.100.000
Lin	337.000	800	270 000
Maïs	550.000	2.000	1 100.000
Total	2.987.000		

Prix au 16 novembre 1898 :

Blés	Fr.	11,75	les 100 kilogr.
Lin	»	1,50	
Maïs	»	7,50	»

ANNEXE IV

(*Voir page 24*)

NOTE SUR LE MARCHÉ CENTRAL DES PRODUITS DU PAYS A BUENOS AIRES

(BARRACAS AL SUR)

Le *Mercado central de frutos del pais*, le plus grand *wool dock* du monde est à la fois un dépôt et une bourse de commerce où s'effectuent les ventes et achats des produits du pays.

Cet édifice en fer, à quatre étages, occupe une superficie de 152,000 mètres carrés. Construit à Buenos Aires, dans le quartier de *Barracas al Sud*, au moyen de versements et de cotisations; il a coûté 1 million 1/2 de $.

Des voies ferrées desservent et traversent le marché; 72 grues à vapeur et monte-charges fonctionnent entre les étages; des wagons, 44 cabestans hydrauliques, des moteurs et des machines à vapeur complètent l'outillage de ces établissements (1).

Pendant les quatre dernières campagnes il est entré dans ses dépôts 347,280,750 kilogrammes de laines à savoir :

1893-94.	52.135.400 kgr.	1895-96.	98.600.500 kgr.
1894-95.	76.660.750	1896-97.	119.884.100

Le mouvement des cuirs a été :

1895-96.	15.672.917 kgr.	1896-97.	27.944 811 kgr.

Ajoutons par parenthèse que les céréales figurent pour :

1895-96.	123.330.219 kgr.	1896-97.	27.029.100 kgr.

Au total le marché a reçu en produits agricoles de toutes sortes :

En 1895-96. . .	240.544.620 kgr.	En 1896-97. . .	185.650.663 kgr.

---

(1) On a, en outre, installé récemment quatre grues pour le débarquement et l'embarquement des produits sur le Riachuelo (transports par eau).

Chacune des pompes à incendie, en communication avec ce dernier, peut fournir 3 m3. d'eau par minute.

Sur divers points du marché sont installées 47 bouches d'incendie avec leur tuyautage respectif.

Les quais sur le Riachuelo ont une étendue de 440 mètres. On se propose de les prolonger sur 500 mètres, et de les doter d'une autre grue hydraulique d'une puissance de 5 tonnes.

« La Camara Mercantil » du marché central agit en vue d'obtenir du gouvernement national l'approfondissement et la canalisation du Riachuelo, afin que les transatlantiques de fort tonnage puissent arriver sans difficulté jusqu'au marché. On supprimerait ainsi les transbordements onéreux.

La même chambre s'est occupée de la reconstruction, sur le Rio de Barracas, du pont devenu aujourd'hui insuffisant.

Les marchandises qui entrent en dépôt ne payent pas de magasinage pendant les six premiers jours (non compris le jour de l'entrée). Après ce délai, l'administration perçoit par mois : o $ o3 pour 10 kilogrammes ou fraction de o,10 de quintal, pour les laines et les peaux de mouton.

Pour les cuirs de bœuf et de vache, 2 $ pour 100 peaux ; pour les cuirs de jument, 1 $ 25 pour 100 peaux ; enfin, pour les céréales, o $ o4 par 100 kilogrammes.

Le Gouvernement a autorisé l'administration du marché central à délivrer aux déposants des certificats et des warrants.

ANNEXE IV *bis*

(*Voir page 47*)

Citons ici le relevé statistique d'une partie du troupeau argentin présentant un médiocre intérêt au point de vue de l'exportation, et quelques espèces qui n'ont aucun marché en dehors des frontières, mais qu'on ne saurait négliger de mettre en compte lorsqu'on veut établir l'actif du pays, car elles représentent une valeur marchande de près de 20 millions de piastres or, à savoir :

ESPÈCES	Quantité	à $	Valeur $
Espèce porcine			
Race du pays	483.348	5	2.416.740
Métis	155.719	20	3.113.890
Purs	13.699	40	547.960
Total	652.766	»	6.079.080
Espèce caprine			
Race du pays	2.659.799	2	5.319.598
Métis	84.249	5	421.245
Purs	4.812	0	96.240
Total	2.748.860	»	5.837.083
Volailles, vers à soie et abeilles			
Autruches	82.497	30	2.474.910
Poules	7.886.354	0.50	3.943.177
Canards, dindons, oies, etc.	1.224.968	1	1.224.968
Vers à soie — grammes de graine.	187.590	0.50	93.795
Ruches d'abeilles	39.920	5	199.600
Total	»	»	7.936.450

ANNEXE V

(*Voir page 49*)

DISTRIBUTION DE SEMENCES DANS LA PROVINCE DE SANTA FÉ

A la suite de l'invasion de sauterelles qui détruisit une grande partie des récoltes de la campagne 1896-1897, le Congrès vota un crédit de 700,000 $ m/n pour l'achat de semences (1) : 400,000 en furent distribuées à Santa Fé (2).

Le Pouvoir Exécutif de cette province, par décret en date du 29 janvier, institua aussitôt deux commissions chargées de l'achat et de la distribution des graines. Ces deux commissions se subdivisèrent en trente-quatre sous-commissions. Elles eurent à examiner 1,256 demandes, et finirent par distribuer 4,744,115 kilogrammes de semences.

Aux termes de l'article 2 de la loi fédérale, les colons et agriculteurs signèrent des *pagarés* (billets à ordre), pour une valeur de 519,237 $ 34. Ces documents venaient tous à échéance le 15 février 1898. Signés pour la plupart en avril 1897, ils étaient en moyenne à dix mois de terme.

Grâce à cet appui officiel, on put emblaver, en 1897 183,756 hectares contre 164,121 en 1896.

---

(1) Loi du 19 janvier 1897.
(2) 200,000 $ à la province d'Entre Rios, et 100,000 $ à la province de Cordoba.

ANNEXE VI

(*Voir pages 49 et 51*)

LOIS RELATIVES A LA DESTRUCTION DES SAUTERELLES

Au cours de l'année 1897, le Parlement fédéral vota deux lois concernant les mesures à prendre en vue de la destruction des sauterelles.

1° La loi du 6 août 1897 qui autorise le pouvoir exécutif à créer une commission centrale, et des sous-commissions provinciales et locales chargées de procéder à la destruction des sauterelles.

Les fonctions des commissaires sont publiques, obligatoires et gratuites.

Les commissions et sous-commissions rendent compte au Pouvoir Exécutif de l'emploi des fonds qui leur sont confiés. Elles sont autorisées à détruire les récoltes si cette mesure est nécessaire pour combattre le fléau. Dans ce cas, le colon ou le propriétaire reçoit une indemnité.

Tous les habitants, étrangers et nationaux, âgés de quinze à cinquante ans doivent, à toute réquisition, prêter leur concours pour un maximum de vingt journées. Ils sont payés suivant un tarif établi, ne dépassant pas 50 centavos m/n par jour.

Toute infraction est punie d'une amende.

Pour subvenir aux frais occasionnés par ces mesures, le Pouvoir Exécutif est autorisé à émettre une série de 4 millions de titres.

Une section entomologique, au bureau de l'agriculture (pour étudier et vulgariser des moyens propres à combattre la sauterelle et autres insectes nuisibles), est instituée par cette même loi.

2° La loi du 12 novembre 1897 qui établit pour tout occupant ou propriétaire du sol l'obligation de se consacrer, lui, son personnel et les outils nécessaires, à la destruction des sauterelles sur son terrain. Il pourra recevoir, à sa demande, une indemnité variant de 50 à 500 $.

Les propriétaires de terres incultes devront contribuer à l'œuvre commune à raison de trois hommes par lieue ou fraction de lieue.

Les compagnies de chemins de fer sont obligées de détruire les sauterelles, leurs larves et leurs œufs dans les zones leur appartenant. Dans le cas où elles négligeraient de le faire, il y sera procédé (sans préjudice des amendes) par les soins de la commission pour leur compte et à leurs frais.

ANNEXE VII

(*Voir page 54*)

TARIF DES ÉLÉVATEURS DE GRAINS (1)

Décharger des wagons le grain en sacs, le passer par l'élévateur, le peser, l'embarquer ou le recharger en sacs sur wagons (avec droit à dix jours de dépôt), par 100 kilogrammes : $ 0,15.

Décharger du wagon le grain en sacs, le passer à l'élévateur (droit à dix jours de dépôt), par 100 kilogrammes : $ 0,10.

Peser, ensacher et embarquer par 100 kilogrammes : $ 0,05.

Rabais de 1 centavo 1/2 par 100 kilogrammes pour grains arrivant en vrac, dans des wagons à grains, et rendus dans des sacs fournis par le déposant.

Rabais de 2 centavos par 100 kilogrammes pour grains embarqués en vrac.

Nettoyer le blé et le peser à nouveau, par 100 kilogrammes : $ 0,10.

Nettoyer le maïs et le peser à nouveau, par 100 kilogrammes : $ 0,05.

Ventiler à la machine, par 100 kilogrammes : $ 0,05.

Transporter le grain d'un réservoir à un autre, par 100 kilogrammes : $ 0.015.

Peser un lot sur petites balances, par 100 kilogrammes : $ 0,03.

Dépôt après les dix premiers jours, pour chaque dix jours ou fraction de dix jours, par 100 kilogrammes : $ 0,02.

Tout réservoir occupé partiellement se paiera en entier.

Ventes ou transferts par quantités de 100,000 kilogrammes et au-dessus, par 100 kilogrammes : $ 0,01.

Par quantités moindres, pour 100 kilogrammes : $ 0,02.

Quand le déchet excède 5 % du poids, le prix pour nettoyer les grains sera l'objet d'une convention spéciale.

Tout travail non spécifié dans le présent tarif sera payé de gré à gré.

RÈGLEMENT

La compagnie n'est pas responsable du manque de poids ou des détériorations provenant des défauts propres aux grains.

Le nettoyage se fera pour le compte des déposants; la compagnie ne répond pas du déchet qui peut en résulter.

La compagnie se réserve le droit de refuser l'entrée dans ses dépôts des grains en mauvais état; elle pourra déplacer, au compte du propriétaire, tout lot qui commencerait à se détériorer.

La taxe de dépôt est acquittée selon la capacité des réservoirs occupés; la compagnie se réserve le droit de verser les grains d'un réservoir dans un autre de même capacité.

---

(1) Nous donnons ici un tarif d'un élévateur appartenant au *Central Argentino.*

ANNEXE VIII

(*Voir page 69*)

ANALYSES DE VINS ARGENTINS

PROVINCE DE MENDOZA	Vin type français		Vin type créole		Vin blanc "Semillon"	
	maxima	minima	maxima	minima	maxima	minima

DÉPARTEMENT DE BELGRANO

Densité	1 013	0 940	1 002	0 9945	0 995	0 965
Alcool.	13 43	9 43	12 66	10 28	13 62	12 22
Extrait sec o/oo . .	32 »	25 »	22 80	11 50	29 30	19 20
Cendres o/oo. . . .	4 70	4 70	4 10	3 54	3 20	3 07
Sucre réducteur o/oo	24 99	traces	11 »	traces	traces	traces

DÉPARTEMENT DE GUAYMALLEN

Densité	1 030	0 995	1 »	0 992	1 012	0 992
Alcool.	13 43	8 37	14 09	9 37	14 46	9 37
Extrait sec o/oo . .	31 »	24 »	30 »	23 30	31 90	18 60
Cendres o 00. . . .	5 300	3 200	5 100	2 400	5 050	2 150
Sucre réducteur o/oo	27 050	traces	48 800	traces	49 990	traces

DÉPARTEMENT DE LAS HERAS

Densité	1 730	0 981	1 »	0 993	»	»
Alcool.	13 43	10 25	12 77	10 03	»	»
Extrait sec o/oo . .	32 »	26 »	26 »	20 35	»	»
Cendres o/oo. . . .	5 50	3 »	5 05	3 60	»	»
Sucre réducteur o/oo	24 203	traces	6 870	traces	»	»

DÉPARTEMENT DE RIVADAVIA

Densité	1 005	»	1 »	0 905	0 996	0 900
Alcool.	10 79	9 13	11 86	8 63	12 35	10 12
Extrait sec o/oo . .	26 »	26 50	27 20	24 25	22 38	21 60
Cendres o/oo. . . .	5 10	3 60	4 60	3 60	3 81	2 45
Sucre réducteur o/oo	26 663	traces	traces	traces	traces	traces

DÉPARTEMENT DE JUNIN

Densité	1 802	0 999	»	»	0 9965	0 996
Alcool.	12 53	9 78	»	»	11 17	10 21
Extrait sec o/oo . .	34 50	25 25	»	»	10 35	25 24
Cendres o/oo. . . .	4 90	3 29	»	»	3 60	3 35
Sucre réducteur o/oo	8 10	traces	»	»	2 86	traces

DÉPARTEMENT DE SAN MARTIN

Densité	1 030	0 695	1 540	0 993	0 995	0 904
Alcool.	12 49	9 62	13 52	9 13	10 38	10 32
Extrait sec o/oo . .	32 »	26 25	21 50	20 08	21 35	17 60
Cendres o/oo. . . .	4 90	2 25	5 20	3 20	4 70	2 65
Sucre réducteur o/oo	5 70	traces	39 281	traces	traces	traces

DÉPARTEMENT DE LUJAN

Densité	1 030	0 909	»	»	0 997	0 905
Alcool.	13 34	9 60	»	»	10 77	10 . »
Extrait sec o/oo . .	32 »	25 30	»	»	24 40	22 40
Cendres o/oo. . . .	4 10	2 »	»	»	3 90	2 80
Sucre réducteur o/oo	16 16	traces	»	»	11 »	traces

(Résultats communiqués par le laboratoire de Mendoza)

Noms des propriétaires	Désignation des vins	Densité	Alcool % en volume	Alcool en poids	Extrait sec en poids	Sucre réducteur o/oo	Proportion entre l'extrait sec et l'alcool

DÉPARTEMENT DE BELGRANO

Noms des propriétaires	Désignation des vins	Densité	Alcool % en volume	Alcool en poids	Extrait sec en poids	Sucre réducteur o/oo	Proportion entre l'extrait sec et l'alcool
Benegas	De table	0 997	11 40	9 12	21 80°/₀ traces		1 : 9 2
	Rouge	0 997	11 »	8 80	22 50	traces	1 : 6 4
Arizu	De table	1 003	11 80	9 44	»	7 81	»
	Rouge (cépages français)	0 998	11 80	9 44	»	5 05	»
Delaballe . . .	Rouge (cépages français)	1 004	13 40	9 92	32 65	18 15	1 : 2 36
Tomba Hnos. . .	Cabernet 1893	0 996	11 30	9 44	23 69	traces	1 : 3 83
	Merlot 1894	0 998	11 60	8 80	»	traces	1 : 9 22
	Muscat	0 990	11 60	9 28	27 24	7 76	1 : 3 3

DÉPARTEMENT DE LAS HERAS

Noms des propriétaires	Désignation des vins	Densité	Alcool % en volume	Alcool en poids	Extrait sec en poids	Sucre réducteur o/oo	Proportion entre l'extrait sec et l'alcool
Alturalde . . .	Carlon	1 002	11 40	9 12	33 »	7 05	1 : 2 8
Brandi	Spécial	1 »	12 80	10 24	33 64	4 95	1 : 3 »

DÉPARTEMENT DE GUAYMALLEN

Noms des propriétaires	Désignation des vins	Densité	Alcool % en volume	Alcool en poids	Extrait sec en poids	Sucre réducteur o/oo	Proportion entre l'extrait sec et l'alcool
Toso	Français	1 001	10 80	8 64	33 26	3 04	1 : 2 59
Frugoli	Rouge	1 001	10 80	8 64	32 06	9 64	1 : 2 7

DÉPARTEMENT DE MAIPU

Chavarria . . .	Rouge (cabernet)	o 997	11 60	9 28	»	traces	»
Malgoz Heerfst.	Malbec	o 999	11 80	9 44	27 70	3 70	1 : 3 3

DÉPARTEMENT DE RIVADAVIA

De Frezals et Cⁱᵉ.	Type français (1)	o 999	11 72	»	36 15	traces	»
	Carlon (2)	1 0025	11 »	»	30 25	traces	»

ANALYSE DES MOUTS

provenant des départements de Belgrano et de Guaymallen (Récolte 1897).

(LABORATOIRE DE MENDOZA)

		MALBEC		CABERNET	
		Belgrano	Guaymallen	Belgrano	Guaymallen
Densité.	minimum . .	1 0881	1 8300		1 0810
	maximum. .	1 0936	2 1100	1 0780	1 0810
Sucre o/oo . . .	minimum . .	178 50	186 50		178 50
	maximum. .	192 30	250 »	171 »	211 75
Extrait sec o/oo . .	minimum . .	»	200 »		202 50
	maximum. .	»	272 16	131 »	232 70
Cendres o/oo . . .	minimum . .	2 60	2 50		2 05
	maximum. .	2 20	5 »	2 50	4 70
Acidité 5o 1/2 o/oo.	minimum . .	4 375	3 062		3 379
	maximum. .	4 541	4 859	4 814	4 229

		PINEAU		SEMILLON BLANC	
		Belgrano	Guaymallen	Belgrano	Guaymallen
Densité.	minimum . .	1 640			
	maximum. .	»	1 1100	1 0880	1 0046
Sucre o/oo	minimum . .	143 20			
	maximum. .	209 75	731 25	167 50	245 »

(1) Cendres. 4,10
   Acidité en SO H². . . 4,764
   Essai en SO⁴ 12 H. . . 0,426
(2) Cendres. 4,65
   Acidité en SO⁴ H². . . 5,671
   Essai en SO⁴ 12 H .. . 9,759

Extrait sec o/oo . . { minimum . . 181 »   238 85   268 20
{ maximum . . 238 »

Cendres o/oo . . . { minimum . . 2 70   2 05   2 95   4 30
{ maximum . . 3 80

Acidité 5o 1/2 o/oo . { minimum . . 3 609   3 379   3 500   1 957
{ maximum . . 5 079

ANALYSE DES VINS DE LA PROVINCE DE SAN JUAN

(Résultats communiqués par le laboratoire de Mendoza)

Noms des propriétaires	Désignation des vins	Densité	Alcool % en volume	en poids	Extrait sec % en poids	Sucre réducteur	Proportion entre l'extrait sec et l'alcool
Uriate . . .	Vin blanc (sans désignation) .	0 991	11 60	9 28	21 22	2 23	1 : 4 3
	Vin rouge (sans désignation) .	0 997	12 »	9 60	26 »	6 17	»
Echegaray .	Vin rouge (cépage français)	0 995	12 40	9 92	27 40	traces	1 : 3 6
	Vin blanc (sans désignation) .	0 913	14 »	11 20	24 15	2 89	1 : 5 2
Maurin . .	Vin rouge (cépage français)	1 001	12 80	10 24	41 20	7 05	»
	Vin blanc . . .	0 996	13 40	10 72	32 60	4 54	»
Widenbrug	Vin rouge (cépage français)	0 999	12 »	10 24	34 20	traces	1 : 3
Maradona .	Vin rouge (sans désignation) .	1 006	10 80	8 64	56 25	12 22	»
Grafina . .	Vin blanc (sans désignation) .	1 »	13 10	10 88	39 65	9 31	1 : 3 5

ANNEXE IX

(*Voir page 86*)

RAFFINERIE ARGENTINE DE ROSARIO

La raffinerie argentine, fondée en 1887, au capital de 1.071.685,15 $ or (1), a mis ses machines en mouvement vers le quatrième trimestre de 1889 (2).

RAFFINAGE.

Un double monte-charge. — 30 machines centrifuges.

DISSOLUTION ET CLARIFICATION DU SUCRE.

3 machines pour dissoudre les sucres provenant des machines centrifuges. — 3 clarificateurs en bronze (capacité moyenne 3^{m3}).

FILTRAGE ET RAFFINAGE.

55 filtres (50 contiennent 7 tonnes de noir animal) filtres-presses. — 29 centrifuges. — Broyeurs.

COUPAGE.

8 machines Adant.

FABRICATION DU NOIR ANIMAL.

8 fours.
1 laboratoire d'analyses.

DISTILLERIE.

22 cuves (capacité moyenne 12.000 litres). 2 dépôts pour les mélanges. — 5 cuves pour la préparation du levain. — 2 grands alambics à double colonne. — 1 rectificateur. — 2 réservoirs de 300.000 litres.

---

(1) Tous les souscripteurs sont Argentins.
(2) L'établissement en question est situé à 500 mètres environ de la gare de Sunchales, sur le chemin de fer de Buenos Aires à Rosario ; l'usine proprement dite couvre une étendue de (35,000 mètres carrés (rive droite du Parana).
Elle a en outre dans sa dépendance :
1° A 1 kilomètre au Nord, 75,000 mètres superficiels, partiellement occupés par des hangars d'une contenance moyenne de 100,000 sacs.
2° Entre les deux terrains susdits, cinq autres dépôts : trois de ces derniers peuvent recevoir respectivement 80,000 70,000 et 60,000 sacs ; ils sont destinés au sucre brut ; le quatrième contient les outils, machines, etc.; le cinquième est utilisé comme dépôt de charbon.
3° Plusieurs voies ferrées relient la raffinerie aux chemins de fer de Buenos Aires à Rosario Compagnie française), de Cordoba à Rosario et *Central Argentine Lines*.

1 atelier de tonnellerie. — 1 fabrique de caisses. — 1 charpenterie. — 1 atelier mécanique de réparations.

2 moteurs Sulzer de 150 chevaux. — 1 autre de 60 chevaux. — Pompes (débit 5.000 litres par minute).

ÉCLAIRAGE ET FORCE VAPEUR.

500 lampes à incandescence. — 18 lampes à arc.

12 chaudières consommant 60 tonnes de charbon par vingt-quatre heures. La direction technique de l'établissement est entre les mains de M. Ferdinand Kessler.

L'usine occupe 600 ouvriers pendant 365 jours par an (1).

---

(1) M. Hileret développe, dans la lettre que nous reproduisons ci-après, son avis sur le rôle actuel de la France dans l'industrie sucrière argentine :

« Sans doute, il eût été préférable pour la France qu'elle continuât, comme par le passé, à être avec l'Allemagne, l'Autriche, Maurice, le Brésil, fournisseur du sucre de la République Argentine.

» Mais pour que cela fût possible, il aurait fallu que la Plata restât en dehors du mouvement qui pousse les nations, toutes, à chercher chez elles leurs moyens de subsistance.

» Or, c'est le contraire absolument qui a eu lieu dans ce pays né d'hier, plein de sève, de vie, de ressources immenses, et doué d'une exubérance qu'il faudrait plutôt contenir.

» Il était évident, depuis quinze ans déjà, que la République argentine ne tarderait pas à produire le sucre nécessaire à sa consommation. On a fait ce qu'il convenait pour compenser tout au moins la perte qui allait résulter de la fermeture pour nos produits de ce marché :

» *L'industrie sucrière argentine devint presque exclusivement tributaire de l'industrie métallurgique française.*

» Celle-ci délogea l'Angleterre qui, depuis quelques années déjà, s'était installée là et s'y croyait chez elle.

» La Cie de Fives-Lille, les ateliers Cail, la maison Mariolle, de Saint-Quentin, etc., fournirent des machines et envoyèrent (notamment à Tucuman) des ingénieurs, des mécaniciens, chaudronniers, cuiseurs, pour installer et faire fonctionner les usines.

» Plus de 35,000,000 fr. de machines ont dû être exportées ; les ouvriers gagnaient et gagnent encore de 500 à 800 fr. par mois, nourris et logés (de 5 à 600 fr. d'économies sont envoyées par eux annuellement en France). Et, sans compter les nouvelles machines qui pourront être demandées par les industriels sucriers, et bien que l'Allemagne là, comme ailleurs, soit venue s'implanter et nous faire, avec ses longs crédits et son matériel moins cher, une redoutable concurrence, — nous resterons toujours fournisseurs des usines pour les pièces de rechange nécessaires à l'entretien du matériel.

» Enfin, il ne faut pas perdre de vue que cinq des trente-trois usines de Tucuman (dont la plus considérable de toutes peut fabriquer 100,000 kgr. de sucre blanc par jour) appartiennent à des Français, et que le cinquième environ des champs de cannes en exploitation est la propriété de Français ou se trouve affermé par eux. »

ANNEXE X

(*Voir page 105.*)

CODE RURAL DE LA PROVINCE DE SANTA FÉ

(*Exposé analytique*)

Le code rural de la province de Santa Fé, sanctionné par la chambre des Représentants le 28 août 1867 et promulgué le 5 octobre de la même année, contient l'ensemble des mesures législatives concernant la propriété rurale et les agriculteurs.

TITRE I. — DE L'ÉLEVAGE.

1° délimitation des propriétés.

La superficie des établissements pastoraux ne devra pas dépasser 300 vares de façade sur 6,000 vares de profondeur.

Le propriétaire pourra y placer autant de têtes de bétail qu'il lui plaira.

Toute propriété devra être cadastrée dans les deux années qui en suivront l'achat.

Seront punis :

Ceux qui occuperaient la propriété d'autrui, sans autorisation préalable, sous quelque prétexte que ce soit;

Ceux dont les animaux passeraient dans une propriété limitrophe (sauf les cas de force majeure).

2° marque des animaux.

Tout propriétaire de bétail est tenu de faire marquer ses animaux. — Les marques seules impliquent possession ; — elles doivent être inscrites sur un registre spécial au commissariat de police de la municipalité. Chaque marque à feu donne lieu, pour une période de dix ans, à la perception d'un droit de 5 $ or; la marque simple se paie 2 $.

On n'admet pas de marques similaires dans un rayon de 6 lieues.

Si un animal s'est introduit dans une propriété étrangère, le propriétaire de cette dernière permettra les recherches qui ne pourront excéder six heures; elles devront s'opérer avant midi.

En cas de désaccord, l'autorité la plus proche statuera.

Si un propriétaire veut réunir ses juments, il en avisera ses voisins huit jours à l'avance, afin qu'il leur soit loisible de prendre les dispositions nécessaires pour surveiller leurs animaux.

Les bêtes égarées et non réclamées sont remises au juge de paix qui, après les avis légaux, les vend aux enchères pour compte de qui il appartient.

Le propriétaire de champs non clôturés ne peut pas s'opposer au passage, sur ses terres, d'animaux en transit; — il en tolérera le séjour durant un nombre d'heures déterminé.

Le conducteur, d'autre part, est soumis à certaines obligations: il doit prévenir le propriétaire de son passage, suivre les routes tracées, exercer une surveillance active sur ses animaux, ne pas stationner plus de douze heures dans le même endroit (lorsqu'il conduit des chariots, l'arrêt sera réduit à trois heures).

Toute personne qui achète un produit du sol à un colporteur, à un cultivateur, ou à un marchand établi, doit consigner, sur un registre spécial, le nom et le domicile du vendeur, et le genre de transaction à laquelle il s'est livré.

Ce registre devra être présenté à toute réquisition aux autorités compétentes.

L'éleveur qui veut marquer ses animaux doit en prévenir six jours à l'avance les propriétaires. voisins afin de leur permettre de rassembler leur bétail.

Un agent, nommé par les autorités locales, présidera à cette opération.

A la demande des intéressés, les juges de paix sont tenus de délivrer des certificats de propriété, indiquant les espèces d'animaux, leurs nombre, signes, marques, etc.

Tout éleveur de bétail est obligé de faire constater chaque année par des commissaires spéciaux, nommés *ad hoc*, qu'il dispose d'eau en quantité suffisante pour les besoins de ses animaux.

Les bouviers conducteurs de bestiaux sont astreints à une immatriculation (1) et au dépôt d'un cautionnement.

En route, ils doivent être porteurs d'un document délivré par le propriétaire et visé par le juge de paix. — Cette pièce devra indiquer le nombre et l'espèce des animaux confiés à leurs soins.

Les bouviers ne peuvent se charger d'animaux autres que ceux qui sont indiqués sur le passeport, ni procéder à aucune vente sans y être, au préalable, autorisés par la justice.

Les conducteurs sont responsables de leurs aides.

Les bouchers sont également soumis à l'immatriculation. Ils doivent déposer une caution, et faire élection de domicile.

Il leur est interdit de former des sociétés d'abattage avec les « *employés des enclos ou des entrepôts* ». Ils ne doivent laisser pénétrer dans les enclos que les animaux destinés à être abattus, et le personnel spécialement chargé de l'abattage.

Ils peuvent se réunir en assemblée sous la présidence du « *juge des enclos* », et prendre, dans l'intérêt commun, telles décisions qu'ils estimeront nécessaires.

Dans chaque enclos, un juge ou commissaire a pour attributions de présider les assemblées de bouchers, de soumettre à la sanction du Gouvernement leurs décisions, de fixer les heures de travail et les endroits où doivent avoir lieu les abattages, de consulter les bouchers sur toute mesure que devrait prendre le Gouvernement à leur égard (2).

Les animaux destinés aux abattoirs des villes ou aux *saladeros* sont réunis dans des entrepôts.

Quand, pour une raison quelconque, ils en sont sortis, il est défendu de les y faire rentrer de nouveau. Si l'on constate qu'ils manquent de pâturage, ils sont considérés comme dépourvus de propriétaires et vendus, par le commissaire, aux enchères publiques.

Le Gouvernement peut installer des entrepôts partout où il lui conviendra. C'est la municipalité ou à son défaut le juge de paix qui est chargé d'en organiser le service.

Les propriétaires des *saladeros* ou de fabriques de suif n'ont pas le droit de travailler sans en donner au préalable avis au commissaire des abattages.

Il est interdit de recevoir ou de tuer de nuit aucun animal dans les abattoirs.

Quiconque introduirait ou garderait dans une propriété un animal sauvage est passible d'une amende de 50 piastres.

Les municipalités feront prendre et vendre à leur profit les juments sauvages trouvées dans les champs.

---

(1) Ils sont immatriculés sur un registre spécial tenu, par la police, à Buenos Aires, à Rosario, à Cordoba, et communiqué à tous juges de paix.
L'autorité leur délivre un certificat timbré, valable pour un an.
(2) *Le juge d'enclos* est un intermédiaire entre le Gouvernement et les bouchers. Il perçoit, au profit des municipalités, l'*impôt des enclos*.

TITRE II. — DE LA CULTURE DES CHAMPS.

Le code désigne sous le nom de *chacra* ou *quinta* une propriété rurale où l'on fait en même temps de l'agriculture et de l'élevage.

Dans les terrains qui s'étendent entre une ville et les *chacras* ou *quintas*, on ne peut maintenir que des animaux qui servent à l'exploitation de la propriété (200 têtes au maximum). Il est permis toutefois d'y élever des animaux de basse-cour et des moutons.

Le code réglemente la surveillance des animaux, la clôture des propriétés, etc.

DES SERVITUDES. — Les terrains bas sont assujettis à recevoir l'eau qui s'écoule naturellement de terrains plus élevés.

Le propriétaire d'un terrain entouré d'autres propriétés, et qui est privé d'accès aux chemins publics, a le droit de passer chez son voisin, même avec des voitures, quitte à l'indemniser des dommages qu'il lui cause.

Les plantations d'arbres à la limite des propriétés ne sont autorisées qu'à la condition de ne pas empiéter sur les terres du voisin ni par les racines ni par les branches.

Les animaux qui ont causé des dégâts sur le terrain d'un tiers, sont, après des délais déterminés et si le propriétaire est inconnu, vendus aux enchères publiques. Le produit de la vente sera partagé entre le Trésor et le propriétaire à indemniser.

Tout propriétaire aura licence de clôturer sa propriété, mais il devra au préalable obtenir l'adhésion de la municipalité.

Les contestations entre voisins au sujet de la clôture seront résolues, sans appel, par le juge de paix.

Les instruments aratoires, machines, semences, engrais, les animaux de labour et de basse-cour, les troupeaux, ruches d'abeilles, vers à soie, etc..., sont considérés comme immeubles par destination, et sont, à ce titre, susceptibles d'être incorporés dans la propriété en cas de saisie, d'hypothèque ou de vente.

Les récoltes ne peuvent être saisies sur pied.

Tout propriétaire a le droit de tirer sur les pigeons trouvés sur son terrain, à l'époque des semailles.

Les pigeons d'un établissement voisin venant s'installer chez un agriculteur sont considérés comme lui appartenant.

TITRE III. — VOL DE BÉTAIL, DE CHEVAUX, ETC. — CONTRATS ET RÈGLEMENTS RELATIFS AUX ROUTES, MAISONS, PRODUITS DU SOL, INCENDIES, ÉPIZOOTIES OU MALADIES CONTAGIEUSES.

Le juge de paix du district connaît des vols d'animaux jusqu'à concurrence d'une valeur de 800 $ or. Il lui appartient d'exécuter le jugement, et d'opérer la remise des animaux à qui de droit.

Lorsqu'il s'agit de vols dépassant la somme susdite, il fait toutes diligences pour poursuivre les coupables, et remet l'affaire entre les mains du juge de première instance.

Tout individu qui trouve en possession d'un tiers un cheval lui appartenant a le droit de le retenir ou de se le faire rendre par autorité de justice.

Toute personne achetant, dans un district qui n'est pas le sien, un animal quelconque, doit exiger du vendeur un certificat visé par le juge de paix.

Quiconque trouve sur ses terres un cheval de selle ne lui appartenant pas doit en aviser (sous peine d'amende) le propriétaire et (s'il ne connaît pas la marque de la bête) l'alcade.

Si, au bout de huit jours, après les publications légales, personne ne le réclame, l'animal sera vendu aux enchères publiques.

Est réputé « *patron* » celui qui engage, pour l'exploitation de ses biens ruraux, des *peones* (ouvriers agricoles).

Nul ne peut engager un *peon* sans contrat écrit, stipulant le genre de service, les heures de travail, les conditions et la durée de l'engagement, etc...

Un registre spécial de ces contrats est tenu par le juge de paix. Ce fonctionnaire connaît des contestations entre *peones* et patrons ; il juge sans appel.

Les routes dites provinciales appartiennent à la province. Leur largeur est de 60 vares.

Les propriétaires terriens ne peuvent clôturer leurs terrains le long de ces routes, sur un espace de plus d'une lieue, sans l'autorisation du Gouvernement de la province.

En ce qui concerne des clôtures de moindre extension, les municipalités sont compétentes pour accorder les autorisations *ad hoc*.

Toute autorisation de clôture demeure révocable lorsque l'ouverture de nouvelles routes à travers les terrains clôturés devient nécessaire.

Les chemins vicinaux relient entre elles les propriétés publiques ou particulières d'un district.

Les municipalités doivent veiller à la conservation des chemins vicinaux d'intérêt public. Elles peuvent autoriser la fermeture de routes d'intérêt privé.

La plume et le poil (sauvage ou domestique) sont considérés comme appartenant au propriétaire du domaine où ils habitent (1).

Pour brûler des herbes les propriétaires devront obtenir l'autorisation du commissaire municipal et avertir leurs voisins avant de procéder à l'incinération.

En cas d'infraction à ces dispositions, ils encourent des pénalités, et sont passibles de dommages et intérêts envers ceux qui auraient été lésés par l'incendie.

L'autorité locale doit être informée des cas d'épizootie immédiatement après qu'ils ont été constatés.

Les animaux malades seront isolés. Tout animal mort sera aussitôt enfoui.

La municipalité devra rechercher la nature de la maladie, et le cas échéant, prendre les dispositions pour éviter la contagion.

Nul ne pourra entreprendre des travaux de nature à détourner le cours des rivières ou ruisseaux.

TITRE IV. — POLICE RURALE.

En dehors de ses attributions générales, les cas où l'action de la police rurale doit s'exercer spontanément ou peut être réclamée sont spécifiés par le Code.

Voici les principaux points :

Empêcher le port d'armes blanches ou d'armes à feu, à moins qu'il ne soit rendu nécessaire par l'exercice d'une profession ou la sécurité d'une exploitation.

Réprimer le vagabondage :

Sera considéré comme vagabond tout individu qui n'a ni domicile, ni moyens d'existence connus, et qui, par sa conduite, peut paraître dangereux pour l'ordre public. Tout individu reconnu comme vagabond par décision

---

(1) Toute personne qui se livre à la chasse sans autorisation des propriétaires (municipalités ou particuliers) encourt des pénalités spécifiées par la loi.

Dans l'intérêt de la conservation du gibier, chaque municipalité publie l'époque où, pour chacune des espèces, la chasse demeure ouverte.

judiciaire pourra être envoyé pour trois ans dans un régiment; s'il est impropre au service militaire, il sera astreint, pendant un an, aux travaux publics.

Interdire les jeux de hasard, la vente de boissons alcooliques en dehors des heures et des conditions prévues par la loi; réprimer toutes infractions de ces dispositions; autoriser, après accomplissement de certaines formalités, le commerce des marchands ambulants; faire, en cas de vol ou autres délits spécifiés, les constatations nécessaires; ouvrir des enquêtes et ordonner des poursuites.

Dans les campagnes, les juges de paix sont chargés de la police générale, et remplissent les fonctions de commissaires.

Les pénalités sont pécuniaires ou corporelles suivant la gravité des faits.

TITRE V. — DISPOSITIONS SPÉCIALES.

La loi prescrit aux membres des municipalités et aux fonctionnaires d'exercer par la persuasion une action constante sur les habitants en ce qui concerne les points ci-dessous énumérés :

1° Fréquentation des écoles au moins pendant une partie de l'année;

2° Limitation du nombre des animaux sur les concessions;

3° Recommandations contre les affermages partiels de pâturages, causes de perpétuelles contestations à la suite du mélange des troupeaux;

4° Introduction de machines agricoles; — développement de concours agricoles.

Tout habitant de la province, et spécialement tout agriculteur ou éleveur peut adresser au Gouvernement les observations qu'il jugera utiles sur les prescriptions du Code rural, et proposer telles réformes qui lui paraîtront équitables.

ANNEXE XI

(*Voir page 106.*)

LE COLON AGRICOLE EN ARGENTINE (1)

QUESTION N° 1. — *Comment procède, pour devenir agriculteur, l'émigrant européen qui arrive en Argentine?*

L'émigrant désireux de faire de l'agriculture peut travailler dans les « colonies » (2) appartenant au Gouvernement national, ou dans celles qui constituent des propriétés particulières.

Le *Departemento Nacional de Agricultura* (section de colonisation des territoires nationaux) s'occupe du placement des agriculteurs.

Le *Departamento de Inmigracion* (qui leur fournit logement et nourriture pendant quelques jours) met les nouveaux venus en rapport avec l'agriculteur déjà établi et qui a besoin de main-d'œuvre agricole. Les frais de déplacement depuis Buenos Aires leur sont avancés par le *Departamento de Inmigracion.*

Quelquefois le fermier fait lui-même l'avance du voyage.

L'ouvrier qui a recours au fermier débute comme journalier.

Les immigrants, assez rares d'ailleurs qui, disposant de quelque capital, se sont installés en Argentine, comme locataires ou métayers ont généralement échoué.

Les Italiens arrivés comme colons et devenus fermiers appellent souvent auprès d'eux des parents ou des amis de leur village. Ils retiennent, sur les gages de ces auxiliaires, les avances qu'ils font pour payer leur passage.

L'émigrant italien arrive fréquemment seul, et ne fait venir sa famille que lorsqu'il s'établit.

Des ouvriers travaillant dans les ateliers se laissent souvent embaucher au moment des récoltes; prenant goût à la vie des cultivateurs, ils restent à la campagne, réalisent parfois des économies, et deviennent métayers à leur tour.

QUESTION N° 2. — *Comment l'émigrant européen devient-il propriétaire, locataire ou métayer sur des terrains appartenant au Gouvernement ou à la province? — Les pouvoirs publics favorisent-ils les colons? — Organisation du travail agricole.*

Le Gouvernement de la province de Santa Fé ne dispose pas de terrains spécialement destinés à la colonisation.

Sans entraver l'immigration, il n'a pas pris des mesures spéciales pour la

---

(1) Le chargé de mission a adressé à plusieurs *estancieros* et propriétaires de colonies un questionnaire sur la situation du colon agricole en Argentine.

Parmi les réponses qui lui sont parvenues, celle de M. Barrère, grand propriétaire terrien dans la province de Santa Fé, donne l'idée la plus exacte et la plus complète des conditions où se trouve placé l'immigrant dans cette République.

Nous donnons ci-après un extrait de ce mémoire.

(2) Les mots de « *colonie* », « *colonisation* », « *colon* », sont exclusivement employés pour désigner les terrains destinés à la culture, les mesures qui se réfèrent à leur mise en valeur, et les immigrants qui s'occupent des travaux des champs.

développer. Les progrès extraordinaires constatés depuis une douzaine d'années sont dus à l'initiative particulière.

En 1896, le Pouvoir Exécutif provincial a procuré à une certaine quantité de colons nécessiteux une partie de la semence dont ils avaient besoin.

La récolte 1896-1897 ayant été mauvaise, le Gouvernement national, principalement sur l'initiative du *Centro Comercial* de Rosario, a suivi cet exemple (1).

La province a frappé, ces dernières années, d'un impôt la majeure partie des grains qui se récoltent sur son territoire.

On acquitte les droits en question à l'entrée dans les moulins, ou à la réception dans les stations de chemins de fer.

Le grain destiné à la semence (un dixième de la production) est exempt de toute contribution.

ORGANISATION DU TRAVAIL AGRICOLE

I. — OUVRIER DE FERME

Il y a deux catégories d'ouvriers de ferme (*peones*) : l'homme qui s'engage seul et celui qui, marié, loue son travail et celui de sa femme.

L'ouvrier non marié s'engage rarement pour toute l'année.

D'une façon générale, il débute par le travail des labours (fin mars ou commencement d'avril), les semailles terminées (fin juillet), le fermier ne conserve que la main-d'œuvre nécessaire aux défrichements. Les salaires baissent alors. Vers la fin de novembre, époque des moissons, ils augmentent dans de fortes proportions. En janvier et février, les ouvriers manœuvrent les batteuses à vapeur. Ci-après nous donnons un état des salaires qu'un ouvrier de ferme peut en moyenne gagner dans le courant d'une année (paiement à prix fixe et d'avance).

SALAIRES DU PEON DE CHACRA (*ouvrier de ferme*)

Labours et semailles du 1er avril au 30 juillet à $ 35 par mois . .	140
Labours de défrichage du 1er août au 30 novembre à $ 18 par mois.	72
Moisson (décembre)	120
Travail de battage (janvier et février).	180
Travaux divers en mars.	45
Total $ m/n.	557

Une autre forme de contrat assimile l'ouvrier à un tâcheron : on lui remet en paiement de ses services le produit net d'une superficie de 8 à 10 hectares (calculé sur le rendement moyen de toute la ferme).

Cet ouvrier se dénomme *tantero*.

Un ménage de « tanteros » gagne aisément le produit de 14 à 16 hectares.

La femme s'occupe des soins de la maison; le mari peut même parfois travailler en dehors du domaine auquel il appartient.

-----

(1) Voir la note sur les blés, pages 49 et suivantes.

De toute façon, le patron doit la nourriture et le logement aux *peones* et aux *tanteros* qui, par contre, sont tenus de fournir leurs lits.

Voici ce que gagnent : 1° un ouvrier *tantero;* 2° un ménage de « tanteros »; 3° un enfant de quatorze à quinze ans gardeur de bétail *bueyero.*

1° Un *tantero :*
Produit net de 8 hectares (semés en blé) à 800 kilogrammes par hectare, à raison de $ 7, — dont 1 %. . . . . $ m/n 448
Travaux de défrichage 3 mois à $ 18. 54
Travaux de battage. 100

Total $ m/n 602 (1)

2° Un ménage d'ouvriers de ferme (*peones de chacra matrimonio tanteros*).
Produit net de 15 hectares (semés en blé) à 800 kilogrammes par hectare à raison de $ 7 %, — dont 1. 840
Travaux supplémentaires du mari. 100

Total $ m/n 940 (1)

3° Un gamin de quatorze à quinze ans gardeur de bétail (bueyero) se paie de 10 à 15 $ par mois; à $ 12,50 en moyenne pendant douze mois : $ m/n 150 (1).

II. — MÉTAYER (*Mediero*).

Les ouvriers qui connaissent le travail de la ferme et ont su amasser un peu d'argent trouvent facilement à se placer comme métayers (*medieros*).

Dans la province de Santa Fé, les conditions usuelles sont les suivantes :

Le propriétaire ou fermier fournit au métayer le terrain libre de tous frais ou impôts, l'habitation, les animaux et le matériel nécessaire à l'exploitation.

Le *mediero* doit, à l'expiration du contrat, remettre le tout en bon état. Il est responsable des animaux, sauf les cas de maladie.

On lui donne les semences, mais il doit en payer la moitié. Les frais de battage et d'achat de sacs lui incombent proportionnellement. Il est tenu de fournir tout le travail de culture (payer et nourrir ses ouvriers) jusqu'à la fin des récoltes.

Le produit des moissons est partagé dans une proportion déterminée, mais ordinairement par moitié entre le métayer et le fermier.

Les contrats ont généralement une durée d'au moins deux ou trois ans (particulièrement lorsque le terrain n'est pas défriché).

Le système du métayage est surtout rémunérateur lorsqu'il se pratique par des familles nombreuses qui ne boudent pas à la besogne et ont le moins possible recours à la main-d'œuvre étrangère.

Ci-après l'état de la situation d'un métayer après une année de travail : la famille se compose du mari, de la femme, d'un gamin de quatorze à quinze ans, d'une fille de douze à treize ans et de deux petits enfants.

_____

(1) Ces prix sont des moyennes établies dans la province de Santa Fé pour la culture du blé et du lin.

Le mari s'emploie aux grosses occupations de la ferme, le gamin *bueyero* garde le bétail, la femme soigne le ménage; la fillette prend soin des plus jeunes enfants.

La ferme comprend 168 hectares *(4 concesiones :* 100 cuadras), située à 100/110 kilomètres de Rosario et à 10/15 kilomètres d'une station de chemin de fer.

Culture de blé; on réserve 15 % des terrains pour les pâturages.

(Les résultats rémunérateurs commencent à 1,000 kilogrammes par hectare).

FRAIS

Labours, semailles, un ouvrier du 1er avril au 31 juillet à $ 35	145	
Nourriture pendant ces quatre mois : cinq personnes à $ 0,50 par jour.	300	
Moisson, un ouvrier mécanicien ou metteur en meule (1).	125	
Quatre ouvriers ordinaires à $ 90.	360	
Nourriture d'un mois, huit personnes à $ 0,80.	192	
Nourriture de sept mois, cinq personnes 1/2 à $ 0,50 à $ 0,80 par jour.	525	
Frais imprévus, réparations, outils, etc.	100	1.747
Capital, ustensiles, cuisine, meubles, etc.		150
	$ m/n	1.897

PRODUIT

142 hectares à 800 kilogr. = 113.600 kilogr.; déduisant la semence 8,500 kilogr., restent 105,100, soit la moitié 52,550 kilogr. à $ 7 %.			3.678 50
Frais de l'année.	1.747		
Amortissement, matériel, cuisine, etc., 25 % .	37 50		
Battage de 52,550 kilogr. à $ 1 %.	525 50		
Sacs pour 52,550 kilogr. à $ 0,30 %.	157 65	2.467 65	
	$ m/n	1 210 85	
Capital, ustensiles		150	
		1.360 85 (2)	

III. — LOCATAIRE OU FERMIER *(arrendentario).*

Le métayer travailleur et économe peut, au bout d'une période de trois ou quatre ans, s'établir fermier pour son propre compte.

---

(1) Mécanicien veut dire : l'homme qui conduit la moissonneuse. Généralement le métayer prend un bon ouvrier pour construire les meules, et mène lui-même la moissonneuse ou vice versa.

(2) Il faut déduire de ce total les débours pour vêtements et les menus frais.

Les terrains ne se louent d'habitude que s'ils sont situés à moins de 5o kilomètres d'une station.

Les propriétaires divisent généralement leurs domaines en carrés de 100 hectares, en établissant, à des intervalles de 2,000 mètres, des chemins de 6 à 8 mètres de largeur,

Autrefois la division se faisait en carrés de 100 cuadras (la cuadra mesure environ 13o mètres) de côté. Ce carré se subdivisait en quatre fractions égales de 25 cuadras.

Chacune d'elles était désignée sous le nom de *concession*.

Le nombre de *concessions* qu'on accorde au locataire dépend du matériel, des bêtes de labour et des bras dont il dispose.

Le locataire est naturellement porté à demander une trop grande étendue de terrain. Aussi les propriétaires réduisent-ils de plus en plus le nombre des cuadras qu'ils concèdent à chaque fermier. Les baux s'appliquant à des concessions de 5oo *cuadras* (environ 84o hectares) sont aujourd'hui des plus rares.

On peut estimer la superficie moyenne des fermes à 200 hectares (1). Dans plusieurs provinces l'étendue ne dépasse pas 15o hectares.

La durée de la location est de trois à huit ans ; le locataire qui prend un terrain vierge, ne passe pas de contrat de location pour une durée moindre de cinq à six ans, de façon à s'assurer cinq récoltes.

Les loyers sont payables annuellement, en espèces ou en nature.

Nous donnons ici un type des contrats dont il s'agit.

CONTRAT DE FERMAGE

Entre M. A..., propriétaire, d'une part, et M. B..., il a été convenu ce qui suit :

1° M. A..., loue pour six ans, à partir du 1er avril 1897, les lots de terrains situés dans le département Général Lopez (province de Santa Fé) et figurant au plan de sa propriété sous les N°s ....

2° Le loyer est fixé à 1,000 $ m/n pour 200 hectares (superficie totale des lots).

3° Le paiement se fera le 31 mars de chaque année au plus tard, et le propriétaire se réserve le droit de l'exiger dès que le blé ou le lin seront vendus.

4° Le colon est tenu de débarrasser constamment les terrains de toutes plantes nuisibles.

5° Il s'oblige à ne pas faire de culture sur les chemins vicinaux indiqués sur le plan, et situés à 2,000 mètres de distance les uns des autres.

6° Il ne pourra céder son contrat à un tiers sans le consentement écrit du propriétaire.

Pour accomplissement fidèle du contrat, les intéressés ont signé le présent document en double exemplaire (2).

Autre forme de contrat :

M. X... loue pour trois récoltes à M. A..., les lots N° ...., d'une étendue de 200 hectares figurant au plan de sa propriété ...., située dans le département de .... (province de ....).

---

(1) Ces étendues varient suivant les provinces et les cultures. (Le blé et le lin sont les cultures principales des provinces de Santa Fé, Entre Rios et Cordoba.)

(2) Le prix de fermage varie selon le degré de fertilité du sol, la proximité d'une station de chemin de fer et la distance de celle-ci à un port d'embarquement.

Dans le sud-ouest de la province de Santa Fé, pour des terrains à blé de bonne qualité, situés de 10 à 20 kil., d'une gare, placée elle-même à 100 kil. du port de Rosario, le loyer est d'environ $ m/n 5 (au cours du jour du paiement) l'hectare, par an, pour un contrat de six ans.

Les dernières semailles se feront en 1899. La propriété louée sera abandonnée au plus tard le 31 mars 1900.

Le fermier ne pourra cultiver que le blé, le lin et le maïs; la dernière année il ne pourra pas semer de maïs.

Les semences devront être de bonne qualité, le blé sera passé au sulfate de cuivre; le maïs sera semé « *al surco* ».

Le travail des semailles et de la moisson sera fait dans la forme et aux époques habituelles.

On réservera pour les pâturages 15 % de la superficie louée.

En dehors de ces 15 %, si le fermier n'ensemence pas tous ses terrains, il paiera au propriétaire une indemnité de 7 $ par hectare non cultivé.

Le loyer est fixé à 15 % du produit de la récolte.

Le blé et le lin seront battus à la machine et le maïs égrené.

Le tout sera ensaché. Le propriétaire fournira les sacs pour y mettre la redevance due par le colon. Les céréales ainsi cédées pour prix de loyer devront être propres et sèches; le propriétaire se réserve d'ailleurs le droit de les choisir lui-même et le fermier ne pourra disposer de sa récolte avant d'avoir payé son loyer.

Ce dernier devra charger et mettre en gare de ...., en magasin, le grain livré en paiement au propriétaire.

Le colon tiendra ses champs en parfait état.

Au moment des dernières semailles de blé et de lin, le propriétaire aura le droit de faire semer de la luzerne par son fermier auquel il fournira la semence et qui sera tenu de suivre les indications qui lui seront données.

Cette opération s'effectuera au moment du ratissage qu'il est nécessaire de faire une seconde fois pour recouvrir la graine de luzerne.

Les chemins déjà existants sur le plan ne devront pas être détruits.

Tous impôts moins ceux des contributions directes seront payés par le locataire. Celui-ci conservera et entretiendra en bon état les clôtures en fils de fer.

Le propriétaire se réserve pourtant le droit de les enlever s'il le juge à propos.

Les porcs ne pourront jamais être lâchés dans les champs et devront être toujours maintenus dans un enclos spécial.

Après la dernière récolte, le colon ne pourra laisser ses animaux aller dans les parties ensemencées de luzerne.

Le contrat ne pourra pas être transféré sans le consentement écrit du propriétaire (1).

Certains propriétaires ont des batteuses à vapeur et prétendent obliger les locataires à s'en servir; mais la majorité des colons se refuse à accepter cette clause.

Voici la situation d'un fermier après une année de travail.

Il s'agit d'un fermier locataire, en famille, dans les mêmes conditions que le métayer dont il a été parlé plus haut.

Capital :

10 paires de bœufs à $ 110.	1.100
5 paires de *novillos* (bœufs sauvages) à $ 80 (2)	400
2 charrues à double soc à $ 75. 150	
1 charrue à un soc à $ 50. 50	
	1.500

(1) Ce contrat est daté du 1er février 1897.
(2) Il ne faut point amortir le capital bétail parce que les vieux bœufs, une fois gras se vendent à bon prix pour la boucherie, et les *novillos*, après la récolte, valent le même prix que les bœufs ; il faudrait seulement ajouter un capital de $100 pour 2 ou 3 chevaux.

```
                                                           1.500
2 herses de fer à $ 5o. . . . . . . . . . . . . . . . .  100
Armature de la maison d'habitation, toit, etc., jougs, chaînes,
abreuvoirs, seaux à bascule. . . . . . . . . . . . . . .  400
1 moissonneuse (espigadora). . . . . . . . . . . . . .   650
8 chars plateformes à quatre roues à $ 190. . . . . . . . .  570
Mobilier, ustensiles de cuisine. . . . . . . . . . . .   150   2.070
Semence 8,5oo kilogr, à $ 7 les 100 kil. . . . . . . . . .    595
                                              $ m/n   4.165
```

PRODUIT

```
142 hectares  à  800  kilogr.,  soit  113,600  kilogr.
à $ 7 les 100 kil. . . . . . . . . . . . . . . . . .        7.952
```

FRAIS

```
Frais de l'année comme mediero. . . . . . . . . .  1.747
Frais supplémentaires de réparations. . . . . . . .   100
Loyer de 168 hectares à $ 5 . . . . . . . . . . .   840
Battage de 113,600 kilogr. à $ 1 %. . . . . . . . .  1.136
Sacs pour 113,600 kilogr. à $ 0,30 %. . . . . . . .   340 80
                                              4.163 80
Amortissement, matériel, 25 % . . . . . . . . . .   517
Semences. . . . . . . . . . . . . . . . . . . .   595       5.275 80
                                                           2.676 20
```

Il arrive souvent que le propriétaire qui a affermé son bien, ne possède plus au bout de six à huit ans qu'un terrain fatigué, couvert de mauvaises herbes, difficile à louer.

Pour éviter cet inconvénient, quelques propriétaires opèrent de la façon suivante : la dernière année de location, ils se réservent le droit d'obliger le colon à semer avec le blé, le lin ou le maïs, de la graine de luzerne. (Dans ce cas, ils fournissent la semence.)

Grâce à cette stipulation, dès que le blé ou le lin est enlevé, la luzerne, si le temps est favorable et si l'on a le soin de la faucher dès la première année, prend de la vigueur ; au bout de peu de temps, on a d'excellents pâturages (potreros) où l'on engraisse rapidement les animaux (1).

IV. — PROPRIÉTAIRE.

D'une façon générale, les terrains cultivés par les propriétaires mêmes ont été acquis par eux avec les économies réalisées pendant plusieurs années de travail comme locataires sur d'autres domaines. Les colons achètent de préférence des terrains vierges.

---

(1) Une luzernière peut durer, si l'on ne fait qu'une coupe par an, dans l'ouest de Santa Fé sept à huit ans et même dix ans. Après cette période beaucoup de graminées apparaissent au milieu de la luzerne. Mais on possède encore un pâturage excellent. Si on veut remettre le champ en culture, le terrain est parfaitement préparé et plus fertile même que la première fois.

Certains gros propriétaires préfèrent vendre et non louer les lots de leurs domaines.

En outre, certains spéculateurs acquièrent quelques milliers d'hectares pour les lotir en vue de la vente.

Dans les deux cas, le terrain est divisé en lots de 100 hectares; des chemins de 10 mètres de largeur (soit 5 mètres de chaque côté à la charge de l'acheteur) entourent les carrés de 400 hectares.

Les routes séparant deux « colonies » sont larges de 20 mètres.

Pour faciliter le morcellement des terres, le Gouvernement de la province de Santa Fé supprime pendant trois ans la contribution directe qui frappe les terrains destinés à être vendus.

Le propriétaire est néanmoins astreint aux obligations suivantes : il doit diviser son bien par lots, et justifier au bout des trois ans qu'il a établi sur ses terres un minimum déterminé de familles et d'agriculteurs par chaque 2,500 hectares.

Une partie du prix des terrains ainsi morcelés est payable au comptant ; le reste se solde par annuités; généralement 1/4 au comptant, et le reste en trois annuités avec intérêt de 6 à 8 % l'an. On n'obtient les titres de propriété qu'après le dernier versement.

Actuellement, dans le sud-ouest de la province de Santa Fé, un terrain vierge de bonne qualité, situé à 20 ou 30 kilomètres d'une station de chemin de fer et à 120 kilomètres de Rosario, vaut de 40 à 45 $ m/n l'hectare (vendu par lot de 100 hectares).

ANNEXE XII

(*Voir page 123*)

DISTRIBUTION GÉOGRAPHIQUE

DES MINES, PLACERS, DÉPÔTS HOUILLERS ET GISEMENTS DIVERS CONNUS
EN ARGENTINE

	PROVINCES				TERRITOIRES					
	Jujuy	San Juan	La Rioja	Mendoza	Santa Cruz	Chubut	Pampa	Neuquen	Terre de Feu	Rio Negro
Or	61	166	20	16	1	42	»	»	»	»
Argent	23	350	134	97	»	»	»	1	»	»
Cuivre	»	28	»	30	»	»	7	»	»	»
Argent et or.	»	9	12	2	»	»	1	»	»	»
Cuivre et or.	»	»	»	3	»	»	»	»	»	»
Cuivre et argent.	2	»	1	28	»	»	5	»	»	»
Plomb et argent.	»	»	1	7	»	»	»	»	»	»
Cuivre, argent et or	4	»	20	3	»	»	»	»	»	»
Or, argent et plomb.	»	»	»	1	»	»	»	»	»	»
Plomb, argent et cuivre . . .	»	»	»	2	»	»	»	»	»	»
Fer et argent	»	»	»	5	»	»	»	»	»	»
Galène	»	»	3	14	»	12	»	8	»	»
Sables aurifères, placers. . .	»	»	50	»	4	127	»	5	34	»
Mercure	1	»	»	»	»	»	»	»	»	»
Fer.	»	2	»	1	»	»	»	»	»	»
Charbon	»	38	4	47	2	»	»	»	»	»
Marbre.	»	10	»	2	»	»	»	»	»	»
Pierre calcaire.	»	»	»	14	»	»	»	»	»	»
Pétrole.	»	»	»	3	»	»	»	»	»	»
Guano	»	»	»	»	27	32	»	»	5	»
Sel.	»	»	»	5	6	18	40	»	»	7
Divers	»	4	»	8	»	»	»	»	»	»
	91	607	245	288	40	231	53	14	39	7

ANNEXE XIII

(*Voir page 128*)

NOTE SUR LES MINES D'OR, D'ARGENT ET DE CUIVRE DE LA RÉGION DE FAMATINA

Par M. PRUD'HOMME, Ingénieur civil,
Directeur de la *Société des mines et fonderies de la République Argentine*

Les mines de Famatina sont situées dans la province de La Rioja, sur le versant oriental des Andes par 29° de lat. S., à environ 1.300 kilomètres de Buenos Aires et à trois jours de la frontière chilienne.

Dans la vallée de Famatina (entre le Cerro de ce nom et la Sierra de Velasco) se trouvent plusieurs villages, parmi lesquels les chefs-lieux de départements Chilecito (3.500 habitants), Famatina (4.000 habitants), et les hameaux Malligasta, Anguinan, Sarmiento, San Nicolas, Nonogasta, Senogasta, Nichigasta, etc.

La vallée est sablonneuse et boisée. Dans les environs des cours d'eau qui arrosent le pays, la végétation devient luxuriante et le sol convient à la culture des vignes, du blé, du maïs, de la luzerne, etc.

La vallée s'élève du pied de la sierra de Velasco vers le massif de Famatina où l'on voit se dresser les pics dont le plus remarquable « le Nevado » atteint plus de 7.000 mètres d'altitude. Les mines se trouvent à des hauteurs variant de 2.000 à 5.000 mètres.

HISTORIQUE

Les filons anciennement travaillés par les Indiens, puis par les jésuites, renferment des minerais complexes d'or, d'argent et de cuivre.

Vers 1814, deux mineurs aragonais y découvrirent des filons d'argent remarquables.

En 1826, des Allemands vinrent à leur tour. — Pendant la longue période des guerres civiles, les mines restèrent abandonnées.

En 1860, la population indigène en reprit l'exploitation avec succès.

On construisit alors à La Rioja un hôtel des monnaies; pendant plusieurs années on y frappa des pièces ayant cours dans le nord-ouest de la République.

Depuis, on fonda des entreprises minières à l'aide de capitaux étrangers.

Cependant les difficultés de transport ont paralysé jusqu'ici le développement de l'industrie minière, malgré ses résultats plutôt satisfaisants.

APERÇU TOPOGRAPHIQUE ET GÉOLOGIQUE

Les massifs s'élèvent rapidement de la vallée au Nevado de Famatina.

Dans les contreforts de ce dernier se trouvent les gisements minéralisés.

Entre ces contreforts, les vallées, larges à leur entrée, se rétrécissent et forment des gorges profondes, sillonnées par des torrents aux eaux chargées de sels ferrugineux et à débits variables mais continus.

La masse montagneuse a été formée par des soulèvements de roche granitique qu'on reconnaît à la base et dans les nombreuses crevasses.

En se soulevant, ces roches ont traversé les schistes et se présentent maintenant sous des inclinaisons variées. Des porphyres, des roches porphyroïdes, des syénites, des quartzites ont traversé plus tard les schistes, prenant, en certains points, une importance plus grande que les granits.

Une étude même superficielle du système général suffit pour reconnaître ces éruptions successives qui ont fragmenté les schistes.

En glissant sur le flanc de la montagne (uniformément d'environ 40°), ces débris, soumis à l'action dissolvante des agents atmosphériques, ont peu à peu comblé les anfractuosités de la montagne, et l'ont, en quelque sorte, recouverte d'un manteau. Ce sont des lambeaux de terrain détritique qu'on appelle les *Zodados* d'où seules émergent quelques arêtes.

Ces lambeaux détritiques se retrouvent dans presque toute la région minière; ils cachent les affleurements des gîtes et en rendent la découverte assez difficile.

Aussi, malgré la grande quantité des filons déjà connus (1), peut-on dire qu'une notable partie de la région minière qui nous occupe reste encore à explorer.

Dans les parties basses de la montagne, on trouve, notamment à Païman, une sorte de grès siliceux qui se taille facilement et qui, sans autre préparation, fournit des briques réfractaires excellentes ; on y trouve également en abondance des calcaires et des minerais de fer.

Toute la vallée est couverte de bois, parmi lesquels il faut surtout citer l'*algarrobo* et le *retamo*. Le retamo fournit un bon combustible à longue flamme pour les fours. L'algarrobo, très dense et résistant, produit un charbon de bonne qualité, en même temps qu'il est suffisamment propre à la construction. En avançant vers l'Est, dans la Cordillère, on trouve à Ninchina, la Huerta et Guandacol, des galènes argentifères. On peut s'en servir pour la fusion plombeuse des minerais d'argent et la fabrication des barres.

PRINCIPAUX DISTRICTS MINIERS

Les principaux districts miniers de Famatina sont : los Ampallados et la Mejicana, el Tigre, el Cerro Negro et el Real Viejo, la Caldera et la Calderita, el Oro, el Morado et el Rio Blanco.

Ces districts, bien que les différentes sortes de minerais se rencontrent disséminées un peu partout, sont pourtant caractérisés par la nature générale de leurs filons ; ainsi la Mejicana et los Ampallados contiennent des filons de cuivre avec or et argent; el Cerro Negro, el Tigre et el Real Viejo, des filons d'argent proprement dits ; la Caldera et la Calderita, des filons d'or et d'argent ; el Oro, el Morado et el Rio Blanco, des filons d'or et des alluvions aurifères.

1° *District de los Ampallados et de la Mejicana.*

La constitution géologique est celle de Famatina en général, mais la puissance des filons y semble supérieure à ce qu'elle est dans les autres groupes. Les *rodados* ont recouvert la roche, et les affleurements ne paraissent que sur les crêtes saillantes; l'épaisseur des *rodados* varie entre 2 et 5 m. Ces débris de schiste reliés par un ciment de « glass » forment un conglomérat qu'il faut attaquer à la poudre. Les filons (N. 20° E.) sont à peu près verticaux.

Si l'on poursuit les affleurements, on trouve, à des profondeurs variant de 5 à 30 m., des minerais d'argent dont la gangue est formée de silice poreux.

---

(1) Plus de cinq cents concessions ont été déjà accordées.

Plus bas, les filons deviennent réguliers et puissants et les minerais d'argent sont remplacés par du cuivre argentifère et aurifère.

Les mines les plus connues sont, dans los Ampallados : la Ophir, la Italia et los Dos Hermanos.

Les minerais de la Ophir qui, depuis plus d'un an, sont vendus à notre usine accusent une teneur qui varie entre 3 et 7 o/o de cuivre, 150 à 600 gr. d'argent et 60 à 240 gr. d'or à la tonne.

Le filon qui donne ce minerai est une petite ramification de 5 à 10 centimètres d'épaisseur qui accompagne une veine principale infiniment moins riche. Il tend à s'élargir en profondeur.

Les mines les plus connues, dans la Mejicana, sont : là Andueza, la Placilla la Verdiona, las Mellizas, Upulongos, Compañia, San Pedro, Santo Torribio et San Francisco.

TENEUR MOYENNE DES MINERAIS DE CES MINES

Mines	Cuivre o/o	Argent o/oo			Or o/oo
Andueza.	5 à 7	1 k.	à 4 k.		0,025 à 0,060
Placilla	10 à 12	1	à 3		0,015 à 0,020
Verdiona.	3 à 7	1 1/2	à 3		0,030 à 0,050
Mellizas	10 à 15	1 1/2	à 2	1/2	0,020 à 0,040
Upulongos	12 à 20	2	à 3		0,020 à 0,040
Compañia	8 à 10	1	à 3		0,020 à 0,030
San Pedro.	15 à 20	0 150	à 0	250	0,012 à 0,015
Santo Torribio. . . .	15 à 20	1	à 1	1/2	0,020 à 0,025
San Francisco	5 à 10	3	à 6		0,020 à 0,025

Ces minerais sont remarquables par leur régularité et, leur puissance. Le minerai se présente sous forme de sulfures variés, principalement de l'enargite, de la chalcopyrite et de la famatinite, mélangés de pyrite de fer avec une gangue calcaire ou quartzeuse.

2º *Districts du Tigré, du Cerro Negro et de Real Viejo.*

Le district du Tigré renferme un grand nombre de filons réputés pour leur richesse en argent; ils sont, en général, recouverts par les *rodados*; les affleurements présentent à leur surface un remplissage d'argile ferrugineuse, claire, contenant du quartz et souvent des roches talqueuses.

La roche encaissante est partout du schiste porphyroïde avec clivages très irréguliers. Au contact même des filons, on rencontre de petits cristaux de pyrite de fer et beaucoup de quartz. Les remplissages sont formés de silice blanche, souvent décomposée et friable, de stéalite imprégnée d'oxyde de fer, de carbonate de chaux et de fer. L'argile talqueuse constitue en presque totalité les « salbandes » ou parois des filons.

Les mines principales sont : la San Miguel, la Aïda, la Atahualpa et Colon, la Descubridora, la Chilenita.

La teneur des filons généralement élevée, devient considérable à la rencontre des nombreux « croiseurs ».

Les difficultés particulières à l'exploitation et surtout au transport des minerais extraits ont fait rejeter aux remblais tous les minerais qui ne contiennent pas au moins 6 kilogrammes à la tonne.

La richesse moyenne des minerais que notre Société a exploités à San Miguel dépasse 20 kilogrammes à la tonne. Les minerais exploités dans les autres mines ont accusé des teneurs semblables.

A une certaine profondeur, tous ces minerais semblent disparaître ou du moins s'appauvrir : pourtant rien n'autorise à dire que, traversant la zone stérile, on ne retrouverait pas en profondeur la richesse de la surface.

Les minerais ordinaires sont des sulfures d'argent disséminés en veinules ou en mouches dans une gangue partiellement décomposée; plus souvent, des sulfures complexes d'argent mêlés à de la galène et à de la blende en assez grande quantité; de l'argyrose (plomo ronco), de la proustite (rosicler claro), de la pyrargirite (rosicler oscuro).

Le Cerro Negro fait partie d'un soulèvement indépendant du Nevado de Famatina; comme son nom l'indique, il donne l'idée d'une masse sombre et puissante, très mouvementée; le *rodado* s'étend dans toute la partie minéralisée au Sud, à l'Ouest et au Nord. Les caractères de ce district sont les suivants : les affleurements de filons se présentent sous la forme de crêtes très ferrugineuses avec des sulfures d'argent et des minerais altérés et mélangés d'argile. La roche encaissante est encore ici le schiste cristallin; parfois les filons traversent des nappes ou « dykes » porphyriques, mais ils reprennent après ce passage leur allure et leur direction primitives.

Le remplissage des filons proprement dits est tantôt un mélange compact de quartz, de carbonate de chaux et de fer, de carbonate de manganèse, au milieu duquel apparaissent des minerais d'argent irrégulièrement disséminés, tantôt un mélange plus friable formé d'argile en partie décomposée et d'oxyde de fer.

Les filons principaux sont : la Peregrina, la Rosario, la Santo Domingo, el Puerto, la Viuda, la Cortadera, la San Pedro, etc.

De même que dans l'exploitation des mines du Tigré, on a dû jeter aux remblais tous les minerais qui n'étaient pas d'une richesse exceptionnelle, les minerais d'argent sont les mêmes que ceux du Tigré; on y rencontre pourtant une variété appelée « pacos » de minerais ferrugineux contenant l'argent sous forme d'iodure, de chlorure et de sulfure.

Le Real Viejo n'est plus guère connu que par sa réputation et les trésors que les Indiens, suivant la tradition, en auraient tirés.

L'accès en est difficile et si les rares explorateurs qui ont réussi à y pénétrer ont trouvé des vestiges certains d'occupation ancienne, ils n'ont pas réussi à découvrir les filons qui en étaient l'objet. Il semble que ces travaux ont été recouverts par les accidents naturels du sol ou à dessein par leurs premières propriétaires.

3° Districts de la Caldera et de la Calderita.

Leur aspect général rappelle celui du Cerro Negro. Leur difficulté d'accès est cause qu'ils ont pris moins d'importance et qu'ils ont été encore moins explorés que les districts précédents.

Les mines les plus réputées sont : la Aragonesa, la Esperanza, le Rodado de Quiroya, el Rayo et la San Nicolas.

4° Districts de el Oro, el Morado et el Rio Blanco.

La plupart des mines de ce district ont été travaillées seulement en surface, là où les minerais oxydés se prêtaient à l'amalgamation. A peu de profondeur les pyrites apparaissent, et les mineurs, ne pouvant plus traiter cette sorte de minerai par les moyens rudimentaires dont ils disposaient, en cessèrent l'exploitation.

Le Rio Blanco particulièrement présente une suite de filons nombreux et intéressants, à peine découverts et dont les teneurs varient de 20 à 70 gr. d'or par tonne; dans beaucoup d'entre eux, la teneur en cuivre n'est pas négligeable.

Il y a aussi des alluvions ; mais elles ne semblent pas avoir une grande étendue. Elles sont localisées dans les lits de petits ruisseaux desséchés sur lesquels d'ailleurs aucune reconnaissance n'a été pratiquée. Ce district est d'autant plus intéressant que l'exploitation y serait d'une facilité extrême, à cause de sa faible altitude et des ressources de toute nature qu'on y trouve.

EXPLOITATION

L'exploitation actuelle des mines est limitée par les difficultés de transport.

Le district le plus activement exploité est celui de la Mejicana, où trois entreprises différentes avec leurs usines respectives, sont en plein fonctionnement : les mines Compañia, San Pedro, Mercedes, Andueza, du groupe Esperanza et du groupe franco-argentin (Société des Mines et Fonderies d'argent de la République Argentine); la mine Upulongos (MM. V. Treloar et Cⁱᵉ); la mine Verdiona MM. V. Roch et Cⁱᵉ).

Ces trois entreprises extraient environ 300 T. par mois, ce qui représente un mouvement de 2.400 mules.

L'étroitesse des chemins et le manque de pâturages ne permettent pas d'augmenter les éléments de transport et, par suite, limitent la production.

L'exploitation coûte actuellement, par tonne de minerai extrait, 20 à 50 piastres, suivant la largeur du filon et la dureté des roches.

Aux altitudes où sont situées ces mines (4.200 à 4.600 mètres au-dessus du niveau de la mer), le travail manuel est pénible et le rendement médiocre.

TRANSPORT AUX USINES

Le transport s'effectue, dans des sacs de cuir pour le gros, et en sacs de toile pour le fin et les poussières, comme nous l'avons dit, au moyen de mules.

La charge d'une mule est de 130 à 140 kilogrammes. Une mule fait, en moyenne, deux voyages par mois.

Le prix du transport des mines aux usines varie de 28 à 30 $ par tonne, suivant leur distance.

TRAITEMENT

On compte quatre usines principales réparties dans la vallée de Famatina : l'une à Tilimugui, occupée par MM. W. Tréloar et Cⁱᵒ, pour matte de cuivre; une autre à Chilecito, occupée par M. Parchappe, pour matte de cuivre et pour fusion d'argent ; celle des mines et fonderies de la République Argentine, établie à Nonogasta, pour matte de cuivre et pour fusion d'argent ; celle de Patayaco, près Vichigasta, de MM. Roch et Cⁱᵒ, pour matte de cuivre.

Le traitement des minerais d'argent comprend quatre opérations : le grillage à l'état menu dans des fours spéciaux ; — la fusion pour matte plombeuse au four à manches Water jacket ; — la séparation de l'argent dans le four à coupelle anglais ou allemand — et l'affinage dans les creusets.

Les produits obtenus contiennent 992 à 998 millièmes de fin.

Le traitement des minerais de cuivre se fait, indistinctement dans toutes les usines, par deux grillages à l'air libre et deux fusions au four à réverbère. Les mattes élaborées contiennent de 50 à 60 % de cuivre, 5 à 15 Kgr. d'argent et 100 à 300 gr. d'or par tonne.

Nous calculons que, dans notre usine, la production moyenne est de 30 tonnes de mattes par mois, dont la valeur brute représente environ 60.000 fr.

Nous calculons aussi que l'élaboration d'une tonne de matte nous coûte, tous frais compris, 90 $ en moyenne.

La fabrication réduite n'a pas permis d'établir d'usine de séparation sur place; aussi les mattes sont-elles envoyées telles quelles sur les marchés de Liverpool et de Hambourg.

Nous avons essayé, à plusieurs reprises, d'envoyer nos produits en France; mais il nous a fallu y renoncer, car, chaque fois, notre expérience a abouti à des moins-values sensibles sur les résultats de nos expéditions à Hambourg. C'est bien regrettable.

TRANSPORT DES MATTES AUX USINES DE SÉPARATION

Le transport des mattes se fait en chariots traînés par des mules depuis les usines de fabrication jusqu'à Patquia, tête de ligne de la voie ferrée, d'où elles vont en wagon à Buenos Aires ou à Rosario, et de là en Europe.

Le transport des usines à Patquia (120 km.) coûte 30 $ par tonne, — de Patquia au port d'embarquement (environ 1180 km.), y compris frais divers jusqu'à embarquement, 35 $, — et enfin, de Buenos Aires à Hambourg ou Liverpool, environ 20 fr.

CONSIDÉRATIONS GÉNÉRALES

La région minière de Famatina est intéressante au point de vue de la multiplicité et de la richesse de ses filons.

C'est évidemment, bien qu'elle ait été encore peu et mal explorée, la zone la plus renommée de la République Argentine.

L'obstacle insurmontable, qui jusqu'ici s'était opposé à son développement, a été la difficulté du transport, cause générale d'ailleurs du peu de progrès de l'industrie minière dans toute la République Argentine. Ce pays possède pourtant, sur le versant oriental des Andes, des richesses minérales comparables à celles du Chili, qui sont bien connues.

La cause de cet état stationnaire tend, pour Famatina au moins, à disparaître, car le chemin de fer de Patquia à Chilecito, qui doit relier les usines au littoral, est en voie de construction et doit être terminé, suivant toute probabilité, avant la fin de l'année 1898.

Il suffira alors de relier les mines aux usines au moyen de voies ferrées économiques combinées avec des câbles aériens.

J'ai obtenu, en 1887, du Gouvernement National une concession de ce genre avec garantie de 5 % pendant vingt années.

Les torrents qui coulent dans les vallées des districts miniers fourniraient aisément une force motrice utilisable, non seulement pour le transport, mais encore pour l'exploitation mécanique des filons.

Je ne doute pas qu'alors la région de Famatina prenne une importance exceptionnelle.

Nonogasta, 2 décembre 1897.

Signé : P. PRUD'HOMME.

Directeur de la Société des Mines et Fonderies d'argent
de la République Argentine.

ANNEXE XIV

(Voir page 165)

TABLEAU DES DROITS DE DOUANE SUR LA CHARTREUSE EN LITRES ET DEMI LITRES

(Relevé, d'après les livres de la maison CALVET et Cie, par M. Chovet, associé de la maison).

Années	Unités	Valeur	Degrés d'alcool	Droit spécifique par bouteille	Paiement en or ou $ m/n	Magasinage et manutention payables en	Droits totaux payés pour une caisse	Taux moyen de l'or dans l'année	Equivalents des droits payés en $ m/n	Equivalents en francs du taux moyen de l'année
1886	Douz.	15 $ m/n.	25° Cartier.	0 25	$ m/n	Volume	3 15 $ m/n	138 70	3 15	11 34
1887	—	15 —	25°	0 25	—	»	3 15 —	134 88	3 15	11 67
1888	—	15 —	25°	0 25	—	».	3 15 —	147 94	3 15	10 64
1889	—	15 —	25°	0 25	—	»	3 15 —	179 86	3 15	8 75
1890	—	15 —	25°	0 25	1/2 or, 1/2 m/n (1)	»	3 15 1/2 or, 1/2 m/n	247 59	5 49	11 08
1891	—	15 $ or.	25°	0 30	$ or	»	3 74 $ or	357 01	13 35	18 69
1892	—	15 —	25°	0 30	—	»	3 74 —	326 82	12 23	18 70
1893	—	15 —	68° Centigr.	0 30	—	»	3 74 —	322 37	12 05	18 67
1894	—	16 —	68°	0 30	—	»	3 75 —	358 73	13 45	18 75
1895	—	16 —	68°	0 30	—	»	3 75 —	343 62	12 89	18 75
1896	—	16 —	50°	0 33	—	Magas. 1 %	4 10 —	296 25	12 14	20 48
1897	—	16 —	50°	0 33	—	— 2 %	4 26 —	300 40	12 80	21 30

CHARTREUSE VERTE (de 1886 à 1895, les droits sont les mêmes que pour la chartreuse jaune.)

Années	Unités	Valeur	Degrés d'alcool	Droit spécifique par bouteille	Paiement en or ou $ m/n	Magasinage et manutention payables en	Droits totaux payés pour une caisse	Taux moyen de l'or dans l'année	Equivalents des droits payés en $ m/n	Equivalents en francs du taux moyen de l'année
1896	Douz.	16 $ or.	50° Centigr.	0 39	$ or	Magas. 1 %	4 82 $ or	296 25	14 27	24 10
1897	—	16 —	500 —(2)	0 39	—	— 2 %	4 98 —	300 40	14 95	24 90

(1) De janvier à juillet 15 % or, de juillet à décembre 1/2 or et 1/2 m/n.
(2) Au-dessus de 50°, les droits sont augmentés de 1/2 cent. or par litre et par degré. — La chartreuse verte est considérée comme pesant 62°.

ANNEXE XV

(*Voir page 165*)

FABRICATION DE L'ALCOOL

I.

On comptait, en 1894 :
21 distilleries de *grains*, dont la production (16 établissements ayant travaillé) est montée à environ 20.000.000 de litres.
Voici comment se répartissent les établissements en question.

Province de Buenos Aires, usines en activité					9
»	»	»	»	» arrêtées.	3
»	»	Santa Fé	»	en activité.	4
»	»	»	»	» arrêtées.	4
»	»	Entre Rios	»	en activité.	2
»	»	»	»	» arrêtées.	2
»	»	Corrientes	»	en activité.	1

Total 25

II.

L'alcool de mélasse est produit dans 55 usines ainsi réparties :

Province de Tucuman		32
»	» Santiago del Estero	3
»	» Jujuy	2
»	» Santa Fé	3
»	» Corrientes	2
»	» Salta.	1
Territoire de Formosa.		5
»	de Misiones.	6
»	du Chaco.	1

Total 55

Sur ces 55 établissements, 8 ont travaillé directement le jus de la canne ; les autres ont fabriqué du sucre et ont utilisé les mélasses en les distillant.
La production a été de : 12.500.000 litres.

ANNEXE XVI

(*Voir page 166*)

NOTE SUR LES MARQUES DE FABRIQUE

Dans l'effort manufacturier qui caractérise l'essor argentin, les fabricants improvisés ont eu trop souvent pour objectif d'écouler leurs marchandises inférieures en les couvrant d'un nom connu.

La contrefaçon est devenue ainsi un procédé commercial dont notre industrie a souffert gravement.

La législation en vigueur ne protège pas suffisamment les marques de fabrique et les brevets d'invention contre les atteintes des contrefacteurs (1).

Voici comment s'exprime, sur la législation qui régit la matière, dans son rapport du 2 mars 1896, le chef du « *bureau argentin des brevets d'invention et marques de fabrique et de commerce* » :

« La loi actuellement en vigueur ne fut votée, il y a environ vingt ans, que
» comme loi d'essai. L'expérience et le temps ont démontré la nécessité d'une
» réforme.

» Le propriétaire d'une marque se voit souvent frustré par des personnes
» peu scrupuleuses qui obtiennent l'enregistrement d'une étiquette ne se dis-
» tinguant de la première que par des différences insignifiantes. Elles réus-
» sissent ainsi à tromper le consommateur. En outre, la loi ne reconnaît pas
» comme propriété la possession d'une marque ; un nouveau texte devrait
» combler cette lacune.

» Il arrive souvent, d'autre part, que des individus non commerçants font
» enregistrer une marque dans le seul but de transférer leurs droits moyen-
» nant paiement. Pour empêcher cette espèce de "*chantage*", la loi devrait
» ne reconnaître qu'aux seuls négociants ou industriels, inscrits au tribunal de
» commerce le droit de faire enregistrer une marque.

» Il resterait encore bien d'autres points à étudier en vue de dispositifs
» nouveaux dont le besoin se fait sentir. Je n'ai examiné que les principaux.

» Quant à la loi sur les brevets d'invention, la nécessité de sa réforme n'est
» pas moins urgente. » (Tome II, pages 667 et suivantes du mémoire du Ministre de l'Intérieur.)

Dans son rapport aux Chambres (tome I, page 142), le Ministre de l'Inté-
rieur appuie les observations ci-dessus. Il rappelle qu'une commission fut nommée en 1891 pour reviser la législation (cet effort est demeuré stérile).

Il ajoute : « On accorde à beaucoup d'industriels *le dépôt de marques* dési-
» gnant des produits étrangers, quand, en réalité, ils débitent des produits
» fabriqués dans le pays. »

Les arguments présentés par le Gouvernement et l'administration de l'Argentine démontrent la possibilité d'obtenir les amendements de nature à rendre efficace la protection industrielle, à la satisfaction de nos nationaux.

Cependant, même en l'état actuel, une tactique commerciale bien entendue

---

(1) Pourtant en 1896, on a enregistré à Buenos Aires 826 marques de fabrique, 2,235 brevets d'invention, qui ont donné lieu à une perception de droits d'enregistrement s'élevant :

Pour les premiers à	$	34.276
Pour les seconds	»	34.459
Soit au total	$	68.735

permettrait de sauvegarder notre propriété. Elle consisterait à organiser les procédés de vente, conformément à une expérience déjà acquise.

Ainsi l'industriel français, envoyant sa marchandise — comme cela se passe fréquemment aujourd'hui — à quiconque le lui demande, se prête lui-même à la contrefaçon de son produit.

Lorsque, au contraire, le manufacturier choisit, sur le marché étranger, un dépositaire unique intéressé à empêcher la fraude, la contrefaçon diminue.

La principale précaution du fabricant français doit consister encore à obtenir un contrat contenant la clause du minimum de vente, en accordant sur les débits au-dessus de ce minimum des avantages spéciaux. Les essais tentés dans ce sens ont parfaitement réussi.

On doit signaler ici dans le même ordre d'idées l'une des causes de la diminution de nos ventes à l'étranger : *l'autofalsification*.

Voici en quoi elle consiste :

Un propriétaire de marques connues établit à Buenos Aires une distillerie, par exemple. Il envoie à cette succursale ses bouteilles, étiquettes, bouchons, paillons et caisses dûment marqués. Les contenants sont donc authentiques ; mais le contenu, fabriqué sur place avec de l'alcool industriel substitué à l'alcool de vin, déconsidère la supériorité du produit français.

Grâce à une publicité habilement faite, les bénéfices de cette entreprise peuvent être considérables et rémunérer largement les capitaux, il n'en reste pas moins qu'une marque authentiquement française couvre un produit qui n'est plus l'équivalent de son similaire fabriqué en France.

Le bon renom de notre pays peut souffrir de semblables pratiques.

37

ANNEXE XVII

(*Voir page 166*)

LOI DES PATENTES

POUR INDUSTRIELS, COMMERÇANTS, PROFESSIONS DIVERSES

Les commerçants établis à Buenos Aires ou dans les territoires qui en dépendent sont soumis au paiement de patentes établies par catégories, selon l'échelle indiquée à l'art. 1ᵉʳ de la loi de 1875 (1).

Cependant plusieurs professions exercées en dehors du *municipe* de Buenos Aires, sur un point quelconque du territoire de la République, sont assujetties aux prescriptions de cette même loi, qui s'appliquent notamment aux assureurs maritimes et fluviaux de marchandises placées dans les dépôts de la douane ; aux propriétaires d'entrepôts spéciaux ouverts au public et surveillés par la douane ; aux consignataires de navires ; aux courtiers maritimes ; aux agents et courtiers auprès des douanes ; aux propriétaires de magasins flottants ; aux experts en marchandises ; aux mesureurs à bord des navires ou en douane ; aux propriétaires de formes de radoub ; aux experts maritimes ; aux pilotes.

Les industriels qui font venir directement de l'étranger les matières premières à leur usage ne sont pas astreints aux taxes payées par les maisons d'importation.

Toute personne exerçant dans un local unique plusieurs genres de commerce paie patente pour chaque spécialité (2).

TITRE PREMIER

DISPOSITIONS GÉNÉRALES DE LA LOI DES PATENTES

1° *Déclarations à faire au fisc.*

L'exercice d'une profession n'est autorisé qu'en vertu du paiement intégral d'une patente pour l'année en cours.

Tout changement de domicile doit être notifié dans les quinze jours à la direction générale des rentes.

Le négociant ou l'industriel qui, sans changer son genre d'affaires, passe dans une catégorie plus fortement imposée, doit en faire la déclaration.

2° *Responsabilité.*

Le titulaire d'une patente est personnellement responsable envers le fisc du paiement de celle-ci.

---

(1) Voir plus loin : Titre II de la présente loi, liste des professions payant patente fixe et patentes qui frappent les divers pavillons dans les ports de la République.
(2) Les différentes provinces de la République ont voté des règlements calqués en grande partie sur les dispositions de la loi de 1875.

En cas de cession de fonds, le transfert doit en être effectué par l'administration.

Le transfert est prohibé en matière de profession libérale, de commerce ou d'industrie sans résidence fixe; le cessionnaire est tenu de payer une nouvelle patente.

3° *Exemptions.*

Les laveurs de laines et de peaux, les fondeurs, propriétaires de forges, les fabricants de caractères d'imprimerie sont exempts de l'impôt des patentes.

4° *Classification et Réclamations.*

Le Pouvoir Exécutif nomme annuellement, parmi les principaux patentés, des jurys qui examinent, de concert avec les employés répartiteurs, les réclamations des contribuables. Leurs fonctions sont gratuites et obligatoires et les décisions qu'ils prennent sont sans appel.

Ces jurys siègent journellement pendant un mois, et connaissent des réclamations relatives à la catégorie des patentes dites variables. Les autres sont du ressort de la direction générale des rentes.

5° *Sanctions pénales.*

Les débiteurs en retard sont passibles d'une amende pouvant atteindre la moitié de la taxe qui leur est imposée.

Quiconque exerce une profession, une industrie ou un commerce sous le couvert d'une patente délivrée à une autre personne ou pour un autre genre d'affaires, — quiconque enfin aura trompé le fisc dans le but de payer un impôt moins élevé, est puni d'une amende représentant cinq fois la patente de sa classe.

6° *Contrôles.*

Les juges de la capitale, les juges des marchés, la chambre syndicale de la bourse et son liquidateur, les commissaires de police, les commissaires des marchés et le chef de la police de Buenos Aires peuvent requérir des commerçants l'exhibition de leur patente.

TITRE II

A. — PATENTES VARIABLES

La loi établit cinquante-sept catégories de commerce payant la patente dite variable. Ce sont :

1° Agences de billets de loteries. . . . . de   100 à   300 $
2° Assurances (Compagnies d') avec au moins 5o o/o de capital souscrit dans le pays, sur deux sortes ou plus d'accidents. . . . . de   2,000 à 4,000
3° Assurances (Compagnies d') avec au moins 5o o/o de capital souscrit dans le pays, sur une seule sorte d'accidents . . . . de   1,000 à 2,000

4° Assurances (Compagnies d') sur un seul risque de	5,000 à	10,000 $
id. sur plusieurs risques (1) de	10,000 à	20,000
5° Bains (Etablissements de) et d'hydrothéraphie de	50 à	400
6° Banques de dépôts et d'escompte . . . . . . de	5,000 à	30,000
7° Bijouterie (maisons de) fabriquée dans le pays. de	100 à	800
8° Bijouterie (maisons de) d'importation . . . . de	1,500 à	4,000
9° Ateliers de bijouterie . . . . de	20 à	100
10° Cafés et restaurants . . . . de	40 à	1,000
11° Cafés sans restaurants . . . . de	50 à	1,000
12° Chaussures (fabriques et maisons de vente). de	15 à	60
13° Change (maisons de). . . . . de	150 à	800
14° Change (maisons de) autorisées à vendre des billets de loterie. . . . . de	200 à	900
15° Chantiers maritimes de constructions . . . . de	40 à	500
16° Chevaux et voitures de louage. . . . . de	25 à	250
17° Coiffure (maisons de). . . . . de	10 à	400
18° Commissaires-priseurs . . . . de	100 à	1,000
19° Commissionnaires en douane et représentants ou agents de maisons étrangères. . . . . de	100 à	1,500
20° Consignataires de produits du pays ou de bétail de	100 à	1,000
21° Consignataires de produits du pays et de bétail de	200 à	1,500
22° Consignataires de navires et agents maritimes de	60 à	800
23° Courtiers pour la vente et l'achat du bétail et des produits du pays. . . . . du pays à	50 à	200
24° Courtiers en général et commissaires-priseurs sans magasin ou dépôt. . . . . de	50 à	250
25° Dépôts particuliers de douane pour les marchandises en général. . . . . de	1,000 à	10,000
26° Dépôts pour matières inflammables. . . . . de	250 à	1,000
27° Dépôts de laines pourvues de presses et travaillant pour des tiers . . . . de	100 à	300
28° Dépôts en général . . . . de	25 à	200
29° Détail (magasin de vente). . . . . de	10 à	1,000
30° Electricité (entreprise d'), télégraphies et agences de nouvelles venant de l'étranger. . . . . de	500 à	1,000
31° Ecuries de louage. . . . . de	15 à	60
32° Exportation (maisons d'). . . . . de	300 à	4,000
33° Exportation et importation (maisons d') . . . de	500 à	6,000
34° Importation (maisons d') . . . . de	2,500 à	20,000
35° Fabriques de toutes classes avec moteurs mécaniques, moulins à blé, saladeros et graisseries. ; de	50 à	1,000
36° Fabriques sans moteurs mécaniques et ateliers d'art . . . . de	10 à	200
37° Gaz (fabriques de). . . . . de	10,000 à	20,000
38° Gros (maisons de) et de détail ne vendant pas d'articles venant de l'étranger.		
39° Hippodromes et champs de courses, 30 o/o des bénéfices nets de chaque réunion.		
40° Hôtels . . . . de	100 à	2,000
41° Hôtels avec cafés. . . . . de	20 à	300
42° Importation (maisons de) de marchandises diverses	300 à	4,000
43° Imprimeries. . . . . de	50 à	300
44° Jardins pour la vente de fleurs et de plantes. de	20 à	200

(1) Ces dernières Compagnies sont tenues de constituer et de déposer à la caisse de conversion un fonds de garantie de 50,000 à 200,000 $ en titres de la dette. Ce dépôt doit être effectué avant que la Société commence ses opérations.

45° Lithographies et gravures . . . . de	50 à	300 $
46° Maisons meublées. . . . . de	50 à	1,000
47° Manèges de chevaux. . . . . de	40 à	500
48° Photographies . . . . de	50 à	300
49° Pompes funèbres (entreprises de) . . . . . de	100 à	800
50° Prêts (maisons de) hypothécaires, escomptes et tirages sur l'extérieur . . . . de	1,000 à	4,000
51° Prêts sur gages (maisons de). . . . . de	200 à	1,000
52° Sociétés anonymes en général non dénommées de	1,500 à	4,000
53° Tabacs (fabriques et maisons de vente de). . de	50 à	2,000
54° Teintureries. . . . . de	50 à	300
55° Téléphoniques (Compagnies). . . . . de	200 à	1,500
56° Transports (entreprises de). . . . . de	50 à	200
Succursales. . . . . de	20 à	40
57° Travaux publics (entreprises de) . . . . . . de	50 à	1,500

B. — PATENTES FIXES

LISTE DES PROFESSIONS PAYANT UNE PATENTE FIXE SANS DISTINCTION
DE CATÉGORIES

Accordeurs de pianos. . . . . •	10 $
Architectes . . . . •	150
Bijoutiers ambulants	200
Cireurs ambulants . . . . •.	10
Commissionnaires en marchandises	50
Courtiers de Bourse	150
Courtiers d'assurances	150
Dentistes.	100
Experts en douane.	25
Experts maritimes	10
Ingénieurs.	150
Masseurs	25
Musiciens ambulants.	10
Papiers peints (maisons de).	10
Pari mutuel (maisons de).	100,000
Pédicures . . . . •.	25
Pilotes	10

Propriétaires de cales fixes ou flottantes :

1° Sur le Rio de la Plata	700
2° Dans les autres rivières et sur les bords de la mer .	
a) pour transatlantiques	350
b) pour les autres navires . . . . •	150

Tabacs (débits de) — 10 o/o de la patente des fabriques.

Tabacs (maisons de vente en gros de) ou cigares importés ou du pays — 15 o/o de la patente des maisons de gros ou d'importation.

Scaphandriers	10
Tapissiers.	10

Vendeurs ambulants :

1° de boissons alcoolisées	50
2° de tabacs	50

3º de boissons alcoolisées et de tabacs . . . 100 $
Vétérinaires 25
Vivandiers à la suite des troupes 10
Voyageurs de commerce ou représentants de
    maisons étrangères 50

C. — PATENTES MARITIMES

I. — NAVIGATION AU CABOTAGE

Les navires français faisant le cabotage sont soumis à une patente annuelle d'après l'échelle suivante :

1º Embarcation de 1 à 5 tonnes. . . . . 5 $
2º   »   5 à 20 » 20
3º   »   20 à 50 » 50
4º Embarcation de plus de 50 tonnes. 10
par 10 tonnes et fraction.

Les vapeurs postaux argentins immatriculés ne paient que 25 o/o de ce tarif.
Les vapeurs argentins immatriculés, dont l'équipage est exclusivement composé de nationaux, sont libres de toute taxe.

II. — BATEAUX FAISANT LE SERVICE DES PORTS SOUS PAVILLON NATIONAL

1º Bateaux à passagers, de 1 à 5 tonnes . . . . . 5 $
2º Autres de 1 à 5 tonnes. 10
3º Bateaux à passagers de 5 à 50 tonnes. 20
4º Remorqueurs de 1 à 30 tonnes. 25
5º   »   de plus de 30 tonnes. 50

III. — TRANSATLANTIQUES

1º Navires de moins de 500 tonnes . . . . 50 $
2º Navires de plus de 500 tonnes. . . . . 100 (1).

PRIVILÈGE DU PAQUET

Le privilège du *paquet* est accordé dans les conditions suivantes :

I. — *Vapeurs postaux ou de charge sous pavillon argentin.*

1º Vapeurs postaux de cabotage. — Patente de privilège. . . . 25 $
2º Vapeurs de cabotage réservés exclusivement à la charge. —
Patente de privilège. 50 (2)

---

(1) Cette patente est valable pour deux ans.
(2) Les bateaux faisant le service de Buenos Aires à Montevideo peuvent demander le privilège du *paquet*.

II. — *Transatlantiques postaux et cargoboats étrangers.*

1° Vapeurs postaux, patente de privilège. — 5o $ par voyage.

2° Vapeurs de charge ne transportant pas la correspondance. — Patente de privilège. — 15o $ par voyage.

3° Si les navires voyagent sous pavillon argentin, ils ne paieront que la moitié du droit, soit 25 ou 75 $.

Enfin tous les bateaux faisant escale dans les ports argentins sont tenus de payer, en outre, un droit de 1o $, désigné sous le nom de « patente de sécurité des machines ».

ANNEXE XVIII

(*Voir page 207*)

ANALYSE SUCCINCTE DES NOTES ET LETTRES

ADRESSÉES AU CHARGÉ D'AFFAIRES DE FRANCE, PAR QUELQUES NOTABLES ARGEN-
TINS ET FRANÇAIS, EN RÉPONSE A SON QUESTIONNAIRE SUR LES CAUSES DU
RECUL DE NOTRE IMPORTATION EN ARGENTINE.

VILLE ET PROVINCE DE BUENOS AIRES

M. Lix Klett (Buenos Aires) attribue la situation précaire de notre importation aux causes suivantes : Concurrence des articles belges et allemands,
meilleur marché que les nôtres. — Accroissement de la production nationale
(en particulier pour les vins). — Commissions exagérées perçues par les
intermédiaires. — Visites de plus en plus rares des voyageurs français
et leur ignorance de la langue du pays.

Suivant *M. A. Chovet, de la maison Calvet et Cⁱᵒ, de Bordeaux* (Buenos
Aires), le recul de nos transactions serait dû :
1º à la production nationale;
2º à la falsification des marques;
3º au développement du commerce italien depuis 1886 (1) ;
4º à la diminution des budgets particuliers, depuis la crise de 1891, et à
la tendance de plus en plus marquée des consommateurs indigènes à se
contenter d'articles inférieurs et, par suite, moins coûteux que les premières
marques.

MM. Lévy Hayem et Cⁱᵉ (Buenos Aires) imputent notre décadence commerciale à l'ignorance de nos négociants et industriels en ce qui concerne les
pays américains; à la contrefaçon des marques, aux difficultés de crédit et
aux exigences des commerçants français relativement au paiement des
livraisons.

M. Eugène Spont (La Plata) classe comme suit es divers motifs de
la décroissance de nos transactions :
1º Les industriels n'accordent pas de facilités de paiement, ne font pas
une réclame suffisante, n'envoient pas assez de voyageurs à l'étranger,
fabriquent des articles trop chers et ne veulent pas transformer leur outillage.
2º La diminution de notre clientèle œnophile résulte de la production
nationale, des coupages de vins argentins avec des produits italiens et
espagnols (ces derniers sont préférés par les consommateurs très nombreux
appartenant aux deux dites nationalités).
3º La fabrication allemande s'introduit sur le marché sous des étiquettes
françaises et anglaises (2). (L'Angleterre, grâce à sa marine marchande, à

---

(1) Surtout en ce qui regarde les vins et les huiles.
(2) Cette observation eût été exacte il y a quelques années, mais aujourd'hui de nombreux
produits d'outre Rhin viennent en Amérique sous des noms allemands.

l'accaparement des grosses affaires et à la façon dont elle comprend l'éducation commerciale de ses jeunes gens qui apprennent comme volontaires ou employés de commerce la pratique locale des affaires, continue cependant à se maintenir à la tête du mouvement).

Pour *MM. Couchet et Gonzalez* (La Plata), c'est la création d'une industrie nationale qui a donné le plus rude coup à nos transactions avec l'Argentine. Il importerait, pour lutter avec avantage, que le fabricant français produisît à bon marché ; que le commissionnaire fût supprimé et remplacé par le représentant direct ou le voyageur.

M. L. Zufferey (La Plata) dit que le commerce de la librairie n'a pas subi d'arrêt, mais qu'il faudrait supprimer le commissionnaire.

MM. Blanc et Destrade (La Plata) estiment que la diminution de notre importation provient de la production du sol et de l'industrie nationale, de la contrefaçon et des difficultés de crédit.

M. Louis Saint-Bonnet (Mar del Plata) constate que les détaillants de sa résidence font leurs achats à Buenos Aires, ignorent généralement l'origine de la marchandise et ne recherchent que « le bon marché ».

M. J. Mantalen (Mercedes) : Le commerce de cette localité est entre les mains des Italiens et des Espagnols.
Les produits français, grevés lourdement par les commissions des intermédiaires, ne sont vendus qu'au comptant, ce qui entrave les affaires.

M. P. J. Jeanningros (Chascomus) explique notre recul par les raisons suivantes :

1º L'article français ne peut lutter comme bon marché avec l'article allemand.
2º On ne fait ni propagande, ni réclame en faveur de nos produits.
3º Les commissionnaires grèvent de frais inutiles les marchandises françaises.
4º Les visites des voyageurs ne sont pas assez fréquentes.

M. Mantet (San Nicolas) donne pour motif à notre situation commerciale :

1º La difficulté de faire venir directement les articles de France (les lignes de navigation ont abandonné le service du Rio Parana).
2º La concurrence des articles anglais et allemands mieux appropriés aux besoins et aux goûts du pays.
3º Les facilités de paiement offertes par nos rivaux à leur clientèle.

M. Claude Fournier (Pergamino) dit que le consommateur ne trouve dans les magasins de cette ville que des articles étrangers ou des produits portant frauduleusement nos marques.

M. Loustouret (Saladillo) attribue la baisse de notre importation au développement constant des industries nationales.

M. Aguerre (Dolores) : Les négociants de Dolores, tous détaillants, vont faire leurs achats à Buenos Aires sans se préoccuper de l'origine des produits (1).

PROVINCE DE SANTA FÉ

M. Solon (Santa Fé) : Le nombre des maisons de *détail*, tenues à Santa Fé, par nos compatriotes, est fort réduit; leur capital est sans importance.

Elles s'approvisionnent à Buenos Aires et à Rosario, plus souvent de produits falsifiés que de marques authentiques.

Les maisons de *gros* de ces deux villes font de préférence des affaires avec nos concurrents parce qu'ils accordent de plus grandes facilités de crédit.

MM. Fonade et Cie (Rosario) : Le développement de l'industrie vinicole en Argentine et les droits quasi prohibitifs imposés aux provenances d'outre-mer, d'une part; de l'autre, la diminution des revenus et des salaires (hausse de l'or) ont fait délaisser les produits français pour les vins indigènes et autres articles, moins bons, mais moins coûteux.

---

(1) Nous donnons ici, à titre d'exemple, dans sa forme originale, l'une des lettres que nous avons reçues de nos compatriotes, en réponse au questionnaire relatif aux causes du recul de nos transactions.

CAUSES DE LA PRÉPONDÉRANCE COMMERCIALE DES ÉTRANGERS SUR NOS NATIONAUX EN ARGENTINE

1° L'immigration étrangère est de beaucoup supérieure à la française. Les Italiens surtout affluent tous les ans en grande quantité. Ils conservent les habitudes et les goûts de leur pays d'origine; de préférence ils consomment les produits auxquels ils sont habitués.

2° Les Établissements de Crédit de l'Argentine appartiennent en grande partie à des étrangers; ces établissements aident surtout leurs nationaux. A Buenos Aires seulement il y a quatre banques anglaises, une banque allemande, une banque espagnole, deux italiennes et une banque fondée par des Français. Ces quatre derniers établissements ont été créés dans l'Argentine avec des fonds pris dans le pays même. Les banques anglaises et allemande possèdent de gros capitaux venant d'Europe, bénéficiant par conséquent du bas prix de l'argent dans le vieux monde et réalisant de ce fait un gros bénéfice. (Le taux de l'intérêt dans l'Argentine varie de 8 à 12 o/o; le taux légal est de 12 o/o, les escomptes sont généralement faits de 8 à 9 o/o.) Ces capitaux anglais et allemands dominent le marché argentin.

La banque française malgré le caractère sérieux de sa direction, ne joue pas, à l'endroit de l'industrie et du commerce français, le même rôle que les divers établissements que nous venons de citer; elle n'a pas l'envergure nécessaire pour lutter avec les grandes institutions d'autres nationalités.

3° Jusqu'à présent, sauf de rares exceptions, les fabricants français ont traité avec l'Argentine par l'intermédiaire de commissionnaires qui prélèvent un bénéfice sur les prix pratiqués par le producteur. Les fabriques étrangères font directement leurs affaires, telles les allemandes et les italiennes. Ces dernières défendent leurs marques, tandis que nul intermédiaire n'a d'intérêt à pousser une marque plutôt qu'une autre.

Les Italiens, qui n'en sont qu'à leurs débuts, font de grands sacrifices pour entrer dans le marché; beaucoup d'entre eux envoient des marchandises en consignation; on ne saurait engager les commerçants français à adopter cette manière de travailler; elle ne peut donner que des pertes, car le fabricant est, du fait de ces consignations, sous la dépendance complète du vendeur. Ce dernier peut réaliser à n'importe quel prix. Les Italiens ont surtout pratiqué la vente en consignation des articles de comestibles : vins, huiles, etc.

Les Allemands, eux, ont des représentants directs ou des voyageurs; ils concèdent tout le crédit demandé par les clients : le terme de six mois est toujours, au minimum, accordé par eux; souvent même ils font un an et plus de crédit.

On peut se demander si ces longues échéances ne sont pas rendues possibles grâce à l'escompte des valeurs à long terme par la Ueberseeische Bank de Berlin qui, au moyen de ses filiales, fait un véritable crédit industriel.

Les Allemands demandent à leurs agents les types des articles préférés par leurs clients sud-américains; leur fabrication est conforme aux indications qu'ils reçoivent; de cette façon ils n'imposent pas à un pays d'outre-mer des marchandises confectionnées pour l'Europe. C'est là une cause des succès de nos rivaux.

Les manufactures anglaises ne travaillent pas directement avec l'Étranger, elles passent

MM. Fonade et Cie invoquent également :
l'absence de facilités de paiement ;
les commissions exagérées que s'attribue le commissionnaire ;
les rares, visites des voyageurs français.

M. Couzier (Rosario) : Depuis 1890, les vins du pays et les vins italiens ont supplanté les vins de cargaison. Seuls, les vins fins et les liqueurs continuent à être demandés par une clientèle restreinte.

Les articles français, en général, sont trop chers et le commissionnaire est un intermédiaire trop onéreux.

M. A. Hévy (Rosario) : Les maisons françaises de 1er ordre font défaut à Rosario. Les Italiens et les Allemands accaparent le marché.

En dehors de nos grandes marques, les produits français sont trop chers ; ils sont, en outre, grevés par des commissions exagérées.

MM. Rouzant frères (Rosario) expliquent la décadence de notre commerce par trois causes :
1° difficulté d'obtenir des crédits suffisants des fabricants français ;
2° défaut de propagande habile ;
3° absence de voyageurs français.

---

par des commissionnaires *Merchants* très larges dans leurs crédits ; moyennant une petite commission de 2 1/2 pour cent. Ces intermédiaires ouvrent à leurs clients des comptes courants portant intérêt à 5 o/o l'an. Les Anglais sont beaucoup plus difficiles que les Allemands sur le choix des crédits. Ils vendent des produits anglais et nous font plus loyalement concurrence que certains voisins d'Outre-Rhin.

Les *Merchants* anglais se distinguent des Commissionnaires français en se spécialisant dans un ou deux articles ; ils ne cherchent pas, comme nous nationaux, à vendre de tout ; ainsi les maisons de Manchester ne font que du coton, celles de Birmingham de la verrerie ou du fer, etc. Cette façon de procéder leur permet de posséder à fond l'article qu'ils vendent, de le défendre et de le discuter comme ne peuvent le faire ceux qui s'occupent de tous les produits.

Les fabricants de comestibles anglais travaillent directement par voyageurs : tels MM. Huntley-Palmers, Cross-Blackwell, etc.

4° Les marchés étrangers sont favorisés également par les nombreuses lignes de vapeurs qui partent d'Anvers, de Hambourg, de Liverpool, de Londres. Les Compagnies françaises qui viennent de Buenos Aires sont au nombre de trois : Chargeurs-Réunis, Messageries Maritimes, Transports Maritimes ; parfois les cargoboats de Cyprien Fabre ; ces compagnies pratiquent les mêmes tarifs.

Jusqu'à l'an dernier, les Anversois et les Anglais prenaient du fret à tous prix, ce qui avait pour résultat de faire arriver à la Plata les marchandises françaises avec une différence de prix énorme sur les manufactures d'autres provenances. Pour ne citer que quelques exemples, nous indiquerons ceci : les faïences et verreries françaises coûtaient à Bordeaux un fret de 35 fr., et à Anvers et en Angleterre environ 7 sh. Les fers en France 30 fr., Belgique et Angleterre environ 10 sh.

La cote des frets à Anvers et à Londres variait journellement ; et, pendant des années, les différences citées plus haut existaient pour tous les articles. Depuis quelques mois, il s'est formé deux syndicats : les Compagnies françaises d'une part ; les belges, allemandes et anglaises de l'autre. Ces dernières ont des tarifs légèrement inférieurs à ceux des Français. Néanmoins, comme les ports étrangers possèdent beaucoup plus de steamers que les nôtres, il part tous les mois d'Anvers des navires faisant concurrence, à coups de rabais, aux lignes syndiquées ; notre industrie est donc à ce point de vue moins favorisée que celle de nos concurrents.

En ce qui concerne la maison des soussignés, elle prospère parce qu'elle applique les procédés de nos rivaux étrangers dans ce qu'ils ont de bon. Nous représentons des fabricants, nous ne prélevons aucun bénéfice sur les prix pratiqués par eux. Nous nous spécialisons en ne vendant que des produits que nous pouvons discuter et défendre.

Mais ce qui fait notre force, c'est notre présence continuelle dans les pays où sont nos affaires. Ce ne sont pas des employés que nous envoyons visiter la clientèle ; c'est toujours l'un des associés qui se trouve en permanence à la Plata,... — Nous voyons continuellement nos acheteurs, nous savons leurs besoins, nous sommes au courant de ce que font nos rivaux ; nous le signalons à nos fabriques ; nous les tenons au courant des changements dans la valeur des crédits. A Paris nous surveillons les expéditions, l'exécution des commandes. Nous gagnons peu sur chaque transaction, mais nous faisons un gros chiffre d'affaires, sans grands risques.   *Signé* : CAHEN et GUILLIERME.

MM. F. et A. Signot (Rosario). Notre situation précaire d'importateurs en Argentine tient :

1° A ce qu'il n'y existe pas de maisons françaises de 1er ordre;
2° A ce que les industriels vendent trop cher et n'accordent pas de délais suffisants;
3° A ce que quelques commissionnaires ont une tendance à se procurer, ailleurs qu'en France, des articles qu'ils pourraient, à peu près dans les mêmes conditions, trouver chez nous.

M. Lacointa (Rosario). L'industriel français ne se plie pas aux goûts et aux exigences de la clientèle et n'accorde pas d'assez longs délais de paiement. Il serait à désirer, en outre, qu'on vît beaucoup plus souvent des voyageurs français.

M. Maguin (Rosario) dit que la construction des chemins de fer subit un temps d'arrêt, mais qu'elle ne saurait tarder à reprendre un nouvel essor. Les usines françaises devraient donc se tenir prêtes à lutter contre les industriels anglais et nord-américains.

Le bon marché relatif des machines de ces deux dernières provenances est plutôt apparent. Nos constructions peuvent encore lutter avec avantage. — Il n'en est pas de même pour les wagons (surtout les voitures pour voyageurs). Il est douteux que nos industriels puissent produire ce matériel à un prix aussi bas que leurs concurrents. Les rails, autrefois fournis par le Creusot, sont achetés aujourd'hui en Angleterre.

Rosario pourrait devenir un marché important pour les produits chimiques et la droguerie.

Il n'existe que deux drogueries à Rosario; elles font de brillantes affaires (on peut dans ce commerce doubler ses capitaux en un an).

La plupart des articles « de vente courante » proviennent d'Italie et d'Allemagne, ces deux pays faisant visiter fréquemment la clientèle et accordant de grandes facilités de paiement.

L'écart des prix entre les produits étrangers et français est considérable.

M. Fonade (Rosario). La généralité des maisons françaises ignorent ou feignent d'ignorer les habitudes de la clientèle, tant au point de vue du goût que des facilités de paiement.

PROVINCE DE CORRIENTES

M. A. Laffont (Corrientes) classe sous sept chefs principaux les causes qui ont fait baisser le chiffre de nos transactions :

1° Avilissement de la monnaie fiduciaire;
2° Droits de douane quasi-prohibitifs (presque tous les articles français sont grevés au-dessus de 40 o/o);
3° Concurrence de l'industrie nationale argentine (principalement pour les sucres ;
4° Arrêt de l'immigration française dans la République Argentine ;
5° Concurrence des produits vinicoles italiens;
6° Absence presque complète de représentants sérieux de l'industrie française;
7° Routine de nos fabricants qui produisent d'après leur goût sans consulter celui du consommateur.

M. G. Marguin (Santo Tomé). Le département de Santo Tomé compte une population clairsemée et assez peu portée aux raffinements du luxe. Les maisons de demi-gros et de *détail* s'approvisionnent à Buenos Aires.

La difficulté et la cherté des transports empêcheront toujours les habitants de cette région de se mettre en relations directes avec la France. — Le fret de Santo Tomé à Buenos Aires est plus élevé que celui de Buenos Aires en France.

M. J. Turiot (Goya) expose que l'immigration française est peu importante et que les groupes de nos nationaux manquent de solidarité et d'esprit de corps.

Il faudrait envoyer des voyageurs au lieu d'avoir recours au commissionnaire. Les maisons françaises de Buenos Aires choisissent, dans la province, des représentants étrangers qui placent de préférence les articles de leurs nationaux. Enfin, les prix de revient ne sont pas assez bas et on ne consulte pas assez les préférences des consommateurs.

M. A. Clausse (Goya) : Les prix des articles français sont trop élevés; nos industriels n'envoient pas de voyageurs.

PROVINCE DE CORDOBA

M. Pietri (Cordoba) estime que le coût de nos produits, le manque de facilités de paiement et l'absence de voyageurs ou de représentants de commerce portent le plus grand préjudice à notre mouvement d'importation.

M. Berger (Cordoba). Les fabricants de tissus ne tiennent pas compte des observations qui leur sont faites en ce qui concerne la largeur des étoffes. (Les Allemands ont su satisfaire sur ce point aux exigences du pays.)

M. Flandin (Cordoba). Les fers venant de Belgique coûtent de 20 à 3o o/o de moins que ceux de France. Les frets de nos compagnies de navigation sont plus élevés que ceux des sociétés belges.

En ce qui concerne les machines, nos industriels, faute de représentants, ne peuvent fournir les pièces de rechange nécessaires. Les Anglais, les Allemands et les Nord-Américains sont outillés pour donner à ces demandes la suite qu'elles comportent.

M. Simian (Cordoba). La papeterie allemande de bonne qualité se vend à raison de 5o o/o au-dessous de l'article français, qu'elle imite fort bien.

M. Marchal (Cordoba). La contrefaçon discrédite nos produits, et leur cherté en empêche la vente.

M. Laloi (Cordoba). Les maisons de Cordoba achètent exclusivement leurs articles à Buenos Aires et à Rosario.

M. J. Guindant et M. Paul Berard-Karna (Cordoba) pensent que la baisse de nos transactions doit être attribuée à la création de ce qu'ils appellent des *demi-industries*, c'est-à-dire des industries utilisant des produits manufacturés ou mi-manufacturés (chemises, cravates, vêtements pour hommes et enfants, lingerie fine pour dames, chapeaux, chaussures, gants, etc.),

M. Ernest Hébert (Cordoba) reporte le recul de notre exportation aux causes suivantes :

Création d'industries et installation de fabriques indigènes. Bon marché relatif des produits manufacturés dans le pays. Cherté des marques françaises, grevées en outre de droits de douane et de frais de transport considérables. Falsification éhontée de nos marques. Qualité souvent inférieure des marchandises authentiques *destinées à l'exportation*. Mauvais calcul de certains fabricants qui ne veulent tenir aucun compte des modifications que l'on sollicite d'eux.

M. G. Black Belair (Cordoba) n'a jamais vu de nos machines agricoles dans le pays. Il ne connaît pas de fabricants français ayant des représentants, même dans la capitale.

M. Varlot (Cordoba), de la maison *Régnier frères* de Grenoble, impute la décadence de nos transactions à Cordoba aux motifs ci-dessous :

1º déplacement du mouvement commercial de cette ville au profit du littoral) Rosario et Buenos Aires);

2º développement de l'industrie nationale;

3º tarifs douaniers prohibitifs sur les produits européens;

4º élévation du taux de l'or, malgré l'abondance du métal;

5º bon marché des articles étrangers et une réclame bien entendue;

6º falsification de nos produits.

M. Barellier (Cordoba) attribue notre situation à la cherté du produit français, à son insuffisante adaptation aux goûts et usages du pays, aux procédés et pratiques de nos compatriotes qui ignorent les habitudes de ce marché et à l'absence de bons représentants.

M. Feuche (Cordoba). Les négociants de Cordoba ne font pas venir directement des marchandises françaises :

1º à cause des difficultés du dédouanement quand on n'est pas sur les lieux;

2º à cause des difficultés de se procurer de l'or pour les paiements;

3º à cause de la cherté des articles français.

M. J. Bernard (Cordoba). L'industrie nationale argentine s'est développée; — de plus, quatre années consécutives de mauvaises récoltes ont eu pour effet de faire porter le choix du consommateur sur l'article bon marché que nous ne fabriquons pas.

Il serait utile d'envoyer des marchandises en consignation : la trop longue attente entre la commande et la réception fait qu'on se contente toujours des articles que l'on trouve sur place.

M. Victor Pelletier (Cordoba). Nos négociants ne font pas de propagande suffisante par réclame, par voyageurs, ou par représentants.

Ils envoient des articles au goût des clients français et non à celui des clients argentins, articles d'un prix très supérieur aux similaires allemands.

M. Maussion (Cordoba). On n'a pas suffisamment recours au système des consignations. Il faudrait, en outre, fabriquer des articles bon marché comme les Allemands, et offrir à la clientèle les mêmes facilités de paiement (six et huit mois).

M. Leyal (Cordoba). — Les maisons de gros de Buenos Aires et Rosario n'ont pas de marchandises françaises à offrir aux détaillants de Cordoba.

M. Laforgue (Rio Cuarto) résume comme suit les principales causes de notre recul commercial :

1° prix inabordable de l'article réellement français ;

2° substitution au produit français de son imitation allemande vendue *comme article français,* mais à un prix bien inférieur (la mauvaise qualité de cette imitation fait perdre peu à peu tout crédit à l'article réellement français) ;

3° accaparement de presque tout le commerce de la ville par les Espagnols qui ne se soucient aucunement de la qualité;

4° procédés frauduleux de certains intermédiaires, qui font passer comme article français une contrefaçon allemande leur donnant des bénéfices supérieurs.

PROVINCE D'ENTRE RIOS

M. Dubosq (Gualeguaychu). — Le commerce de cette ville est entièrement espagnol ou italien. Il fait tous ses achats à Buenos Aires.

PROVINCE DE TUCUMAN

M. Joseph Curel (Tucuman). — Le commerce de Tucuman est tributaire de Buenos Aires et, en dehors de l'outillage industriel pour les sucreries, les achats directs en Europe sont insignifiants.

On envoie trop peu de voyageurs à Tucuman et cependant ceux qui y sont venus n'ont pas eu à se plaindre de leurs tournées.

M. Daffis (Tucuman) signale, en ce qui concerne les draps, la différence entre nos procédés de vente et ceux des Anglais.

Alors que nos maisons ne veulent travailler qu'avec les grands tailleurs et n'accordent pas de facilités suffisantes, nos concurrents britanniques vendent en gros et en détail, acceptent les remboursements *en papier-monnaie* et consentent des délais pour l'acquittement des factures.

M. Georges Nathan, représentant de la maison Calvet, de Bordeaux (Tucuman). — La France ne peut lutter, avec ses vins de cargaison, contre les produits du pays. Les droits de douane sont prohibitifs et il faut s'en tenir aux importations de vins fins.

M. Joseph Lassalle (Tucuman) signale que les instruments aratoires sont presque tous de fabrication nord-américaine.

Si les Français établissaient un dépôt à Cordoba, ils pourraient y trouver un débit important.

PROVINCE DE SANTIAGO DEL ESTERO

M. Paul Mazure (Santiago del Estero). — En dehors de la parfumerie, on trouve peu d'articles français dans la ville. La coutellerie, la verrerie, la porcelaine, la draperie, la bijouterie, etc. sont importées par les Anglais et les Allemands.

PROVINCE DE SAN JUAN

M. Valençon (San Juan). — Les commerçants de la province n'ont pas de relations directes avec l'Europe. Ils s'approvisionnent à Buenos Aires et ne recherchent que le bon marché. Des immigrés asiatiques (syriens, maronites) ont remplacé presque tous les détaillants de la province; ils jouissent d'un bon crédit.

PROVINCE DE MENDOZA

M. Bricogne (Mendoza) n'a jamais vu de voyageurs de commerce français et se plaint de la falsification de tous nos produits par nos concurrents étrangers et par les Argentins.

M. Marquet (Mendoza) constate la nécessité pour l'industriel français 'de transformer son matériel et d'adapter sa production aux goûts du consommateur.

Les outils et machines de France sont beaucoup trop chers : les Allemands construisent du matériel pour distilleries de 30 à 40 o/o meilleur marché que le nôtre (un distillateur français s'est adressé à des Allemands pour son installation).

Antérieurement, les tonneaux et barriques venaient de Nancy. Aujourd'hui, les Nord-Américains ont accaparé le marché (les fûts sont moins finis, mais reviennent à 2,60 $ or, soit 3 1/2 centavos par litre, alors que les nôtres coûtent 3 $ 50, grevant ainsi le vin de 5 centavos par litre).

M. Saillard (Mendoza). — Toutes les spécialités pharmaceutiques françaises se vendent dans la République Argentine, mais nos produits chimiques ne peuvent lutter avec ceux des Allemands, d'une pureté irréprochable et d'un prix bien inférieur.

M. Bernard (Mendoza) pense que nos industriels fabriquent trop beau et trop cher et que les intermédiaires prélèvent des commissions exagérées.

M. Jean Sarramea) Mendoza) est du même avis. Il reproche au commissionnaire de n'être pas, avant tout, un agent du commerce français, et estime que les frets de nos compagnies de navigation sont trop élevés.

TERRITOIRE DU CHACO

M. Martin Lapils (Villa Ocampo). — Au point de vue des approvisionnements, Villa Ocampo est tributaire de Buenos Aires et de Rosario. Il est regrettable que Reconquista (Chaco), Bella Vista et Goya (province de Corrientes) ne possèdent pas de maisons françaises notables, à même d'aider au développement de ce commerce.

A son avis les causes du recul de nos importations seraient les suivantes :

1º Nos industriels et fabricants attendent que les affaires se présentent à eux au lieu d'aller les chercher.

2º Le commissionnaire de Paris et de l'Argentine expédie telle marchandise étrangère, au lieu du produit similaire français, s'il y trouve un bénéfice plus considérable.

3º Les industriels français n'ont pas assez de considération pour l'acheteur sud-américain : on fabrique pour lui des produits de qualité inférieure, des « *articles d'exportation* ».

4º Nos compatriotes eux-mêmes, résidant en Argentine, contrefont nos bonnes marques.

ANNEXE XIX

(Voir page 208)

LA PRESSE EN ARGENTINE AU POINT DE VUE COMMERCIAL FRANÇAIS

La presse en pays étranger intéresse notre commerce à un triple point de vue :

1º Indigène ou française, elle peut développer par une action venue de la métropole les sympathies à l'endroit de notre pays ;

2º Elle doit vulgariser nos inventions et applications industrielles, défendre nos marques, être le véhicule d'une efficace publicité en faveur de nos produits ;

3º Elle serait en mesure, par ses imprimeries, de constituer un marché important pour nos constructeurs, fondeurs, fabricants d'encre et de papier.

I

La presse argentine comptait, en 1897 (1), 610 publications, dont 279 paraissaient à Buenos Aires et 331 dans les provinces et territoires nationaux.

Ces journaux se répartissaient, selon les matières traitées et le lieu de leur publication, ainsi qu'il suit :

Matières	Buenos Aires	Provinces	Totaux
Actualité et illustration	19	6	25
Administration	3	2	5
Caricature et articles humoristiques	12	4	16
Sciences naturelles et mathématiques	5	7	12
Commerce et industrie	49	8	57
Chronique locale, essais littéraires	8	23	31
Éducation	11	14	25
Géographie et histoire	7	1	8
Intérêts généraux	55	221	276
» *ruraux*	14	2	16
Législation et droit	5	6	11
Littérature et art	13	4	17
Marine et armée	5	—	5
Médecine et hygiène	6	—	6
Réformes sociales	19	9	28
Religion	21	14	35
Divers	27	10	37
Totaux	279	331	610

(1) Annuaire de la presse argentine, publié par M. J. Navarro Viola.

Sur les 610 journaux :

        77 sont quotidiens.
        19   tri-hebdomadaires.
        56   bi-bebdomadaires.
       255   hebdomadaires.

Le reste des publications est mensuel ou bien paraît à des dates irrégulières.

Au point de vue de la nationalité, les feuilles se divisent en :

        Argentines 526
        Etrangères 81

65 de ces dernières s'impriment à Buenos Aires : — 7 sont allemandes, 10 anglaises, 11 espagnoles, 22 italiennes, 2 figurent dans les statistiques sous la rubrique « divers » (1), et 10 se publient en langue française, à savoir :

Nos	Titres	Matières et périodicité
1	Le Courrier de la Plata (1). . .	Intérêts généraux. — Paraît tous les jours, dimanche excepté. — Format 58 × 87. — 4 pages à 8 colonnes.
2	Le Journal	Intérêts généraux. — Quotidien. — Dimanche excepté.—Directeur : Louis Breton. — Format 54 × 74.
3	Le Messager du Lundi.	Hebdomadaire. — Intérêts généraux, commerce, etc. — 1re année. — Format 36 × 52. — 8 pages à 5 colonnes.
4	Bulletin de la Chambre de Commerce française de Buenos Aires	Mensuel, 5e année. — Format 15 × 23.
5	Bulletin mensuel de la Société de protection de secours aux Français.	Mensuel, 3e année. — Format 27 × 37.
6	Revue illustrée du Rio de la Plata	Paraît chaque quinzaine (7e année). — Illustration, actualité, beaux-arts, littérature.
7	Le Journal pour rire.	Paraît 2 fois par semaine. — Humoristique. — Format 28 × 41.
8	Le Réveil.	Hebdomadaire. — 1re année.—Lectures choisies. — Nouvelles et contes. — 18 × 24. — 16 pages.
9	Le Cyclone	Communiste anarchiste. — Publication irrégulière. — Format 29 × 38. — 4 pages à 3 colonnes.
10	Le Courrier Suisse	Organe de la colonie suisse. — Hebdomadaire. — 3e année. — Format 49 × 64. — 4 pages à 6 colonnes.

_____

(1) Dans les provinces, on compte 19 journaux non argentins dont aucun n'est rédigé en français.

II

Les Anglais et les Allemands ont su résoudre à leur profit le problème si complexe de l'utilisation des organes de publicité à l'étranger.

Dans le pays qui nous occupe, les rédacteurs de leur « *Standard* » et de leur « *Platazeitung* » ne plaident pas pour un parti; ils défendent les intérêts économiques anglo ou germano argentins.

Ils n'interviennent dans la politique argentine que pour discuter des questions utiles ou préjudiciables aux transactions de leurs compatriotes.

III

En ce qui concerne le marché de fournitures d'imprimerie, si les rotatives Marinoni et les encres Lorilleux n'ont pas perdu leur clientèle dans la Plata, la vente du papier est entre les mains des Allemands. Or, c'est dans l'espèce, le seul article dont la consommation se chiffre par millions.

Pourtant nos fabriques d'Angoulême et des Vosges n'auraient qu'à se faire représenter à Buenos Aires pour y réussir comme tel de nos représentants de commerce a réussi à Rio de Janeiro, dans des conditions identiques.

ANNEXE XX

(*Voir page* 208)

MOYENS DE RELEVER NOTRE COMMERCE EN ARGENTINE

(Avis des Correspondants de la Mission Française)

VILLE ET PROVINCE DE BUENOS AIRES

M. C. Lix Klett (Buenos Aires) considère comme indispensable la création d'une puissante banque avec des capitaux français, ayant à sa tête des hommes connaissant la place de Buenos Aires et les affaires de la République Argentine.

Il approuve l'idée d'une exposition permanente de produits français. On annexerait à cette exposition un bureau de commandes. Les sections de cette entreprise devraient comprendre des machines servant à l'industrie et à l'agriculture, des produits manufacturés et des comestibles.

Il préconise la création de syndicats d'exportation.

M. Chovet, de la maison Calvet et Cⁱᵉ, de Bordeaux (Buenos Aires). Un des principaux moyens de relever nos transactions serait d'amener nos industriels à modifier leur manière de procéder : ils ne tiennent pas suffisamment compte des exigences des acheteurs : ils produisent pour eux-mêmes et non pour la clientèle étrangère.

Il faudrait en outre :

1º Faire connaître aux exportateurs qu'ils retireraient de grands avantages à étudier les besoins et les demandes du pays ;

2º Accorder de plus longs crédits ;

3º Obtenir la suppression de la patente imposée aux commis voyageurs dans chaque province (300 à 1.000 $ m/n) ;

4º Tenter l'installation d'un musée d'échantillons, avec bureau de commandes et de renseignements ;

5º Créer en France, spécialement pour l'Argentine, des syndicats d'exportation ;

6º Obtenir des Compagnies de navigation la réduction de leur fret ;

7º En ce qui concerne les vins, réclamer l'abaissement du titre d'alcool par la taxation en douane.

M. A. Lévy, de la maison Lévy, Hayem et Cⁱᵉ (Buenos Aires) proclame la nécessité de créer une banque française en Argentine au capital de 25 millions, dont 1/4 versé.

Il y aurait lieu, pour les Compagnies de navigation, d'abaisser les frets ; on éviterait ainsi de voir nos commerçants effectuer souvent leurs expéditions par bateaux étrangers, en raison de la différence de tarif.

M. Eugène Spont (La Plata) conseille la création, dans les grands centres, de Chambres syndicales françaises du commerce et de l'industrie, subventionnées par l'Etat et soumises au contrôle des autorités consulaires.

Il faudrait aussi établir des relations directes entre La Plata et la France (les Messageries maritimes seules ont choisi La Plata comme tête de ligne).

Le commissionnaire français devrait voyager, se rapprocher du client et établir ses factures et connaissements en tenant strictement compte des tarifs douaniers. (En les interprétant à leur façon, ils occasionnent des embarras à leurs clients).

Il serait utile que les voyageurs de commerce fissent de plus fréquentes tournées (actuellement une tous les trois ou quatre ans).

Une exposition permanente d'échantillons avec bureau de commandes serait désirable (les Espagnols ont eu à La Plata une exposition flottante à bord d'un transatlantique, — les Italiens ont organisé, à maintes reprises, de très belles expositions de leurs produits).

Un grand établissement de crédit français faciliterait l'encaissement des factures en installant une succursale.

Il faudrait faire des annonces, de la réclame, et fonder des revues commerciales (il n'en existe qu'une le « Courrier de la Plata — alors que les Anglais en ont 10, — les Allemands et les Nord-Américains respectivement 5) (1).

M. *Bernadet* (La Plata) se prononce pour la visite fréquente de voyageurs et l'établissement à Buenos Aires d'un dépôt d'échantillons.

M. *Zafferey* (La Plata). Il y aurait lieu d'envoyer des voyageurs sérieux visitant régulièrement la clientèle, de se plier aux habitudes commerciales de la place en ce qui concerne les crédits, enfin de créer des syndicats d'exportation et un dépôt d'échantillons avec bureau de commandes.

MM. *Couchet et Gonzalez* (La Plata) proposent l'intervention d'un bureau d'échantillons et de commandes offrant aux acheteurs le même crédit que nos concurrents (environ six mois) et la création d'un syndicat d'industriels français.

M. *Louis Saint-Bonnet* (Mar del Plata). Les commerçants établis à Mar del Plata ne reçoivent directement de France aucune marchandise. Ils s'approvisionnent à Buenos Aires des articles bon marché, les seuls que demande le pays.

M. *J. Mautalen* (Mercedes). Le courant migratoire français vers l'Argentine et l'utilisation de nos capitaux ne sont pas suffisants pour nous placer dans une situation équivalente à celle de nos concurrents.

Il est à craindre que les Allemands et les Anglais par le judicieux emploi de leurs capitaux, les Italiens et les Espagnols par leur nombre, ne réduisent de plus en plus le champ de notre activité commerciale.

M. Mautalen préconise la création d'un syndicat qui importerait les articles français et exporterait les produits du pays. Ce syndicat bien organisé pourrait même s'attirer les sympathies du Gouvernement et du peuple argentin.

M. *Jeanningros* (Chascomus). Les détaillants français de Chascomus réclament de nos industriels la fabrication de produits bon marché, les seuls dont ils trouvent le placement.

---

(1) Les Nord-Américains impriment aux États-Unis et envoient gratuitement avec une persistante régularité leurs publications rédigées souvent en anglais et en espagnol.

Le représentant à Buenos Aires de toutes les maisons du syndicat pourrait faire utilement des voyages dans les provinces, à la condition d'être, dans la capitale, le représentant en douane de sa clientèle.

M. Mantet (San Nicolas) conseille d'adapter la fabrication française au goût et aux besoins du consommateur et d'accorder les facilités de crédit auxquelles la place de Buenos Aires et les villes qu'elle dessert sont habituées.

Il serait utile, en outre, d'envoyer des navires français dans le port de San Nicolas, où ils trouveraient toujours du fret de retour.

M. Fournier (Pergamino). Il est nécessaire que nos fabricants baissent leurs prix en transformant leurs produits. — Ce premier résultat obtenu, il faudrait fonder des syndicats d'exportation, créer des expositions de produits français, envoyer en permanence des représentants de commerce sérieux et donner des facilités de paiement.

M. Loustouret (Saladillo). Le relèvement du commerce français en Argentine dépend de la protection que la France accordera aux principaux acheteurs et de la diminution des droits qui frappent les marchandises que nous importons.

M. Loustouret est partisan de la création d'un dépôt d'échantillons (avec bureau de commandes) et d'un syndicat d'exportation.

M. Aguerre (Dolores). On pourrait lutter contre la concurrence étrangère au moyen d'un dépôt d'échantillons avec bureau de commandes et en permettant à l'acheteur, au moment de la livraison, de signer des obligations à quatre, cinq ou six mois, suivant le procédé usité par les maisons de gros de Buenos Aires.

PROVINCE DE SANTA FÉ

M. Solon (Santa Fé) demande que l'on consente à la clientèle les mêmes facilités de crédit que nos concurrents et que les tarifs de transports terrestre et maritime français soient diminués.

On devrait, en outre, provoquer, dans les centres manufacturiers, une association d'industriels pour la création d'un comptoir général à Buenos Aires et de succursales dans les provinces.

M. X. (Santa Fé) propose :

1º L'abaissement des droits de douane ;

2º Une étude plus approfondie du marché par nos maisons d'exportation ;

3º L'envoi sur place d'employés compétents pouvant apprécier les risques et les avantages des relations commerciales ;

4º L'établissement d'un dépôt d'échantillons non seulement à Buenos Aires, mais dans deux ou trois grands centres (à Rosario par exemple) ;

5º De plus grandes facilités de paiement ;

6º La création d'un syndicat d'exportation se mettant en relations, au moyen de voyageurs, avec les importateurs argentins ;

7º Les Compagnies de navigation françaises devraient venir jusqu'à Rosario (une marchandise transbordée met un temps aussi long pour venir de Buenos Aires à Rosario, que d'un port français quelconque à Buenos Aires).

M. Y. (Santa Fé) considère qu'on peut aider au relèvement de notre ommerce d'importation :

1° En installant des établissements de crédit français ;

2° En offrant les facilités de paiement que consentent nos concurrents ;

3° En ouvrant un dépôt d'échantillons dans la capitale à la condition de se plier aux habitudes du marché ;

4° En fondant en France un syndicat d'exportation percevant une commission raisonnable.

M. A. Héry (Rosario) est pour l'ouverture à Rosario d'une puissante maison d'importation, vendant dans les mêmes conditions de crédit à long terme que les maisons italiennes et allemandes, et pour l'établissement d'un dépôt d'échantillons, ainsi que d'un syndicat d'exportation.

MM. Rouzant (Rosario). Un dépôt d'échantillons, avec bureau de commandes et de renseignements à Buenos Aires, serait très utile ; mais les paiements devraient se faire à terme (30 et 90 jours à dater de la réception du connaissement et de la facture).

MM. F. et A. Signot (Rosario). Les conditions essentielles de réussite en Argentine consisteraient à :

1° Etablir à Buenos Aires des *dépôts de marchandises* (et non des comptoirs d'échantillons).

2° Persuader l'industriel français de la nécessité de limiter ses prix et d'accorder pour le paiement de longs délais.

3° Faire venir jusqu'à Rosario les bâtiments français pour éviter un transbordement long et onéreux.

M. Lacointa (Rosario) demande la création de plusieurs syndicats d'exportateurs avec un personnel connaissant bien le pays.

M. Crouzier (Rosario) estime qu'une excellente mesure à prendre serait de propager notre langue partout où se trouve un groupe de Français. (Les Italiens ont des écoles subventionnées par leur Gouvernement).

En même temps, il serait indispensable de vendre des produits à bon marché ; de créer de grands établissements de crédit, des compagnies d'assurances de tout genre, etc.

M. Maguin (Rosario) pense que la France peut prendre une place importante dans les fournitures de chemins de fer et accaparer peu à peu toutes les lignes en vente.

En ce qui concerne la droguerie, des maisons sérieuses pourraient s'assurer des débouchés, si elles établissaient des succursales à Rosario ou si elles y avaient des représentants à poste fixe.

PROVINCE DE CORRIENTES

M. Alfred Laffont (Corrientes). On réagirait contre la situation actuelle :

1° En obtenant du Gouvernement argentin des réductions importantes sur les droits de douane ;

2° En poussant nos commerçants et industriels à se conformer aux habitudes commerciales et de crédit du pays ;

3° En créant un syndicat d'exportation.

M. J. Turiot (Goya). Les commerçants de l'intérieur, en l'absence de voyageurs venant les visiter, sont obligés d'acheter les articles français de deuxième ou troisième main, à des prix naturellement majorés.

Un dépôt permanent de *marchandises* serait préférable au bureau d'échantillons et un syndicat d'exportation pourrait rendre des services.

PROVINCE DE CORDOBA

Les divers moyens de relèvement proposés par la plupart de nos *Compatriotes établis à Cordoba* sont les suivants :

1° Suppression du commissionnaire ;

2° Nécessité de changer les procédés de fabrication de manière à produire des articles bon marché ;

3' Adoption des habitudes commerciales du pays, qui a besoin de crédit et n'achètera qu'à ceux qui lui feront les conditions de paiement les plus larges ;

4° Recours aux représentants établis sur place ou aux voyageurs faisant des tournées régulières ;

5° Etablissement de dépôts de machines agricoles dans tous les centres qui s'occupent d'agriculture tels que Cordoba, Tucuman, Mendoza, Bahia Blanca, Buenos Aires, Santa Fé, Rosario, etc., etc.

6° Création d'un syndicat d'exportateurs et installation de dépôts d'échantillons et de marchandises à Buenos Aires ainsi que dans les principales villes ;

7° Etablissement d'une puissante institution de crédit à Buenos Aires et à Rosario ;

8° Prolongement des lignes de navigation jusque dans l'intérieur, par le fleuve Parana, et accroissement de la navigation à voile avec escales à Buenos Aires, Rosario, Bahia Blanca, etc. ;

9° Enfin, création de banques agricoles.

M. Laloi (Cordoba). Un syndicat d'exportation serait assuré du succès si ses prix étaient aussi avantageux que ceux de nos concurrents.

Un dépôt de marchandises rendrait des services.

Un établissement de crédit de premier ordre seconderait puissamment l'action des deux institutions ci-dessus mentionnées.

M. Ginudant et M. Paul Bérard (Cordoba). Les industriels français devraient, comme les maisons d'importation de Buenos Aires et de Rosario, se faire payer en papier monnaie et accorder cinq mois de crédit à compter du jour de la réception de la marchandise.

Un dépôt d'échantillons dans la capitale offrirait des avantages, mais il ne faut pas oublier que c'est le vendeur qui doit aller trouver le client.

Un syndicat d'exportateurs pourrait installer en France un musée d'échantillons des articles que nos concurrents étrangers vendent en Argentine et ouvrir des bureaux bien dirigés à Buenos Aires et à Rosario pour permettre aux acheteurs de prendre contact avec les vendeurs.

M. Ernest Hébert (Cordoba). Les desiderata de nos compatriotes sont les suivants :

a) Envoyer des vapeurs et des voiliers dans le Parana jusqu'à Rosario ;

b) Etablir les mêmes frets que les Allemands, les Anglais et les Italiens ;

c) Réduire en France les tarifs de transport par voie ferrée.

M. Black Bélair (Cordoba). Nos commerçants devraient vendre des produits de bonne qualité et n'exiger d'argent qu'après la récolte (« *pagarés* » payables au moment de la vente du blé et du lin).

Les Anglais et les Américains du Nord ont établi avec succès un dépôt de marchandises de toute nature, industrielles et agricoles. Leur exemple serait bon à suivre.

M. Varlot (Cordoba) désirerait que le dépôt d'échantillons, avec bureau de commandes, fût pourvu d'un petit stock d'articles courants pour établir les premières relations. — Les règlements seraient faits sur place par l'administrateur de ce *dock*.

L'établissement d'un dépôt d'échantillons implique forcément l'idée d'un syndicat d'exportateurs, auquel on pourrait adjoindre une caisse de réserve destinée à parer aux pertes possibles.

Il faudrait également obtenir l'abaissement des frets en France.

M. Bernard (Cordoba). La consignation est le seul moyen d'augmenter la vente des produits de l'industrie française. Un syndicat peut s'installer en France, avec succursale à Rosario, pour les provinces de l'intérieur.

M. V. Pelletier (Cordoba) conseille d'avoir, dans chaque ville importante, le représentant d'un syndicat possédant les échantillons nécessaires et chargé du recouvrement des factures.

Il serait indispensable d'obtenir des Compagnies françaises de navigation des réductions de fret.

M. de Maussion (Cordoba) préconise la création d'un bureau de commandes avec dépôt d'échantillons (à la condition que des voyageurs visitent continuellement la clientèle) et la fondation de syndicats d'exportateurs.

M. Leyal (Cordoba). Les représentants des fabriques françaises devraient pourvoir toutes les grandes maisons du littoral de produits français d'un débit facile dans l'intérieur de la République.

Il faudrait fonder à Buenos Aires un grand dépôt de marchandises. Un syndicat d'exportateurs en France devrait être aidé, dans l'Argentine, par des hommes actifs et offrant aux acheteurs les facilités de paiement qui sont dans les habitudes du marché.

M. Laforgue (Rio Cuarto) se prononce pour la création d'un syndicat de fabricants placés sous la surveillance du Gouvernement français, subventionné par lui et possédant des succursales dans les centres importants.

PROVINCE DE TUCUMAN

M. Curel (Tucuman) est d'avis d'établir des comptoirs français ayant des marchandises soit en douane, soit en magasin et se contentant d'un bénéfice raisonnable.

M. Belloc (Tucuman) est partisan d'un *dépôt de marchandises* et non d'un dépôt d'échantillons.

M. Olive (Tucuman) estime que la marchandise française est trop belle et qu'il faudrait plutôt produire une qualité qu'on vendrait à bon marché.

M. H. Philippeaux (Tucuman) croit qu'une exposition permanente, organisée par des industriels et commerçants avec le concours d'une Chambre syndicale ou de commerce serait propre à augmenter les transactions commerciales.

M. Rousseau (Tucuman). Le fabricant devrait compter davantage avec les goûts et préférences du client.

M. Joseph Chrestia (Tucuman), démontre la nécessité de faire plus de réclame autour de nos produits.

PROVINCE DE SANTIAGO DEL ESTERO

M. Paul Mazure (Santiago del Estero). Il faudrait créer en France des syndicats limités à une seule branche d'industrie, avec des ramifications dans les principales villes manufacturières.

Le représentant à Buenos Aires confierait, à ses risques et périls, l'échantillonnage et les marchandises de vente courante à des voyageurs connaissant bien l'Argentine.

Les bénéfices de l'association consisteraient dans une commission de vente variable suivant l'article.

PROVINCE DE SAN JUAN

M. Valençon (San Juan). Un établissement financier français de premier ordre, dirigé par des hommes compétents et connaissant bien l'Argentine ferait en même temps ses affaires et celles de notre pays en se rendant propriétaire de bons terrains de culture qu'il revendrait plus tard, en les lotissant, à des cultivateurs français.

PROVINCE DE MENDOZA

M. Marquet (Mendoza) croit nécessaire de créer un grand nombre d'écoles de commerce en France et d'envoyer des boursiers à l'étranger. Il estime qu'il faudrait lutter vigoureusement contre les contrefacteurs et obtenir un changement de la législation sur la matière. En ce qui regarde la tonnellerie, M. Marquet voudrait voir amener sur le marché des fûts ne revenant pas à plus de 2 $ or comme ceux des Nord-Américains.

M. Bonduel (Mendoza) constate que l'industrie française ne fournit plus les distilleries argentines et que tout l'outillage vient d'Allemagne. Nos constructeurs auraient intérêt à établir les appareils à des prix plus réduits.

M. de Coninck (Mendoza) est partisan de la création d'une banque française.

M. Normandin (Mendoza). Un syndicat de producteurs et fabricants envoyant des représentants et voyageurs pour visiter la clientèle paraît indispensable.

TERRITOIRE DU GRAN CHACO

Anonyme. — On peut compter sur la clientèle française dans cette région à la condition de vendre aussi bon marché que nos concurrents, d'offrir des produits authentiques, de tenir compte des usages commerciaux et des habitudes de la clientèle.

Un dépôt d'échantillons bien assorti ferait des affaires, mais il devrait dans la suite être converti en un entrepôt de marchandises.

ANNEXE XXI

(Voir page 246)

LÉGISLATION DES COMPAGNIES D'ASSURANCES

Les compagnies d'assurances sont régies, au point de vue administratif et constitutif, par les dispositions générales applicables aux sociétés de commerce.

I. — *LÉGISLATION DES ASSOCIATIONS COMMERCIALES*

Le code argentin reconnaît cinq formes de sociétés de commerce :

    A. — Sociétés en nom collectif.
    B. — Sociétés anonymes.
    C. — Sociétés en commandite.
    D. — Sociétés coopératives.
    E. — Sociétés en participation.

Il ne sera question ici que des quatre premières, les compagnies d'assurances ne se constituant pas sous la forme de sociétés en participation.

A. — SOCIÉTÉS EN NOM COLLECTIF

(Livre II, titre III, chapitre II, articles 301 à 312)

On désigne sous le nom de société en nom collectif l'association de deux personnes au moins, en vue de faire du commerce.

La signature sociale (dans laquelle ne peut figurer aucun nom étranger à la société) engage solidairement et sans limite tous les associés.

De même, la signature individuelle de l'un d'eux oblige tous les autres solidairement, et sans qu'aucune exception puisse être stipulée dans l'acte d'association.

Toutefois, une clause spéciale peut interdire à l'un des membres de la société l'usage de la signature collective.

B. — SOCIÉTÉS ANONYMES

(Livre II, titre III, chapitre III, articles 313 à 371)

On appelle société anonyme une simple association de capitaux en vue d'un travail ou d'une entreprise quelconque.

La responsabilité de la société n'est engagée que pour les opérations faites par ses délégués, dans les conditions fixées par les statuts. Chaque associé n'est donc responsable que dans la limite des sommes qu'il a ainsi souscrites. Le recours des tiers ne peut s'exercer que contre les administrateurs.

Pour qu'une société anonyme soit constituée, il faut :

1º que les associés soient au moins au nombre de dix ;

2º que le capital social (ou la première partie appelée, qui ne peut être inférieure à 20 % du total) soit entièrement souscrit ;

3º que les actionnaires aient versé et déposé dans une banque au moins 10 % des souscriptions ;

4º que la société soit créée pour un temps déterminé et ait obtenu l'autorisation du Pouvoir Exécutif.

Le code reconnaît quatre espèces d'actions : au porteur, nominatives, endossables et non endossables.

Les actions non entièrement libérées ne peuvent être que nominatives.

Elles doivent être signées par un ou plusieurs directeurs, et porter les indications suivantes :

1º nom et domicile de la société, date de sa fondation.

2º montant du capital social et nombre d'actions ;

3º valeur du titre et montant des versements effectués ;

4º numéro d'ordre.

La direction de la société est confiée à un ou plusieurs administrateurs et à un ou plusieurs syndics nommés par l'assemblée générale, les premiers pour une période de trois ans, les seconds pour une année.

Les syndics examinent les livres et tous documents au moins une fois par trimestre.

Ils convoquent les assemblées ordinaires et extraordinaires, de concert avec les membres du conseil d'administration.

Ils vérifient la caisse.

Ils surveillent les opérations de liquidation.

Ils ont, en outre, voix consultative dans les réunions du conseil d'administration.

Les convocations aux assemblées générales des actionnaires (ordinaires ou extraordinaires) doivent se faire au moins quinze jours avant la réunion.

Les assemblées ordinaires ont lieu au moins une fois par an.

Elles ont pour objet :

1º de discuter, d'approuver ou d'amender les inventaires et les rapports des administrateurs et des syndics ;

2º d'élire les administrateurs et les syndics ;

3º de s'occuper de toute affaire portée à l'ordre du jour.

Les assemblées extraordinaires peuvent être convoquées quand les directeurs et les syndics le jugent nécessaire, ou à la demande d'actionnaires possédant au moins un vingtième du capital, sauf dans le cas où des stipulations contraires seraient inscrites dans les statuts.

Dans les cas spéciaux suivants :

1º dissolution anticipée de la société,

2º prorogation du contrat,

3º fusion avec une autre société,

4º réduction ou augmentation du capital social,

5º modification du genre d'affaires de la société,

6º changement quelconque à apporter dans l'acte constitutif.

Les actionnaires présents à l'assemblée doivent représenter au moins les 3/4 du capital souscrit ; aucune résolution ne peut être prise sans l'assentiment des 3/8 plus une unité du capital.

L'émission d'obligations nominatives ou au porteur est autorisée jusqu'à une somme égale au capital actions.

Les cas de dissolution des sociétés anonymes sont les suivants :

1º expiration du contrat ou fin des travaux en vue desquels la société avait été fondée ;

2º faillite ;

3º liquidation dans le cas de pertes s'élevant à 50 % ou plus du capital social ;

4º preuve que la société ne peut remplir le but qu'elle s'était proposé.

c. — SOCIÉTÉS EN COMMANDITE

(Livre II, titre III, chapitre IV)

La société en commandite est une association, en vue de faire du négoce, de deux ou de plusieurs individus dont un au moins est commerçant.

Le contrat de commandite implique la responsabilité non limitée au moins d'un des associés.

S'il y a plusieurs responsables, la société est en nom collectif pour ceux-ci, et en commandite pour les autres.

Aux commanditaires incombent toutes les obligations dévolues aux membres du conseil d'administration dans les sociétés anonymes, mais leur responsabilité n'est engagée que jusqu'à concurrence du montant de leur apport.

D — SOCIÉTÉS COOPÉRATIVES

(Livre II, titre III, chapitre IV, articles 392 à 395)

Les sociétés coopératives peuvent affecter l'une des trois formes précédentes. Elles doivent faire suivre leur dénomination des mots *limitada* ou *illimitada*.

L'acte de société détermine les conditions d'admission ou d'exclusion des associés, le mode de constitution du capital.

Les actions ne peuvent être que nominatives; les actionnaires, quel que soit le nombre des titres qu'ils possèdent, n'ont droit qu'à une voix.

Pour cesser de faire partie de la société, il suffit de prévenir dix jours à l'avance les membres du conseil d'administration.

II. — RÉGLEMENTATION DES CONTRATS D'ASSURANCES

(Livre II, titre IV, chapitre I)

Les assurances peuvent avoir pour objet toute chose évaluable en monnaie et toute sorte de risques.

L'assurance se constate au moyen d'un contrat appelé « police ».

Les polices d'assurances doivent contenir :

1º la date de leur signature;
2º le nom de la personne assurée;
3º la désignation de la chose assurée et son estimation;
4º la valeur assurée;
5º les risques qu'elle couvre;
6º le montant de la prime;
7º l'énonciation de toutes les circonstances dont la connaissance peut avoir un intérêt pour l'assureur et toutes stipulations particulières.

Cette dernière indication varie suivant la nature de l'assurance.

Pour les contrats sur la vie, on doit y faire figurer la dénomination spéciale de la combinaison sous laquelle la police a été consentie.

L'assurance est nulle si l'assuré se suicide, est condamné à mort, ou bien meurt en duel ou dans une tentative criminelle (art. 554).

Il y a également nullité dans le cas où la personne en faveur de qui la police a été signée est l'auteur ou le complice de la mort de l'assuré (art. 555).

L'assurance maritime peut avoir pour objet :

1º la quille et le corps du navire, chargé ou sur lest;
2º les voiles, mâts, cordages et tout ce qui sert à l'appareillage ;
3º l'armement;
4º les provisions.;
5º les prêts à la grosse, les primes (réassurances) et les primes sur risques payées à un autre assureur, ou encore toute valeur qui se trouverait à bord et qui n'aurait pas déjà fait l'objet d'une police ;
6º le chargement;
7º le bénéfice escompté;
8º le fret de retour;
9º la liberté, en cas de prise, des voyageurs ou passagers.

L'armateur d'un navire peut l'assurer pour un voyage déterminé, pour une période fixe sur bonnes ou mauvaises nouvelles.

Par contre, il ne peut pas assurer le salaire des hommes d'équipage, les marchandises dont les lois défendent le trafic et le bâtiment ou les objets affectés à un contrat à la grosse, pour leur valeur intégrale et sans exception des risques.

Il y a nullité si, par suite d'un changement d'itinéraire, quelque accident se produit dans les lieux ou escales non prévus par la police.

III. — SITUATION LÉGALE DES SOCIÉTÉS D'ASSURANCES

Les sociétés étrangères qui opèrent en Argentine sont soumises aux obligations spécifiées dans les articles suivants :

Art. 285. — Les sociétés commerciales ou financières régulièrement constituées en pays étrangers, et qui n'auraient en Argentine, ni siège, ni succursale, ni représentant, pourront toutefois y faire des actes de commerce en tant que ceux-ci ne seront pas contraires aux lois du pays.

Art. 286. — Les sociétés constituées en pays étrangers pour faire leur principal commerce en Argentine seront considérées comme sociétés nationales et soumises aux dispositions du code argentin.

Art. 287. — Les sociétés légalement constituées en pays étrangers et qui établiraient dans la République des succursales ou des agences sont soumises aux dispositions du code en ce qui concerne :

1º l'enregistrement et la publication des actes sociaux.;
2º le mandat de leurs représentants.

En cas de faillite, elles sont assujetties à l'article 1.385 qui dit :

Les représentants de ces sociétés ont, vis-à-vis des tiers, la même responsabilité que les administrateurs de la société.

Art. 528.— Les compagnies étrangères d'assurances ne peuvent établir des agents dans la République sans l'autorisation spéciale du Pouvoir Exécutif provincial.

Les agents sont personnellement responsables de toute infraction aux dispositions ci-dessus. (1)

---

(1) Les Sociétés d'assurances en Argentine viennent de traverser une sorte de crise. On avait voulu les frapper d'un droit double de celui auquel sont sujettes les Compagnies argentines. Opposition des premières. Le Gouvernement, d'accord avec le Sénat, proposa une redevance de 5 o/o frappant les unes et les autres. Opposition des Compagnies indigènes. La Chambre propose des droits respectifs de 7 o/o et de 1 o/o. La question en est là.

ANNEXE XXII

(Voir page 258)

ARMÉE ET MARINE

Le gaucho de la Plata est très courageux, il l'a prouvé aussi bien dans les guerres civiles ou étrangères que dans les campagnes contre les autochtones.

Homme de cheval d'une agilité, et d'une endurance extraordinaires, il n'hésita jamais à défier ses adversaires en combat singulier. Toutefois, malgré l'assurance que peut lui donner la valeur de ses soldats, le pays suit une politique résolûment pacifique.

La puissance du courant immigratoire a été telle qu'il faudra attendre une nouvelle génération pour que les divers éléments ethniques introduits soient définitivement acclimatés et fondus. Alors, à côté de l'unité des intérêts, naîtra sûrement, chez les descendants des premiers immigrés, l'unité de sentiments contrariée encore aujourd'hui par les liens qui rattachent certains des nouveaux venus à leur pays d'origine.

Ce pays, qui traverse ainsi une évolution rapide, est actuellement défendu par une armée et une marine dont voici les effectifs :

1° *Armée.*

Les forces de terre se composent de :

    1 régiment de génie;
    9 régiments d'artillerie (dont 3 d'artillerie de montagne);
    12 régiments de cavalerie (plus l'escorte présidentielle);
    17 bataillons d'infanterie (dont 12 d'infanterie proprement dite et
        5 de chasseurs andins).

Ces troupes se divisent comme suit :

	Chefs	Officiers	Troupes	Employés civils (1)	Chevaux et mules
Génie	5	30	741	13	406
Artillerie	21	159	5.828	52	5.465
Cavalerie	31	214	3.599	49	5.319
Escorte présidentielle . .	1	14	124	1	114
Infanterie	44	504	7.309	40	111
Totaux	102	915	17.601	155	11.415

(1) On compte comme employés civils de l'armée : les chefs de musique, chirurgiens, pharmaciens, mécaniciens, armuriers, forgerons, professeurs d'escrime, etc., etc.

Les dépenses d'entretien de cet effectif avaient atteint en :

1865.	. . . .	1.155.299 $ or.
1875.	. . . .	2.901.437
1885.	. . . .	2.513.065
1895.	. . . .	2.081.776
1896.	. . . .	2.517.665
1898.	. . . .	20.175.856 $ m/n.

Le projet de la loi de Finances pour l'exercice 1899 prévoit : 14,027,582 $ m/n.

Soit une économie de 6,148,274 $ m/n sur l'exercice 1898.

2° *Marine.*

L'effectif de la flotte en officiers et marins se décompose comme suit :

Vice-Amiral.	1	
Contre-Amiral	1	
Commodores	3	
Capitaines de vaisseau	12	
Capitaines de frégate	59	
Lieutenants de vaisseau	56	
Lieutenants de frégate.	71	
Enseignes de vaisseau.	39	
Enseignes de frégate	14	
Gardes-Marine	25	281 (1)
Maistrance et administration.	18	
Apprentis torpilleurs et artilleurs. . .	40	
Chauffeurs et soutiers.	17	
Marins.	3.569	3.644
Total général.		3.925

Les dépenses nécessitées par la marine argentine se sont élevées, en 1898, à 11,733,199,93 $ m/n; le projet de la loi de Finances pour 1899 fixe les dépenses de cet exercice à 11,256,614,19 $ m/n réalisant une économie de 476,585,74 $ m/n sur l'exercice 1898.

L'armement et l'équipement des forces qui viennent d'être énumérées n'ont été consentis par le congrès que dans ces dernières années, alors qu'on pouvait craindre un conflit avec le voisin si aguerri de l'Ouest. Ils ont donné lieu à une dépense de 125 millions de francs environ.

La majeure partie des achats a été faite en Allemagne. Quelques acquisitions importantes ont été effectuées en Angleterre et en Italie.

_____

(¹) Dont 243 en activité de service.

MARINE DE GUERRE — FLOTTE NATIONALE

CATÉGORIE ET NOM	Coût	CHANTIERS	ANNÉES	Tonnes	Longueur Mètres	Largeur Mètres	Profondeur d'eau Mètres
Cuirassés:							
Almirante Brown....	190.000	Samuda frères (Anglais)..	1891	4.200	75 »	15 24	7 31
Libertad....	170.000	Lair frères (Anglais)...	1891	2.300	73 08	13 »	6 95
Independencia....	170.000	— —	1891	2.300	73 05	13 »	6 95
El Plata....	85.600	— —	1875	1.590	56 47	15 75	4 55
Les Andes....	85.600	— —	1874	1.590	56 47	15 75	4 55
Croiseurs cuirassés:							
Garibaldi (1)....	681.240	Ansaldo et Cⁱᵉ (Gênes).	1896	6.840	100 »	18 20	12 19
General San Martin.	664.600	Orlando frères (Livourne).	1898	6.840	100 »	18 20	12 19
Croiseurs:							
Buenos Aires....	383.000	Armstrong et Cⁱᵉ (Anglais).	1896	4.700	123 19	13 41	9 72
9 de Julio....	293.000	—	1892	3.575	113 59	16 01	7 95
25 de Mayo....	200.000	—	1890	3.500	106 67	15 »	7 95
Patagonia....	100.000	Etab. technique (Autriche).	1885	1.442	68 04	10 »	7 05
Croiseur torpilleur:							
Patria....	87.000	Laird frères (Anglais)...	1894	1.070	76 40	9 15	7 10
Croiseur mixte:							
Frégate école....	105.000	—	1898	2.352	80 25	13 15	7 14
Corvette:							
La Argentina....	25.000	Etab. technique (Autriche).	1884	600	69 »	8 10	5 90
Torpilleur:							
Maipu....	55.000	Elder et Cⁱᵉ (Anglais)...	1890	1.063	80 36	8 34	4 50
Chasse-torpilleurs:							
Espora....	45.000	Laird frères (Anglais)	1890	520	64 »	7 62	3 96
Santa Fé....	35.590	Yarrow et Cⁱᵉ (poplar).	En construct.	340	57 95	5 95	3 66
Entra Rios....	35.590	—		340	57 95	5 95	3 66
Corrientes....	35.590	—		340	57 95	5 95	3 66
Misiones....	35.590	—		340	57 95	5 95	3 66
Torpilleurs de mer:							
Muratore....	18.000	Thorneycroft et Cⁱᵉ (Angl.).	1891	110	45 92	4 57	3 66
Comodoro Py....	18.000	—	1891	110	45 92	4 57	3 66
Torpilleurs de rivière:							
6 de 1ʳᵉ classe....	12.600	Yarrow et Cⁱᵉ (Anglais)..	1891	65	30 63	4 05	2 44
4 de 1ʳᵉ classe....	6.000	—	1882	52	30 48	3 72	2 44
Torpilleurs nᵒ 2 à 10:							
10 de 2ᵉ classe....	3.500		1890	16	18 29	2 76	1 51
3 Transports:							
" Guardia Nacional"							
" Chaco "		En construction					
" Pampa "							

(1) On vient de terminer sur des chantiers italiens deux nouveaux croiseurs cuirassés, les *Puerrydon*, *Belgrano*.

Signification des abréviations : Sch. Schneider.— A. Armstrong.— G. Gadner.— Gat. Gatling.— H. Hotchkiss.— M. Maxim.— N. Nordenfeldt.— K. Krupp.
* Tir rapide.

ANNEXE XXIII

(Voir page 271)

SERVICE DES POSTES ET TÉLÉGRAPHES DE 1894 A 1897.

I. — POSTES

L'Argentine a adhéré à l'union postale universelle le 1ᵉʳ juin 1878.

Convention entre la République Argentine et la France sur le poids et le volume des échantillons envoyés par courrier, le 22 décembre 1883.

Il a été reçu ou expédié : En 1894, 127,564,667 pièces de toutes sortes; (64,519,483 reçues et 62,985,184 expédiées). Total en 1895, 142,436, 240 pièces (74,003,728 reçues et 68,432,512 expédiées).

Soit une augmentation de 11,7 °/₀ en faveur de 1895.

Le chiffre de 1895, se décompose de la façon suivante :

Lettres (1)	85.090.429
Cartes postales.	547.719
Imprimés	55.131.810
Echantillons.	204.565
Paquets de service.	1.461.717
Total.	142.436.240

Si on admet que la population de la République Argentine est de 3,952,990 âmes, la moyenne de plis postaux reçus ou expédiés sans distinction de catégorie, a été de 32,2 en 1894, et de 36 en 1895.

Le mouvement général de la correspondance s'est accru respectivement dans chaque province. Santiago del Estero seule accuse une diminution.

Le service a été fait par 1,172 bureaux, soit 53 de plus qu'en 1894; Buenos Aires seul est desservi par 25 bureaux.

Conformément aux règlements, il a été détruit dans les délais fixés par la loi, les pièces suivantes non réclamées, provenant d'années antérieures :

Lettres ordinaires . . ., ...	167.883
Lettres recommandées	4.502
Cartes postales.	1.946
Total.	174.331

Le mouvement général de la correspondance a été de 177,641,001 pièces en 1896 et de 191,895,742 en 1897. Il résulte des chiffres de l'année 1897, qu'à

---

(1) Les lettres recommandées figurent pour les quantités suivantes :
Reçues 1.270.317
Expédiées . . . . 1.361.355   2.631.672 contre 2.265 048 en 1894.

chaque habitant correspond une distribution de 27,4 lettres et de 47,6 autres pièces postales.

En comparant ces chiffres avec ceux des autres pays, on constate que l'Argentine occupe le huitième rang pour les lettres et le sixième pour les diverses pièces de correspondance.

Dans les totaux indiqués plus haut, le mouvement postal avec l'extérieur figure pour : 21,352,180 pièces en 1894, 22,906,267 pièces en 1895.

Soit une augmentation de 7,2 % en faveur de la dernière année.

Cette correspondance se décompose de la façon suivante, (1895) :

Lettres.	14.907.549
Cartes postales.	84.217
Imprimés.	7.854.453
Échantillons et papiers de service ou d'affaires.	60.048
Total.	22.906.267

Les pays qui entretiennent avec la République Argentine le mouvement de lettres le plus actif se groupent dans l'ordre suivant :

1° Italie ;
2° Espagne ;
3° République orientale de l'Uruguay ;
4° France ;
5° Angleterre ;
6° Brésil ;
7° Allemagne et Autriche ;
8° Chili :
9° Etats-Unis ;
10° Paraguay.

Ceux qui suivent sont représentés par des chiffres inférieurs à 100,000.

VALEURS DÉCLARÉES.

Le total des valeurs déclarées a été :

En 1894, 6,954,244 $ 60 (41,728 plis).
En 1895, 4,835,286 $ 25 (33,698 plis).

Différence en moins pour 1895 de 2,118,958 $ 35 (8,030 plis).

MANDATS ET COLIS POSTAUX.

Pour l'intérieur de la République, on relève les chiffres suivants :

Mandats	31.344
Valeur $ m/n.	1.542.729,66

Contre 2,357,627 02 en 1894.

Colis postaux reçus.	173.834
Colis postaux expédiés. . .	171.245
Total.	345.079

Pour l'extérieur :

Mandats émis $ or 104.483,30
Mandats payés $ or 106.085,72

Total $ or 210.569,02

Colis postaux reçus. 18.813
Colis postaux expédiés. . . 7.738

Soit au total. 26.551

dont 6,415 reçus de France, et 1,052 expédiés en France.

L'administration des postes a remis sa correspondance pour l'étranger à 434 vapeurs.

Pour les provinces fédérées (services des rivières) elle l'a confiée à 913 vapeurs.

Le service postal dans la République Argentine est très bien fait, notamment dans les grandes villes.

La distribution des correspondances de toute nature commence à s'effectuer deux heures à peine après l'arrivée d'un paquebot à Buenos Aires.

La prompte distribution est facilitée par les très nombreuses boîtes (*casillas*) de la poste restante.

Dans l'Argentine, non seulement les négociants usent comme en France, de cette faculté, mais les particuliers agissent de même, enlevant ainsi aux facteurs une notable partie de leur travail.

Dans les campagnes les habitations sont disséminées et, par suite, le service s'effectue avec une célérité moins grande, mais cependant avec une régularité parfaite.

La ville de Buenos Aires est dotée de douze distributions par jour. De nombreuses boîtes aux lettres ménagées dans des colonnes de fonte sont installées sur la voie publique, principalement à l'intersection des rues ; un avis fixé à cette boîte indique le magasin où le public peut s'approvisionner de timbres-poste.

A bord de chacun des bateaux de rivière affrétés par les *messageries fluviales*, se trouve un agent postal (*estaffetero*) préposé à la réception et à la livraison des valises postales. Il en est de même dans les trains, où un employé spécial reçoit et livre à chaque gare les dépêches qu'il a reçues au départ et en cours de route : — c'est le service qu'effectuent en France les commis convoyeurs.

TAXES POSTALES PERÇUES DANS LA RÉPUBLIQUE ARGENTINE

POUR LES PAYS COMPRIS DANS L'UNION POSTALE

(SAUF LES PAYS LIMITROPHES DE BOLIVIE, BRÉSIL, CHILI, PARAGUAY, URUGUAY)

Lettres affranchies. . . . .   12 centavos par 15 grammes.
Lettres taxées. . . . . .   16 centavos par 15 grammes.
Cartes postales . . . . .   6 centavos.
Cartes postales . . . . .   12 centavos.
   (réponse payée)
Journaux et imprimés . . .   2 centavos par 50 grammes.

Papiers d'affaires.	4 centavos par 5o grammes (les paquets de cette espèce ne peuvent dépasser 100 grammes, soit un affranchissement de 8 c.
Échantillons.	4 centavos par 5o grammes jusqu'à 25o grammes.
Droit de recommandation. .	16 centavos.
Avis de réception	8 centavos.
Articles d'argent.	5 centavos par 5 pesos.
Mandats (1)	(25 à 5oo francs).
Valeurs déclarées lettres (2).	10 centavos par 3oo fr. jusqu'à concurrence de 10,000 francs.
Valeurs déclarées boîtes (3).	10 centavos par 3oo francs jusqu'à concurrence de 10,000 francs, plus un droit fixe de 64 centavos.
Colis postaux	La République Argentine a des traités d'échange de colis postaux avec l'Allemagne, l'Autriche-Hongrie, la Belgique, le Brésil, la Bulgarie, le Chili, la Colombie, le Costa Rica, le Danemark et les colonies danoises, l'Égypte, l'Espagne, la France et les colonies françaises, la Grèce, l'Italie, le Libéria, le Luxembourg, le Monténégro, la Norvège, le Paraguay, les Pays-Bas et colonies néerlandaises, le Portugal et colonies portugaises, la Roumanie, le Salvador, la Serbie, le Siam, la Suède, la Suisse, la Tunisie, la Turquie, l'Uruguay et le Vénézuela.

La taxe des colis postaux se compose d'un droit comprenant autant de fois 16 centavos qu'il y a d'offices participant au transport territorial avec addition, s'il y a lieu, d'un droit maximum de :

8 centavos pour tout parcours n'excédant pas 5oo,ooo marins.

16 centavos pour	1,000 M. M		
32	—	— 3,000	—
64	—	— 6,000	—
96	—	— tout parcours supérieur à 6,000 milles.	

Les expéditions se font jusqu'à concurrence de 5 kilogrammes.

En cas de déclaration de valeur et de remboursement, une surtaxe est imposée au colis; cette surtaxe est la même que celle que l'on percevrait pour une lettre de valeur déclarée égale.

---

(1) Avec l'Allemagne, l'Autriche-Hongrie, la Belgique, la Bulgarie, le Brésil, le Chili, le Costa Rica, le Danemark et les colonies danoises, Egypte, France et colonies françaises, Italie, Japon, Liberia, Luxembourg, Norvége, Pays-Bas, Colonies Néerlandaises, Portugal et Colonies portugaises, Roumanie. Salvador, Siam, Suède, Suisse, Tunisie, Turquie, Uruguay.

(2) Avec l'Allemagne, l'Autriche-Hongrie, la Bulgarie, le Danemark et les colonies danoises, l'Egypte, la France et les colonies françaises, l'Italie et la colonie d'Erythrée, le Luxembourg, la Norvège, les Pays-Bas et les colonies néerlandaises, le Portugal et les colonies portugaises du Cap Vert et de Loanda, la Roumanie, la Russie, Salvador, Serbie, Suède, Suisse, Tunisie, Turquie.

(3) Allemagne, Autriche-Hongrie, Bulgarie, Egypte, France et colonies françaises, Italie et colonie d'Erythrée, Luxembourg, Maroc (Tanger seulement), Portugal, Roumanie, Salvador, Serbie, Turquie (seulement les localités où fonctionnent les bureaux allemands, anglais, autrichiens, français), Tripoli de Barbarie.

II. — TÉLÉGRAPHES

Le mouvement comparé de 1894 et 1895 en ce qui concerne l'échange de télégrammes a été résumé comme suit :

Classe.	1894.	1895.
Télégrammes privés.	2.522.695	2.592.710
Télégrammes de transmission	1.025.386	1.051.818
Télégrammes de service.	541.489	563.542
Télégrammes de service et de transmission . . .	156.458	154.595
Total	4.246.028	4.362.665

Soit par habitant une moyenne de 1,10.

Les lignes télégraphiques ont été augmentées, en 1897 et 1898, de 780 kilomètres et de 3.579 kilomètres de fils. En deux années et demie, il a été construit 2.054 kilomètres à un conducteur, 305 à deux et 939 à quatre. 11.103 kilomètres ont été réparés ; actuellement le réseau national a une extension de 18.531 kilomètres et comporte 41.838 kilomètres de fils.

Les interruptions deviennent beaucoup moins fréquentes : 0,5 par jour en 1897 (c'est-à-dire une interruption tous les deux jours), contre 4,75 par jour en 1896.

Le temps moyen employé pour la transmission d'un télégramme a été de 30 minutes pendant le premier semestre de 1898, contre 50 minutes en 1897 et 3 h. 45 en 1895.

On distingue, en Argentine, trois catégories de lignes télégraphiques :

1° Le réseau national ;

2° Seize compagnies particulières qui ont adhéré à la Convention télégraphique argentine du 16 décembre 1891 (1).

3° Les entreprises privées particulières n'ayant pas donné leur adhésion à ladite entente. On en compte 18).

Les tarifs sont les mêmes pour les deux premières catégories :

---

(1) 1) Republica del Paraguay.
    2)   —   de Bolivia.
    3) Télégraphe de la Compañia de Centro y Sud América (lignes de la République Argentine].
    4) Télégraphe de la Compañia-Telegrafico-Telefônica del Plata (lignes de la République Argentine et en Uruguay).
    5) Compañia Telegráfica del Rio de la Plata (seulement les lignes en Uruguay).
    6) Télégraphe Santamaria (Câble Sub-Uruguay).
    7) Chemin de fer de Buenos Aires al Pacifico.
    8)   —   Este Argentino.
    9)   —   Central Norte.
   10)   —   Noroeste Argentino (de Tucuman à Lamadrid).
   11)   —   Gran Oeste Argentino.
   12)   —   Nacional Andino.
   13)   —   de Villa Maria à Rufino.
   14)   —   de San Cristobal à Tucumàn.
   15) Télégraphe de la Provincia de Buenos Aires.
   16)   —   Platense-Brasilero y Estados Unidos Directo.

DÉSIGNATION	TAXE	
—	De 1 à 10 mots.	Chaque mot en sus.
Télégramme ordinaire.	$ 0.50	$ 0.03
— urgent.	1 »	0.06
— collationné ordinaire	2 »	0.12
— — urgent	3 »	0.18
— en langue étrangère (1). . .	1 »	0.12
— — — urgent.	2 »	0 12
— chiffré.	2 »	0.12
— — urgent	4 »	0.24
— — — et collationné.	5 »	40.30

Les tarifs des compagnies télégraphiques qui n'ont pas adhéré à la Convention du 16 décembre 1891 sont généralement les mêmes que ceux indiqués plus haut (2). Deux compagnies seulement appliquent des taxes plus élevées; ce sont : celles de la province d'Entre Rios et des chemins de fer d'Entre Rios.

D'après l'art. 10 de la Convention dont il a été parlé ci-dessus, tout mot comptant *plus de sept syllabes* est taxé double.

L'adresse est gratuite pour tous les télégrammes expédiés dans l'intérieur du pays.

Quant au service international, il est régi par la convention de Saint-Pétersbourg.

III. — *RECETTES ET DÉPENSES*

En 1895, les recettes de l'administration des postes ont atteint : $ m/n 2.543.317,09.

Celles de l'administration des télégraphes se 'sont élevées à $ m/n 1.052.807,91.

Soit un total de $ m/n 3.596.125, représentant une augmentation de 9,7 o/o sur les rentrées de 1894.

Les dépenses totales ont été de : $ m/n 5.297.453.

Il ressort donc un déficit de : $ m/n 1.701.328, c'est-à-dire 48 o/o de la recette générale de l'Administration.

Le revenu télégraphique a accusé une augmentation de 8,31 o/o pendant le premier semestre de 1898.

---

(1) Les télégrammes en *langues étrangères* ne sont admis, que lorsqu'ils sont rédigés en français, anglais, italien, allemand, portugais ou latin.

(2)
1)	Chemin de fer	Sud de Buenos Aires.
2)	—	Oeste de Buenos Aires.
3)	—	Deán Funes et Chilecito.
4)	—	Chumbicha à Catamarca.
5)	—	Cordoba y Noreste.
6)	—	Noreste Argentino.
7)	—	Central Cordoba.
8)	—	Cordoba y Rosario.
9)	—	Bahia Blanca y Noroeste.
10)	—	Trasandino.
11)	—	Oeste Santafecino.
12)	—	Central Argentino.
13)	—	Buenos Aires y Rosario.
14)	—	Buenos Aires y Puerto de la Ensenada.
15)	—	Provincial de Santa Fé.
16)	—	Gran Sud de Santa Fé Cordoba.

ANNEXE XXIV

(*Voir page 276*)

LOI DE CONVERSION

(DU 8 AOUT 1896).

ART. 1er. — Le Pouvoir Exécutif est autorisé à conclure un arrangement avec les créanciers de la nation pour unifier sa dette extérieure. Les titres créés par la loi 3,350 du 14 janvier 1896 et ceux qui doivent être remis en paiement de dettes extérieures des provinces seront compris dans cette opération.

ART. 2. — Les provinces ayant des titres de 4 1/2 % et qui feront des arrangements avec leurs créanciers de l'extérieur pourront exiger du Pouvoir Exécutif la remise à ces mêmes créanciers d'une somme de titres 4 1/2 égale à la somme des mêmes titres 4 1/2 déposés à la caisse de conversion. Ces titres demeureront dans la suite propriété de la nation. L'émission sera faite aux frais de cette dernière.

ART. 3. — Le Pouvoir exécutif est autorisé à remettre aux créanciers étrangers de la province de Buenos Aires une somme ne devant pas dépasser 34 millions de titres 4 %, en paiement et pour complète liquidation de la dette extérieure de la dite province. Cette opération comprendra le capital et les intérêts dus au 31 décembre 1896 dans les conditions qu'arrêteront le Pouvoir Exécutif et la province.

ART. 4. — Le Pouvoir exécutif est autorisé à remettre aux créanciers étrangers de la province de Cordoba 11 millions de titres 4 %, en paiement et pour complète liquidation de la dette de cette province.

Cette opération comprendra le capital et les intérêts dus au 31 décembre 1896; elle se fera dans les conditions qu'arrêteront le Pouvoir Exécutif et le Gouvernement de la province.

ART. 5. — Pour liquider les emprunts (1883 à 1888) de la province de Santa Fé et de tous les intérêts dus au 31 décembre 1896, le Pouvoir Exécutif remettra à MM. Morton, Rose et Cie, des titres à 4 % et 1 % d'amortissement équivalant à la somme de titres 4 1/2 que possédera la dite province au 31 décembre 1896.

ART. 6. — La province de Santa Fé sera dès lors libérée de ses obligations envers les porteurs de titres 1883, 1884 et 1888.

Aussitôt qu'elle sera mise en possession des valeurs nationales, la maison Morton, Rose et Cie fera remise des titres primitifs avec tous leurs coupons échus ou impayés.

ART. 7. — Les intérêts des titres de 4 1/2 seront compris dans le paiement des dettes provinciales envers la caisse de conversion.

ART. 8. — Les titres remis aux provinces en vertu de la présente loi demeureront sujets aux arrangements déterminés par l'article premier pour les dettes nationales.

ART. 9. — Le Pouvoir Exécutif est autorisé à émettre la quantité de titres 4 %, avec amortissement annuel accumulatif de 1/2 %, nécessaire à l'accomplissement des prescriptions de la présente loi.

L'amortissement se fera par achat ou par tirage au sort, au choix du Gouvernement, qui pourra ainsi augmenter son fonds d'amortissement autant qu'il le jugera nécessaire.

ART. 10. — Ces dispositions seront communiquées au Pouvoir Exécutif.

ANNEXE XXV

(*Voir page* 276).

PROJET D'ENTENTE ENTRE LA PROVINCE DE BUENOS AIRES ET LES PORTEURS DES TITRES 6 o/o.

La province recevra du Gouvernement national, pour l'extinction de sa dette extérieure, y compris les intérêts arriérés, $ 34,000,000 en bons du Gouvernement argentin.

Ces bons seront en livres sterling (ils seront aussi payables en francs et en marks à un change déterminé); ils porteront 4 °/o d'intérêt à compter du 1er janvier 1898 et 1/2 °/o d'amortissement à partir de 1901, au plus tard. Le Gouvernement aura la faculté d'augmenter le montant du dit fonds d'amortissement.

La province s'engage à payer au Gouvernement national les sommes nécessaires au service de ces bons 4 °/o. Pour garantir ses versements, elle a fait cession au Trésor fédéral des revenus qui suivent :

1° Droits du port de La Plata ;
2° Impôt sur le papier timbré et *guias ;*
3° Impôt sur les patentes industrielles et sur les contributions directes.

De plus, des hypothèques ont été prises sur les constructions, terrains et dépendances du port de La Plata.

En prévision de tout projet futur d'unification de la dette argentine, les nouveaux bons 4 °/o participeront à cette mesure.

La loi provinciale accorde aux bons 6 °/o de toutes émissions la même proportionnalité de nouveaux bons.

Il a été reconnu impossible de recueillir auprès du Gouvernement provincial les sommes nécessaires pour faire face aux engagements pris vis-à-vis des porteurs conformément aux négociations et à l'arrangement ci-dessus mentionné.

Un nombre suffisant de bons sera conservé pour y pourvoir.

Le montant des nouveaux bons destinés aux emprunts 6 °/o de la province permettra de faire aux porteurs une répartition sur les bases suivantes :

Chaque unité de 100 £ des bons actuels (avec coupons en retard attachés) recevra 83 £ des nouveaux bons 4 °/o du Gouvernement argentin, et s'il reste quelque excédent après paiement des charges, ce surplus sera distribué aux porteurs de nouveaux bons, dès que faire se pourra.

Il est stipulé que le présent arrangement devra être ratifié par la majorité des créanciers de la dette provinciale avant le 31 décembre prochain.

Le projet en a été approuvé par les maisons qui ont fait l'émission et auprès desquelles on peut prendre connaissance du contrat notarié et des autres documents, et par les commissions nommées pour assister aux réunions publiques des porteurs de titres et au conseil des porteurs étrangers (ces derniers ont considéré qu'en tout état de cause cet arrangement était le meilleur qui pût intervenir).

Il est très important que cet arrangement soit définitivement conclu à Buenos Aires, et en conséquence les porteurs sont invités à déposer leurs titres sans délai.

Les bons remis depuis 1890, mais non encore payés, ont les mêmes droits que les autres titres.

BASES DE L'ARRANGEMENT PROPOSÉ PAR LE GOUVERNEMENT DE CORRIENTES, RELATIVEMENT A L'EMPRUNT 6 o|o 1888.

Montant des titres 6 °/₀ actuellement en circulation : $ 4,962,585

Remise par la province de Corrientes, en échange du capital de l'emprunt 6 °/₀ 1888 et des semestrialités impayées (intérêts et amortissements depuis le 1ᵉʳ janvier 1891), de 3,100,000 dollars or, titres intérieurs nationaux 4 1/2 °/₀ et 1 °/₀ d'amortissement accumulatif par tirages au sort et au pair, faisant partie de ceux qui ont été déposés à la Caisse de Conversion, conformément à la loi de l'Assemblée législative de la province de Corrientes du 22 août 1888. Ces titres doivent être délivrés avec coupon 1ᵉʳ mars 1899 attaché.

Il paraît utile d'ajouter, comme renseignement complémentaire, dit le Comptoir national d'Escompte dans sa circulaire du 10 novembre 1898, que les titres de l'emprunt intérieur 4 1/2 °/₀, indiqués dans les bases de l'arrangement en question, représentent la plus grande partie des fonds nationaux acquis, en vertu de la loi de l'Assemblée législative de la province de Corrientes, en date du 22 août 1888, par la Banque de la province de Corrientes, en représentation du capital de cet établissement et en garantie de l'emprunt de 1888. Le solde des titres disponibles à la Banque, soit 63,500 piastres or, sera appliqué au retrait de l'émission fiduciaire, conformément aux dispositions de la loi des Banques du 3 novembre 1887.

Chaque porteur recevrait ainsi, du Gouvernement, pour une obligation de 500 francs, un titre 4 1/2 intérieur or de 312 fr. 30 c. (capital nominal) en faisant abandon des coupons arriérés.

Lorsque cet échange aura acquis un caractère définitif, des démarches seront faites pour obtenir la conversion proportionnelle des titres 4 1/2 °/₀ intérieurs en titres 4 °/₀ extérieurs.

NOTA. — Le montant des frais déboursés relatifs à l'arrangement (télégrammes, honoraires de correspondants dans la République Argentine, et avis aux porteurs d'obligations) sera prélevé sur le montant du premier coupon semestriel ; le concours des établissements chargés de recevoir les adhésions est gratuit.

EMPRUNT DE SAN LUIS

L'arrangement proposé pour cet emprunt a été ratifié par un nombre suffisant de Bondholders pour rendre définitif le contrat *ad referendum* qui liait la Province et le Gouvernement fédéral.

Pour un montant de titres actuellement en circulation de $ 740,174, les porteurs recevront $ or 630,000 en titres intérieurs 4 1/2 °/₀ et 1 °/₀ d'amortissement.

DISPOSITIONS FISCALES POUR 1897.

I. — LOI DE LA CONTRIBUTION DIRECTE.

Cette loi crée un impôt de 6 pour 1,000 sur la valeur des immeubles.

Les établissements de charité, d'instruction publique et, en général, toutes propriétés provinciales ou municipales sont exempts du dit impôt.

II. — LOI DES PATENTES.

Tout individu exerçant un commerce, un art, une industrie ou une profession est soumis au paiement d'une patente.

Les industries établies dans les centres ruraux et utilisant les produits qu'elles retirent elles-mêmes du sol sont exemptes de patente.

Les patentes sont de deux classes.

Les réclamations, s'il y a lieu, sont portées devant une commission composée de trois commerçants (choisis dans la localité, nommés par le Pouvoir Exécutif, et présidés par le receveur.

Des patentes fixes sont appliquées aux acheteurs et marchands en gros de céréales, cuirs, laines, etc.

III. — LOI DU TIMBRE.

Tout document se référant à une obligation qu'on peut évaluer en argent est soumis à l'impôt du timbre.

Cet impôt est de 1 pour 1,000; mais une échelle établit les limites des fractions, entre deux sommes intermédiaires soumises à un timbre unique.

Font exception : les chèques et reçus qui paient un droit fixe de 5 centavos pour toute somme au-dessus de 50 pesos. Un droit spécial est établi pour les certificats ou copies d'actes de naissance, copies de pièces judiciaires, certificats de vente ou de transport de produits agricoles, marques des animaux, livres de commerce, écritures publiques, contrats provisoires ou promesses de vente, etc., etc.

(Exception à citer en faveur des mandats ou lettres de change tirées par la Banque de la Province sur ses succursales et réciproquement.)

IV. — LOI D'IMPOT SUR LES PRODUITS DU PAYS.

Le fisc frappe d'impôts certains produits tels que les cuirs d'espèces bovine et chevaline, laines, crins, cuirs de mouton et de chèvre, plumes, suifs et graisses.

Cet impôt est perçu de la manière suivante :

Aucune vente ne peut être effectuée sans un certificat du vendeur déclarant les quantité et nature des produits vendus.

Ce certificat est présenté par l'acheteur au bureau du receveur de la localité qui, moyennant le paiement des droits, délivre la *guia* ou permis de circulation.

Les tarifs sont :

Pour les cuirs de bœuf	$ 0,30	par unité.
— de veau.	0,05	—
— de cheval	0,05	—
Pour les laines	0,18	par 10 kilogr.
— crins.	0,20	—
— cuirs de chèvre	0,35	—
— cuirs de mouton	0,04	—
— plumes.	0,50	—
— suifs et graisses	0,25	—
— os	0,12	par 1,000 kil.

V. — GABELLE.

La loi du 20 novembre 1896 impose le sel extrait des salines de la Province de $ 0,15 par 1,000 kil.

VI. — LOI SUR LES MARQUES ET SIGNES DE PROPRIÉTÉ DU BÉTAIL.

Art. 1er. — Tout propriétaire de bétail d'espèces bovine, chevaline, ovine ou caprine qui désire établir sa propriété doit le faire au moyen de marques (ou signes) enregistrées dans les livres du receveur. Celui-ci délivre un certificat soumis à un droit de timbre (20 pesos pour la marque de gros bétail, 5 pesos pour celle du petit bétail).

VII. — IMPOT SUR LES SUCCESSIONS.

La loi du 26 novembre 1877 a établi des droits de succession *ad valorem*.

Les successions et legs en faveur des collatéraux et autres personnes ayant droit de succéder *ab intestat* (à l'exception des ascendants et de l'époux testateur) paient 10 %.

Les héritiers et légataires étrangers au testateur paient 20 %.

Les legs faits en vue du repos de l'âme du testateur sont soumis à un droit de 15 % (exception est faite pour les donations en faveur d'établissements de bienfaisance ou d'instruction).

VIII. — IMPOT SUR LES MINES.

La loi du 26 novembre 1877 établit un impôt annuel de 25 $ m/n sur toute concession de mine.

IX. — PAIEMENT DES IMPOTS ARRIÉRÉS AVEC LES TITRES DE LA DETTE CONSOLIDÉE DE LA PROVINCE.

Par une loi du 3 juillet 1896, le Gouvernement a autorisé les contribuables à effectuer le paiement des contributions directes arriérées, antérieures à 1895, au moyen de titres de la dette consolidée de la province, pour leur valeur nominale.

Cette faculté a été concédée jusqu'au 1er mars 1897.

ANNEXE XXVI

(*Voir page 307*)

PORT DE LA PLATA

I. — DROITS D'ENTRÉE.

Suivant le tonnage du registre :

De 3 à 50 T,	4 centavos par tonne	
51 à 100	5 —	—
101 à 200	100 —	—
201 à 300	15 —	—
Au-dessus de 300	20 —	— (1)

Les navires entrant pour charger le bétail sur pied seront exonérés des trois quarts de ces taxes (loi du 9 août 1897).

Le tarif est réduit de moitié pour les bâtiments sur lest.

Les bâtiments qui, sortis de La Plata, y rentrent de nouveau, venant d'autres ports de la République, sont exempts de tous droits d'entrée.

Pour les navires qui ne font que se pourvoir de charbon, les droits sont payables seulement sur le nombre de tonnes qu'ils chargent et non sur leur tonnage de registre.

II. — IMPOT DE SÉJOUR.

Pour chaque vingt-quatre heures, on paye :

1° 10 centavos (2) par 10 tonnes ou fraction (navires de 3 à 100 tonnes).

2° 7 centavos par 10 tonnes ou fraction excédant 100 tonnes (navires de plus de 100 tonnes).

On fait remise entière des droits aux caboteurs (toujours exempts des trois quarts) lorsqu'ils apportent à La Plata des marchandises destinées à être transbordées sur des navires au long cours.

Sont également relevés du paiement de cet impôt les bâtiments venant s'abriter dans le port pour opérer leur désarmement ou faire des réparations, à condition toutefois qu'ils ne se livrent à aucune opération de chargement ou de déchargement.

Les embarcations faisant le service du port paient un droit annuel suivant leur tonnage.

Les agents et consignataires sont responsables vis-à-vis du fisc.

---

(1) Tant que l'or sera coté à plus de 100 o/o de change, les capitaines au long cours ou leurs consignataires paieront le double de ces droits.

(2) Paiement double tant que l'or n'est pas à 100 o/o. Tous ces droits sont le résultat des modifications apportées à la loi du 31 décembre 1896 par celle du 5 août 1897.

III. — DROIT DE MANUTENTION.

Si la marchandise est prise ou amenée par allège ou toute autre embarcation, le droit varie de $ 0 05 à $ 0 75, suivant les articles, par unités (1,000 kgr., têtes, fûts, 1,600 litres, etc.)

Si le chargement et le déchargement se font directement au dépôt, les tarifs sont doublés.

Si ces opérations sont effectuées dans des entrepôts particuliers, avec les moyens propres de ces établissements, les droits sont fixés de la manière suivante :

a) 15 centavos par 1,000 kgr. ou m³ s'il s'agit des marchandises générales.
b) 10 centavos par 1,000 kgr. ou m³ pour les bois, charbons, fourrages, etc.
c) 5 centavos pour 1000 kgr. ou m³ pour les céréales.

IV. — DROITS DE MAGASINAGE.

Le tarif de magasinage se paie par jour ou par mois suivant les espèces de marchandises.

V. — DÉCHARGEMENT A QUAI AU MOYEN DE GRUES A VAPEUR.

(*L'usage n'en est pas obligatoire*)

Céréales	$ 0 20	par 1,000 kgr.
Lest	0 30	—
Charbon.	0 20	—
Marchandises générales	0 40	—
Race bovine ou chevaline.	0 50	—

Pour le travail de nuit, le tarif de jour est doublé.

VI. — SERVICE DE DRAGAGE DU PORT.

Droits.

1° Navires au long cours, quelle que soit la durée de leur séjour :

Vapeurs.	20 $
Voiliers	10

Demi-droit pour ceux qui ne prennent que du charbon.

2° Cabotage :

De 1 à 50 T	$ 0 50
51 à 100	1 »
101 à 200	2 »
201 à 300	3 »
Au-dessus de 300	4 »

ANNEXE XXVII

(Voir page 325)

LE VER A SOIE ET LA SÉRICICULTURE

DANS LES PROVINCES DE SANTA FÉ, DE CORRIENTES ET DE BUENOS
AIRES.

La province de Santa Fé cherche à développer la culture du ver à soie.
Pour lui donner un encouragement, le parlement de cette province a autorisé
le Pouvoir Exécutif (pour cinq années, à compter du 1er janvier 1896), à distribuer annuellement 20,000 $ de primes aux sériciculteurs (1).

Les premiers essais séricicoles datent de 1865. MM. Ch. Lix Klett (père
et fils), avaient fondé près de Corrientes un établissement pour l'élevage d'un
ver à soie sauvage, *le bombix arindia* (2), qui se nourrit de feuilles de « tartago » (*recinus*).

Un rapport et des échantillons furent envoyés en France à la Société d'acclimatation (3).

On transforma chez nous les cocons en tissus, en soies pour la couture
(diversement teintées). Lorsque ces échantillons arrivèrent à Buenos
Aires, la guerre avec le Paraguay avait éclaté ; — après la prise de Corrientes, l'établissement de MM. Lix Klett fut détruit.

Pour renouveler la culture, il serait nécessaire de faire venir du *bombix
arindia* d'Algérie, car l'espèce semble avoir disparu depuis 1870.

Le climat de Santa Fé se prête aussi bien que celui de Corrientes à cet
élevage. Le *tartago* y croît, en outre, facilement.

Le *bombix mori* s'alimente, comme son nom l'indique, des feuilles du mûrier (*morus*).

Le *morus alba* est plus nourrissant que le *morus nigra*. Nourri de la
feuille de ce dernier, l'animal produit une soie plus fine et plus résistante.

Quand les froids tardifs arrêtent momentanément la végétation du mûrier,
on peut donner aux vers à soie d'autres végétaux, M. P. Demaestri (4), séri-
ciculteur italien, a démontré que le climat de Buenos Aires, était propice au
développement du mûrier noir. Les arbres qu'il a plantés en 1894, ont rapidement grandi. Les vers n'ont pas été atteints de maladies quelconques.

Donc, la région centrale se prête aussi bien que le nord du pays à l'élevage
du ver à soie.

Aussi, prochainement, dans les environs de la capitale (à Barracas, Cabal-
lito, Flores et Belgrano), on doit reprendre, sur une grande échelle, les essais de sériciculture en Argentine.

---

(1) Cette prime se donne aussi aux planteurs de cotonniers.
(2) Cette espèce produit un cocon dans les quarante jours.
(3) Sur la proposition de la société de sériciculture, on décerna une médaille à MM. Lix
Klett.
(4) Buenos Aires, rue Junin, n° 1250.

ANNEXE XXVIII

(Voir page 394)

AVANTAGES ACCORDÉS AUX FONDATEURS DE COLONIES AGRICOLES.

(Loi provinciale du 16 octobre 1896.)

Cette loi porte modification à la législation de 1886 et 1889.

Voici les dispositions les plus intéressantes qu'elle renferme :

Tout individu ou société qui désire fonder une colonie agricole en profitant des bénéfices de la loi, doit en faire la demande au Pouvoir Exécutif et présenter à l'appui ses titres de propriété, le plan de bornage et le plan général de la colonie divisée en lots (ajouter le plan de la ville si le projet le comporte).

La superficie (ou zone de colonisation) doit mesurer de 1,500 à 20.000 hectares.

La fondation d'une ville d'au moins 100 hectares de superficie est obligatoire chaque fois que le centre du domaine destiné à être transformé en « colonie », se trouve éloigné de plus de 20 kilomètres d'une station de chemin de fer.

Trois années après l'installation d'une colonie, le propriétaire ou fondateur doit établir qu'il a vendu la moitié des lots ruraux à raison de 1,000 hectares par chaque groupe de cinq familles.

Les avantages assurés par la loi, dans le cas où les prescriptions indiquées ci-dessus ont été observées, sont les suivants :

Exonération pour le fondateur de tout impôt territorial ou de contribution foncière pendant une durée de cinq ans. (Le même avantage est accordé à compter du jour d'achat, à tout colon ou chef de famille acquéreur de lots ruraux.)

Pendant les cinq premières années, les moulins, distilleries et autres établissements industriels utilisant les produits du sol, seront exempts d'impôts ; les maisons de commerce établies durant cette même période ne paieront que la moitié de l'impôt auquel elles sont assujetties.

ANNEXE XXIX

TARIF DOUANIER ET SES RÉSULTATS FINANCIERS

PENDANT LE PREMIER SEMESTRE 1898 (1)

Les données ci-après indiquent les méthodes appliquées dans les perceptions qui se font par unités, poids, mesures, etc...

A. — IMPORTATION

I. — RÈGNE ANIMAL

12 °/₀₀ de l'importation totale; valeur : 1,062,133 $

Désignation des articles.	Taxes d'importation
Animaux sur pied . . . . $	Exempts.
Peaux de lapins	2,5 o/o
Saucissons, éponges, baleines et sangsues. . .	25 o/o
Miel. . . . .)	0,03 le kilogr.
Lard	0,08
Beurre	0,10
Fromage, porc salé	0,20
Viandes.	0,20 et 0,30
Jambons	0,25
Morue, etc.	0,20, 0,60 et 0,40 la tonne
Conserves de poissons.	30 à 750 la tonne

II. — SUBSTANCES VÉGÉTALES

73 °/₀₀ de l'importation totale; valeur : $ 6,370,263

(a) *Produits alimentaires*

Fruits frais, bananes, oranges, maïs, semence de blé, farine de blé	Exempts.
Cacao.	10 o/o
Châtaignes	$ 0,005 et 0,025 le kilogr.
Orge.	0,0075 et 0,025
Confiserie.	0,02 et 0,25
Noix	0,03

---

(1) Extrait des travaux de MM. Ricardo Kleine et Torcuato Coronado sous la direction de M. Latzina.

Cocos. . . . .   0,03 et 10 o/o
Olives, noisettes, figues. . . . .   0,03 et 0,05 le kilogr.
Pâtes alimentaires, et toutes farines excepté
   celle de froment. . . . .   0,04; 0,05 et 25 o/o
Fruits secs, raisins secs   0,05
Amandes . . . .   0,05 et 0,10
Dattes . . . .   0,06 et 0,10
Vermicelle   0,07
Prunes, amidon.   0,08
Sucre raffiné   0,09
Biscuits.   0,15
Fruits en conserves . . . .   0,15 et 0,27
Chocolats.   0,30
Sirops . . . .   1,80 la douz. de bouteilles
Farine de manioc . . . .   5 la tonne
Riz. . . . .   20 la tonne
Légumes secs et légumes en conserves. . . .   10; 200 la tonne et 25 o/o

(b) *Tabac et ses dérivés* :

Tabac en feuilles de diverses espèces, tabac
   haché, ... $ 0,12 et 0,22 le kilogr.
Tabac râpé.   0,40
Cigares de toutes provenances. . . . .   0,60 et 0,75
Tabac de la Havane en feuilles et « picadura ».   0,70
Cigarettes.   1
Cigares Havane.   1,50

(c) *Autres substances végétales* :

Plantes vivaces . . . .   Exempts
Houblon . . . .   2,5 o/o
Safran . . . .   5 o/o
Malt . . . .   10 o/o
Semences diverses, coca, gutta et caoutchouc .   25 o/o
Chicorée . . . . $ 0,025 et 0,03 le kil. et 25 o/o
Épices. . . . .   0,03; 0,20 le kil. et 25 o/o
Canelle . . . .   0,05 le kil. et 25 o/o
Thé. . . . .   0,20 le kil.
Maté . . . .   15 à 40 la tonne
Café   30

III — BOISSONS

63 °/oo de l'importation totale : valeur $ 4,129,104

(a) *Vins* :

Vermouth en fûts . . . . $ 0,15 le litre
Vins fins en fûts.   0,25
Vermouth en bouteilles. . . . .   1,92 la douzaine
Champagnes et vins mousseux, Xérès, Oporto,
   Bordeaux et autres vins en bouteilles. . . . 3 la douzaine
Vins ordinaires en fûts. . . . .   8 à 12 l'hectolitre

(b) *Eaux-de-vie et liqueurs :*

Eaux minérales. Alcools pour les usages industriels.	25 o/o
Eaux-de-vie en fûts	0,06 et 0,28 litre
Cidre en fûts	0,10
Eaux-de-vie de canne	0,20
Genièvre en dame jeanne.	0,23
Rhum, cognac, anis	0,28
Absinthe et bitter en fûts.	0,29
Wisky.	0,30
Eaux gazeuses.	0,40 la douz.
Bière au gingembre	0,55
Bière en bouteilles.	1,44
Cidre en bouteilles.	1,80
Eaux-de-vie en bouteilles.	1,20 3 3,96
Genièvre »	3
Bitter »	3,24
Wisky »	3,60
Rhum, cognac, anis, chartreuse, en bouteilles.	3,96
Absinthe en bouteilles.	4.08

IV. — MATIÈRES TEXTILES ET LEURS MANUFACTURÉS

296 o/oo de l'importation totale, valeur $ 14.681.764

(a) *Soie :*

Soie pour coudre	
Tissus de soie et coton.	10 et 25 o/o
Tissus de laine de soie et coton.	25 et 40 o/o
Rubans, lacets de soie, lacets de soie et coton, dentelles et tulles de soie, tissus de soie pure, tissus de soie et de fil, tissus de soie et laine, passementerie, mouchoirs de soie, mouchoirs de soie et coton.	40 o/o
Bas.	45 o/o
Chemisettes, cravates, gants, caleçons, parapluies de soie, soie mélangée.	50 o/o
Divers articles non mentionnés.	25, 40 et 50 o/o
Chapeaux de soie	$ 24 la douzaine

(b) *Tissus de laine :*

Laine tissée.	5 et 25 o/o
Rubans, feutres, couvertures, laine lavée, drap à billard, passementerie, étoffes de laine, étoffes de laine et coton, divers autres tissus de laine.	5 et 25 o/o
Bas.	25 o/o
	45 o/o
Caleçons, chemisettes, gants, serge, vêtements.	50 o/o
Divers articles de laine non mentionnés . . .	25 et 50 o/o
Coiffures de laine	$ 4,20 et 4,80 la douzaine
Feutre pour chapeaux	$ 6 et 7,20
Chapeaux de feutre	$ 12 et 25 o/o

(c) *Tissus de coton* :

Coton en ramies, coton filé, coton pour la fabrication des allumettes.	2,5 o/o
Coton pour la fabrication des sacs et des voiles de navires.	5 o/o
Mèches pour lampes et bougies.	10 et 25 o/o
Tissus de coton écru.	20 o/o
Tissus de coton blanc et de couleur, serge, couvertures, taies d'oreiller, mouchoirs, passementerie, rubans, dentelles, cordelières. .	25 o/o
Sacs	25 et 40 o/o
Bas.	45 o/o
Gants, corsets, chemisettes, chemises pour hommes et femmes, caleçons, cravates . . .	50 o/o
Divers articles de cotons non mentionnés . . .	25 et 50 o/o

(d) *Diverses matières textiles (fils et tissus)* :

Serpillère.	4 o/o
Liens pour moissonneuses, lin filé, pite et jute en rames	5 o/o
Pite et jute filés.	10 0,0
Etoupes, jonc, attaches pour métiers à tisser, attaches de ressorts et de toutes sortes de liens, cordes, semelles d'espadrilles, tissus pour voiles de navires, tentes etc., mouchoirs et taies d'oreillers de fil, mouchoirs de coton et fil, cordelières, rubans, dentelles, tissus de fil pur, tissus mélangés de coton; divers tissus de chanvre non mentionnés.	25 o/o
Etoffes pour chaussures	25 et 40 o/o
Articles de modes et de fantaisie, divers tissus de lin et de chanvre mélangés, divers tissus d'autres fibres.	25, 40 et 50 o/o
Bas de fil, bas de toutes sortes de tissus. . . .	45 o/o
Etoffes de fil imperméables, divers tissus non mentionnés	25 et 50 o/o
Chemises et chemisettes de fil, caleçon, chaussettes de toutes sortes, gants de fil, bonnets et chapeaux de femme, chapeaux de paille et toutes sortes de chapeaux	56 o/o
Sacs en serpillère	$ 0.03 le kilog.
Sacs goudronnés	0,03 et 25 o/o
Cols de chemise	1,25 et 2 $ la douzaine

V. — HUILES LOURDES, MINÉRALES ET VOLATILES

27 %₀ de l'importation totale; valeur : $ 1,332,838.

Naphte impure	Exempte
Valvoline.	Exempte et 25 %
Huiles et essences diverses, benzine.	25 o/o
Huile de palme, de coco	0,04 le kilogr.
Huile de sésame, colza, coton, navette, lin . .	0,10
Huile d'olive	100 la tonne

VI. — PRODUITS CHIMIQUES ET PHARMACEUTIQUES

31 °/₀₀ de l'importation totale : valeur : $ 1,556,663

Gélatine pour la fabrication de conserves de viandes.	2,5 o/o
Carbonate de soude, nitrate de potasse, de soude, silicate de soude, soude caustique, résine	5 o/o
Céruse, ammoniaque anhydre, sulfate de barite	10 o/o
Acide acétique pur, dilué, acide borique, citrique, phénique, fluorhydrique, muriatique et chlorhydrique, nitrique, sulfurique, tartrique, autres acides, térébenthine; alun, goudron, ammoniaque liquide, produits tirés de l'ammoniaque arsénic, bicarbonate de soude, de potasse, carbonate de magnésie, de potasse, chlorate de potasse, chlorure de chaux, éther sulfurique, potasse, sulfate de cuivre, de fer, de magnésium, de quinine, peroxyde de manganèse, iodure de potassium, phosphore, glucose, glycérine, dextrine, gélatine, colle, gomme élastiques vaseline, savons communs, graphite, cristal de roche, plantes médicinales, médicaments préparés, divers produits chimiques et pharmaceutiques, plaques photographiques.	25 o/o
Sulfate de soude.	5 et 25 o/o
Borax	25 et 40 o/o
Fusées pour artificiers, poudres explosives. — Savons parfumés	50 o/o
Sel fin	$ 0.01 et 0,02 le kil.
Vinaigre	0,015 le litre
Stéarine.	0,08 le kilgr.
Bougies de stéarine	0,10 »
Bougies de parafine, cire et suif.	0,10 et 25 o/o
Sel marin.	0,20
Allumettes bougies	0,40
Allumettes de bois	0,80

VII. — MATIÈRES COLORANTES

9 °/₀₀ de l'importation totale ; valeur : $ 450,552

Anil, bleu de Prusse, vernis, cirage, couleurs en poudre, couleurs préparées, encre pour l'imprimerie et la lithographie, encre de bureau	25 o/o

VIII. — BOIS ET AUTRES PRODUITS FORESTIERS

ET LEURS MANUFACTURÉS.

62 °/₀₀ de l'importation totale ; valeur : $ 3,066,241.

Douves pour fûts.	Exemptes
Liège.	5 et 25 o/o

Joncs pour chapeaux	5, 25 et 50 o/o
Planches	10 o/o
Voitures.	10 et 5o o/o
Planches de rouvre et de pin.	15 o/o
Planches et feuilles de caoba, planches et feuilles de noyer, feuilles de rouvre, billes de bois dur, cercles pour tonneaux, malles, caisses, boîtes en bois, cannes, bois pour instruments de musique, bois travaillé, cèdre, divers articles de bois non mentionnés . . .	25 o/o
Wagons	25 et 5o o/o
Meubles.	5o o/o

IX. — PAPIER ET SES MANUFACTURÉS

29 °/oo de l'importation totale ; valeur : $ 1,426,158.

(a) *Matières premières :*

Pâtes de papier	2,5 o/o
Vieux chiffons pour la fabrication du papier ; sulfate d'alumine	5 o/o

(b) *Papiers et cartons*

Carton, papier fort pour cartes à jouer, papier pour enveloppes, papier peint, papier à cigarettes, papier de soie, papier glacé, papier pour divers usages	25 o/o
Papier de bureau	$ 0,03 le kilogr.
Papier de journaux	»,3o la tonne.

(c) *Manufacturés :*

Livres et feuilles imprimées.	25 o/o
Albums, livres en blanc, musique imprimée, gravures, lithographies, cartes géographiques, carton pâte, divers produits manufacturés.	25 o/o
Cartes à jouer.	$ 10 la grosse

X. — CUIR ET SES MANUFACTURÉS

9 °/oo de l'importation totale ; valeur : $ 439.650

Porte-feuilles	25 o/o
Fourrures préparées, divers articles de cuir. . .	2,40 et 50 o/o
Valises et sacs de cuir.	25 et 5o o/o
Gants, semelles	40 o/o
Cuirs préparés :	
Mégis, chevreau, peaux de mouton, maroquin, vache vernie, autres cuirs corroyés	40 o/o
Harnais, selles, chaussures de toutes sortes . .	5o o/o

XI. — FER ET SES MANUFACTURÉS

16 °/₀₀ de l'importation totale; valeur: $ 8.239.055

(a) *Matières premières :*

Fer brut, cerceaux de fer, fils de fer ordinaires.	5 o/o
Fils de fer galvanisé et cercles pour tonneaux .	5 et 25 o/o
Acier brut, poutres de fer, fer galvanisé, colonnes de fonte, montures pour parapluies et ombrelles, roues et essieux d'acier, ressorts pour voitures.	25 o/o
Clous.	$ 30 la tonne et 35 o/o
Vis.	40 o/o

(b) *Machines et instruments aratoires :*

Egreneuses, glaneuses, moissonneuses, trilleuses, avec moteur ou sans moteur.	exemptes
Charrues, socs de charrues, herses, semeuses, autres machines agricoles	5 o/o
Faux, bêches	25 o/o

(c) *Autres manufacturés du fer et de l'acier :*

Réservoirs en fer, locomobiles	exempts
Dynamos, machines à coudre, presses à laine .	5 o/o
Chaudières, moteurs, pièces de rechange pour machines, machines diverses	5, 10 et 25 o/o
Appareils pour l'éclairage électrique; — aiguilles	5 et 25 o/o
Matériel pour usine à sucre	10 o/o
Presses pour la typographie, presses à raisins.	10 et 25 o/o
Ancres, câbles de fils de fer galvanisé, chaînes, tuyaux, matériel de chemins de fer, fourneaux, pompes, articles de ménage, coutellerie, enclumes, étriers, freins, harnachements, roues et essieux pour voitures, toiles et plumes métalliques, toutes sortes de presses, machines à écrire, vélocipèdes.	25 o/o
Caissons en fonte	40 o/o
Armes et accessoires, meubles de fer	50 o/o
Divers articles de fer et d'acier non mentionnés.	25,40 et 50 o/o

XII. — AUTRES MÉTAUX ET LEURS MANUFACTURÉS

34 °/₀₀ de l'importation totale; valeur : $ 1.662.137

(a) *Matières premières:*

Argent en barres, amalgame d'argent	exempts
Zinc brut	2,50, 5 et 25 o/o
Mercure, plomb brut, fils de cuivre pour câbles électriques	5 o/o
Fer blanc.	5 et 25 o/o
Etain brut.	10 o/o
Cuivre brut, fils de laiton, or laminé, bronze en poudre pour la lithographie	25 o/o

(b) *Manufacturés :*

Bijoux, montres d'or et d'argent, objets d'argent.	5 o/o
Pendules d'argent et d'autres métaux	5 et 25 o/o
Appareils pour le gaz et l'éclairage électrique, épingles, objets de cuivre, de bronze, de fer, d'étain, de fer blanc, de plomb, de zinc, divers alliages métalliques; tubes de plomb, boutons, balances, horloges pneumatiques, caractères d'imprimerie, phonographes, instruments de physique, d'optique et de chirurgie; bronzes artistiques, instruments de musique.	25 o/o
Munitions.	50 o/o
Feuilles de plomb et d'étain	$ 0,60 le kgr.

XIII. — PIERRES, POTERIE, CRISTALLERIE, CÉRAMIQUE
73 °/oo de l'importation totale; valeur : $ 4.266.429

(a) *Matières premières :*

Charbon de terre, coke.	exempts
Pierres précieuses non taillées	2,50 o/o
Kaolin, terre réfractaire	5 o/o
Soufre	5 et 25 o/o
Marbre, jaspe, albâtre bruts et travaillés, amiante, talc, ardoise, graviers, pierres à meules, pierres lithographiques, pierres de taille, pierres de diverses espèces pour la maçonnerie, marnes, terres hydrauliques, plâtre, verre et cristal uni.	25 o/o
Mosaïque.	25 et 50 o/o

(b) *Manufacturés :*

Briques réfractaires et de toutes sortes	5 o/o
Marbre, jaspe et albâtre travaillés, porcelaines, objets de céramique, carreaux de mosaïque, lampes de porcelaine, de verre et de cristal, verres pour lampes à incandescence, verres pour montres, lunettes, jumelles, glaces sans tain et glaces étamées, barillets et bouteilles de verre, cristallerie en général. Charbon de cornues pour l'électricité.	25 o/o

XIV. — PRODUITS DIVERS NON MENTIONNÉS
18 °/oo de l'importation totale; valeur : $ 870.388

Filtres, matériaux pour la construction de ponts, substances pour la fabrication des conserves de viande	Exempts
Matériel pour l'exploitation minière.	10 o/o
Tramways, télégraphes, téléphones, matériel pour travaux d'assainissement, appareils à gaz, montures de parapluies, d'ombrelles et	

de lunettes, rabots, étuis de métal, boutons,
fourchettes, boucles, éventails, passementerie
d'or et d'argent, objets du culte, trousses pour
médecins, ustensiles de bureau, peintures,
pinceaux, jouets, articles divers . . . . . .   25 o/o
Machines pour la fabrication de la glace. Lan-
ternes pour voitures . . . .   50 o/o

B. — *EXPORTATION*

I. — RÈGNE ANIMAL

600 °/oo de l'exportation totale ; valeur $ 6.022.127

(a) *Animaux sur pied.* . . . . . .   Exempts

(b) *Dépouilles animales :*

Toutes viandes congelées, viandes sèches,
langues salées ou conservées . . . .   Exemptes
Laine non lavée, cornes, suif, peaux (chèvre,
mouton, bœuf, cheval) . . . .   4 o/o

(c) *Matières animales élaborées :*

Viande conservée, extrait et farine de viande,
bouillon concentré; graisse, oléine, pepsine,
fromage; glycérine, savon commun; tous cuirs
corroyés. . . . .   Exempts
Huile animale . . . .   4 o/o

(d) *Résidus animaux :*

Guanos, sang sec, boyaux salés, viscères séchés.   Exempts
Cendre d'os, ongles, os, cornes . . . .   4 o/o

II. — PRODUITS DE L'AGRICULTURE

381 o/oo de l'exportation totale ; valeur : $ 31.043.896

(a) *Matières premières :*

Alpiste, lentille, seigle, avoine, orge, lin, maïs,
mani, blé, semences de navette, de tartago et
diverses semences; graine de moutarde,
pommes de terre, haricots, fruits frais, raisins
secs; miel, cire, foin sec, tabacs en feuilles .   Exempts

(b) *Matières végétales élaborées :*

Huiles de lin, de mani, de navette; blé mondé,
   farine de blé, vermicelle, sucre, eaux-de-vie,
   vins argentins . . . .   Exempts

(c) *Résidus végétaux :*

Son, petit son, paille de lin, tourteaux de graines
   oléagineuses; mélasse, tabac en poudre . . .   Exempts

III. — PRODUITS SYLVESTRES

12 o/oo de l'exportation totale; valeur: $ 1.019.359

Quebracho, billes de quebracho, extrait et sciure
   de quebracho; troncs et poteaux de ñandubay;
   cèdre; madriers, bois à brûler, charbon de
   bois; osier, bois d'essences diverses . . . .   Exempts

IV. — PRODUITS MINIERS

1 o/oo de l'exportation totale; valeur : $ 103.893

Sables aurifères, minerais de cuivre, d'or, d'argent, de plomb. Minerais de cuivre, argent et
   or; de cuivre et argent; d'argent et plomb;
   amalgame d'argent, plomb brut, cuivre en
   barres, sel gemme, chaux, borates de chaux,
   marbre, gypse . . . .   Exempts

V. — PRODUITS DOMESTIQUES

1 o/oo de l'exportation totale; valeur: $ 108.715

Oiseaux empaillés, plumes de héron . . . . . .   Exempts
Plumes d'autruches. Peaux de carpinchos et de
   loutre . . . .   4 o/o

VI. — PRODUITS ET ARTICLES DIVERS

5 o/oo de l'exportation totale; valeur: $ 414.513

Plantes vivaces. Divers articles de production
   nationale. Divers articles nationalisés. Vieux
   chiffons. Provisions de bouche. . . . .   Exempts
Ferrailles . . . .   5 o/o

ANNEXE XXX

(*Voir page 190*)

I. — NAVIGATION EXTÉRIEURE A VOILE

1° PAR PROVENANCES.	Nombre de navires	Tonnages	2° PAR DESTINATIONS.	Nombre de navires	Tonnages
Afrique	12	6.500	Afrique	3	2.756
Allemagne	9	6.400	Allemagne	31	25.200
Antilles	1	200	Antilles	45	16.559
Brésil	358	143.960	Australie	6	7.500
Canada	15	12.884	Belgique	21	15.124
Chili	3	1.349	Brésil	208	37.520
Danemark	4	2.386	Canada	1	1.219
Espagne	44	27.144	Chili	3	1.892
États-Unis	127	101.207	Danemark	1	651
France	22	18.541	Espagne	8	5.038
Italie	6	7.783	États-Unis	77	52.755
Norvège	2	1.680	France	20	17.029
Paraguay	196	14.427	Italie	14	11.035
Pérou	2	1.367	Norvège	2	498
Portugal	1	1.106	Pays-Bas	15	14.343
Royaume-Uni	227	168.262	Paraguay	122	8.815
Suisse	1	319	Portugal	7	3.582
Uruguay	2.339	262.172	Angleterre	475	371.343
Provenances diverses	12	7.905	Uruguay	1.868	176.360
			Diverses	18	11.396
Totaux	3.381	785.592	Totaux	2.945	780.415

II. — NAVIGATION EXTÉRIEURE A VAPEUR

1° PROVENANCES.	Nombre de navires	Tonnages	2° DESTINATIONS.	Nombre de navires	Tonnages
Afrique	2	3.667	Afrique	1	1.530
Allemagne	174	289.953	Allemagne	236	392.013
Belgique	58	93.347	Antilles	2	412
Brésil	441	430.091	Belgique	199	325.049
Canada	2	2.759	Brésil	392	379.844
Chili	2	3.757	Espagne	26	36.825
Espagne	16	22.115	États-Unis	41	61.783
États-Unis	78	109.108	France	158	290.928
France	81	162.489	Italie	114	218.854
Italie	137	243.302	Pays-Bas	6	9.747
Paraguay	1.965	1.094.826	Paraguay	1.969	1.080.161
Portugal	24	36.467	Portugal	99	144.389
Royaume-Uni	530	875.887	Royaume-Uni	516	859.961
Uruguay	2.970	2.073.310	Uruguay	3.223	2.165.131
Diverses	16	20.590	Diverses	189	267.116
Totaux	6.496	5.461.668	Totaux	7.171	6.233.743

III. — NAVIGATION EXTÉRIEURE PAR PORTS

	Nombre de navires	Tonnages		Nombre de navires	Tonnages
Ajo	41	51.750	Report. . .	13.191	7.860.796
Alvear	441	183.380	Gualeguaychu .	679	397.300
Bahia Blanca. .	437	306.140	Helvecia . . .	8	3.700
Barranqueras. .	2	14	Ituzaingo . . .	5	105
Buenos Aires. .	7.814	4.855.225	La Paz . . .	516	340.570
Campana. . . .	176	108.500	La Plata . . .	722	1.071.600
Colon	373	159.300	Monte Caseros	113	10.600
Concepcion del			Parana . . .	301	342.760
Uruguay . . .	821	364.300	Rosario. . . .	1.734	1.068.350
Concordia . . .	1.091	518.707	San Nicolas. .	326	488.900
Corrientes . . .	523	330.350	Santa Fé . . .	111	67.700
Diamante. . . .	380	264.700	Villa Constitu-		
Empedrado. . .	151	154.460	cion.	193	156.600
Esquina	401	278.750	Zarate	64	81.880
Formosa. . . .	489	287.320			
Gualeguay . . .	51	7.900	Totaux. . .	17.963	11.890.861
A *reporter*. .	13.191	7.860.796			

IV. — COMMERCE EXTÉRIEUR PAR PORTS

En $ or.

	Importation.		Exportation.	
	1886	1895	1886	1895
Ajo.	14.667	100	477.436	106.710
Alvear.	3.875	4.013	3.640	97.415
Bahia Blanca	274.869	118.666	881.230	4.410.220
Barradero	189	»	23.192	2.940
Barranqueras	»	»	»	3.243
Bella Vista.	54.126	3.451	12.244	5.018
Buenos Aires	79.940.276	82.048.177	47.193.710	62.631.492
Campana	620.778	731.043	745.344	966.524
Colon.	110.309	18.504	469.640	891.036
Concepcion del Uruguay	456.577	16.872	148.828	276.383
Concordia	792.427	201.643	2.683.487	3.150.261
Corrientes	193.323	105.354	21.685	96.655
Chubut	»	»	»	»
Diamante	17.159	620	117.970	184.314
Empedrado	9.649	»	90.113	»
Esquina	45.356	1.361	33.908	104.882
Formosa	9.731	6.757	»	3.167
Goya	93.530	9.790	30.190	247.177
Gualeguay.	154.803	28.266	1.107.357	312.226
Gualeguaychu	230.476	53.963	829.986	1.258.149
Helvecia.	2.332	495	270.041	95.258
A *reporter*. .	83.024.452	93.349.075	55.140.001	74.833.070

Reports	83.024.452	93.349 075	55.140.001	74.833.070
La Paz	111.137	40.600	228.251	667.637
La Plata	108.040	1.420 311	»	8 346.519
Lavalle	»	269	»	»
Monte Caseros	23.784	14.365	130.571	265.896
Parana	524.079	178.066	341.449	244.569
Paso de los Libres	58.722	1.927	15.291	168.060
Posadas	»	»	»	»
Puerto Bermejo	»	»	»	»
Reconquista	»	»	»	»
Rosario	14.015.326	9.384.941	6.910.013	20 380.861
San Jeronimo	»	»	»	»
Santa Fé	16.34 946	162.773	710.197	1.762.920
San Lorenzo	»	3.274	421.645	1.082.790
San Nicolas	430 046	40.371	2.296 020	4 221.076
San Pedro	1.163	»	839.367	534.284
Santo Tomé	8.777	4.295	15.406	216.161
Victoria	»	212	86	533.914
Viedma (Patagones)	7.220	»	»	828.330
Villa Constitucion	»	21.991	»	1.542.813
Ituzaingo	»	»	»	»
Zarate	69.416	326.673	523.864	1.473.954
Totaux. . $	100.017.118	94.949.143	67.570.161	117.207.954

Exportation et importation. . . . . 1886 : 167.587.279 $
—   —   . . . . 1895 : 212.155.097 $

ANNEXE XXXI

(Voir page 257)

INSTRUCTION PUBLIQUE

La République Argentine donne l'enseignement à 345,454 élèves (11,57 o/o de la population).

Le nombre des professeurs des deux sexes est de 9,274 et les budgets municipaux, provinciaux et national sont grevés de ce fait d'une dépense de près de 15 millions de piastres.

L'instruction publique est primaire, élémentaire supérieure et professionnelle.

I. — INSTRUCTION PRIMAIRE.

Il existait, en 1896, 3,788 écoles réparties comme suit :

A. *Écoles publiques.*

Ecoles de garçons	667	
— de filles	451	
— mixtes	1.554	2.672

B. *Écoles annexes.* (1)

Ecoles de garçons	14	
— de filles	15	
— mixtes	8	37

C. *Écoles privées.*

Ecoles de garçons	258	
— de filles	215	
— mixtes	606	1.079
		3.788

Sur ce nombre 1,206 écoles sont situées dans la province de Buenos Aires et 389 dans la capitale fédérale.

Le personnel enseignant et la population scolaire de ces établissements se répartissent ainsi :

A. *Écoles publiques.*

Personnel enseignant	5.809
Nombre d'élèves inscrits	245.472
Assistance moyenne	185.062

---

(1) Ces écoles sont plus spécialement fréquentées par les élèves qui se proposent de poursuivre leurs études, en vue de passer les examens d'admission aux écoles normales.

B. *Écoles annexes.*

Personnel enseignant. 383
Nombre d'élèves inscrits 11.139
Nombre moyen d'assistants. 9.421

C. *Écoles privées.*

Personnel enseignant. 2.843
Nombre d'élèves inscrits 74.350
Nombre moyen d'assistants. 50.469

II. — INSTRUCTION ÉLÉMENTAIRE.

L'instruction élémentaire est donnée dans les écoles normales.

1° *Écoles normales de filles.*

La première fut fondée en 1873, dans la ville de Concepcion del Uruguay. Elle ouvrit ses cours avec 14 élèves.

Dix ans plus tard, il existe huit de ces écoles, avec une population de 2,286 élèves.

En 1888 la capitale fédérale et chacune des provinces (moins celle de Buenos Aires) avaient leur école normale de filles et donnaient l'instruction à 5,337 élèves.

En 1895, une seconde école fut installée à Buenos Aires.

En 1896, la population féminine des écoles normales tombe à 4,202 (Rosario ne figure pas dans cette statistique.)

BUDGET

a) Cours normal . . . . $m/n 557.036
  Livres, loyers, etc 13.819

b) Cours d'application. . . . . . . $m/n 288.288
  Livres, loyers, etc 3.904 81

Coût moyen annuel par élève :

a) Elève du cours normal . . . . $m/n 809 76
b) — — d'application . 102

2° *Écoles normales de garçons.*

La fondation des écoles normales de garçons remonte à 1873.

En 1882, la capitale fédérale, Tucuman et Mendoza étaient seules encore à en posséder.

41

Cinq ans plus tard, on en avait créé huit nouvelles. Depuis 1888, elles sont au nombre de treize.

En 1873, on comptait . . . . . 136 élèves.
1884 — . . . . . . 1.221 —
1890 — . . . . . 4.239 —
1896 . — . . . . . 4.153 —

Buenos Aires vient en tête avec 643 élèves, puis suivent Mendoza avec 410, Tucuman avec 384, etc., etc...

BUDGET.

a) Cours normal . . . . $m/n 511.428
Livres, loyers, etc 17.169

b) Cours d'application. . . . . . $m/n 190.320
Livres, loyers, etc 8.858

Coût moyen annuel par élève :

a) Elève du cours normal . . . . $m/n 809 76
b) Elève du cours d'application . 56 40

3° *Écoles normales mixtes.*

La première école mixte fut créée en 1877. Elle débuta avec 317 élèves et elle en instruisait 668, dix ans plus tard.
En 1896, il y eut dix écoles de cette catégorie, avec 3,715 élèves.
La plus importante est celle de Rosario (626 élèves), puis viennent celles de La Plata, Villa Marcedes, etc.
Les provinces où fonctionnent ces établissements sont :

Buenos Aires 5
Entre Rios 1
Santa Fé 2
Cordoba 2

Leur budget s'élève à :

a) Cours normal . . . . . . $m/n 464.768
Livres, loyers, etc 12.154
a) Cours d'application . . . . . $m/n 180.300
Livres, loyers, etc 3.597 43

Coût moyen annuel par élève :

a) Elève du cours normal . . . . . $m/n 1.180
b) Elève du cours d'application . 57 72

III. — ENSEIGNEMENT SUPÉRIEUR.

L'enseignement supérieur est, en outre, donné dans les facultés, à Buenos Aires et à Cordoba.

La capitale fédérale possède :

1º Une faculté de droit avec 752 étudiants (cinq années de cours);
2º Une faculté de médecine avec 826 étudiants (six années d'études);
3º Une faculté des sciences avec 209 élèves.
4º Une faculté des lettres récemment établie.

Cordoba, la « *ciudad docta* », possède une université d'où sont sortis de nombreux hommes d'Etat de la République.

De fondation ancienne, elle conserve encore son éclat et sa renommée. Elle est fréquentée par 600 étudiants.

IV. — ENSEIGNEMENT PROFESSIONNEL.

L'enseignement professionnel est commercial, industriel et minier.

On s'étonnait de ne pas trouver dans ce pays, agricole par excellence, des écoles d'agriculture, de science vétérinaire, etc., alors qu'on y rencontre une école des mines destinée à former des ingénieurs pour un service dont il ne faut pas s'exagérer l'importance.

On s'était borné à envoyer en Italie, aux frais de la province de Buenos Aires, un agronome distingué pour y étudier l'organisation de l'enseignement agricole.

Or, l'Etat et les provinces viennent d'entreprendre, actuellement, l'organisation d'écoles d'agriculture.

Une école nationale de commerce a été fondée dans la capitale fédérale.

Son plan d'études a été modifié par décret du 26 mars 1897.

La durée des cours est de trois ans.

Les élèves qui ont satisfait aux examens reçoivent le « diplôme d'aptitude ès sciences commerciales ».

Une école industrielle lui a été annexée en 1897. Elle est destinée à préparer des jeunes gens aux carrières industrielles.

Les études élémentaires théoriques sont de quatre ans, à la suite desquels les élèves reçoivent l'instruction pratique.

Ces derniers cours durent également quatre ans. Les élèves qui ont passé leurs examens d'une manière satisfaisante reçoivent un « diplôme » qui leur confère le titre de directeur d'usine ou de chef d'atelier, suivant leurs mérites.

La ville de Rosario possède aussi une école de commerce. Les études y ont une durée de deux ans.

Un cours préparatoire y a été annexé; les élèves peuvent être admis à partir de onze ans.

Enfin, en vertu d'un décret du 13 juillet 1897, une école commerciale de jeunes filles a été fondée en vue de « donner à la femme l'instruction pratique nécessaire pour occuper les emplois subalternes dans le commerce ».

Durée des cours : deux ans.

L'enseignement y est essentiellement technique. Les diplômes constatent l'aptitude aux emplois de comptables, experts, calligraphes et traducteurs publics.

La Société Internationale de Secours mutuels, qui compte 880 sociétaires dont plus de la moitié sont étrangers (27 Français), a installé, sous la dénomination de « Instituto Mercantil », une école commerciale. Elle a été fréquentée, en 1896, par une moyenne de 40 élèves sur 137 inscrits.

« L' « Instituto mercantil », dit M. Mignorquy dans son discours à l'occa-
» sion du vingtième anniversaire de sa fondation, a permis à un grand nom-
» bre de commis de magasins de devenir des commerçants instruits ».

La même société a créé une caisse d'épargne scolaire.

Diverses Chambres de commerce étrangères et certains particuliers ont encouragé cette institution, en accordant, en 1896, des prix et récompenses à ses élèves les plus méritants.

L'École nationale des Mines de San Juan a pour objet :

1° De former un personnel apte à diriger les travaux des mines et usines métallurgiques.

2° De compléter les études minéralogiques et de concourir à dresser la carte géologique du pays.

3° De constituer et de conserver un musée et une bibliothèque de l'industrie minière.

4° De faire tous essais ou analyses utiles pour le progrès de l'industrie minière.

La durée des cours est de trois ans.

L'établissement forme : des ingénieurs, des essayeurs, des topographes, géomètres ou arpenteurs.

Citons enfin une école nationale destinée à former des pilotes pour la marine marchande du pays.

Les élèves ne sont admis que lorsqu'ils établissent leur qualité de citoyen argentin de naissance ou par naturalisation.

La durée des cours est de trois ans.

Un décret du 16 juillet 1896, prévoit et réglemente la distribution de secours ou bourses destinés à permettre aux étudiants argentins de compléter en Europe leurs études artistiques.

Un jury composé d'artistes accorde ces bourses, à la suite d'un concours.

La durée des bourses ne peut aller au delà de quatre ans.

BUDGET DE L'INSTRUCTION PUBLIQUE

POUR 1898 ET 1899.

DÉPENSES.

	1898. $ m/n	1899. $ m/n	Diminution. $ m/n
Sous-secrétariat	60.720	55.680	5.040
Enseignement supérieur.	1.289.460	363.180	926.280
Enseignement secondaire. . . .	1.307.244	1.013.820	293.424
A reporter. . . .	2.657.424	1.432.680	1.224.744

Reports. . .	2.657.424	1.432.680	1.224.744
Écoles normales.	2.519.852	781.920	1.737.932
Fonds de développement d'encouragement à l'enseignement secondaire et normal	176.000	176 000	
Enseignement primaire.	527.784	Loterie.	527.784
Fonds de développement et d'encouragement à l'enseignement primaire.	1.778.000	1.692.000	86.000
Enseignement spécial	500 124	440.700	52.424
Établissements divers	246.760	193.900	52.860
Dépenses diverses	271.360	141.840	139 520
Travaux.	120.000		120.000
Bourses. . :	404 063 52		404.063 52
	9.211.367 52	4.859.040	4.352.327 52
	4.859.040		
Économie.	4.352.327 52	$ m/n (1).	

<hr />

(1) Les analyses de la plupart des lois, règlements ou mémoires dont il est fait mention dans les pages qui précèdent, sont dues à M. Charles Laroussie, Chancelier attaché à la mission française dans l'Amérique latine.

MOUVEMENT D'EXPORTATION DU   PORT DE ROSARIO DE SANTA FÉ

POUR L'ANNÉE 1895 ET LES   PREMIERS MOIS DE 1896.

Mois	Années	CUIRS (kilog.)		BALLES				Blé	GRAI (kgr).		MINÉRAUX (barres)			KILOGRAMMES			KLG. Farine	KLG. Bois de Quebracho
		secs	salés	Laines	Peaux	Crin	Foin		Maïs	Orge	Lin	Cuiv. Étain Plomb			Cendre d'os	Cornes	Os		
Janvier	1895	74.738	3.150	1.973	52	85	46.641	28.053.556	56.700	2.208.013	» 198	405	2.179.200	80.000	20.050	»	869.646
Février	—	33.740	9.645	2.754	49	14	51.668	90.807.383	30.000	25.767.369	» »	180	635.300	»	5.100	351.321	»
Mars	—	52.314	2.747	1.482	»	125	30.519	126.269.043	35.0	50.560	40.235.619	» » 203		»	11.920	960.000	402.397
Avril	—	21.900	14.977	3.292	186	113	44.305	114.810.675	181.4	438.400	16.337.545	» . » 402		760.000	»	34.200	480.480	4.418.628
Mai	—	31.415	8.277	790	60	70	2.091	73.938.197	6.058.2	135.160	5.417.307	» » »		952.500	20.200	36.406	»	3.942.408
Juin	—	15.258	9.593	565	15	13	7.666	44.730.893	78.453.1	337.640	1.537.682	» » »		»	»	120.908	5.841	2.639.726
Juillet	—	122.534	»	695	139	161	39.577	22.040.108	14.120.3	389.775	1.564.920	» » »		690.000	»	32.925	9.841	2.788.128
Août	—	19.167	6.671	2.041	163	127	41.234	9.354.046	3.893.1	933.728	1.459.482	» » 491		61.400	»	24.375	2.073.229	3.034.357
Septemb.	—	78.787	3.232	445	3	107	68.324	3.409.690	2.132.3	751.000	1.198.140	164 » »		2.257.725	30.000	»	731.015	4.323.806
Octobre	—	80.366	3.863	1.140	»	107	20.307	5.816.327	3.259.5	1496.730	98.000	» » »		1.227.300	»	117.096	1.063.601	6.849.168
Novemb.	—	73.422	4.593	1.064	78	51	31.025	11.084.849	3.137.2	1864.215	» » »		1.239.470	»	27.122	2.522.168	1.045.115
Décemb.	—	83.284	»	764	3	147	56.223	8.507.411	1.864.5	1306.666	79.310	» » »		750.000	72.000	52.935	625.620	2.398.425
Totaux		686.925	66.858	17.011	748	1.122	439.580	538.822.178	51.024.6	1440.574	94.569.387	164 198 1681		10.752.935	202.200	483.037	8.223.116	32.811.804
Janvier	1896	45.807	6.351	4.300	130	180	6.387	14.498.518	4.226.11	303.390	14.067.016	276 » 143		633.520	»	29.133	449.590	4.329.100
Février	—	21.538	9.695	1.604	»	11	52.850	82.108.337	1.783.32	3486.836	15.782.303	276 » »		1.059.466	»	49.058	2.658.956	2.674.125
Mars	—	40.488	1.613	3.902	159	49	29.208	89.119.848	504.0	341.645	14.822.334	105 » »		550.000	»	25.468	34.040	2.629.164
Avril	—	13.726	5.188	962	3	1	52.392	53.393.926	691.45	1537.191	7.699.850	» » »		25.500	»	10.100	25.500	2.156.330
Mai	—	16.652	12.450	2.223	54	43	14.476	39.479.635	3.986.8	1755.585	7.170.088	» » 100		633.214	»	54.943	»	1.939.693
Totaux		138.301	35.297	13.081	336	254	205.313	278.600.264	13.190.13	3134.557	60.432.591	657 » 243		2.901.700	»	168.701	3.168.396	12.698.412

BIBLIOGRAPHIE

BIBLIOGRAPHIE [1]

A

Actas de las sesiones del congreso sud-americano, de derecho internacional privado. Buenos Aires, 1889.

Agenda rural, industrial, comercial, para 1895. Buenos Aires, 1895.

Agricultura, cultivo del Maiz. Florencio de Basaldua. La Plata, 1897.

Anales del Museo Nacional de Buenos Aires (1862-1892), Dr *Carlos Berge*, tome IV. Buenos Aires, 1895.

Anales del Museo Nacional de Buenos Aires (1862-1892), Dr *Carlos Berge*, tome V. Buenos Aires, 1896-97.

Anales del Museo de La Plata : paleontologia Argentina :

   I. Catalogo de los pajaros fosiles. La Plata, 1891.

  II. Catologo de los pajaros fosiles. La Plata, 1893.

  III. Catalogo de los pajaros fosiles. La Plata, 1894.

  IV. Catalogo de los pajaros fosiles. La Plata, 1896.

Anales del museo de La Plata :

   I. Anthropologie des anciens habitants de la région Calchaqui, *D. H. Tenkate*. La Plata, 1896.

  II. Note ethnographique sur les Indiens Guayaquis, *D. H. Tenkate*. La Plata 1897.

Anales del museo de La Plata ;

   I. Geotria Macrostoma (Burm.), Berg y Thalassophryne Montevidensis (Berg), *Dr Carlos Berg*. La Plata, 1893.

  II. Contributions à l'étude des édentés à bandes mobiles de la République Argentine, *F. Lahille*. La Plata, 1895.

  III. Nota sobre los restos de hypervodantes. *Francisco, D. Moreno*, 1895.

Anales del museo de La Plata :

  Notas arqueologicas, *Samuel A. Lafone Quevedo*. La Plata, 1890.

Anales del museo de La Plata :

   I. Ulrich Schmidel, primer historiador del Rio de La Plata. La Plata, 1890.

Provincia de Mendoza, observaciones sobre el mapa del departemento de las Heras. La Plata, 1892.

  Provincia de Catamarca; las ruinas del Pueblo de Batungasta, *G. Lange*.

  El Pueblo de Batungasta, *A. Laforce Quevedo*.

  Las ruinas de la fortaleza del Pucara, *G. Lange*. La Plata, 1892.

---

[1] Les ouvrages dont l'énumération alphabétique se trouve ci-après ont été donnés au chargé d'affaires, en partie par les auteurs, et en partie par les autorités argentines (MM. les Gouverneurs de province : Cordoba, Leiva, Virasoro ; MM. les chefs d'administration : Francisco Moreno, directeur du Musée de La Plata, Alsina, directeur de l'immigration ; Latzina, directeur de la statistique, et d'autres).

MM. Carlos Lix Klett, Nelson, Dupuy et Guéritault ont bien voulu offrir à la mission près de quatre cents volumes et brochures.

La collection entière a été déposée à la bibliothèque du Ministère des Affaires Étrangères.

Materiales para la historia física del continente sud-americano seccion de historia americana. La Plata, 1891.

Documentos historicos relativos al descubrimiento de la fotografia, *Dr Pedro N. Arata.* Buenos Aires, 1892.

Anales de la oficina meteorológica de la provincia de Buenos Aires, *Francisco Beuf,* tome I. La Plata, 1896.

Anales de la sociedad rural argentina. Abril, 1897.

Anales de la sociedad rural argentina. *Julio,* 1897.

Anales de la sociedad rural argentina *Enero,* 1898.

Anexos al mensaje del poder ejecutivo, mayo de 1895, Corrientes, 1895.

Anexos al mensaje del poder ejecutivo, mayo 1896. Corrientes, 1896.

Annuaire statistique de la province de Buenos Aires, *Dr Emile K. Coni,* Buenos Aires, 1883.

Anuario de la Direccion general, año 1896, tomo I. Buenos Aires, 1897.

Anuario de estadistica de la provincia de Tucuman, *Rodriguez Marquina,* 1895, tomo I, Buenos Aires, 1896.

Anuario de estadistica de la provincia de Tucuman, *Rodriguez Marquina,* 1895, tomo II, Buenos Aires, 1896.

Anuario de estadistica de la provincia de Tucuman, *Rodriguez Marquina,* 1896, tomo I, Buenos Aires, 1897.

Anuario de estadistica de la provincia de Tucuman, *Rodriguez Marquina,* 1896, tomo II, Buenos Aires, 1897.

Anuario de la Direccion general de estadistica correspondiente á 1894, Buenos Aires, 1895.

Anuario de la Direccion general de estadistica, año 1896, tomo II. Buenos Aires, 1896.

Anuario del Departamento general de estadistica de la provincia de Entre Rios, año 1896, Parana, 1897.

Anuario de la Direccion general de estadistica, año 1895, tomo II. Buenos Aires, 1896.

Anuario estadistico de la Provincia de Buenos Aires, *Dr Emilio R. Coni,* año tercero 1883. Buenos Aires, 1885.

Anuario estadistico de la Provincia de Buenos Aires, *Dr Emilio R. Coni,* año IV, 1884, Buenos Aires, 1885.

Anuario estadistico de la Provincia de Buenos Aires, *Dr Emilio R. Coni,* año V, 1885. Buenos Aires, 1886.

Anuario del observatorio de La Plata. 1898. La Plata, 1898.

Anuario de la Nacion, 1891. Buenos Aires, 1892.

Anuario de la Prensa Argentina, 1886. Buenos Aires, 1887.

Annuaire statistique de la Province de Buenos Aires, *Dr Emile R. Coni.* Buenos Aires, 1884.

Annuaire statistique de la Province de Buenos Aires, *Albert C. Dessein.* La Plata, 1888.

Anuario estadistico de la provincia de Buenos Aires, *Dr Emilio R. Coni.* 1881. Buenos Aires, 1884.

Anuario estadistico de la Ciudad de Buenos Aires, 1896. Buenos Aires, 1897.

Anuario estadistico de la Ciudad de Buenos Aires, 1893. Buenos Aires, 1894.

Anuario estadistico de la Ciudad de Buenos Aires, 1894, Buenos Aires, 1895.

America, *Cia* argentina de Seguros. Decimo Exercicio. Buenos Aires, 1897.

Antecedentes administrativos de Correos y telegrafos 1895-1896. Buenos Aires, 1897.

Ante-proyectos de saneamiento del Riachuelo y canales de Riego, *Hernandez Sarto,* Buenos Aires, 1887.

Applicacion de las ciencias naturales á la colonizacion de las costas del sud, *Dr F. Lahille.* La Plata, 1896.

Apuntes estadisticos sobre la agricultura, la ganaderia, el comercio, la industria, la propriedad, la educacion, la viabilidad y transportes, rentas, presupuestos y gastos, criminalidad, etc. Parana, 1896.

Apuntes preliminares sobre una excursion a los territorios del Neuquen, Rio Negro, Chubut y Santa Cruz. La Plata, 1897.

Apuntes sobre inmigracion y colonizacion, *Emilio Couchón*. Buenos Aires, 1889.

Arte de hacer vino con pasas de uva, par *J.-F. Audibert*. Paris, 1893.

B

Banco colonizador nacional. Memoria del Directorio. Enero 1889. Buenos Aires, 1889.

Banco de emision y hacienda publica. Buenos Aires, 1889.

Banco de la Nacion Argentina. Memoria y balance general, ejercicio 1896. Buenos Aires, 1897.

Banco popular argentino. Buenos Aires, 1896.

Banco popular argentino, estatutos. Buenos Aires, 1897.

Banco popular argentino, novena memoria anual 1896. Buenos Aires, 1896.

Banco popular argentino, decima memoria anual 1897.

Bibliografia de trabajos publicos. Buenos Aires, 1894.

Bi-metallism. A paper read before the english literary society by *Robert Barclay*. Buenos Aires, 1880.

Boletin mensual del departemento nacional de agricultura, Mayo 1879. Buenos Aires, 1879.

Boletin mensual de estadistica municipal de la Ciudad de Buenos Aires, Octubre 1889. Buenos Aires, 1889.

Boletin trimestrial de estadistica municipal de Buenos Aires. Buenos Aires, 1890.

Boletin de la Union Industrial Argentina. Buenos Aires, Diciembre 1894.

Boletin de la Union Industrial Argentina. Buenos Aires, Octubre 1897.

Bosquejo geologico de la Argentina, *M. Juan Valentin*. Buenos Aires, 1897.

Breves consideraciones higienicas sobre la Ciudad de Mendoza, *José A. Salas*. Buenos Aires, 1889.

Buenos Aires à vuelo de pajaro, *Florencio Escardo*. Montevideo 1872.

Buenos Aires desde setenta años atras, Dr *José Antonio Wilde*. Buenos Aires, 1881.

Bulletin mensuel de la Chambre de Commerce française de Buenos Aires, Novembre 1897. Buenos Aires, 1897.

Bulletins of the bureau of american Republics. Washington, 1896.

C

Caracteres fisicos de los trigos de la provincia de Buenos Aires, por *Antonio Gil*. La Plata, 1897.

Cartas sobre el canal de ensayo y la draga Riachuelo, por *Luis A. Huergo*. Buenos Aires, 1873.

Catalogo anual de animales puros shorthorns (Durhams). Buenos Aires, 1894.

Catalogo de la exposicion rural internacional, Abril 1886. Buenos Aires, 1886.

Catalogo de la feria exposicion en Palermo, 20-30 Setiembre 1896. Buenos Aires, 1896.

Catalogo del muestrario de trigos argentinos enviado a Portugal. Buenos Aires, 1897.

Catalogo del museo de productos nacionales. Buenos Aires, 1895.

Catalogo de los objetos enviados de la Republica Argentina. Exposicion de Filadelfia. Buenos Aires, 1875.

Catalogo general de los productos nacionales y extrangeros presentados à la Exposicion nacional argentina. En la Ciudad de Cordoba, 11 Octubre 1871. Cordoba, 1871.

Catalogo metodico de la biblioteca nacional. Tomo I. Ciencas y Artes. Buenos Aires, 1893.

Catalogo oficial de las muestras de minerales. Exposicion de Paris, 1889. Buenos Aires, 1889.

Catalogo de los minerales y las rocas. Exposicion nacional de la Republica Argentina en Cordoba, 1871. Cordoba, 1871.

Catalogue général détaillé de la République Argentine. Exposition universelle de Paris, 1878. Paris, 1878.

Catalogue spécial officiel de l'Exposition de la République Argentine. Lille, 1889.

Causes de la morbidité et de la mortalité de la première enfance à Buenos Aires. *Dr Emile R. Coni.* Buenos Aires, 1886.

Causes et statistique de l'émigration et de l'immigration considérées principalement au point de vue de la République Argentine. *Gabriel Carrasco.* Paris, 1889.

Cemento Argentino fabricado por Nicolas Derossi. Informe á la Sociedad científica Argentina. Buenos Aires, 1889.

Censo escolar nacional correspondiente á fines de 1883 y principios de 1884. Buenos Aires, 1885.

Censo escolar de la Provincia de Entre Rios, año 1896. Parana, 1897.

Censo de los empleados administrativos; funcionarios judiciales, personal docente, jubilados y pensionistas civiles de la Republica Argentina correspondiente al 31 de diciembre de 1894. Buenos Aires, 1895.

Censo municipal de Buenos Aires. 1887. Buenos Aires, 1889.

Centro del Comercio. Informe de la Comision especial. Informes parciales de los delegados de gremios. Buenos Aires, 1897.

Centros agricolas. Buenos Aires, 1887.

Ce que sont les ports de Buenos Aires et La Plata. Ce que doit être le port de Montevideo. *Pierre-Louis Buelte.* Montevideo, 1892.

Chaco Austral. *Antonio Amorena.* Buenos Aires, 1887.

Climatologie médicale de la République Argentine et des principales villes d'Amérique. *Dr Samuel Gache.* Buenos Aires, 1895.

Cloacas domiciliarias de la Ciudad de Buenos Aires, por *Parkinson y Ramos Mejui.* Buenos Aires, 1893.

Codigo rural de la provincia de Buenos Aires. Buenos Aires, 1889.

Codigo rural de la provincia de Cordoba. Cordoba, 1895.

La Colonizacion agricola de la provincia de Santa Fé. *Gabriel Carrasco.* Santa Fé, 1893.

Coltivazioni praticce nei territori del Norte della Republica Argentina, por *C. A. S. del Vasco.* Buenos Aires, 1879.

Comparaciones estadisticas internacionales, por *Francisco Latzina.* Buenos Aires, 1895.

Compilacion de leyes, decretos y demas disposiciones de caracter publico dictadas en la Provincia de Cordoba en el año 1896. Cordoba, 1897.

Compte rendu des travaux de la Chambre de Commerce française de Rosario de Santa Fé. 1896-1897. Rosario, 1897.

Conditions pratiques de l'immigration dans la République Argentine. *Gabriel Carrasco.* Paris, 1889.

Congrès monétaire international de Paris. *Pedro S. Lamas.* Paris, 1889.

Conservacion y fomento de bosques (Provincia de Mendoza), 1897.

Constitucion de la Provincia de Cordoba. Febrero 1883. Cordoba, 1897.

Contributions à la flore de la Terre de Feu. Observations sur la végétation du Canal de Beagle. *Nicolas Alboff.* La Plata, 1896.

Cuestion religiosa en el Congreso Argentino. Discurso del Ministro de Instruccion Publica. Buenos Aires. 1883.

D

Dans la Pampa....., par *M. Alfred Ebelot.*

Datos para la estadistica agricola para la provincia de Buenos Aires. *C. Lemée.* La Plata, 1896.

Democracia representativa. Del voto y del modo de votar, por *J. F. de Assis Brazil.* Buenos Aires, 1894.

Démonstration graphique de la dette publique, des banques, des impôts et de la frappe des monnaies de la République Argentine, correspondant au 5° rapport de l'année 1888. Buenos Aires, 1889.

Descripcion de las Gobernaciones Nacionales (Pampa, Rio Negro, Neuquen), por *Jorge J. Rohde.* Buenos Aires, 1889.

Deuda publica exterior y capitales europeos empleados por Sociedades anonimas, por *Jorge Duclout.* Buenos Aires, 1890.

Diarios y periodicos de la Republica Argentina. Catalogo, 1886. Buenos Aires, 1887.

Digesto de Marina. Recopilacion de leyes, decretos, ordenanzas, etc., que corresponden á la marina mercante y de guerra. *Juan Goyena.* Buenos Aires, 1885.

Digesto rural y agrario. Tomo I. *Juan Goyena.* Buenos Aires. 1892.

Digesto de ordenanzas, reglamentos, acuerdos y disposiciones de la municipalidad de la Ciudad de Buenos Aires, por *Mariano Obarrio.* Buenos Aires, 1884.

Discurso del D' Don Nicolas Avellaneda al recibirse de la presidencia de la Republica ante el Congreso argentino del 12 de octubre 1874. Buenos Aires, 1874.

Discurso del D' Dardo Rocha al recibirse del Gobernio de la Provincia. 1° de Mayo, 1881. Buenos Aires, 1881.

Disposiciones constitucionales y legales, reglamentos horarios y programas relativos á la administracion escolar de la provincia de Buenos Aires. La Plata, 1897.

Documentos relativos á la Exposicion de productos argentinos en Paris. Abril, 1867. Buenos Aires, 1865.

Documentos relativos á la inconversion de billetes bancarios. Buenos Aires, 1887.

Documentos relativos á las obras del puerto de Buenos Aires. Buenos Aires, 1874.

E

Educacion comun en la capital, provincies, colonias y territorios nacionales año 1887. Informe presentado al Ministerio de Instruccion Publica, por el *D' Benjamin Zorilla,* presidente del Consejo nacional de educacion. Buenos Aires, 1888.

Educacion comun en la capital, provincias y territorios nacionales, años de 1894-1895.

Educacion comun. Informe, año 1887. Parana, 1888.

Educacion commun. Memoria presentada, por el director general de *Escuelas*, 1894. Parana, 1895.

Educacion publica. Ensayo sociologico, *José Bianco*. Cordoba 1896.

El algodon. Instrucciones agricolas. Buenos Aires, 1897.

El Banco de la Provincia, por *O. Garrigos*. Buenos Aires, 1873.

El Chacarero, por *Carlos Lemée*. Buenos Aires, 1887.

El Chaco agricola y industrial (conferencia de *M. P. Edmond Rifard*. Buenos Aires, 1885.

El Estanciero, por *Carlos Lemée*. Buenos Aires, 1888.

El Gobierno de la Provincia. Los tribunales de Inglaterra,*Révy y Bateman*. Buenos Aires, 1873.

El Libro de la Exposicion continental de 1882. Buenos Aires, 1882.

El Litoral y el interior, por *Carlos E. Villanueva*. Buenos Aires, 1897.

El ministro Varela, su plan financiero. Buenos Aires, 1889.

El presente y el porvenir de la agricultura argentina, por *Alois E. Fliess*. Buenos Aires, 1890.

El suelo y el saneamiento. *Enrique Nelson*. Buenos Aires, 1888.

El Tabaco. (Biblioteca Niederlein). Buenos Aires.

El territorio de Santa Cruz. Buenos Aires, 1888.

Escuela de agronomia y de veterinaria, y haras de la provincia de Buenos Aires en Santa Catalina. Buenos Aires, 1883.

Escuela de artes y oficios de la provincia de Buenos Aires. Informe del presidente de la comision directiva, año 1886. Buenos Aires, 1887.

Estadistica de las aduanas de la Republica Argentina, 1870. Buenos Aires, 1871.

Estadistica escolar de la provincia de Entre Rios, año 1888. Parana 1888.

Estadistica general del comercio exterior de la Republica Argentina, 1873. Buenos Aires, 1874.

Estadistica general de la provincia d'Entre Rios, año de 1884, *Dr Emilio Castro Boedo*. Parana, 1886.

Estadistica general de la provincia de Mendoza. Boletin n° 1, Julio 1882.

Estadistica del comercio y de la navegacion de la Republica Argentina, año 1889. Buenos Aires, 1890.

Estadistica del comercio y de la navegacion de la Republica Argentina, año 1880. Buenos Aires 1881.

Estadistica del comercio y de la navegacion de la Republica Argentina, año 1881. Buenos Aires, 1882.

Estadistica del comercio y de la navegacion de la Republica Argentina, año 1885. Buenos Aires, 1886.

Estadistica del comercio y de la navegacion de la Republica Argentina, año 1888. Buenos Aires, 1889.

Estadistica del comercio y de la navegacion de la Republica Argentina, año 1889, Buenos Aires, 1890.

Estadistica del comercio y de la navegacion de la Republica Argentina, año 1891, Buenos Aires, 1892.

Estadistica de los ferrocarriles en explotacion durante el, año 1892. Buenos Aires, 1894.

Estadistica de los ferrocarriles en explotacion, ano 1895, tome IV. Buenos. Aires, 1896.

Estudios agricolas sobre los islas del Parana, *Antonio Gil*. La Plata 1895.

Estudio economico y financiero de la america latina, por *Pedro S. Lamas*. Buenos Aires, 1886.

Estudios de las aguas minerales del Norte de la Republica Argentina, por *Eliseo Canton*. Buenos Aires, 1896.

Estudio de la dote y de las donaciones entre esposos, por *Andres Mauris*. Buenos Aires, 1897.

Estudio de la prolongacion del Ferrocarril andino, seccion de Villa Mercedes á San Luis. Buenos Aires, 1881.

Estudio de los tratados de comercio de la Republica Argentina, por *Alejandro Guasalaga Sucre*, 1898.

Estudio sobre puertos de la provincia de Buenos Aires, primera parte. La Costa Maritima, *J. B. Figueroa*. La Plata, 1897

Etudios y viages agricolas en Francia, Alemania, Holanda y Belgica, por *Eduardo Olivera*, tomo I. Buenos Aires, 1879.

Estudios y viages agricolas en Francia, Alemania, Holanda y Belgica, por *Eduardo Olivera*, tomo II. Buenos Aires, 1883.

Estatutos del Banco industrial argentino. Buenos Aires, 1896.

Estatutos de la Camara mercantil del Mercado central de frutos. Buenos Aires, 1894.

Estatutos de la compañia de muelles y depositos del puerto de La Plata. Buenos Aires, 1888.

Estatutos de la sociedad anonima del Mercado central de frutos. Buenos Aires, 1894.

Estatutos de la sociedad fotografica argentina de aficionados. Buenos Aires, 1889.

Estatutos de la sociedad fotografica argentina de aficionados. Reglamento interno. Buenos Aires. 1895.

Estatutos y reglamento general de la Bolsa de comercio. Buenos Aires, 1894.

Estatutos y reglamento general de la Bolsa de Comercio. Buenos Aires, 1896.

Examen topografico y geologico de los departamentos de San Carlos, San Rafael y Villa Beltran (provincia de Mendoza). La Plata, 1895.

Exposé sommaire de la situation économique et financière de la République Argentine, par *Pedro S. Lamas*. Paris, 1888.

Exposicion nacional, 1898. Reglamento general y programa. Buenos Aires, 1897.

Exposicion relativa al proyecto de ley creando un impuesto interno sobre tabacos. Buenos Aires, 1895.

Exposicion sobre la negociacion del emprestito de obras publicas. Buenos Aires, 1873.

F

Ferrocarril del Sud. Tarifas desde 14 octobre 1877. Establ. grafico de Gunche, Wiebeck y Turil. Buenos Aires. 1877.

Ferrocarril del Sud. Las tarifas vigentes; nota de la Sociedad rural argentina y contestacion de la empresa.

Finanzas argentinas. Estudios é ideas sobre nuestros emprestitos externos, por *Alberto A. de Guerrico*. Buenos Aires, 1887.

Finanzas de la municipalidad de Buenos Aires, 1880-1891. *Manuel C. Chueco*. Buenos Aires, 1892.

Finanzas y administracion. *Francisco Seeber*. Rosario. 1892.

Fines del verano en la Tierra del Fuego. *Dr F. Lahille*. La Plata, 1897.

Fungi puiggariani. *Carolo Spegazzini*. Buenos Aires, 1889.

G

Ganaderia, por *J. B. Cornador*. Buenos Aires, 1894.

General Map of the Argentine Republic showing the territory submitted to the Arbitration of the President of the United States. Washington, 1893.

Gobernacion de la Tierra del Fuego. Sus Bosques. Buenos Aires, 1894.

42

H

Handbook of the River Plate. *M. G. and E. T. Mulhall.* Buenos Aires 1892.

I

Inauguracion de cuarenta edificios para escuelas publicas en la capital de la Nacion. Buenos Aires, 1886.

Informe anual del Comisario general de inmigracion de la Republica Argentina, año 1875. Buenos Aires.

Informe del Banco hipotecario de la Provincia de Buenos Aires, 30 de Abril de 1894. La Plata, 1894.

Informe de la Comision central de inmigracion. Buenos Aires, 1871.

Informe de la Comision especial de investigacion respecto de la inversion de las rentas de la provincia de Buenos-Aires. La Plata, 1896.

Informe de la Comision para la destruccion de la langosta. Rosario, 1897.

Informe del departamento nacional de Agricultura. Año, 1872. Buenos. Aires, 1873.

Informe de la Oficina Central de Tierras y Colonias correspondiente al año 1881. Buenos Aires, 1882.

Informe del Presidente del Credito publico, Dr *Pedro Agote*, sobre la deuda publica, bancos y emisiones de papel moneda. Buenos Aires, 1881.

Informe del Presidente del Credito publico, Dr *Pedro Agote*, sobre la deuda publica, bancos y emisiones de papel moneda. Buenos Aires, 1884.

Informe del Presidente del Credito publico Nacional Dr *Pedro Agote*, sobre la deuda publica, bancos, acuñacion de moneda. Libro V. Buenos-Aires, 1888.

Informe del Sr Ventura Martinez Campos presentado á la Comision revisora de leyes aduaneras por 1894. Buenos Aires, 1894.

Informe presentado al Ministerio de Instrucion Publica por el Dr D. *Jose Maria Gutierrez*, Presidente del C. N. de Educacion. Tomo I. Buenos Aires, 1896.

Informe presentado al Ministerio de Instrucion Publica por el Dr D. *José Maria Gutierrez*, Presidente del C. N. de Educacion. Tomo II. Buenos Aires, 1896.

Informe presentado á la Oficina de Estadistica de la provincia de Buenos Aires. Dr *Emilio R. Coni.* Buenos Aires, 1880.

Informe primero del Estado de la educacion comun en la provincia de Buenos Aires, 1877. Buenos Aires, 1878.

Informe sobre los bancos locales en las provincias y territorios nacionales. Buenos Aires, 1894.

Informe general sobre las colecciones de minerales, productos metalurgicos y maquineria minera. *H D. Hoskold.* Buenos Aires, 1894.

Informe sobre las colonias del departemento *Marcos Juarez*, 1897. Cordoba, 1897.

Informe sobre la exportacion de ganado en pié y de carne congelada y fresca en el Reino unido, por *Heriberto Gibson-Marzo*, 1896 La Plata, 1896.

Informe sobre una comision cientifica en Europa presentado al Ministerio de Gobierno de la provincia de Buenos Aires, por el Dr *Emilio R. Coni.* Buenos Aires, 1884.

Instituto agronomico y veterinario de la provincia de Buenos-Aires, 1889. La Plata, 1890.

Instrucciones para la ejecucion de un proyecto de programas para las escuelas primarias. La Plata, 1897.

Instrucciones para la preparacion y remision de las muestras de productos argentinos al Museo.

Instrucciones para observaciones meteorologicas. *Francisco Latzina.* Buenos Aires, 1883.

Intereses nacionales de la Republica Argentina, par *Gabriel Carrasco.* Buenos Aires, 1896.

J

Juan Maria Gutierrez, su vida y sus escritos. Buenos Aires, 1878.

L

La Costa Maritima, *Julio B. Figueroa*, atlas. La Plata, 1897.

La culture du coton et l'industrie cotonnière dans la République Argentine. Buenos Aires.

L'agriculture, l'élevage, l'industrie et le commerce dans la province de Buenos Aires, en 1895. La Plata, 1897.

L'agriculture et l'élevage dans la République Argentine. Recensement de 1888, par *F. Latzina*. Paris, 1889.

La agricultura y la ganaderia en la Republica Argentina, por *Carlos Lemée.* La Plata, 1894.

La Babel Argentina. *Francisco Davila.* Buenos Aires, 1886.

La Bolsa, por *F. L. Balbin.* Buenos Aires, 1885.

La canalisacion del paso de Martin Garcia y de los puertos del Rosario y Santa Fé. Buenos Aires, 1894.

La concurrencia universal y la agricultura en ambas Americas, par *Estanislao S. Zeballos.* Washington, 1894.

La especie vacuna en la exposicion de la Sociedad rural Argentina en setiembre, 1897. *Huinca.* Buenos Aires, 1897.

La Estrella, Compañia Argentina de Seguros, 1894. Buenos Aires, 1895.

La Inmobiliaria, Sociedad nacional de Seguros, memoria y balance 1894-1895. Buenos Aires, 1895.

La Inmobiliaria, Sociedad Nacional de Seguros, memoria y balance 1895-1896. Buenos Aires, 1896.

La industria argentina y la Exposicion del Parana. *Alfredo Malaurie y Juan M. Gazzano.* Buenos Aires, 1888.

La industria harinera en la provincia de Buenos Aires. La Plata, 1895.

La industria lechera en la provincia de Buenos Aires. *Eduardo T. Larguia.* La Plata, 1897.

La industria vinicola argentina, por *L. Normandin.* Mendoza, 1896.

La juridiccion provincial. Discurso de *Emilio Frers.* La Plata, 1897.

La libertad de la prensa. *Arturo D. Vatteone.* Buenos Aires, 1897.

La labor de la administracion de agricultura en Italia. *Carlos D. Girola.* La Plata, 1897.

La mortalidad habida en 18 cuidades argentinas durante el año 1889. *Francisco Latzina.* Buenos Aires, 1891.

La paleontologia, *Santiago Roth.* La Plata, 1896.

La Produccion argentina, revista semanal ilustrada. Buenos Aires, *Enero* 1896. (Enero á Junio 1895).

La Produccion argentina, revista semanal ilustrada. Buenos Aires. (Junio Diciembre, 1895).

La Produccion argentina, revista semanal ilustrada. (Agosto a diciembre, 1896) (10 Fascicules).

La Produccion argentina, revista semanal ilustrada. (Febrero a Diciembre, 1897) (13 Fascicules).

La Produccion agricola y ganadera de la República Argentina en 1891, par *Alois E Fliess*. Buenos Aires, 1893.

La Produccion nacional, revista quincenal ilustrada, (de mayo a diciembre 1895) Buenos Aires.

La Produccion y el consumo del azucar de la Republica Argentina. *Gabriel Carrasco*. Buenos Aires, 1894.

La Provincia de Entre Rios. Parana, 1893.

La Province de la Rioja : mines, agriculture et élevage. Buenos Aires.

La Province de Santa Fé. La colonisation agricole, par *Gabriel Carrasco*. Buenos Aires 1894.

La Provincia de Santa Fé Revista de su estado actual y de los progresos realizados, por *Gabriel Carrasco* y *A. J. Ballesteros*. Buenos Aires, 1888.

La Provincia de Tucuman. Breves apuntes. *Paolino Rodriguez Marquina*.

La République Argentine, physique et économique. Exposé de ses conditions et ressources naturelles, de son agriculture, de ses industries, de son commerce, de son crédit et de ses finances au point de vue de l'émigration et des capitaux européens, d'après les derniers documents officiels, par *Louis Guilaine*, attaché au bureau officiel d'informations de la République Argentine, rédacteur à la *Revue Sud-Américaine*. Préface d'Emile Gautier. Paris, 1889.

La Republica Argentina en la Exposicion Universal de Paris de 1889. *Dʳ Santiago Alcorta*. Paris, 1890

La Republica Argentina, sus recursos y su comercio internacional. *Carlos Lix Klett*. Buenos Aires, 1897.

Las colonias de la Provincia de Cordoba en el año 1895. Cordoba, 1895.

La Sierra de Cura-Malal. *Eduardo Ladislao Holmberg*. Buenos Aires, 1884

La viticultura y la vinification en la provincia de Salta. Buenos Aires, 1897.

La Vie et les mœurs à la Plata. *E. Daireaux*. Paris, 1889. 2 volumes.

La vigne et le vin dans la République Argentine. Buenos Aires, Les institutions sanitaires dans la République Argentine, *Dʳ Padilla*. Buenos Aires, 1893.

Les sciences médicales dans l'Argentine *Dʳ Decoud*. Buenos Aires, 1893.

Ley de impuestos internos nⁿ 3057, y su decreto reglamentario fecho 12 de Enero de 1894. La Plata, 1894.

Ley de papel sellado nº 3054. La Plata, 1894.

Ley del presupuesto general de la Republica Argentina para el ejercicio de 1887. Buenos Aires, 1886.

Ley del presupuesto general de la Republica Argentina. Departemento de guerra, 1890. Buenos Aires, 1889.

Ley del presupuesto general de la Republica Argentina. Departemento de guerra, 1891. Buenos Aires, 1891.

Ley del presupuesto general de la Republica Argentina. Departemento del Interior, 1897. Buenos Aires, 1897.

Ley de presupuesto de gastos y recursos de la provincia de Buenos Aires. Año 1897. La Plata, 1897.

Ley organica y otras disposiciones sobre el Banco hipotecario de la Provincia de Buenos Aires. Buenos Aires, 1871.

Ley organica y reglamento del Banco hipotecario nacional. Buenos Aires, 1887.

Ley sobre administracion de justicia en la capital. Buenos Aires, 1887.

Ley sobre proteccion en las colonias agricolas. Cordoba, 1896.

Leyes, decretos, estatutos, ordenanzas y reglamentos que rigen la Universidad de La Plata. La Plata, 1897.

Leyes de impuestos y decretos reglamentarios de la provincia de Cordoba, para 1897. Cordoba, 1897.

Leyes de impuestos de la provincia de Entre Rios. Parana, 1888.

Leyes nacionales sancionadas en el periodo legislativo de 1890. Buenos Aires, 1890.

Leyes sobre el Banco de Credito territorial y agricola de Santa Fé, (Hoy Sociedad de Credito territorial de Santa Fé), 1896.

Leyes y instrucciones para combatir la langosta. Buenos Aires, 1897.

Lectura sobre bibliotecas populares por *D. F. Sarmiento*. Buenos, Aires, 1883.

Les industries françaises à Buenos Aires, par le Comte P. M. de Corvetto. Buenos Aires, 1886.

Ligeros apuntes sobre el clima de la Republica Argentina. *Gualterio G. Davis*. Buenos Aires, 1889.

L'immigration européenne, le commerce et l'agriculture à la Plata. *Calvet*, 1886-1888, Paris.

Lista de las publicaciones cientificas hechas desde 1873 hasta 1897. *Carlos Berg*. Buenos Aires, 1897.

Los cereales y oleaginosos trillados en la provincia de Buenos Aires, en la cosecha de 1895-1896, *José Cilley Vernet*. La Plata, 1896.

Los Consejos de guerra ante la constitucion. Recurso de « habeas corpus » en favor del capitan de fragata *D. Santiago Danuzio*. Buenos Aires, 1893.

Los Pioniers de la industria nacional, por *Manuel C. Chueco*. Buenos, Aires, 1896.

M

Manual practico del registro del estado civil, por *José Garcia Delgado*. Cordoba, 1897.

Mapa general de la Republica, 1896. De Marseille au Paraguay, 1896 (notes de voyage), por *Edouard Deis*.

Memoria de la administracion sanitaria y asistencia publica, año 1892. Buenos Aires, 1893.

Memoria de la Aduana de la Capital, 1891. Buenos Aires, 1892.

Memoria presentada al congreso de 1885, ministerio de marina. Estudios hidrograficos, tomo II. Buenos Aires, 1885.

Memoria del ministro de guerra y marina, 1889. Departamento de guerra. Buenos Aires, 1889.

Memoria del ministro de guerra y marina, 1896. Buenos Aires, 1896.

Memoria del ministerio de Hacienda, 1872. Buenos Aires, 1872.

Memoria del ministerio de Hacienda, 1874. Buenos Aires, 1874.

Memoria del ministerio de Hacienda, 1881. Buenos Aires, 1881.

Memoria del ministerio de Hacienda, 1886. Buenos Aires, 1886.

Memoria del ministerio de Hacienda, 1893, tome I. Buenos Aires, 1894.

Memoria del ministerio de Hacienda, año 1893, tomo II. Buenos Aires, 1894.

Memoria del departemento de Hacienda correspondiente al año 1895. Buenos Aires, 1896.

Memoria del departemento de Hacienda, tomo I, año 1896. Buenos Aires, 1897.

Memoria del departemento de Hacienda, tomo II, año 1896. Buenos Aires, 1897.

Memoria del ministerio de Hacienda y Obras Publicas en 1896. Buenos Aires 1896.

Memoria del ministerio del Interior, año 1882. Buenos Aires, 1883.

Memoria del ministerio del Interior, año 1882. Buenos Aires, 1883, anexo VIII, 1882. Oficina central de Tierras y colonias. Buenos Aires, 1883.

Memoria del ministro del Interior, 1894, tomo II, anexos, memorias de varias reparticiones. Buenos Aires, 1895.

Memoria del ministro del Interior, 1895, tomo I. Buenos Aires, 1896.

Memoria del ministro del Interior, 1895, tomo II. Buenos Aires, 1896.

Memoria del ministro del Interior, 1895, tomo III. Buenos Aires, 1896.

Memoria presentada al congreso nacional por el ministro de Justicia, Culto y Instruccion Publica, 1884. Buenos Aires 1884.

Memoria presentada al congreso nacional, por el ministro de justicia, Culto y Instruccion Publica, 1885. Buenos Aires, 1885.

Memoria presentada al congreso nacional, por el ministro de Justicia, Culto y Instruction Publica, 1886, tomo II, anexos de Instruccion Publica. Buenos Aires, 1886.

Memoria presentada al congreso nacional, por el ministro de Justicia, Culto y Instruccion Publica, 1889, tomo I, texto y anexos de Justicia y Culto. Buenos Aires, 1889.

Memoria presentada al congreso nacional, por el ministro de Justicia, Culto y Instruccion Publica, 1889, tomo II, anexos de Instruccion Publica. Buenos Aires, 1889.

Memoria presentada al congreso nacional, por el ministro de Justicia, Culto y Instruccion Publica, 1894, tomo I, anexos de Justicia y Culto. Buenos Aires, 1894.

Memoria presentada al congreso nacional, por el ministro de Justicia, Culto y Instruccion Publica, 1895, tomo I, Justicia y Culto. Buenos Aires, 1895.

Memoria presentada al congreso nacional, por el ministro de Justicia, Culto y Instruccion Publica, 1897, tomo I (anexos de Justicia y Culto). Buenos Aires, 1897.

Memoria presentada al congreso nacional, por el ministro de Justicia, Culto y Instruccion Publica, 1897, tomo II, Instruccion Publica. Buenos Aires, 1897.

Memoria presentada a la honorable legislatura, por el ministro de Obras Publicas, 1894-1895. La Plata, 1895.

Memoria del ministerio de Relaciones Exteriores, 1877, tomo I. Buenos Aires, 1877.

Memoria del ministerio de Relaciones Exteriores, 1877, tomo II. Buenos Aires, 1877.

Memoria del ministerio de Relaciones Exteriores, 1877, tomo III. Buenos Aires, 1877.

Memoria del ministerio de Relaciones Exteriores, 1ro semestre 1888. Buenos Aires, 1888.

Memoria del ministerio de Relaciones Exteriores, 1888. Buenos Aires, 1888.

Memoria de la administracion general del Puerto de La Plata, correspondiente al año 1896. La Plata, 1897.

Memoria de la administracion general del Puerto de La Plata, 1896. La Plata, 1897.

Memoria de la Camara de comercio de la Bolsa informe de su comision arbitral de cereales, año 1896. Buenos Aires, 1897.

Memoria de la Camara de comercio de la Bolsa informe de su comision arbitral de cereales, año 1897. Buenos Aires, 1898.

Memoria de la Camara sindical de la Bolsa de comercio de Buenos Aires, año 1891. Buenos Aires, 1892.

Memoria de la Camara sindical de la Bolsa de comercio de Buenos Aires, año 1896. Buenos Aires, 1897.

Memoria de la Camara sindical de la Bolsa de comercio de Buenos Aires, año 1897. Buenos Aires, 1898.

Memoria de la explotacion de ferrocarriles, año 1893. Buenos Aires, 1894.

Memoria del servicio de explotacion correspondiente al ejercicio del año 1895. Ferro carril oeste santafecino. Rosario de Santa Fé, 1896.

Memoria de la comision de las obras de salubridad de la capital, año 1893. Buenos Aires, 1894.

Memoria presentada por el director general del departamento de ingenieros civiles de la nacion, sobre los trabajos ejecutados durante los años de 1876, 1877 et 1878. Buenos Aires, 1879.

Memoria presentada por el director general del departamento de ingenieros civiles de la nacion, sobre los trabajos ejecutados durante el año 1879. Buenos Aires, 1881.

Memoria de la comisaria general de inmigracion de la Republica Argentina, 1879. Buenos Aires, 1880.

Memoria del departamento general de inmigracion, año 1895, *Juan A. Alsina*. Buenos Aires, 1896.

Memoria del departamento general de inmigracion, año 1896, *Juan A. Alsina*. Buenos Aires, 1897.

Memoria descriptiva de la provincia de Mendoza, *Abraham Lemos*. Mendoza, 1888.

Memoria del Gobernador del Chaco con una exploracion del Pilcomayo. Buenos Aires, 1875.

Memoria del ministerio de agricultura, justicia y instruccion publica de la provincia de Santa Fé, 1892-1893, *Gabriel Carrasco*. Santa Fé, 1893.

Memoria presentada al consejo deliberante por el intendente municipal de Rosario de Santa Fé, 1897. Rosario, 1897.

Memoria del departamento tipografico de la provincia de Tucuman. Agoto, 1887. Junio, 1890. Tucuman, 1890.

Memoria del departemento ejecutivo (Tucuman), años 1895-1896. Buenos Aires, 1897.

Memoria del ministerio de Hacienda, 1896. Tucuman 1897 (provincia de Tucuman).

Memoria del telegrafo de la provincia de Buenos Aires, 1896-1897. La Plata, 1897.

Memoria del presidente de la comision municipal al consejo, ejercicio 1882. Buenos Aires, 1883.

. Memoria de los trabajos realizados contra la langosta. *Florentino Loza*. Santa Fé, 1893.

Memoria de los trabajos realizados contra la langosta, por segunda vez en Santa Fé, *Florentino Loza*. Santa Fé, 1894.

Memoria del departemento nacional de minas y geologia correspondiente a los años 1893-1894, *H. D. Hoskold*. Buenos Aires, 1895.

Memoria del presidente de la union industrial argentina, 31 de Agosto 1896. Buenos Aires, 1896.

Memoria del presidente de la union industrial argentina, 25 Julio 1895. Buenos Aires, 1895.

Memoria del presidente de la union industrial argentina, Octubre 1897. Buenos Aires, 1897.

Memoria de la junta de administracion del credito publico nacional, 1864-1874. Buenos Aires, 1874.

Memoria de la junta de administracion del credito publico nacional, 1874-1881. Buenos Aires, 1881.

. Memoria del banco de la provincia de Buenos Aires, año 1880. Buenos Aires, 1881.

Memoria del banco de la provincia de Buenos Aires, año 1886. Buenos Aires 1887.

Memoria del banco hipotecario, ejercicio 1878. Buenos Aires, 1879.

Memoria del banco hipotecario, ejercicio 1879. Buenos Aires, 1880.

Memoria del banco hipotecario, ejercicio 1880. Buenos Aires, 1881.

Memoria del banco hipotecario, ejercicio 1887. Buenos Aires, 1888.

Memoria del banco hipotecario, ejercicio 1888. Buenos Aires, 1889.

Memoria del directorio y balance del mercado central de Frutos, Agosto 1897. Buenos Aires, 1897.

Memoria del directorio administrativo de la edificadora, ejercicio 1886-1897. Buenos Aires, 1887.

Memoria administrativa de la Sociedad Cosmopolita de proteccion mutua, año 1896. Buenos Aires, 1897.

Memoria sobre la organizacion de la oficina del credito publico de la provincia de Buenos Aires. Buenos Aires, 1892.

Memoria del museo nacional, año 1894. Buenos Aires, 1895.

Memoria del museo nacional, año 1895. Buenos Aires, 1897.

Memoria del museo nacional, año 1896. Buenos Aires, 1897.

Mensaje del Presidente de la Republica al abrir el congreso argentino. Mayo de 1879. Buenos Aires, 1879.

Mensaje del Presidente de la Republica al abrir el congreso argentino. Mayo de 1881. Buenos Aires, 1881.

Mensaje del Presidente de la Republica al abrir el congreso argentino. Mayo de 1884. Buenos Aires, 1884.

Mensaje del Presidente de la Republica al abrir el congreso argentino. Mayo de 1885. Buenos Aires, 1885.

Mensaje del Presidente de la Republica argentina al congreso. Mayo, 1890. Buenos Aires, 1890.

Mensaje del Presidente de la Republica al congreso. Mayo, 1894. Buenos Aires, 1894.

Mensaje del Presidente de la Republica. Mayo, 1897. Buenos Aires, 1897.

Mensaje del poder ejecutivo de la provincia de Buenos Aires. Mayo, 1876. Buenos Aires, 1876.

Mensaje del poder ejecutivo de la provincia de Buenos Aires. Mayo, 1877.

Mensaje del poder ejecutivo de la provincia de Buenos Aires. Mayo, 1881.

Mensaje á la honorable legislatura referente á la capital de la provincia de Buenos Aires. Marzo, 1882. Buenos Aires, 1882.

Mensaje del gobernador de la provincia de Buenos Aires. Buenos Aires, 2º de Marzo, 1883.

Mensaje leido por el gobernador de la provincia de Buenos Aires. Mayo, 1885. La Plata, 1885.

Mensaje leido por el gobernador de la provincia de Buenos Aires. 8 Mayo, 1886. La Plata, 1886.

Mensaje del gobernador de la provincia de Corrientes. Mayo 1894. Corrientes, 1894.

Mensaje del gobernador de la provincia de Corrientes. Mayo, 1895. Corrientes, 1895.

Mensaje del gobernador de la provincia de Corrientes. Mayo, 1896. Corrientes, 1896.

Mensaje del gobernador de la provincia de Corrientes. Mayo, 1897. Corrientes, 1897.

Mensaje del gobernador de la provincia de Cordoba. Mayo, 1896. Cordoba, 1896.

Mensaje del gobernador de la provincia de Cordoba. Mayo, 1897. Cordoba, 1897.

Mensaje del gobernador de la provincia de Entre Rios, asamblea legislativa. Mayo, 1897. Parana, 1897.

Mensaje del gobernador de la provincia de Santa Fé, 1889. Santa Fé, 1889.

Mensaje del gobernador de la provincia de Santa Fé. Mayo de 1896. Santa Fé, 1896.

Mensaje del gobernador de la provincia de Tucuman. 1º de setiembre 1897. Tucuman, 1897.

Message du Pouvoir Exécutif national lu par le Président de la République,

D *D. Miguel Juare{ Celman*, à l'ouverture du Congrès, le 7 mai 1889. Buenos Aires, 1889.

Message du Président de la République au Congrès, mai 1897. Buenos Aires, 1897.

Message of the President of the Republic on the opening of Congress, may 1893. Buenos Aires, 1893.

Ministerio de Relaciones exteriores. Boletin mensual, febrero 1890. Buenos Aires, 1890.

Miscelanea artillera, *Emilio Sellstrom*. Buenos Aires, 1894.

Municipalidad de la capital, memoria presentenda al concejo deliberante por el intendante municipal, año 1895. Buenos Aires, 1896.

N

Nomenclatura de las Calles, por *Rafaël Hernande{*. Buenos Aires, 1896.

Notas sobre la industria de la pesca en la Provincia de Buenos Aires. *D* *Fernando Lahille*. La Plata, 1895.

Notice sur la République Argentine. Lille, 1889.

O

Organizacion, operaciones y propositos del Banco de Ahorros y pequeños prestamos. Buenos Aires, 1890.

P

Phycomyceteœ Argentinœ. *Carolus Spega{{ini*. Buenos Aires, 1891.

Planos de las escuelas comunes en la Capital. Buenos Aires, 1896.

Plano topografico cadastral de la provincia de Santa Fé. Registro grafico de las propriedades rurales.

Policia de Cordoba. Recopilacion de disposiciones vigentes. *Justos V. Hernande{*. Cordoba, 1897.

Prefectura maritima y sus dependencias. *Carlos A. Mansilla*. Buenos Aires, 1888.

Presupuesto de gastos. Calculo de recursos de la Provincia de Entre Rios. Año 1888. Parana, 1887.

Presupuesto de Sueldos y Gastos de la administracion de Entre Rios, año 1889. Parana, 1888.

Presupuesto general para el año 1897. Cordoba, 1896.

Primer catalogo del Museo de productos argentinos. Buenos Aires, 1889.

Primer censo general de la Provincia de Santa Fé, *Gabriel Carrasco*. Libros I à VIII, Buenos Aires, 1888.

Primer censo general de la Provincia de Santa Fé, *Gabriel Carrasco*. Libros IX à XI, Buenos Aires, 1888.

Primera circular de la comision directiva del Museo de productos argentinos en la capital à los productores de la Republica. Buenos Aires, 1888.

Progrès de l'hygiène dans la République Argentine, par le *D* *Emile R. Coni*. Paris, 1887.

Province de Cordoba. Climat, agriculture, élevage, mines et industrie. Buenos Aires.

Provincia de Entre Rios. Resumenes generales y preliminares en cifras absolutas del censo agricola y ganadero levantado á fines de 1887 y principio de 1888. Buenos Aires, 1888.

Proyecto de Codigo de mineria para la Republica Argentina, por *D* *D. Enrique Rodriguez*. Buenos Aires, 1895.

Proyecto de Codigo penal de la Republica Argentina. *D* *Don Carlos Tejedor*. Parte secunda. Buenos Aires, 1867

Proyecto de division electoral de la Republica Argentina, por *Gabriel Carrasco*. Buenos Aires, 1897.

Proyecto de estatutos del Banco nacional. Buenos Aires, 1874.

Proyecto de un ferrocarril en Entre Rios, Corrientes y Misiones, por *Luis A. d'Abreu Bulhoes y C*. Buenos Aires, 1874.

Proyecto y datos estadisticos por la formacion de la compañia de graneros à silos, sistema norte americano de « elevadorés », por *Augusto Lenhardtson*. Buenos Aires, 1896.

Q

Quelques mots sur l'instruction publique et privée dans la République Argentine, par le *D* *G. B. Zubinar*. Paris, 1889.

Quinta memoria y anuario demografico, año 1894. Cordoba, 1895.

R

Rapport du Président du Crédit public national, *Pedro Agote*, sur la dette publique, les banques, les budgets, les lois d'impôts et la frappe des monnaies. Livre IV. Buenos Aires, 1887.

Rapport du Président du Crédit public national, *Pedro Agote*, sur la dette publique, les banques, la frappe des monnaies, les budgets et les lois d'impôts de la nation et des provinces. Livre V. Buenos Aires, 1889.

Reciprocidad commercial. Negociaciones entre los Estados Unidos y la Republica Argentina. Abril 1892.

Recopilacion oficial de publicaciones illustrativas de la riqueza carbonifera de Mendoza. Mendoza, 1894.

Refineria argentina. Informe de la Comision directiva. Julio 1892. Rosario. 1892.

Refineria argentina. Informe de la Comision directiva. Julio 1894. Buenos Aires, 1894.

Refineria argentina. Informe de la Comision directiva. Julio 1895. Buenos Aires 1896.

Refinera argentina. Informe de la Comision directiva. Julio 1896. Buenos Aires. 1896.

Refineria argentina. Informe de la Comision directiva. Julio 1897. Buenos Aires, 1897.

Registro estadistico de la Provincia de Santa Fé. Tomo I, 1882. Buenos Aires, 1884.

Registro estadistico de la provincia de Tucuman, 1882. *D* *Cesar Mur.* Buenos Aires, 1884.

Registro nacional de la Republica Argentina, año 1894. 2° Semestre. Buenos Aires, 1894.

Reglamento de la Sociedad cientifica argentina. Buenos Aires, 1872.

Reglamento para la administracion, gobierno y enseñanza de las escuelas comunes de la provincia de Buenos Aires. Buenos Aires, 1896.

· Reglamento para la Exposicion provincial del Rosario. *D* *B. José Galvez.* Rosario, 1888.

Règlement et programme de l'Exposition internationale, rurale et agricole. Buenos Aires, 1889.

Report upon the state of secondary and normal education in the Argentine Republic. La Plata, 1893.

Reseña estadistica y descriptiva de La Plata. *D* *Emilio Coni.* Buenos Aires, 1885.

Responsabilidad de las empresas de transporte por retardo en el mismo, *Eduardo Zimmermann.* Buenos Aires, 1896.

Resumen del comercio exterior de la Republica Argentina en 1879. Buenos Aires, 1880.

Revista de la Faculdad de Agronomia y Veterinaria, La Plata :
Num. I, II, III, IV. Enero, Febrero, Marzo y Abril 1895.
Num. V, VI, Mayo, Junio 1895.
Num. VII. Julio 1895.
Num. VIII. Agosto 1895.
Num. IX. Setiembre 1895.
Num. X. Octubre 1895.
Num. XI. Noviembre 1895.
Num. XII. Diciembre 1895.
Num. XIII. Enero 1896.
Num. XIV. Febrero 1896.
Num. XV. Marzo 1896.
Num. XVI. Abril 1896.
Num. XVII. Mayo 1896.
Num. XVIII. Junio, 1896.
Num. XIX. Julio 1896.
Num. XX. Agosto 1896.
Num. XXI. Setiembre 1896.
Num. XXII. Octubre 1896.
Num. XXIII, XXIV. Noviembre y Diciembre 1896.
Num. XXV, XXVI, XXVII. Enero, Febrero y Marzo 1897.
Num. XXVIII, XXIX. Abril y Mayo 1897.
Num. XXX, XXXI. Junio y Julio 1897.
Revista del Museo de La Plata, dirigida por *Francisco C. Moreno* :
Tomo I. — La Plata, 1890-91.
Tomo II. — La Plata 1891.
Tomo III. — La Plata 1892.
Tomo IV. — La Plata, 1893.
Tomo V. — La Plata, 1894.
Tomo VI. — La Plata, 1895.
Tomo VII. — La Plata, 1896.
Revista nacional, segunda serie. Tomo XIX. Buenos Aires, 1894.

S

Sala de Comercio del Mercado, de 11 de setiembre. Año, 1889. Buenos Aires, 1890.

Memoria e informe de la Comision directiva. Ejercicio 1894-1895. Buenos Aires, 1895.

Memoria e informe. Ejercicio 1895-1896. Buenos Aires, 1896.

Saneamiento de la provincia de Mendoza, *Dr Emilio R. Coni.* Buenos Aires, 1897.

Second recensement de la République Argentine, 10 mai, 1895. Buenos Aires, 1897.

Segunda exposicion internacional de Ganaderia y Agricultura. Mayo, 1890. Rosario, 1890.

Catalogo general. Rosario, 1890.

Segundo censo de la Republica Argentina. Mayo 10 de 1895. Buenos Aires, 1898.

Sertum cordobense. *Dr Federico Kurtz.* La Plata. 1893.

Siete años en el Goberno de la provincia de Buenos Aires. *Dr Carlos D'Amico.* Tomo I Buenos Aires, 1895.

Situacion financieria y economica de la provincia de Cordoba al 17 Mayo 1892, por *Louis F. Thibiot.* Corboba, 1892.

Situacion ganadera de la Francia. Nuestro porvenir como mercado exportador. *Dr Pedro, O. Luro.* Buenos Aires, 1888.

Sinopsis estadistica de la provincia de Tucuman. *P. Rodriguez Marquina.* Buenos Aires, 1896.

Sobre el corte de vinos en la Republica Argentina, 1894. Buenos Aires, 1894.

Sociedad argentina protectora de los animales, decimosexto informe anual. Año 1897. Buenos Aires.

Sociedad argentina protectora de los animales, decimosexto informe anual. Año, 1897. Buenos Aires.

Memoria e informe. Ejercicio, 1896-1897. Buenos Aires, 1897.

Sociedad de Credito territorial de Santa Fé, 31 décembre 1896. Santa Fé 1897.

Sucres argentins, historique et état actuel. *Bon Pasquier*, 1898. (Manuscrit déposé au Ministère des Affaires Etrangères, n'a pas encore été publié).

Suplemento al catalogo general de la exposicion nacional de Cordoba, 15 de Octubre 1871. Cordoba, 1871.

T

Tarifa de Avaluos, 1890. Buenos Aires, 1890.

U

Une visite aux colonies de la République Argentine, par *Alexis Peyret* Paris, 1889.

V

Vacuna contra el carbunculo. *Dr Julio Mendez*, 1897. Buenos Aires, 1897.

Valeur de la terre dans les provinces et territoires nationaux. Province de Catamarca. Buenos Aires.

Valor de la propriedad. Año, 1896.

Vente sur licitation de 3,000 lieues sur les territoires de la Pampa, du Rio Negro, du Neuquen et du Chubut. *Dr Eduardo Basavilbaso*. Paris.

Vindicacion del *Dr Llambi Campbell* y su presidencia del Banco hipotecario de la Provincia. Buenos Aires, 1888.

Voyage dans les régions des rios Limay, Neuquen et Negro, du lac Nàhuel-Huapi, de la Terre maudite et du Chubut, par le *Dr Machon* (Manuscrit déposé au Ministère des Affaires Étrangères, — n'a pas encore été publié).

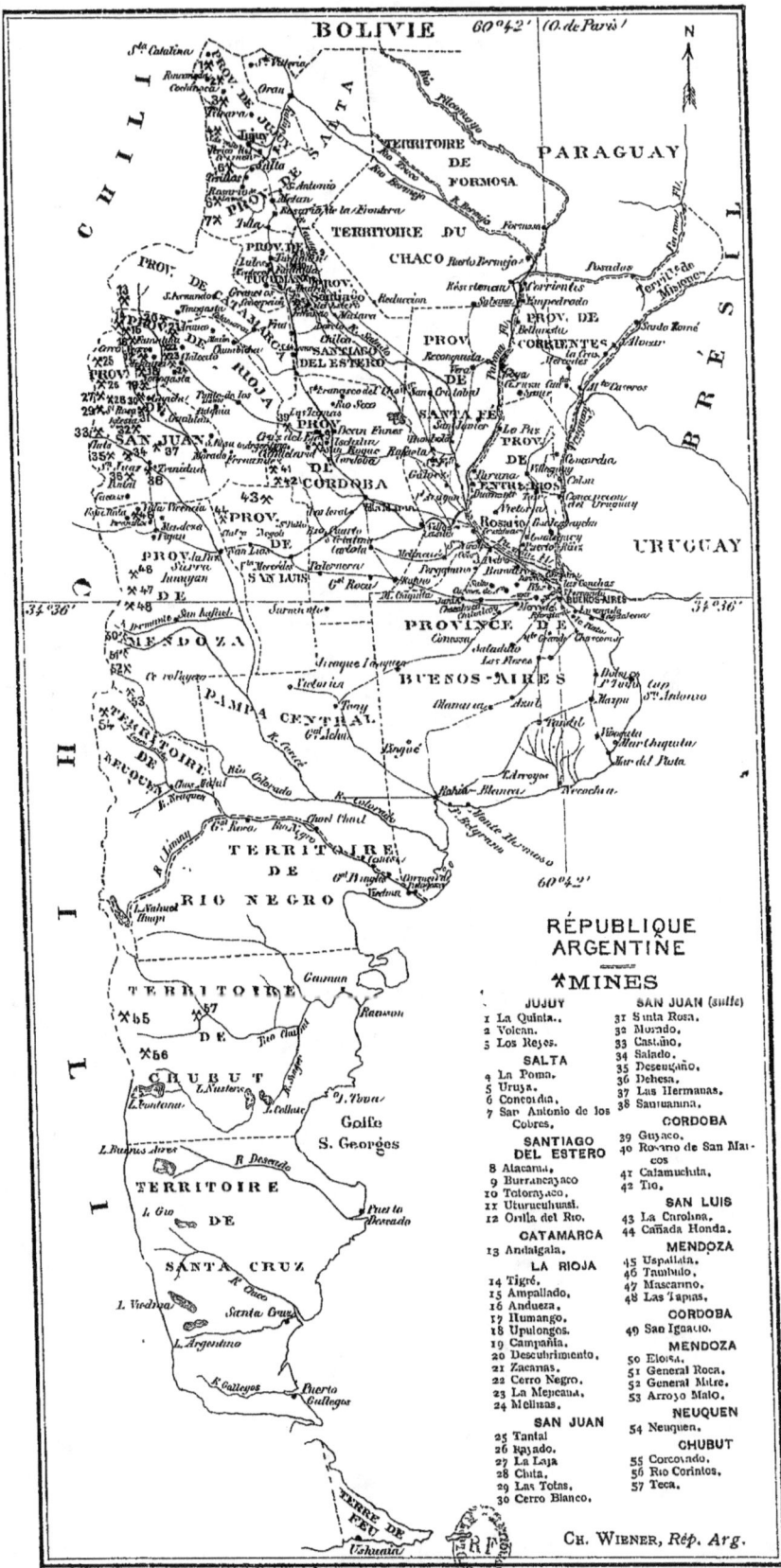

RÉPUBLIQUE ARGENTINE

✶ MINES

JUJUY
1 La Quinta.
2 Volcan.
3 Los Reyes.

SALTA
4 La Poma.
5 Uruya.
6 Concordia.
7 San Antonio de los Cobres.

SANTIAGO DEL ESTERO
8 Atacama.
9 Burrancayaco.
10 Totornyaco.
11 Uturucuhuasi.
12 Orilla del Rio.

CATAMARCA
13 Andalgala.

LA RIOJA
14 Tigré.
15 Ampallado.
16 Andueza.
17 Humango.
18 Upulongos.
19 Campaña.
20 Descubrimiento.
21 Zacanas.
22 Cerro Negro.
23 La Mejicana.
24 Mellizas.

SAN JUAN
25 Tontal.
26 Rayado.
27 La Laja.
28 Chita.
29 Las Totas.
30 Cerro Blanco.

SAN JUAN (suite)
31 Santa Rosa.
32 Morado.
33 Castaño.
34 Salado.
35 Desengaño.
36 Dehesa.
37 Las Hermanas.
38 Santanina.

CORDOBA
39 Guyaco.
40 Rosario de San Marcos.
41 Calamuchita.
42 Tio.

SAN LUIS
43 La Carolina.
44 Cañada Honda.

MENDOZA
45 Uspallata.
46 Tambillo.
47 Mascarino.
48 Las Tapias.

CORDOBA
49 San Ignacio.

MENDOZA
50 Eloisa.
51 General Roca.
52 General Mitre.
53 Arroyo Malo.

NEUQUEN
54 Neuquen.

CHUBUT
55 Corcovado.
56 Rio Corintos.
57 Teca.

CH. WIENER, Rép. Arg.

Gravé chez Mme Vve Rollet, Sourel directeur 99 B.d S.t Germain, Paris

TABLE DES MATIÈRES

43

POLITIQUE COMMERCIALE ET DOUANIÈRE.

INSTRUMENTS DE CRÉDIT.

DEUXIÈME PARTIE

Notices sur les unités administratives de la République Argentine.

BUENOS AIRES CAPITALE FÉDÉRALE.

TERRITOIRES NATIONAUX.

I. — Région du Nord

II. — Régions du Centre et de l'Ouest

III. — Région du Sud

ANNEXES

BIBLIOGRAPHIE

VERSAILLES

IMPRIMERIES CERF

59, RUE DUPLESSIS

www.ingramcontent.com/pod-product-compliance
Lightning Source LLC
Chambersburg PA
CBHW071132270326
41929CB00012B/1733